파이썬 텍스트 마이닝 완벽 가이드

개정판

자연어 처리 기초부터 딥러닝 기반 BERT와 트랜스포머까지

파이썬 텍스트 마이닝 완벽 가이드

자연어 처리 기초부터 딥러닝 기반 BERT와 트랜스포머까지

지은이 박상언, 강주영

펴낸이 박찬규 엮은이 최용 디자인 북누리 표지디자인 Arowa & Arowana

펴낸곳 위키북스 전화 031-955-3658, 3659 팩스 031-955-3660

주소 경기도 파주시 문발로 115 세종출판벤처타운 311호

가격 30,000 페이지 424 책규격 175 x 235mm

1쇄 발행 2023년 02월 28일

2쇄 발행 2024년 07월 10일

ISBN 979-11-5839-422-6 (93000)

등록번호 제406-2006-000036호 등록일자 2006년 05월 19일

홈페이지 wikibook.co.kr 전자우편 wikibook@wikibook.co.kr

이 성과는 2023년 정부(산업통상자원부)의 재원으로 한국산업기술진흥원의 지원을 받아 수행된 연구임

(P0020632, 2022년 산업혁신인재성장지원사업)

파이썬 텍스트 마이닝 완벽 가이드

개정판

자연어 처리 기초부터 딥러닝 기반 BERT와 트랜스포머까지

박상언, 강주영 지음

위키북스

자연어 처리와 텍스트 마이닝은 어렵습니다. 특히 초보자에게는 다른 분야에 비해 더욱 더 어렵게 느껴집니다. 제가 대학교에 다니던 시절에도 자연어 처리는 천재들이나 하는 분야인 것으로 생각했습니다. 왜 그럴까요? 기본적으로 알아야 할 것이 너무 많습니다. 언어학을 이해하면서 코딩도 할 수 있어야 하는 데다가, 지금은 머신러닝/딥러닝까지 섭렵해야 합니다. 많기도 하지만 깊이도 요구합니다. 이러한 어려움을 극복하기 위해 최대한 사용법을 간단하게 만든 패키지들이 나와 있고 데모를 보면 정말 쉽게 문제를 해결할 수 있을 것 같지만, 막상 사용해보면 많은 어려움에 부딪히게 됩니다. 대부분의 패키지는 정형화된 문제를 대상으로 하는 반면, 실제 문제는 그보다 훨씬 복잡하기 때문입니다. 결국은 앞서 이야기한 것들을 다시 공부해야 하는 원점으로 돌아오게 됩니다.

이 책은 이러한 문제점들을 최대한 극복해보자는 의도로 썼습니다.

첫째, 원리를 최대한 직관적으로 설명하고자 노력했습니다. 통계적 기법과 인공지능, 특히 딥러닝을 제대로 이해하려면 수식을 기반으로 해서 기초부터 공부해야 하는데, 그렇게 하려면 난이도도 높지만 시간도 많이 걸립니다. 그렇다고 해서 원리에 대한 이해를 무시하고 도구 사용법만 익히면 전혀 엉뚱하게 기법을 적용하는 문제가 발생합니다. 이 책에서는 가급적 수식에 기반한 상세한 설명보다는 직관적인 이해를 높이는 방향으로 설명했습니다. "왜 이렇게 해야 하는가?"에 대해 직관적으로 이해하고 적용할 수 있도록 노력했습니다.

둘째, 코드를 가급적 간결하게 하고 실제로 적용하기 쉬운 예제를 만들고자 했습니다. 인터넷을 찾아보면 거의 모든 문제에 대한 답이 있습니다. 그러나 코드가 필요 이상으로 복잡해서 전체를 파악하기 어렵습니다. 이해하지 못한 채로 사용한 코드는 결국은 문제를 일으킬 가능성이 높습니다. 그리고 그 결과 많은 코드들이 실제 내가 처한 문제에서는 잘 작동하지 않을 때가 많습니다. 이 책에서는 가급적 필수적인 부분들만 예제로 제시하여 독자의 이해도를 높이고, 실제 문제에 대한 적용성도 높이고자 했습니다. 이를 위해 불필요한 코드는 배제하고, 사용한 코드에 대해서는 의도를 최대한 설명했습니다.

셋째, 사용되는 예제 데이터에 대한 이해를 높이고, 코드에 의해 어떻게 변화하는지를 최대한 설명하고자 했습니다. 인터넷에 있는 많은 예제들이 코드 자체에 집중하고 있어서 데이터 혹은 데이터 변환에 대한 설명이 부족한 경우가 많습니다. 즉, 많은 예제들이 코드에 맞게 데이터를 만들어 놓고 시작하기 때문에 실제 문제에서는 데이터를 어떻게 준비해야 하는지 알기가 어렵습니다. 이 책에서는 가급적 데이터 모양에 대해 설명하고 알고리즘을 적용하기 위해 어떤 형태로 데이터가 준비되어야 하는지를 상세히 보이고자 했습니다. 결국 데이터 분석은 데이터에 대한 이해 없이는 수행하기가 어렵기 때문입니다.

넷째, 이 책은 문서 분류를 위주로 작성했습니다. 텍스트 마이닝의 적용 분야가 급격하게 늘어나는 바람에 책 한 권에 모든 분야를 다 집어넣기에는 한계가 있었습니다. 그러나 문서 분류에 대해 제대로 이해한다면 다른 분야는 훨씬 수월하게 이해하고 적용할 수 있을 것이라고 판단했고, 그에 따라 책의 내용을 기획했습니다. 그럼에도 불구하고 현재 많이 사용되는 다른 텍스트 마이닝 분야를 충분히 다루지 못한 것에 대해 독자들에게 양해를 구합니다.

부디 독자들이 이 책을 통해 텍스트 마이닝에 대해 잘 이해하고 필요한 분야에 잘 적용할 수 있게 되기를 기원합니다. 마지막으로 원고를 쓰는 데 많은 도움을 준 이서희 학생과 꼼꼼하게 책을 검토하고 수정해주신 출판사 담당자분들께 진심으로 감사의 말씀을 드립니다. 담당자분들의 숙련된 솜씨와 노고가 없었다면 책을 완성하기 어려웠을 것입니다.

개정판 서문

최근 ChatGPT가 알파고보다 더한 충격을 안겨주고 있습니다. 많은 사람들이 ChatGPT의 놀라운 성능에 감탄하며 다양한 활용 사례를 SNS와 유튜브 등에 올리고 있습니다. 그러나 이러한 ChatGPT의 놀라운 성능은 하루 아침에 이루어진 것이 아닙니다. 트랜스포머 모형에 기반한 사전학습 언어모델에 대한 연구가 활발해지면서 다양한 텍스트 마이닝 혹은 자연어 처리 분야에 많은 변화를 가져왔고, 그러한 발전이 결국은 이와 같은 결실을 맺었다고 할 수 있습니다. 따라서 단순히 ChatGPT에 대해서 공부하는 것만으로는 이러한 결실의 원리를 완전히 이해하기 어렵다고 할 수 있습니다.

따라서 개정판에서는 ChatGPT가 등장하기까지의 발전 과정과 그 중심에 있는 사전학습 언어모델 및 다양한 트랜스포머 모형들, 그리고 트랜스포머 모형이 가장 활발하게 사용되는 분야인 문서 요약과 질의 응답에 대해 추가했습니다. 세부적인 추가 내용은 다음과 같습니다.

우선 14장에서는 사전학습 언어모델의 원리가 무엇이고, 왜 좋은 성능을 보이며, 어떻게 다양한 자연어 처리 분야에서 활용될 수 있는지를 설명하고자 했습니다. 17장에서는 사전학습 언어모델로 가장 많이 활용되고 있는 트랜스포머 모형의 다양한 변형 모형들이 어떻게 발전해왔으며 어떤 분야에서 활용되고 있는지를 설명했습니다. 그리고 트랜스포머 모형이 가장 활발하게 적용되고 있는 분야인 문서 요약과 질의 응답에 대해 18장과 19장에서 각각 설명했습니다. 또한 18장에서는 트랜스포머 모형을 이용해 주어진 텍스트를 요약하는 실습을, 19장에서는 주어진 질문에 대한 답을 제시하는 실습을 수행할 수 있도록 했습니다. 두 실습 모두 파이프라인, 자동 클래스, 미세조정학습 그리고 한글 문서에 대한 적용의 순서로 구성해서, 비교적 쉬운 단계로부터 어려운 단계까지 차근차근 실습할 수 있도록 했습니다.

사전학습 언어모델과 트랜스포머 모형 외에도 필요하다고 생각되는 부분들에 대한 수정과 보완이 있었으며, 그중에서 가장 큰 부분은 7장에 추가된 동적 토픽 모델링입니다. 토픽 모델링은 여전히 가장 많이 사용되고 있는 텍스트 마이닝 분야입니다. 최근에는 토픽의 내용이 고정되지 않고 시간에 따라 변화하는 양상에 대한 분석이 많은 관심을 끌고 있는데, 동적 토픽 모델링은 이와 같은 토픽의 동적인 변화를 추적할 수 있는 훌륭한 방법입니다.

텍스트 마이닝에 관심을 갖게 된 많은 분들에게 이 책이 도움이 될 수 있기를 기원합니다.

2부

**BOW 기반의
텍스트 마이닝**

3 부

**텍스트 마이닝을
위한 딥러닝 기법**

책 사용 설명서

본문 내용을 시작하기에 앞서 이 책의 홈페이지 및 예제 파일을 소개하고, 이 책에서 사용된 편집 서식에 대해 알아보겠습니다.

도서 홈페이지

이 책의 홈페이지 URL은 다음과 같습니다.

- 책 홈페이지: https://wikibook.co.kr/textmining/

이 책을 읽는 과정에서 내용상 궁금한 점이나 잘못된 내용, 오탈자가 있다면 홈페이지 우측의 [도서 관련 문의]를 통해 문의해 주시면 빠른 시간 내에 안내해 드리겠습니다.

예제 파일

이 책의 예제 파일은 깃허브 저장소에서 관리됩니다. 아래 깃허브 저장소에서 예제 파일을 확인하고 내려받을 수 있습니다.

- 깃허브 저장소: https://github.com/wikibook/textmining

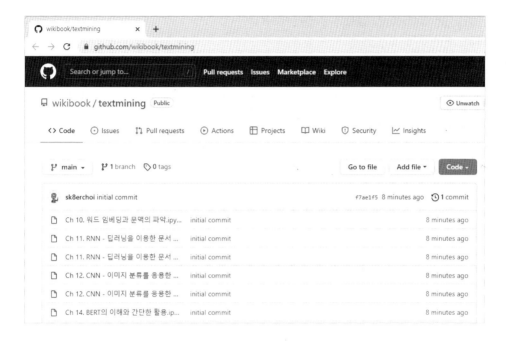

예제 파일이 변경될 경우 위 깃허브 저장소에 반영됩니다.

예제 파일 다운로드 방법 1: 저장소를 복제

컴퓨터에 git 클라이언트가 설치되어 있다면 다음 명령으로 저장소를 복제(clone)할 수 있습니다.

```
git clone https://github.com/wikibook/textmining.git
```

Github Desktop을 사용한다면 [File] – [Clone Repository] 메뉴를 선택하고 저장소 주소를 붙여넣은 뒤 [Clone] 버튼을 클릭해도 됩니다.

예제 파일 다운로드 방법 2: 압축 파일을 다운로드

다음과 같이 예제 파일을 다운로드할 수도 있습니다.

1. 웹 브라우저로 깃허브 저장소에 접속해 우측 상단의 [Code]를 클릭한 후 [Download ZIP]을 클릭합니다.

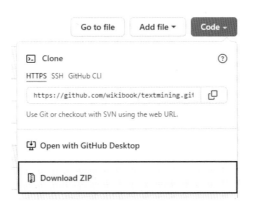

2. 다운로드할 폴더를 지정해 압축 파일(ZIP 파일)을 내려받습니다. 폴더를 지정하지 않으면 '다운로드' 폴더에 저장됩니다.

3. 다운로드한 압축 파일(textmining-main.zip)의 압축을 풉니다. 이때 압축 해제된 파일이 위치할 대상 폴더를 지정하거나 현재 디렉터리에 압축을 해제한 후 대상 폴더로 옮길 수 있습니다.

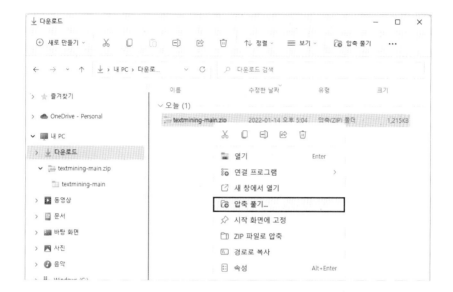

4. 압축을 해제한 폴더로 이동하면 폴더 구성을 확인할 수 있습니다. 노트북 파일(.ipynb)로 실습하려면 파이썬과 주피터 노트북이 필요합니다(실습 환경은 1.5절을 참조).

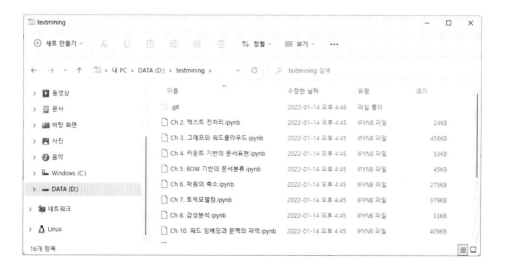

편집 서식

이 책의 본문에 사용된 서식은 다음과 같습니다.

- **볼드체**: 본문에서 강조하는 내용을 나타냅니다.

  딥러닝은 머신러닝의 한 분류에 속하는 인공신경망에서 은닉층을 깊게(deep) 쌓은 신경망 구조를 활용해 학습하는 알고리즘을 말한다.

- **본문 코드**: 본문에서 코드, 파일명, 옵션 등과 관련된 사항을 표기합니다.

  위 예에서는 대상이 되는 텍스트를 para에 저장하고 sent_tokenize( )를 임포트한 후, sent_tokenize( )에 para를 인수로 주고 실행한 결과를 출력했다.

- **코드 블록**: 코드 예제를 나타냅니다.

  ```
  para_kor = "안녕하세요, 여러분. 만나서 반갑습니다. 이제 텍스트마이닝 클래스를 시작
  해봅시다!"
  print(sent_tokenize(para_kor))
  ```

- **실행 결과**: 코드 예제를 실행한 출력 결과입니다.

  [실행 결과]

  ```
  ['안녕하세요, 여러분.', '만나서 반갑습니다.', '이제 텍스트마이닝 클래스를 시작해봅
  시다!']
  ```

1부

텍스트 마이닝 기초

01

텍스트 마이닝
기초

1.1 텍스트 마이닝의 정의

텍스트 마이닝은 무엇을 의미하는가? 이 질문에 대해 집단지성의 힘을 빌려 대답하기 위해 위키피디아를 검색하면 '텍스트에서 고품질 정보를 추출하는 과정(the process of deriving high-quality information from text)'이라는 정의를 볼 수 있다. 그렇다면 고품질 정보란 무엇일까? 위키피디아는 고품질 정보가 정확히 무엇이라고 말하지는 않지만 '패턴이나 트렌드를 통해서 얻어진다(High-quality information is typically obtained by devising patterns and trends)'라고 말한다. 정리해보면 텍스트로부터 패턴이나 트렌드를 분석해서 추출한 고품질의 정보라고 할 수 있을 것이다.

고품질 정보의 정의 외에도 어떻게 패턴이나 트렌드를 분석하는지가 명확하지 않은데, 이에 대해 이해하려면 먼저 데이터 마이닝을 이해할 필요가 있다. 마티 허스트(Marti Hearst)[1]가 2003년에 쓴 에세이 〈What Is Text Mining?〉에서는 텍스트 마이닝을 데이터 마이닝의 한 분야로 소개하며, 데이터 마이닝을 대규모 데이터베이스에서 흥미로운 패턴을 찾는 방법론으로 설명한다. 그리고 '패턴'의 한 예로 고객들이 물건을 구매하는 패턴, 즉 어떤 물건을 선택한 고객이 다른

---

[1] (엮은이) UC버클리대 교수. 감성 분석 자동화와 단어 중의성 해소 등 말뭉치 기반 계산 언어학의 초기 작업을 수행했다. https://en.wikipedia.org/wiki/Marti_Hearst

물건을 함께 구매할 확률을 알아내서, 그러한 패턴에 따라 물건을 진열하거나 쿠폰을 제시하는 사례를 든다. 다시 정리하자면, 여기서 고품질의 정보라는 것은 어떠한 고객이 물건을 구매하는 숨어 있는 패턴을 발견하고 이를 이용해 어떤 사건, 즉 고객이 특정 물건을 구매하는 사건을 예측하고자 하는 것으로 볼 수 있다.

즉, 텍스트 마이닝은 텍스트에 숨어 있는 패턴을 이용해 어떤 사건을 예측하는 것으로 정리할 수 있다. 그렇다면 우리가 관심이 있는 흥미로운 사건은 어떤 것일까? 데이터 마이닝의 사례는 뭔가 극적인 흥미로운 사건을 보여주고자 하는 것으로 보이지만, 텍스트 마이닝의 직접적인 '사건'은 단순하고 평범하다. 예를 들면, 신문기사를 읽고서 이 기사가 정치 기사인지 경제 기사인지를 판별하는 것, 혹은 기업이 소비자로부터 받은 불만사항 관련 메일이 어떤 제품에 대한 내용을 담고 있는지를 판별하는 것과 같이 단순한 일이다. 다만 이러한 일을 통해 더 흥미로운 내용을 찾아내는 것은 텍스트 마이닝을 수행하는 사람의 능력에 달려 있다.

다시 위키피디아로 돌아와서, '그럼 어떻게 이런 패턴을 찾을 수 있는가.'라는 질문에 대해 '통계적 패턴 학습'이라는 답을 볼 수 있는데, 최근 가장 많은 주목을 받는 머신러닝이 이에 해당한다고 볼 수 있다. 그러나 머신러닝은 대부분 정형적인 데이터(structured data)를 대상으로 하는 방법론이므로 비정형적인 텍스트에 대해 바로 적용할 수는 없다. 그렇다면 머신러닝을 하기 위해 어떤 작업을 먼저 수행해야 하는 것일까? 바로 비정형 텍스트 데이터를 정형화하는 작업이 필요하다. 여기에 다양한 자연어 처리 기법이 활용된다.

다시 정리해보면, 텍스트 마이닝은 '자연어 처리 기법을 이용해 텍스트를 정형화된 데이터로 변환하고, 머신러닝 기법을 적용해 우리가 관심이 있는 어떤 사건을 예측하고자 하는 방법론'으로 말할 수 있다. 물론 이와 같은 정의는 저자의 주관을 많이 담고 있다. 그러나 이렇게 정의함으로써 좀 더 구체적이고 명확하게 과정을 설명할 수 있을 것으로 믿는다.

이 정의에서 몇 발을 더 내디뎌보자. 텍스트로부터 변환된 정형화된 데이터는 어떤 형태를 말하는 것일까? 대부분의 경우, 이 데이터는 '일정한 길이의 벡터'를 말한다. 일정하다는 말은 주어진 텍스트에 따라 늘거나 줄지 않고 항상 같은 길이로 변환된다는 뜻이다. 벡터는 여러분이 알고 있는 그 벡터로, 기하학적인 정의를 배제하고 여기서 필요한 부분만 말하자면, 하나의 값이 아니라 차원의 수만큼의 여러 개의 값으로 구성됐음을 의미한다. 예를 들어 "텍스트 마이닝의 정의"와 같은 텍스트가 있다고 할 때, 이것을 [3, 7, 4, 2, 5]와 같은 파이썬 리스트의 형태로 변환한 것을

'정형화'한다고 말할 수 있다. 이렇게 되면 연속형 변수가 5개인 문제가 되어 대부분의 머신러닝 방법론을 적용할 수 있다. 즉 [3, 7, 4, 2, 5]를 입력으로 받아 어떤 사건을 예측하는 학습 문제를 풀면 된다. 이와 같이 주어진 텍스트를 일정한 길이의 벡터로 변환하는 것을 임베딩이라고 한다. 최근의 텍스트 마이닝에서는 임베딩이란 용어를 많이 쓰므로 반드시 그 의미를 명확하게 이해할 필요가 있다.

텍스트로부터 변환된 벡터는 다양한 크기와 모양을 갖게 된다. 크기가 수만에 이르는 경우도 있고, 100 이하로 표현되는 경우도 있다. 크기가 큰 경우에는 벡터를 구성하는 많은 값(많게는 99%이상)들이 0이고 극히 일부만 0이 아닌 값들을 갖게 되는데, 이것을 희소(sparse)하다고 말한다. 반면, 크기가 작은 경우에는 벡터가 대부분 0이 아닌 값들로 이루어지고, 이것을 밀집(dense)돼 있다고 말한다. 희소한 벡터로 표현할지, 밀집된 벡터로 표현할지는 사용할 머신러닝 방법론과 밀접한 관계가 있는데, 이에 대해서는 나중에 실습하면서 자세히 알아본다.

1.2 텍스트 마이닝 패러다임의 변화

패러다임의 변화라고까지 이야기할 수 있는지 확신은 없지만, 딥러닝이 텍스트 마이닝의 트렌드를 확연하게 바꾸었음은 분명하다. 지금은 텍스트 분류 등의 작업에 딥러닝 기반의 BERT를 쓰는 것이 일반화됐다. BERT는 트랜스포머에 기반한 모형으로, 자세한 작동원리를 이해하기가 매우 어려운 편임에도 불구하고 최근 어지간한 작업에 모두 사용될 만큼 인기가 높다. 불과 몇 년 전만 해도 카운트 기반의 문서 표현으로 문서를 분류하는 것조차도 많은 사람들이 매우 어려워했다는 점을 감안할 때, 그동안 엄청나게 많은 변화가 있었다고 할 수 있다.

그렇다면 카운트 기반 방식 혹은 BOW는 이제 한물 간 것이고 다시는 쓸 일이 없는 것일까? 꼭 그렇지는 않을 것 같다. 책 한권 정도 분량의 내용에 대해서 문서를 분류해야 할 때는 여전히 카운트 기반의 문서 표현이 BERT와 같은 최신 모형보다 더 낫다는 연구결과가 있다. 따라서 여전히 BOW는 쓸모가 있으며, 간단한 작업에서 학습을 위해 많은 노력을 들이지 않으면서 비교적 좋은 성과를 올리기에 적합하다. 그렇다면 카운트 기반의 문서 표현이란 무엇일까?

1.2.1 카운트 기반의 문서 표현

텍스트 마이닝에서 주어진 텍스트를 정형화된 데이터로 변환하려면 텍스트를 이해하는 것이 중요하다. 사람은 문장을 쓰여진 순서대로 읽으면서 문맥을 파악하고 내용을 이해한다. 최근 딥러닝 기반의 자연어 처리기법은 이러한 사람의 이해 방식을 최대한 반영하지만, 딥러닝 이전에는 컴퓨터가 문장에 있는 단어들을 순서대로 읽어가며 내용을 이해할 수 있는 방법이 없었다. 그래서 생각한 최선의 방법은 문장에 있는 단어들의 개수를 세고, 주로 사용된 단어들을 이용해 그 문장의 내용을 파악하는 것이었다.

다음 그림은 대한민국 헌법을 대상으로, 사용된 단어들의 빈도를 분석하고 워드 클라우드로 표현한 것이다. 헌법의 내용을 이해하려면 직접 읽어보는 것이 최선의 방법이겠지만, 이렇게 단어의 빈도를 보는 것만으로도 무엇에 대한 내용으로 이루어졌는지 대략 짐작할 수 있다.

그림 1.1 대한민국 헌법 워드 클라우드

카운트 기반의 문서 표현은 이러한 아이디어를 바탕으로, 문서를 사용된 단어들의 빈도로 표현하는 것이다. 이 과정에서 단어들이 텍스트에 나타난 순서에 대한 정보는 사라진다. 즉 사람이 문장을 이해할 때 가장 중요하게 생각하는 문맥에 대한 정보는 사라지고, 대신 단어에 대한 통계만이 남게 된다. 그러나 텍스트 마이닝의 원래 목적, 즉 텍스트의 내용을 기반으로 어떤 사건을 예측하는 것은 이 정도의 정보만으로도 꽤나 훌륭한 결과를 보일 수 있다. 다시 말해서 텍스트의 내용을 완전히 이해하지 않더라도 단어 빈도들을 이용해 우리가 원하는 많은 작업들을 어느 정도 잘 수행할 수 있다는 뜻이다.

앞선 설명에서 텍스트 마이닝은 먼저 문서를 일정 길이의 벡터로 변환한다고 했는데, 카운트 기반의 문서 표현은 각 단어별로 개수를 세어서 이를 벡터로 만든다고 이해하면 쉽다. 예를 들어 사용된 단어가 A, B, C, D, E 총 다섯 개이고 각 단어별로 개수가 각각 3, 7, 4, 2, 5라면 이것을 벡터로 만들어서 [3, 7, 4, 2, 5]와 같은 리스트 형태로 표현한다. 사용된 단어가 많다면 벡터의 크기 역시 커진다. 이와 같은 카운트 기반의 문서 표현은 4장에서 더 상세히 설명하고, 그 활용법에 대해서도 알아보기로 한다.

1.2.2 시퀀스 기반의 문서 표현

시퀀스 기반의 문서 표현은 앞서 설명한 카운트 기반 문서 표현의 문제점을 해결하고, 사람이 글을 읽고 이해하는 것과 유사한 방법으로 텍스트의 문맥을 이해하고자 하는 방식이다. 즉, 카운트 기반의 문서 표현이 단어들의 빈도를 이용한 하나의 벡터로 단번에 문서 전체를 표현한다면, 시퀀스 기반의 문서 표현은 각 단어를 먼저 벡터로 변환하고, 이러한 벡터의 연속된 나열 혹은 시퀀스로 문서를 표현한다. 이러한 방식의 장점은 말할 필요도 없이 문맥을 이해함으로써 더 정확하게 문장의 의미를 이해할 수 있다는 것이다. 연속된 단어의 형태로 문장을 이해하려면 RNN과 같은 딥러닝 기법을 필요로 한다. 이에 대해서는 뒤에서 상세하게 설명하기로 하고, 여기서는 문서의 표현에 더 집중하기로 한다.

단어는 어떻게 벡터로 변환할 수 있을까? 가장 쉬운 방법은 단어를 일정 규칙에 따라 정렬하고 단어의 수만큼의 벡터를 만든 후에 단어 자신의 위치만 1로 표시하는 것이다. 예를 들어 사용된 단어가 A, B, C, D, E 이렇게 총 5개만 있다면 A는 [1, 0, 0, 0, 0], B는 [0, 1, 0, 0, 0]과 같이 표현하는 것이다. 이와 같은 방식을 원핫 인코딩이라고 한다. 어떤 문서가 "A C D" 순서로 이루어져 있다면 [[1, 0, 0, 0, 0], [0, 0, 1, 0, 0], [0, 0, 0, 1, 0]]와 같이 2차원 리스트로 표현할 수 있을 것이다. 이렇게 했을 때 문제점은 무엇일까?

보통 텍스트 마이닝은 하나의 문서를 대상으로 하기보다 수많은 문서의 집합을 다룬다. 따라서 수많은 문서를 모두 같은 방식으로 임베딩할 수 있어야 한다. 그렇게 하려면 원칙적으로 수많은 문서에 사용된 단어를 모두 포함해야 하는데(목적에 따라서는 일부만 사용하는 것도 가능하긴

하지만), 그렇게 되면 단어를 벡터로 변환했을 때 벡터가 지나치게 커지는 문제가 있다. 예를 들어 문서의 집합에 사용된 단어가 10,000개라면 각 단어를 크기가 10,000인 벡터로 표현해야 한다. 따라서 보통 딥러닝 기법에서는 특별한 과정을 거쳐서 이렇게 긴 벡터를 길이가 보통 200 정도인 짧은 벡터로 변환하는데, 이러한 과정을 임베딩이라고 부른다. 앞서 문서를 벡터로 변환하는 것도 임베딩이라고 했는데, 이 둘은 워드 임베딩과 문서 임베딩으로 구분할 수 있다.

또 다른 문제점은, 문서는 가변의 단어로 구성되므로 문서를 임베딩한 단어 벡터의 시퀀스로 표현했을 때 길이가 제각각이 된다는 점이다. 그러나 머신러닝이든 딥러닝이든 보통은 가변 길이의 입력을 허용하지 않아 일정 길이로 맞추는 작업이 필요하다. 문서의 단어 수가 미리 정한 값보다 크다면 앞뒤의 단어를 잘라서 길이를 맞춘다. 단어 수가 모자랄 때는 공백이나 미리 약속한 의미 없는 값으로 모자란 부분을 메꾼다. 이렇게 하면 원래 우리가 정의한 '문서를 일정한 길이의 벡터로 변환'한다는 정의를 만족시킬 수 있다.

최근 딥러닝 기법이 눈부시게 발전함에 따라 이제는 시퀀스 기반의 문서 표현이 주류가 되었다. 딥러닝에서 이러한 시퀀스 기반의 표현을 어떻게 다루는지에 대해서는 이 책의 뒷부분에 있는 딥러닝 파트에서 상세하게 설명하기로 한다.

용어 정리

텍스트, 문서, 문장: 보통 문서는 하나의 일관된 목적 혹은 주제를 갖고 쓰여진 글로 정의한다. 논문 한 편, 기사 한 편, 메일 하나, 혹은 트윗과 같이 짧은 내용도 하나의 문서가 될 수 있다. **문장**은 '생각이나 감정을 말로 표현할 때 완결된 내용을 나타내는 최소 단위'로 보통은 마침표 등으로 종결되고, 문서를 구성하는 단위가 된다. 문서가 하나의 문장으로 구성될 수도 있다. **텍스트**는 분석의 대상이 되는 문자열을 이야기한다고 할 수 있으며 문서, 문장 등 길이를 가리지 않으며, 때로는 한 권의 책이 될 수도 있다. 텍스트 마이닝에서 분석의 대상은 텍스트라고 할 수 있으며, 때로는 상황에 따라 문서나 문장을 대상으로 쓰기도 한다. 예를 들어 텍스트 분류(text classification)는 문서 분류(document classification)이라고 쓰기도 하는데, 이는 분류를 해야 하는 대상이 일반적으로 문서이기 때문이며 이 둘을 특별히 구분하지는 않는다.

말뭉치(Corpus): 텍스트 마이닝을 처음 접하는 경우 말뭉치라는 단어의 뜻을 도무지 알기 어려운 경우가 있다. 말뭉치는 '언어 연구를 위해 컴퓨터가 텍스트를 가공 · 처리 · 분석할 수 있는 형태로 모아 놓은 자료의 집합'[2] 혹은 '자연언어 연구를 위해 특정한 목적을 가지고 언어의 표본을 추출한 집합'[3]이라고 정의된다. 즉 자연어 처리나 텍스트 마이닝을 위해 유사한 문서들을 모아 놓은 집합이라고 할 수 있다. 우리가 영화 리뷰를 분석하고 싶다면 대상이 되는 리뷰들을 모아 놓은 것을 말뭉치라고 한다. 인터넷상에는 다양한 공개된 말뭉치가 존재하며 이에 대해서도 나중에 상세히 다루기로 한다.

1.3 텍스트 마이닝에 필요한 지식과 도구

텍스트 마이닝은 자연어 처리, 데이터 분석 및 시각화, 통계학, 머신러닝, 딥러닝 등 다양한 학문의 결합체라고 할 수 있다. 이것이 처음 텍스트 마이닝을 배우는 사람들이 많은 어려움을 겪게 되는 이유다. 여기서는 텍스트 마이닝에 필요한 지식과 도구들을 간략하게 설명한다.

1.3.1 자연어 처리 기법

자연어 처리는 '컴퓨터를 이용해 사람의 자연어를 분석하고 처리하는 기술'[4]로 요약된다. 사실 자연어 처리를 넓게 보면 자연어 이해를 비롯해 자연어를 다루는 모든 기술을 의미하므로 텍스트 마이닝의 개념을 포함한다고 볼 수 있다. 그러나 이 책에서는 자연어 처리 기법 중에서 주로 전처리 기법들을 활용하고자 한다. 실제로 위키백과를 보면 자연어 처리의 세부 내용으로 형태소 분석, 품사 부착, 구절 단위 분석, 구문 분석을 제시하고 있다[5]. 이러한 방법론은 텍스트를 전처리해 다양한 분석을 할 수 있는 형태로 변환하는 데 적용된다. 즉, 위에서 말한 '텍스트를 일정 길이의 벡터로 변환'하기 위해 쓰이는 기법들이라고 할 수 있다.

이 책에서는 텍스트 전처리를 위한 기법으로 토큰화(tokenize), 어간 추출(stemming)과 표제어 추출(lemmatize)과 같은 정규화(Normalization), 그리고 품사 태깅(POS-tagging)에 대해 설명하고 실습한다. 이를 위한 도구로는 가장 널리 알려진 자연어 처리 라이브러리인 NLTK(Natural Language Tool-Kit)[6]와 KoNLPy[7]를 사용한다.

2 한국민족문화대백과, https://terms.naver.com/entry.nhn?docId=5144279&cid=46674&categoryId=46674
3 위키백과, https://ko.wikipedia.org/wiki/말뭉치
4 IT용어사전, https://terms.naver.com/entry.nhn?docId=863247&cid=42346&categoryId=42346
5 위키백과, https://ko.wikipedia.org/wiki/자연어_처리
6 https://www.nltk.org/
7 KoNLPy, https://konlpy.org/ko/v0.4.4/#

1.3.2 통계학과 선형대수

앞서 설명한 바와 같이 텍스트로부터 고품질의 정보를 추출하는 데 다양한 통계적 분석방법이 쓰인다. 회귀분석, SVM과 같은 머신러닝 방법론을 이해하기 위해서도 통계학에 대한 지식은 필수라고 할 수 있다. 또한 대용량의 데이터를 다루려면 행렬도 이해해야 한다. 텍스트를 일정 길이의 '벡터'로 변환하고 다루어야 하는데 이와 같은 분야는 모두 선형대수의 영역에 속한다고 할 수 있다. 그러나 통계학과 선형대수에 대한 깊은 지식이 없더라도, 행렬에 대해 기본적인 연산과 구조를 이해하는 것만으로 텍스트 마이닝을 배우는 데에 큰 불편함은 없을 수 있다. 이 책에서는 행렬 연산과 관련해 잘 알려진 파이썬 라이브러리 중 넘파이(Numpy)를 사용한다. 또한 CSV 형태로 된 텍스트 데이터를 쉽게 처리할 수 있는 판다스(Pandas)를 활용하면 큰 도움이 된다.

1.3.3 시각화 기법

시각화는 전달하고자 하는 내용을 한눈에 쉽게 이해시키려고 사용한다. 텍스트 마이닝과 관련해서는 막대그래프와 워드클라우드와 같은 기법이 가장 많이 사용되며, 토픽 모델링도 각 토픽의 비중 등을 쉽게 나타내려고 시각화 기법을 많이 활용한다. 딥러닝 기법을 사용할 때는 텍스트 마이닝을 수행하는 당사자가 현재 학습 상황이나 성능을 쉽게 파악하려고 다양한 그래프를 활용하기도 한다. 이 책에서는 파이썬 라이브러리에서 그래프 등에 가장 많이 사용되는 맷플롯립(matplotlib)과 시본(seaborn)을 사용한다. 두 패키지의 모든 기능을 골고루 사용할 것이 아니므로 꼭 필요한 기능만 습득해도 텍스트 마이닝에 대한 전체적인 학습에 큰 지장은 없을 것이다.

1.3.4 머신러닝

머신러닝은 인공지능의 한 분야로 사람의 직접적인 지시 없이 컴퓨터가 학습을 통해서 문제를 해결하게 하는 알고리즘이나 통계적 모형에 관한 연구를 말한다. 즉 문제해결 방법을 코딩으로 구현하는 것이 아니라 공통적인 알고리즘을 데이터에 적용해 학습함으로써 주어진 데이터에 적합한 문제해결 방안을 생성하는 방식이다. 기계학습은 크게 지도학습(Supervised Learning), 비지도학습(Unsupervised Learning), 강화학습(Reinforcement Learning)으로 나뉘며, 지도학습은 다시 회귀와 분류, 비지도학습은 클러스터링과 차원축소로 나뉜다. 텍스트 마이닝에서는 주로 지도학습의 분류 방법이 많이 사용되고 상황에 따라 클러스터링과 차원축소 같은 방법이 사용되기도 한다. 이 책에서는 주로 분류를 위주로 내용을 구성했다.

머신러닝을 구현하는 데 쓰이는 대표적인 파이썬 라이브러리로 **사이킷런(Scikit-learn)**[8]이 있다. 사이킷런은 최소한의 노력으로 머신러닝을 구현할 수 있는 너무나 매력적인 패키지다. 파이썬과 사이킷런 이전에는 머신러닝 알고리즘을 속속들이 안다고 해도 직접 구현하려면 많은 시간을 투자해야만 했다. 지금은 그때의 노력에 비해 거의 100분의 1 수준으로도 비슷한 결과를 만들어낼 수 있다. 생산성이 비교도 안 될 만큼 좋아진 것이다. 당연히 이 책에서도 사이킷런을 이용해 다양한 문서 분류를 수행하고자 한다.

1.3.5 딥러닝

딥러닝은 머신러닝의 한 분류에 속하는 인공신경망에서 은닉층을 깊게(deep) 쌓은 신경망 구조를 활용해 학습하는 알고리즘을 말한다. 인공신경망의 구조에 따라 다양한 딥러닝 모형 및 기법이 있으며, 최근 다양한 기법의 발전으로 인해 이미지 인식, 자연어 처리, 음성 처리 등에서 뛰어난 결과를 보인다. 딥러닝은 구현의 난이도 못지않게 이론도 어려워서, 완벽하게 이해하기까지는 많은 시간이 걸린다. 이 책에서는 텍스트 마이닝 혹은 자연어 처리 분야에서 가장 많이 사용되는 딥러닝 기법을 중심으로 방법을 설명하고 예제를 보이고자 한다. 자연어 처리 분야에서 딥러닝 기법의 활용은 지난 몇 년간 그야말로 눈부시게 발전했다고 말할 수 있다. 초기에는 RNN, LSTM, CNN 등의 비교적 단순하고 쉬운 방법론이 사용됐다면, 지금은 트랜스포머에 기반한 BERT, GPT 등의 그야말로 복잡하기 짝이 없는 기법을 쓴다. 이러한 기법들을 완벽하게 이해하는 것은 정말 어렵다 할지라도, 기본적인 개념을 이해하고 활용하는 것은 그다지 어렵지 않다. 파이썬에 기반한 오픈소스 라이브러리들이 너무나 쓰기 쉽게 잘 개발돼 있기 때문이다. 특히 BERT나 GPT는 전이학습 혹은 트랜스퍼 러닝이라고 해서, 이미 학습된 모형을 이용하므로 학습의 부담도 크게 줄어들었다. 기본적으로 학습이 된 모형에 대해 나의 데이터를 이용해 미세조정학습을 수행하면 되는데, 전체 학습에 비해 미세조정학습은 자원의 소모(시간과 컴퓨팅 파워)가 훨씬 덜하다. 지금은 이런 내용에 대해 이해가 어려울지라도 책의 내용을 따라 차근차근 공부해가면 후반부 쯤에서는 이해가 되리라고 기대한다.

딥러닝에서 가장 많이 사용되는 파이썬 라이브러리는 케라스(Keras)와 파이토치(PyTorch)다. 둘 다 훌륭한 라이브러리로 어느 것을 선택해도 좋다. 이 책에서는 상황에 따라 케라스와 파이토치를 섞어서 쓰려고 한다.

---

8 https://scikit-learn.org/stable/

1.4 텍스트 마이닝의 주요 적용분야

1.4.1 문서 분류

문서 분류는 주어진 문서에 대해 미리 정의된 클래스로 분류하는 작업을 말한다. 예를 들어 우리가 뉴스 기사를 읽으면 정치, 경제, 연예, 스포츠 등 대략 어느 분야에 속하는지 알 수 있다. 텍스트 마이닝은 이러한 작업을 대신할 수 있다. 메일의 내용을 분석해 스팸 메일의 여부를 결정하는 것도 대표적인 문서 분류의 예로, 문서의 내용이 호의적인지, 비호의적인지를 알아내는 것도 넓게 보면 문서 분류에 속한다고 할 수 있다. 문서 분류는 자연어 처리 및 텍스트 마이닝에서 가장 기본적이면서 동시에 활용범위가 가장 넓은 분야이기도 하다. 이 책에서는 주로 문서 분류를 중심으로 내용을 구성했다. 아래 기술된 분야는 방법론 측면에서 볼 때 문서 분류를 확장한 방법으로 볼 수 있으므로 분류 문제를 정확하게 이해한다면 다른 분야에 대한 이해도 쉬워질 수 있다.

1.4.2 문서 생성

문서 생성(Text Generation)은 사람이 쓴 것과 유사한 문장을 만들어내는 작업을 의미한다. 다른 텍스트 마이닝 작업들이 주어진 입력에 대해 판단을 하거나 변환을 하는 것에 비해, 문서 생성은 입력 데이터가 없다는 점에서 차이가 있다고 할 수 있다. 다만 시드(출발점)를 줄 수는 있다. 시(문학) 생성, 농담 생성, 이야기 생성 등의 분야가 있으나, 도전적이고 사람들의 관심을 끌기에 좋은 소재인 것에 비해 아직 실질적인 응용분야는 많지 않은 편이라고 할 수 있다.

1.4.3 문서 요약

문서 요약(Summarization)은 주어진 문서에서 중요하고 흥미 있는 내용을 추출해 요약문을 생성하는 작업을 의미한다. 이 책에서 딥러닝 기법 중 하나로 sequence-to-sequence 문제, 즉 단어의 시퀀스를 입력받아 다시 단어의 시퀀스를 출력하는 문제를 설명할 텐데, 이의 전형적인 예라고 할 수 있다. 즉 시퀀스 형태의 입력을 받아서, 비록 길이는 훨씬 짧지만 다시 시퀀스 형태로 출력한다.

1.4.4 질의응답

질의응답(Question Answering)은 주어진 문장(context)을 읽고, 주어진 문제(question)에 대해 올바른 답(answer)을 생성하는 작업으로 공학적으로는 문서 요약과 유사하다고 할 수 있다. 역시 sequence-to-sequence 문제에 속한다. 현재 가장 큰 주목을 받는 챗봇의 주요 미래 기술이라고 할 수 있으나, 문서 분류와 같은 분야에 비해 아직은 발전의 여지가 많다고 할 수 있다.

1.4.5 기계번역

한 언어로 작성된 문서를 다른 언어로 번역하는 것은 두 언어를 모두 아는 사람에게도 쉽지 않은 작업이다. 기계번역(Machine Translation)은 자연어 처리를 발전하게 한 출발점인 동시에 그와 같은 관점에서 볼 때 가장 중요한 분야이기도 하다. 기계번역을 하려면 두 가지 언어체계를 완벽하게 이해해야 하므로 '자연어 이해'(natural language understanding)를 전제로 한다. sequence-to-sequence 모형이 처음 도입한 분야이며 이 분야에서의 치열한 연구와 발전 덕분에 텍스트 마이닝에서의 딥러닝 기법이 발전했다고 볼 수 있다. 지난 몇 년간 구글의 번역 성능은 정말로 눈부시게 성장했다.

1.4.6 토픽 모델링

토픽 모델링(Topic modeling)은 여러 문서에서 공통으로 등장하는 토픽(주제)을 추출하는 방법으로, 다수의 문서에 잠재된 내용을 파악하는 데 활용한다. 예를 들어 특정인의 연설문을 분석해 다수의 연설문에 내재한 다양한 토픽을 파악하고, 각 토픽이 한 문서에서 어느 정도의 비중을 차지하는지와 같은 정보를 분석할 수 있다. 토픽 모델링은 다른 대부분의 텍스트 마이닝 분야가 머신러닝과 딥러닝 기법들을 사용한 것과 달리 통계에 기반한 방법론을 사용했으나 점차 딥러닝을 활용한 방법론도 개발되고 있다.

1.5 이 책의 실습 환경과 사용 소프트웨어

1.5.1 기본 실습 환경

책에서 사용된 예제는 64비트 윈도우 10 운영체제와 파이썬 3.8 환경에서 작성됐다. 파이썬을 비롯해 자연어 처리 라이브러리인 NLTK[9]와 머신러닝을 위한 사이킷런[10], 그리고 기본적인 데이

---

9 https://www.nltk.org/
10 https://scikit-learn.org/stable/index.html

터 처리 및 시각화를 위한 넘파이[11], 판다스[12]는 아나콘다(Anaconda)[13]로 설치했다. 책과 동일하게 파이썬 3.8 환경을 사용하고 싶다면 아나콘다 설치 후 가상환경을 설정할 때 파이썬 버전을 지정하거나 전체 파이썬 버전을 변경할 수 있다.

1.5.2 자연어 처리 관련 라이브러리

영문 자연어 처리는 NLTK를 기본으로 사용하며, 한글에 대해서는 KoNLPy[14]를 사용한다. NLTK를 활용하려면 추가로 다운로드해야 할 패키지들이 있는데, 이에 대해서는 2장에서 상세히 설명했다. 또한 8장 감성분석에서 사용하는 패키지인 TextBlob, AFINN, VADER에 대해서는 8장에서 그 내용과 설치방법을 설명한다.

1.5.3 머신러닝 관련 라이브러리

자연어 전처리 후에 다양한 텍스트 마이닝을 하기 위한 패키지로는 사이킷런을 사용한다. 머신러닝과 관련한 대부분의 작업은 사이킷런으로 이뤄지지만, 토픽 모델링은 사이킷런에 외에 젠심(Gensim)[15]을 추가로 사용하며 7장에서 패키지 내용과 설치방법을 설명한다.

1.5.4 딥러닝 관련 라이브러리

현재 가장 많이 사용되는 딥러닝 라이브러리는 텐서플로(TensorFlow)[16]와 파이토치[17]다. 이 책의 10장과 12장에서는 각각 RNN(Recurrent Neural Network)과 CNN(Convolutional Neural Network)의 구현을 위해 텐서플로를 사용하고, 14~16장에서는 BERT 구현을 위해 파이토치를 사용했다.

---

11 https://numpy.org/
12 https://pandas.pydata.org/
13 https://www.anaconda.com/
14 https://konlpy.org/en/latest/
15 https://radimrehurek.com/gensim/
16 https://www.tensorflow.org/
17 https://pytorch.org/

02

텍스트 전처리

2.1 텍스트 전처리의 개념

자연어 처리(NLP)는 컴퓨터와 인간 언어 간의 상호 작용과 관련된 언어학, 컴퓨터 과학 및 인공 지능의 하위 분야로, 특히 대량의 자연어 데이터를 처리하고 분석할 수 있도록 컴퓨터를 프로그래밍하는 방법을 말한다. – Wikipedia [1]

위 글은 영문 위키피디아에 있는 Natural Language Processing에 대한 설명을 구글 번역기로 번역하고 살짝 다듬은 글이다. 지난 몇 년간 기계번역(Machine Translation — 컴퓨터를 사용해 언어를 번역하는 작업)은 눈부시게 발전했으며, 덕분에 위 번역된 글도 비교적 자연스럽게 읽힌다. 이와 같은 기계번역도 자연어 처리의 한 분야로 볼 수 있는데, 위키피디아의 정의를 조금 풀어서 설명한다면 자연어 처리는 자연어로 쓰여진 글을 전처리하는 준비단계와, 전처리된 결과를 컴퓨터가 다루고 이해할 수 있는 형태로 변환하는 단계, 그리고 변환된 형태를 이용해 다양한 분석을 수행하는 단계로 나누어 생각할 수 있다. 텍스트의 전처리는 일반적으로 공통적인 과정을 거치며, 컴퓨터가 다룰 수 있는 형태로 변환하는 작업은 분석의 목적과 방법론에 따라 달라진다. 문서에 대한 다양한 분석 작업에는 문서의 분류, 문서의 요약, 문서의 생성, Q&A의 답 생성,

---

1 https://en.wikipedia.org/wiki/Natural_language_processing

기계번역 등이 있다. 여기서는 머신러닝과 딥러닝을 포함한 다양한 방법들로 자연어 문서를 분석하기에 앞서, 대부분의 자연어 처리에서 공통적으로 수행되는 텍스트 전처리 단계에 대해 설명하고자 한다.

2.1.1 왜 전처리가 필요한가?

문서 혹은 텍스트는 프로그래밍 언어 안에서 문자열로 표현된다. 프로그래밍 언어에서 문자열은 '기호의 순차수열'로 정의되는데 이는 문자열이 문자 단위로 저장되고 이해된다는 것을 의미한다. 우리가 일반적으로 하나의 문장을 이해할 때는 사용된 단어들의 순차수열로 이해한다. 즉 각각의 단어를 이해하고 그 단어들의 순서에 따라 의미를 이해한다. 따라서 컴퓨터에게 어떤 문장을 이해시키고 싶다면 하나의 문자열로 이루어진 문장 혹은 문서를 단어 단위로 나눈 후에 이 단어들의 리스트 형태로 변환해주어야 한다. 이 과정에서 쓸모없다고 생각되는 문자는 제거한다. 다음 문장은 윤동주 시인의 〈별 헤는 밤〉이라는 시의 한 구절이다.

"계절이 지나가는 하늘에는 가을로 가득 차 있습니다."

이 문장을 다음과 같은 단어들의 리스트로 변환할 수 있다.

['계절이', '지나가는', '하늘에는', '가을로', '가득', '차', '있습니다']

이렇게 텍스트를 전처리해두면 향후에 문서 분류와 같은 작업을 용이하게 할 수 있게 된다. 이 과정에서 별 쓸모 없는 부호나 단어가 있으면 제거한다. 예를 들어 문장 마지막의 마침표는 포함하지 않았다. 그리고 '있습니다'와 같은 단어는 '있다'로부터 파생된 단어이므로 다른 문장과의 비교를 위해서 '있다'로 변환해주는 것이 더 효율적일 수 있다.

2.1.2 전처리의 단계

텍스트 전처리(Text Preprocessing)는 '주어진 텍스트에서 노이즈와 같이 불필요한 부분을 제거하고, 문장을 표준 단어들로 분리한 후에, 각 단어의 품사를 파악하는 것'까지를 의미한다. 전처리의 단계를 정리하면 다음과 같다.

1. **정제**(cleaning): 분석에 불필요한 노이즈를 제거(noise removal)하는 작업을 말한다. 보통 노이즈의 제거는 토큰화 이전에 이루어지나, 토큰화 이후에도 필요한 경우 정제작업은 지속적으로 이루어진다. 예를 들어

사전에 있는 유의미한 단어라 하더라도 분석에 별 도움이 안 되는 단어들은 제거하게 되는데 이를 불용어 제거(stopword removal)라고 하며, 토큰화 이후에도 틈틈이 필요한 시점에 수행한다.

2. **토큰화**(Tokenization): 주어진 텍스트를 원하는 단위(토큰, token)로 나누는 작업을 말한다. 원하는 단위 가 문장인 경우에는 문장 토큰화(sentence tokenization)라고 하고, 단어인 경우에는 단어 토큰화(word tokenization)라고 한다. 일반적으로 그냥 토큰화라고 하면 단어 토큰화를 의미한다. 반드시 필요하다면 최 소단위의 토큰은 꼭 단어가 아니어도 된다. 최근 딥러닝 기법에서는 더 높은 성능을 위해 단어보다 더 작은 단위로 토큰화를 하는 경우도 있다. 그러나 지금은 단어를 토큰으로 생각하는 편이 이해하기 쉬울 것이다.

3. **정규화**: 같은 의미를 가진 동일한 단어임에도 불구하고 다른 형태로 쓰여진 단어들을 통일시켜서 표준 단어 로 만드는 작업을 말한다. 예를 들어 go가 he, she와 같은 3인칭 단수와 쓰일 때는 goes가 되는데, go와 goes를 같은 단어로 봐야 할 때도 있다. 이와 같이 go의 다양한 변형을 원형의 형태로 통일하는 작업을 정 규화라고 한다. 정규화는 방법에 따라 어간 추출과 표제어 추출(lemmatization)로 나뉜다.

4. **품사 태깅**: 품사는 단어를 문법적인 기능에 따라 분류한 것을 말하며, 명사, 대명사, 동사, 형용사 등이 있다. 품사 태깅은 앞서 토큰화한 단어에 대해 품사를 파악해 부착하는 것을 의미한다. 같은 단어도 문맥에 따라 의미와 품사가 바뀔 수 있으므로 정확한 품사를 알려면 문맥을 파악해야 한다.

2.1.3 실습 구성

텍스트 전처리의 실습 구성은 다음과 같다.

- 텍스트 전처리는 영어와 한글에 대한 내용을 모두 포함한다.
- 전반적인 실습과정은 영어를 기준으로 구성하되, 필요한 시점에 한국어에 대한 내용을 별도로 구성했다.
- 영어에 대한 텍스트 전처리 실습은 잘 알려진 NLTK 패키지를 이용하며, 한글에 대한 텍스트 전처리는 마찬 가지로 잘 알려진 KoNLPy(Korean NLP in Python) 패키지를 이용한다.

2.2 토큰화

NLTK [2]는 교육용으로 개발된 자연어 처리 및 문서 분석용 파이썬 패키지로, WordNet을 비롯 해 자연어 처리를 지원하는 다양한 라이브러리와 문서(말뭉치) 그리고 예제들을 제공한다. 이

---

2 https://www.nltk.org/

책에서는 NLTK를 이용해 영어에 대한 텍스트 전처리 과정을 실습하고자 하며, NLTK 패키지
는 아나콘다에 기본으로 포함돼 있으나 필요한 세부 패키지는 사용 전에 따로 다운로드해야 한
다. 이 책의 실습을 하기 위해 새로운 가상환경을 만들고자 한다면 NLTK를 별도로 설치해야 하
며, 설치방법은 NLTK 홈페이지[3]를 참조하면 된다. 이 실습을 위해서는 먼저 아래와 같이 nltk.
download를 사용해 'punkt', 'webtext', 'wordnet', 'stopwords'를 다운로드하고 설치한다.

```
# 필요한 nltk 라이브러리를 다운로드
import nltk
nltk.download('punkt')
nltk.download('webtext')
nltk.download('wordnet')
nltk.download('stopwords')
nltk.download('averaged_perceptron_tagger')
```

2.2.1 문장 토큰화

토큰화는 앞서 설명한 바와 같이 주어진 텍스트를 원하는 단위(토큰, token)로 나누는 작업을
말한다. 먼저 나누려는 단위가 문장인 경우에 사용하는 문장 토큰화를 알아보자. 문장 토큰화는
여러 문장으로 이루어진 텍스트를 각 문장으로 나누는 것으로 nltk의 sent_tokenize를 사용한다.
실행 예제는 다음과 같다.

```
para = "Hello everyone. It's good to see you. Let's start our text mining class!"

from nltk.tokenize import sent_tokenize

# 주어진 텍스트를 문장 단위로 토큰화. 주로 . ! ? 등을 이용
print(sent_tokenize(para))
```

[실행 결과]
```
['Hello everyone.', "It's good to see you.", "Let's start our text mining class!"]
```

---

3 https://www.nltk.org/install.html

위 예에서는 대상이 되는 텍스트를 para에 저장하고 sent_tokenize()를 임포트한 후, sent_tokenize()에 para를 인수로 주고 실행한 결과를 출력했다. 출력된 결과를 보면 각 문장을 문자열로 갖는 리스트임을 알 수 있다.

내부적으로 sent_tokenize는 영어 학습 데이터에 대해 사전학습된 모델을 사용해 토큰화한다. 다른 언어에 대해 문장 토큰화를 하려면 다음과 같이 사전학습된 모델을 지정해 불러올 수 있다. 다음은 프랑스어를 학습한 모델을 사용하는 예다.

```
paragraph_french = """"Je t'ai demand  si tu m'aimais bien, Tu m'a r pondu non.
Je t'ai demand  si j' tais jolie, Tu m'a r pondu non.
Je t'ai demand  si j' tai dans ton coeur, Tu m'a r pondu non."""

import nltk.data
tokenizer = nltk.data.load('tokenizers/punkt/french.pickle')
print(tokenizer.tokenize(paragraph_french))
```

[실행 결과]

```
["Je t'ai demand  si tu m'aimais bien, Tu m'a r pondu non.", "Je t'ai demand  si j' tais
jolie, Tu m'a r pondu non.", "Je t'ai demand  si j' tai dans ton coeur, Tu m'a r pondu
non."]
```

NLTK에는 한글에 대해 사전학습된 모델은 아직 없다. 그러나 문장 토큰화는 각 문장의 끝에 있는 마침표 등을 기준으로 분리하도록 학습되어 있으므로, 영어로 학습된 모델도 한국어에 대해 어느 정도 잘 작동할 것으로 예측할 수 있다. 한글에 대한 작동 여부를 알아보기 위해 아래 예제를 실행해 본다.

```
para_kor = "안녕하세요, 여러분. 만나서 반갑습니다. 이제 텍스트마이닝 클래스를 시작해봅시다!"

# 한국어에 대해서도 sentence tokenizer는 잘 작동함
print(sent_tokenize(para_kor))
```

[실행 결과]

```
['안녕하세요, 여러분.', '만나서 반갑습니다.', '이제 텍스트마이닝 클래스를 시작해봅시다!']
```

위 예를 보면 별다른 문제 없이 작동하는 것을 확인할 수 있다.

2.2.2 단어 토큰화

일반적으로 토큰화라고 하면 단어 토큰화(word tokenize)를 의미하며, 단어 토큰화는 대상이 되는 텍스트를 단어 단위로 분리하는 작업을 말한다. NLTK에서는 word_tokenize로 단어 토큰화를 할 수 있다. 단어 토큰화를 하려고 반드시 문장 토큰화를 수행할 필요는 없으며, 문장 단위의 분석이 필요할 때만 문장 토큰화를 하면 된다.

```
from nltk.tokenize import word_tokenize

# 주어진 text를 word 단위로 tokenize함
print(word_tokenize(para))
```

[실행 결과]

```
['Hello', 'everyone', '.', 'It', "'s", 'good', 'to', 'see', 'you', '.', 'Let', "'s",
'start', 'our', 'text', 'mining', 'class', '!']
```

위 결과를 보면 마침표나 느낌표가 별도의 단어로 분리되어 있으며, It's는 It과 's로 분리됨을 볼 수 있다. NLTK의 WordPunctTokenizer를 사용할 때 결과가 바뀌는지를 보기 위해 아래 코드를 실행해본다.

```
from nltk.tokenize import WordPunctTokenizer
print(WordPunctTokenizer().tokenize(para))
```

[실행 결과]

```
['Hello', 'everyone', '.', 'It', "'", 's', 'good', 'to', 'see', 'you', '.', 'Let', "'",
's', 'start', 'our', 'text', 'mining', 'class', '!']
```

word_tokenize와는 달리 WordPunctTokenizer는 It's를 It, ', s의 세 토큰으로 분리하는 것을 볼 수 있다. 이는 두 토크나이저(tokenizer)가 서로 다른 알고리즘에 기반하기 때문이다. 따라서 사용자는 토크나이저의 특성을 파악하고 자신의 목적에 맞는 토크나이저를 선택할 필요가 있다.

이제 word_tokenizer를 한글에도 사용할 수 있는지 알아보기 위해 아래 코드를 실행한다.

```
print(word_tokenize(para_kor))
```

[실행 결과]
```
['안녕하세요', ',', '여러분', '.', '만나서', '반갑습니다', '.', '이제', '텍스트마이닝',
'클래스를', '시작해봅시다', '!']
```

영어를 기준으로 설명할 때에는 단어 토큰화를 단어 단위로 분리한다고 설명할 수 있으나, 한글을 기준으로 할 때에는 이 설명이 명확하지 않게 느껴진다. 한글에서의 단어는 어떻게 정의될까? 한글을 대상으로 하는 토큰화는 엄밀하게 말하자면 의미를 가지는 최소단위, 즉 형태소로 텍스트를 분리하는 것을 의미한다. 그런 관점에서 볼 때 위 결과는 어딘가 이상하게 느껴진다. '안녕하세요'의 경우 '안녕'과 '하세요'를 분리하는 것이 더 맞을 것 같다. 영어는 보통 모든 단어를 공백으로 분리할 수 있어 어렵지 않게 단어 토큰화할 수 있지만, 한국어에서는 의미를 이루는 최소 단위가 공백 없이 붙어 있는 경우가 많아서 공백을 이용한 분리만으로는 부족하게 느껴진다.

따라서 한국어 텍스트를 정확하게 토큰화하려면 영어와는 다른 방법이 필요하다. 공백과 같이 단어를 구분해 주는 것들을 단어 경계(word boundary)라고 한다. 공백만으로 토큰화가 잘 되지 않는다면 새로운 방법으로 단어를 분리해야 하고 이와 같은 작업을 단어 분할(word segmentation)이라고 한다. 한국어에 대해서는 다양한 단어 분할 방법을 적용할 필요가 있다.

파이썬 기반의 한글에 대한 토큰화 및 형태소 분석기는 잘 알려진 KoNLPy가 있으며, KoNLPy를 이용한 한글 전처리는 영어 문서에 대한 실습을 마치고 해보기로 한다.

2.2.3 정규표현식을 이용한 토큰화

NLTK가 제공하는 함수를 이용해 토큰화를 하면 간편하다는 장점이 있으나, 한편으로는 내가 원하는 대로 세밀하게 토큰화하기 어렵다는 단점도 있다. 이때 정규표현식을 이용하면 NLTK를 쓰지 않고도 다양한 조건에 따라 토큰화할 수 있다. 다만 정규표현식을 익혀야 한다는 부담은 있다. 정규표현식은 regex 혹은 regexp라고 줄여서 표현되며, 문자열에 대해 원하는 검색 패턴을 지정하는 방법이다. 이 패턴은 보통 문자열을 검색하고 치환하는 데 사용된다. regexr 홈페이지[4]에 가면 다양한 정규표현식에 대해 배우고 테스트할 수 있다. 위키독스 점프 투 파이썬의 7장[5]은 한글로 정규표현식을 잘 설명하고 있으며, 잘 익혀 두면 유용하게 쓸 수 있다.

---

4 https://regexr.com/
5 https://wikidocs.net/4308

정규표현식은 앞에서 설명한 바와 같이 대상 문자열로부터 원하는 패턴의 문자열을 검색하는 데 사용한다. "Hi, how are you?"에서 정확히 'are'만 검색하고 싶다면 검색어를 'are'로 주면 된다. 그러나 a로 시작하는 모든 단어를 검색하고 싶다면 검색어를 어떻게 해야 할까? 이럴 때 쓸 수 있는 것이 정규표현식이다. 정규표현식에서는 메타 문자로 패턴을 표현한다. 주로 사용되는 메타 문자 중 가장 먼저 알아둘 것은 문자 클래스인 []이다. 문자 클래스는 그 사이에 들어있는 문자와 매칭한다. [abc]라고 쓰면 a, b, c 중 하나라도 일치하는 문자들을 가져온다.

파이썬에서 정규표현식을 지원하는 라이브러리는 re다. 정확한 이해를 위해 아래 예를 보자.

```
import re
re.findall("[abc]", "How are you, boy?")
```

[실행 결과]

```
['a', 'b']
```

re 패키지의 findall() 함수는 첫째 인수의 패턴을 둘째 인수인 문자열에서 검색해서 매칭되는 모든 값들을 반환해준다. 따라서 앞의 코드를 실행하면 "How are you, boy?"에서 a, b, c 중에 해당하는 모든 문자를 찾아서 가져온다. 반환된 a, b는 각각 are와 boy의 첫 글자다.

숫자를 찾고 싶다면 어떻게 해야 할까? [0123456789]라고 써주면 된다.

```
re.findall("[0123456789]", "3a7b5c9d")
```

[실행 결과]

```
['3', '7', '5', '9']
```

문자열에서 숫자들을 찾아서 반환한 것을 볼 수 있다. [0123456789]를 줄여서 쓰고 싶다면 -를 사용하면 된다. 즉 [0-9]라고 쓰면 숫자가 된다. 마찬가지로 대소문자를 포함한 모든 알파벳을 검색하고 싶다면 [a-zA-Z]라고 쓰면 된다. 알파벳과 숫자에 _까지 검색하고 싶다면 [a-zA-Z0-9_]라고 쓰면 되는데, 고맙게도 이에 대한 줄임 표현인 \w가 있으니 길게 쓰지 않아도 된다. 아래 예를 보자.

```
re.findall("[\w]", "3a 7b_ '.^&5c9d")
```

[실행 결과]

```
['3', 'a', '7', 'b', '_', '5', 'c', '9', 'd']
```

일부러 특수문자들을 섞었는데도 알파벳, 숫자, _를 잘 찾아낸다. 그다음으로 중요한 메타 문자
는 +다. +는 한 번 이상의 반복을 의미한다. 예를 들어 문자열에서 _가 한 번 이상 반복된 부분을
찾고 싶다면 아래와 같이 쓸 수 있다.

```
re.findall("[_]+", "a_b, c__d, e___f")
```

[실행 결과]

```
['_', '__', '___']
```

\w에는 공백(스페이스)이 포함되지 않는다. 이 특징을 이용하면 다음과 같이 주어진 문자열에서
공백이나 쉼표 등으로 구분되는 단어들을 찾아낼 수 있다.

```
re.findall("[\w]+", "How are you, boy?")
```

[실행 결과]

```
['How', 'are', 'you', 'boy']
```

위 결과를 보면, 우리가 지금까지 배운 단어 토큰화와 거의 같은 결과를 제공하는 것을 볼 수 있
다. 마지막으로 반복 횟수를 지정하는 방법을 알아보자. +가 1번 이상 반복을 나타내는 반면, {}
을 이용하면 정확한 반복 횟수를 지정할 수 있다. o가 2~4회 반복된 문자열만 찾아내고 싶다면
다음과 같이 할 수 있다.

```
re.findall("[o]{2,4}", "oh, hoow are yoooou, booooooooy?")
```

[실행 결과]

```
['oo', 'oooo', 'oooo', 'ooo']
```

실행 결과를 보면 oh의 o는 한 번이므로 검색되지 않았다. 반면 booooooooy는 o가 7개이므로 최대
개수인 앞 네 개가 매칭되고 남은 뒤의 세 개가 또 매칭됐다. 즉 'oo'는 hoow에서, 첫째 'oooo'는
yoooou에서, 둘째 'oooo'는 booooo에서, 'ooo'는 oooy에서 매칭됐다. 여기까지 이해했다면 이제 정
규표현식을 이용한 토크나이저를 이해할 수 있게 됐다.

NLTK에서는 정규표현식을 사용하는 토크나이저를 아래와 같이 RegexpTokenizer로 제공한다. RegexpTokenizer() 함수의 인수로 원하는 정규표현식을 주면 그에 따라 토큰화를 수행한다.

```
from nltk.tokenize import RegexpTokenizer

# regular expression(정규식)을 이용한 tokenizer
# 단어 단위로 tokenize \w:문자나 숫자를 의미. 즉 문자나 숫자 혹은 '가 반복되는 것을 찾아
냄
tokenizer = RegexpTokenizer("[\w']+")

# can't를 하나의 단어로 인식
print(tokenizer.tokenize("Sorry, I can't go there."))
```

[실행 결과]

```
['Sorry', 'I', "can't", 'go', 'there']
```

위 예에서는 정규표현식으로 [\w']+를 썼다. 배운 대로 이해하면, 문자, 숫자, _ 외에 아포스트로 피(')까지 포함해 단어를 구분한다. 즉 그 외의 문자는 단어를 구분하는 단어 경계로 사용된다. 결과를 보면 "can't"가 포함돼 있다. 즉 '도 단어를 구성하는 요소로 본다는 뜻이다. '를 정규표현식에서 빼면 어떻게 될까?

```
tokenizer = RegexpTokenizer("[\w]+")
print(tokenizer.tokenize("Sorry, I can't go there."))
```

[실행 결과]

```
['Sorry', 'I', 'can', 't', 'go', 'there']
```

결과에서 보듯이 can't는 can과 t로 나누어진다.

좀 더 복잡하게, 먼저 주어진 텍스트를 모두 소문자로 바꾸고 '를 포함해 세 글자 이상의 단어들만 골라내고 싶다면 어떻게 해야 할까? 이전에 배운 메타 문자 {}에서 어떤 수 이상을 표현하고 싶다면 뒤의 숫자를 아래와 같이 그냥 생략하면 된다.

```
text1 = "Sorry, I can't go there."
tokenizer = RegexpTokenizer("[\w']{3,}")
print(tokenizer.tokenize(text1.lower()))
```

[실행 결과]

```
['sorry', "can't", 'there']
```

2.2.4 노이즈와 불용어 제거

정규표현식을 이용한 토큰화 과정을 보면, 그 과정에서 특수문자와 같은 불필요한 문자들 혹은 노이즈가 삭제된 것을 볼 수 있다. 토큰화 과정과 별도로 정규표현식을 이용한 치환을 통해 원하는 패턴의 노이즈를 제거할 수도 있다. 불용어는 의미 없는 특수문자 등과는 별도로, 실제 사용되는 단어이지만 분석에는 별 필요가 없는 단어들을 말한다. 예를 들어 영어의 경우에는 길이가 짧은 단어들을 삭제함으로써 많은 불용어들을 삭제하는 것이 가능하다. 보통 불용어는 빈도가 너무 적거나 혹은 반대로 빈도가 너무 많아서 별 필요가 없는 단어들이다. 그 외에 분석의 목표 관점에서 볼 때 필요 없는 단어들도 존재한다.

길이가 짧은 단어들은 위에서 살펴본 바와 같이 정규표현식을 써서 쉽게 제거할 수 있다. 영어에서는 위 예와 같이 보통 길이가 3 미만인 단어들은 삭제하는 것이 일반적이다.

그 외에 특정 단어를 지정해 불용어 사전을 만들고, 사전을 참조해 불용어를 삭제할 수 있다. NLTK에서는 stopwords라는 라이브러리를 이용해 언어별 불용어 사전을 제공한다. 아래 예에서는 NLTK의 영어 불용어 사전에 등재된 값을 사용해 불용어를 제거하는 것을 보여준다.

```
from nltk.corpus import stopwords  # 일반적으로 분석대상이 아닌 단어들
english_stops = set(stopwords.words('english'))  # 반복이 되지 않도록 set으로 변환

text1 = "Sorry, I couldn't go to movie yesterday."

tokenizer = RegexpTokenizer("[\w']+")
tokens = tokenizer.tokenize(text1.lower())  # word_tokenize로 토큰화

# stopwords를 제외한 단어들만으로 list를 생성
result = [word for word in tokens if word not in english_stops]

print(result)
```

[실행 결과]

```
['sorry', 'go', 'movie', 'yesterday']
```

위 결과를 보면, I, couldn't, to가 제거된 것을 볼 수 있다. 즉, 이 세 단어는 NLTK가 제공하는 영어 불용어 사전에 포함돼 있다는 것을 의미한다. 불용어 사전을 출력해보면 어떤 단어들이 등록돼 있는지 알 수 있다.

```
# nltk가 제공하는 영어 stopword를 확인
print(english_stops)
```

[실행 결과]

```
{'both', 'll', 'has', 'his', 'where', 'again', 'until', 'between', 'just', 'isn',
'its', 'about', 'are', 'whom', "won't", 'do', 'himself', 'yourself', 'no', 't', 'am',
'through', 'ours', 'on', "that'll", 'who', 'up', 'did', "isn't", 'i', "you've",
'should', 'any', 'is', 're', 'she', 'hasn', 'below', 'itself', 'over', "aren't", 'in',
'our', "you're", 'from', 'does', 'under', "needn't", "it's", 'not', 'with', 'such',
'before', 'y', 'by', 'yours', 'hers', 'they', 'for', "doesn't", 'her', 'hadn', "hav-
en't", 'being', 'because', 'after', 'so', 'ma', 'had', 'than', 'some', 'and', 'to',
'out', 'shouldn', 'mightn', 'while', 'own', 'weren', 'these', 'having', 'we', 'been',
'other', 'was', 'as', 'off', 'only', 'there', 'haven', "wouldn't", "didn't", 'doesn',
'him', 'wasn', 'm', 'won', 'at', 'against', 'most', 's', 'can', 'all', 'me', 'now',
"mightn't", 'myself', "hasn't", 'will', 'but', 'couldn', 'shan', 'here', 'it', 'which',
'during', 'be', 'wouldn', "don't", 'an', 'into', 'then', 'same', 'yourselves', 'don',
'how', 'what', 'them', 'those', 'herself', 'my', 'further', 'd', "couldn't", 'you',
'more', "weren't", 'or', "she's", 'too', 'o', 'he', 'were', 'have', "wasn't", 'if',
"you'll", 'ourselves', 'mustn', 'why', 'down', 'above', 'of', 'ain', 'few', "shan't",
'didn', 'their', 'the', 'themselves', 'aren', 'each', 'very', 'this', 've', "mustn't",
"shouldn't", "you'd", "hadn't", 'theirs', 'doing', 'that', 'when', 'a', "should've",
'nor', 'your', 'needn', 'once'}
```

불용어 사전을 이용한 불용어 제거 방법을 이해했다면 자신만의 불용어 사전을 만들어서 불용어를 쉽게 제거할 수 있다. 불용어 사전은 다음과 같이 리스트로 쉽게 구현할 수 있다.

```
# 자신만의 stopwords를 만들고 이용
# 한글처리에도 유용함
# 나만의 stopword를 리스트로 정의
my_stopword = ['i', 'go', 'to']
```

```
result = [word for word in tokens if word not in my_stopword]
print(result)
```

[실행 결과]

```
['sorry', "couldn't", 'movie', 'yesterday']
```

2.3 정규화

정규화는 같은 의미를 가진 동일한 단어이면서 다른 형태로 쓰여진 단어들을 통일해 표준 단어로 만드는 작업을 말한다. 예를 들어 go가 he, she 같은 3인칭 단수와 쓰일 때는 goes가 되는데, 필요에 따라 go와 goes를 같은 단어로 취급해야 할 때가 있다. 이와 같이 go의 다양한 변형을 원형의 형태로 통일하는 작업을 정규화라고 한다. 한글의 경우에는 '가다'라는 기본형이 '간다', '갔다', '가는 중이다', '가려고 한다' 등으로 변화되는 예를 들 수 있는데, 한눈에 보기에도 영어에 비해 훨씬 어렵다는 것이 느껴진다. 정규화는 방법에 따라 어간 추출과 표제어 추출로 나뉜다.

2.3.1 어간 추출

어간 추출은 "어형이 변형된 단어로부터 접사 등을 제거하고 그 단어의 어간을 분리해 내는 작업"을 말한다. 그러나 이렇게 잘 정의된 설명을 들어도 언어학에 대해 잘 알지 못하는 보통 사람은 그 의미를 이해하기가 쉽지 않다. 어형, 접사, 어간 등의 단어들이 익숙하지 않기 때문이다. 언어학과 관련된 이러한 단어들은 서로 설명이 얽혀 있어서 한 번에 하나씩 이해하는 것도 쉽지가 않다. **어형**은 단어의 형태를 의미하고, **어간(stem)**은 어형변화에서 변화하지 않는 부분을 말한다. 다른 말로 어간은 용언의 바뀌지 않는 부분이고, 어미는 바뀌는 부분이다. 여기서 용언이라는 새로운 단어가 등장하기 때문에 꼬리에 꼬리를 물고 새로운 단어들을 이해해야 한다. **용언**은 문장 안에서 서술하는 구실을 하는 동사와 형용사를 말한다. 이제 조금씩 감이 오기 시작한다. 예를 들어 우리말에서 명사는 그 형태가 바뀌는 경우가 잘 없으나, 동사와 형용사는 시간에 따라서 혹은 다른 이유로 모양이 바뀌게 된다. '간다', '갔다'는 시간에 따라 바뀐 예이고, '작다', '작고', '작으니'는 시간 외에 다른 이유로 바뀐 예다. '간다'의 경우는 '가'가 바뀌지 않는 부분이고, '작다'는 '작'이 바뀌지 않는 부분이다. 즉, 바뀌지 않는 '가', '작'과 같은 부분을 어간이라고 하고, 그 외에 나머지 바뀌는 부분을 어미라고 한다. 이제 어간 추출이라는 말을 좀 이해했을 것이다. 동사와 형용사가 서술의 시제나 묘사 의도에 따라 다양하게 변화할 때 변화하지 않는 부분을 어간이라고 하고, 어간 추출은 그러한 어간을 분리하는 작업이다.

어형변화는 어떤 단어가 동일한 어간을 가지고 동일한 품사를 유지하면서, 그 어미를 여러 가지로 변화시켜 그에 따라 문법적 기능도 변화하는 현상을 말하는데, 이제 정확하게 이 설명을 이해하지 못한다 해도 어느 정도는 짐작이 된다. 어형변화는 시간의 경과와 함께 단어의 형태가 변하는 통시적 어형변화와 음소적 배합관계나 활용을 비롯한 문법적 현상에 따른 공시적 어형변화가 있다. 통시적 어형변화는 앞서 설명한 '간다', '갔다'를 말하고, 공시적 어형변화는 '작다', '작고', '작으니'를 말한다는 것도 이제 어느 정도 이해가 된다.

영어와 우리말은 원리와 구조가 다르므로 어간 추출도 달라질 수밖에 없다. 영어의 경우에는 명사가 복수형으로 기술된 것을 단수형으로 바꾸는 작업도 어간 추출에 포함된다. 영어에 대한 어간추출 알고리즘으로는 포터 스테머(Porter Stemmer), 랭카스터 스테머(Lancaster Stemmer) 등이 잘 알려져 있다.

포터 스테머: 포터 스테머는 마틴 포터가 작성한 스테밍 알고리즘으로 1980년 7월 Program 저널에 실렸다. 포터 스테머는 매우 널리 사용됐으며 영어분야에서는 사실상의 표준(de facto standard)이 됐다. 포터 박사는 스테밍 및 정보 검색에서의 공로를 인정 받아 2000년 토니 켄트 스트릭스 상(Tony Kent Strix award)을 수상했다. 아래 코드는 NLTK의 포터 스테머를 사용해 어간 추출을 하는 예다.

```
from nltk.stem import PorterStemmer
stemmer = PorterStemmer()
print(stemmer.stem('cooking'), stemmer.stem('cookery'),stemmer.stem('cookbooks'))
```

[실행 결과]
```
cook cookeri cookbook
```

위 예를 보면 cookery의 어간으로 cookeri를 제시하는데, 이는 뒤의 y를 i로 대체하는 규칙에 따라 생성된 것으로 사전에 있는 단어는 아니다. 이와 같이 스테머 알고리즘은 단어가 변형되는 규칙을 이용해 원형을 찾으므로, 그 결과가 항상 사전에 있는 올바른 단어가 되지는 않는다. 중요한 것은 포터 스테머를 쓰면 모든 단어가 같은 규칙에 따라 변환된다는 것이다. 즉 변환된 단어가 올바른 단어가 아니더라도, 동일한 형태로 변환됐으므로 분석의 의도를 충족시킬 수 있다.

처음 스테머를 사용하면 예상하지 않은 결과가 나오는 것에 당황하고 이렇게 허술하게 분석하는 것이 말이 되나 싶지만, 최종 단계까지의 과정과 원리를 잘 이해하면 왜 이렇게 해도 되는지를 알게 된다.

다음은 토큰화와 결합해 어간 추출을 하는 예다.

```python
from nltk.tokenize import word_tokenize

para = "Hello everyone. It's good to see you. Let's start our text mining class!"
tokens = word_tokenize(para)  # 토큰화 실행
print(tokens)
result = [stemmer.stem(token) for token in tokens]  # 모든 토큰에 대해 스테밍 실행
print(result)
```

[실행 결과]

```
['Hello', 'everyone', '.', 'It', "'s", 'good', 'to', 'see', 'you', '.', 'Let', "'s",
'start', 'our', 'text', 'mining', 'class', '!']
['hello', 'everyon', '.', 'It', "'s", 'good', 'to', 'see', 'you', '.', 'let', "'s",
'start', 'our', 'text', 'mine', 'class', '!']
```

위 결과를 보면 각 단어들에 대해 어떻게 어간추출이 됐는지 확인할 수 있다. 예를 들어 everyone은 everyon이 되고 mining은 mine이 된다.

랭카스터 스테머(The LancasterStemmer class): 랭카스터 스테머는 포터 스테머와는 다른 알고리즘을 사용하므로 결과도 조금씩 다르다. 어떤 스테머를 선택할지는 둘 다 수행해서 최종결과를 비교해 보면 결정할 수 있다. 분석의 목적이나 대상에 따라 더 좋은 성능을 보이는 스테머가 달라질 수 있기 때문이다. 아래 코드는 랭카스터 스테머의 결과를 보여준다. 포터 스테머와 비교했을 때, cooking과 cookbooks, 즉 현재분사와 복수형에 대한 처리는 동일하지만 cookery에 대한 결과는 다른 것을 볼 수 있다.

```python
from nltk.stem import LancasterStemmer
stemmer = LancasterStemmer()
print(stemmer.stem('cooking'), stemmer.stem('cookery'),stemmer.stem('cookbooks'))
```

[실행 결과]

```
cook cookery cookbook
```

2.3.2 표제어 추출

표제어 추출(Lemmatization)은 lemma로 변환한다는 뜻이고 lemma는 우리말로 '단어의 기본형'으로 번역된다. 즉 표제어 추출은 주어진 단어를 기본형으로 변환하는 것을 의미한다. 이렇게 들으면 어간 추출과의 차이를 알기 어렵다. 어간과 '단어의 기본형'의 차이는 사전에 나오는 단어인지 아닌지의 차이로 구분할 수 있다. 예를 들어 '작다'의 어간은 '작'인데, 사전에 '작'이 나오기는 하지만 '작다'의 의미가 아닌 다른 의미로 나온다. 즉 '작'은 언어학적인 관점에서 추출된 어간이지, 사전에 나오는 독립된 의미를 갖는 단어는 아니다. 포터 스테머와 같은 스테머도 이런 어간을 형태적으로 분리해내는 것이지, 사전적인 의미를 분석해서 어간을 추출하는 것이 아니다. 따라서 스테밍을 한 결과가 사전에 없는 단어라고 해서 당황할 필요는 없다.

이와 같은 차이점에서 본다면, 표제어 추출은 의미적 관점에서 '단어의 기본형'을 찾는 작업이라고 할 수 있다. 따라서 사전을 이용해 사전에 정의된 기본형으로 변환한다. 영어에 대한 표제어 추출기(lemmatizer)로, 유명한 어휘 데이터베이스인 WordNet을 이용한 WordNet lemmatizer가 잘 알려져 있다. 다음 코드는 NLTK가 지원하는 WordNetLemmatizer로 표제어를 추출하는 예를 보여준다.

```python
from nltk.stem import WordNetLemmatizer
lemmatizer = WordNetLemmatizer()
print(lemmatizer.lemmatize('cooking'))
print(lemmatizer.lemmatize('cooking', pos='v'))  # 품사를 지정
print(lemmatizer.lemmatize('cookery'))
print(lemmatizer.lemmatize('cookbooks'))
```

[실행 결과]

```
cooking
cook
cookery
cookbook
```

스테머와는 다른 결과를 볼 수 있다. WordNetLemmatizer는 품사를 따로 지정하지 않으면 cooking에 대한 기본형으로 동일한 cooking을 반환한다. 이는 사전에 요리라는 뜻으로 cooking이라는 명사가 존재하기 때문이다. 그러나 품사를 나타내는 매개변수 pos에 동사를 의미하는 인수 'v'

를 넘겨주면 cook을 반환한다. 동사인 경우에는 cooking을 기본형인 cook의 현재분사로 보기 때문이다. cookery에 대해서도 사전에 있는 본래의 cookery를 그대로 반환한다.

이상의 결과를 볼 때, 표제어 추출은 사전에 있는 단어의 기본형을 반환하며, 이를 위해 품사가 필요할 수도 있다는 사실을 알 수 있다. 다시 말해서 문장에 있는 단어의 정확한 기본형을 알기 위해서는 품사가 필요할 경우가 있다. 예를 들어, 같은 cooking이라도 "The menu is based on classic French cooking."에 나오는 cooking은 기본형이 cooking이고, "I was cooking when he came in."의 cooking은 cook이 기본형이 된다. 따라서 정확한 기본형을 알기 위해서는 품사를 알아야 하는데, 품사는 문장의 문맥을 파악해야만 알 수 있다. 품사를 파악하는 방법에 대해서는 다음 절에서 알아보기로 한다.

```
# lemmatizing과 stemming 비교
from nltk.stem import PorterStemmer

stemmer = PorterStemmer()
print('stemming result:', stemmer.stem('believes'))
print('lemmatizing result:', lemmatizer.lemmatize('believes'))
print('lemmatizing result:', lemmatizer.lemmatize('believes', pos='v'))
```

[실행 결과]
```
stemming result: believ
lemmatizing result: belief
lemmatizing result: believe
```

2.4 품사 태깅

앞서 배운 토큰화와 정규화 과정을 거쳐서 나온 각 결과를 보통은 형태소라고 한다. 형태소는 '의미를 가진 가장 작은 말의 단위'를 의미하며 더 나누게 되면 본래의 뜻을 잃어버린다. 예를 들어 '책가방'이라는 단어가 있다면 이를 '책'과 '가방'으로 나눌 수 있고, 이 두 단어의 뜻을 통해 '책가방'의 본래 의미를 알 수 있다. 그러나 '가방'을 '가'와 '방'으로 나눈다면, '가'와 '방'이 사전에 있고 나름의 의미가 있다고 하더라도 '가방'이 가진 본래의 의미는 사라진다. 따라서 '책'과 '가방'까지는 형태소로 볼 수 있으나, '가'와 '방'은 형태소라고 할 수 없다.

토큰화와 정규화 과정을 통해서 이렇게 형태소까지 분리할 것인지는 전적으로 분석을 수행하는 사람의 판단에 달려있다. 형태소까지 분리하지 않아도 좋은 결과를 얻을 수 있다면 굳이 하지 않아도 된다. 다만 텍스트 마이닝을 배울 때는 모든 과정을 정확하게 이해한 후에 선택할 수 있어야 한다. 영어는 각 단어와 형태소가 비교적 명확해서 결과도 정확한 편이나, 한글은 동음이의어가 많고 품사 자체도 복잡해서 매우 어려운 작업에 속하며, 정확한 결과를 기대하기 어렵다.

2.4.1 품사의 이해

품사는 "명사, 대명사, 수사, 조사, 동사, 형용사, 관형사, 부사, 감탄사와 같이 공통된 성질을 지닌 낱말끼리 모아 놓은 낱말의 갈래"를 말한다. — 네이버 지식백과 초등국어 개념사전

위 품사에 대한 설명이 비록 초등국어 개념사전에 있는 내용이긴 하지만, 언어학을 전공하지 않은 보통의 사람에겐 훨씬 이해하기 쉬운 설명이다. 우리말에 '낱말'과 같이 아름답고 이해하기 쉬운 단어가 있다는 사실이 놀라운데, 낱말은 '뜻을 가지고 홀로 쓰일 수 있는 말의 가장 작은 단위'라는 뜻으로, 위에서 말한 형태소와 의미상으로 비슷해 보인다. 그러나 낱말은 '홀로 쓰일 수 있는', 즉 자립 형식이라는 점에서 중요한 차이가 있다. 예를 들어 '맨손'은 '맨'과 '손'의 두 형태소로 이루어진 단어인데, '맨'은 자립성이 없어 독립적으로 쓰지 못한다. 즉 낱말이 아니다.

앞서 말한 바와 같이 우리가 주어진 텍스트를 분리할 때, 낱말까지 하는 것이 좋은지 아니면 형태소까지 하는 것이 좋은지는 전적으로 최종적으로 분석하고자 하는 내용과 성능에 달려 있다. 아래 표는 우리말의 주요 품사와 간략한 설명이다.

표 2.1 주요 품사

품사	설명
명사	이름을 나타내는 낱말
대명사	이름을 대신해 가리키는 낱말
수사	수량이나 순서를 가리키는 낱말
조사	도와주는 낱말
동사	움직임을 나타내는 낱말
형용사	상태나 성질을 나타내는 낱말

품사	설명
관형사	체언을 꾸며 주는 낱말
부사	주로 용언을 꾸며 주는 낱말
감탄사	놀람, 느낌, 부름, 대답을 나타내는 낱말

출처: [네이버 지식백과] 품사 [品詞] – 낱말의 갈래 (초등국어 개념사전)

위 설명 중에서 용언은 앞서 설명한 적이 있는데, 동사와 형용사를 함께 부르는 말이다. 이 외에 명사, 대명사, 수사를 묶어서 체언이라고 하고, 관형사와 부사를 묶어서 수식언이라고 하며, 조사를 관계언, 감탄사를 독립언이라고 부른다. 품사 태깅(Part-of-Speech Tagging)은 형태소에 대해 품사를 파악해 부착(tagging)하는 작업을 말한다.

공용 품사 태그 집합

품사 태그는 언어나 학자에 따라 다르게 정의되는 경우가 많다. 다음 표는 다양한 언어에서 공통되는 품사 태그를 나타낸 것으로, NLTK에서 사용하는 간소화된 태그 세트다. 내용을 보면 앞에서 살펴본 한국어의 품사와는 차이가 있다. 이는 각 언어의 특징에 따라 품사도 달라지기 때문이다. 예를 들어 영어의 전치사는 우리말에는 없으며, 따라서 particle(일종의 전치사)에 해당하는 우리말의 품사는 없다. 이 표는 주로 영어를 비롯한 외국어를 다룰 때 참고하면 되며, 이러한 공용 품사 태그 집합(Universal Part-of-Speech Tagset)도 연구하는 주체에 따라 다르게 정의되므로 반드시 표준이라고 생각할 필요는 없다.

표 2.2 공용 품사 태그 집합

태그	뜻	예
ADJ	adjective	new, good, high, special, big, local
ADP	adposition	on, of, at, with, by, into, under
ADV	adverb	really, already, still, early, now
CONJ	conjunction	and, or, but, if, while, although
DET	determiner, article	the, a, some, most, every, no, which
NOUN	noun	year, home, costs, time, Africa
NUM	numeral	twenty-four, fourth, 1991, 14:24

태그	뜻	예
PRT	particle	at, on, out, over per, that, up, with
PRON	pronoun	he, their, her, its, my, I, us
VERB	verb	is, say, told, given, playing, would
.	punctuation marks	. , ; !
X	other	ersatz, esprit, dunno, gr8, univeristy

출처: http://www.nltk.org/book/ch05.html

펜 트리뱅크 태그 집합

NLTK는 간소화된 태그 집합 외에 펜 트리뱅크 태그 집합(Penn Treebank Tagset)을 제공한다. 이 태그 집합은 공용 품사 태그 집합에 비해 훨씬 세분화된 품사 분류를 사용한다. 다음 표는 36개로 구성된 펜 트리뱅크 태그들을 간략한 설명과 함께 보여준다. 굳이 여기 있는 품사 태그를 모두 외우거나 이해하려고 할 필요는 없으며 필요할 때 참고하면 된다.

표 2.3 펜 트리뱅크 태그 집합

태그	뜻
CC	coordinating conjunction
CD	cardinal digit
DT	determiner
EX	existential there (like: "there is" ⋯ think of it like "there exists")
FW	foreign word
IN	preposition/subordinating conjunction
JJ	adjective 'big'
JJR	adjective, comparative 'bigger'
JJS	adjective, superlative 'biggest'
LS	list marker 1)
MD	modal could, will
NN	noun, singular 'desk'

태그	뜻
NNS	noun plural 'desks'
NNP	proper noun, singular 'Harrison'
NNPS	proper noun, plural 'Americans'
PDT	predeterminer 'all the kids'
POS	possessive ending parent's
PRP	personal pronoun I, he, she
PRP$	possessive pronoun my, his, hers
RB	adverb very, silently,
RBR	adverb, comparative better
RBS	adverb, superlative best
RP	particle give up
TO	to go 'to' the store.
UH	interjection, errrrrrrrm
VB	verb, base form take
VBD	verb, past tense took
VBG	verb, gerund/present participle taking
VBN	verb, past participle taken
VBP	verb, sing. present, non-3d take
VBZ	verb, 3rd person sing. present takes
WDT	wh-determiner which
WP	wh-pronoun who, what
WP$	possessive wh-pronoun whose
WRB	wh-abverb where, when

출처: https://www.ling.upenn.edu/courses/Fall_2003/ling001/penn_treebank_pos.html

2.4.2 NLTK를 활용한 품사 태깅

품사 태깅에 대해 이해하는 것에 비해 실제로 품사 태깅을 하는 것은 훨씬 쉽다. 영어로 된 텍스트에 대해 품사 태깅을 하고자 한다면 지금까지와 마찬가지로 NLTK를 쓰는 것이 가장 편하다.

nltk.pos_tag()은 토큰화된 결과에 대해 품사를 태깅해 (단어, 품사)로 구성된 튜플의 리스트로 품사 태깅 결과를 반환해준다. 아래 간단한 예를 보자.

```
import nltk
from nltk.tokenize import word_tokenize

tokens = word_tokenize("Hello everyone. It's good to see you. Let's start our text min-
ing class!")
print(nltk.pos_tag(tokens))
```

[실행 결과]

```
[('Hello', 'NNP'), ('everyone', 'NN'), ('.', '.'), ('It', 'PRP'), ("'s", 'VBZ'),
('good', 'JJ'), ('to', 'TO'), ('see', 'VB'), ('you', 'PRP'), ('.', '.'), ('Let', 'VB'),
("'s", 'POS'), ('start', 'VB'), ('our', 'PRP$'), ('text', 'NN'), ('mining', 'NN'),
('class', 'NN'), ('!', '.')]
```

NLTK는 펜 트리뱅크 태그 집합을 사용하므로 위 표를 보면 품사 약어의 의미를 알 수 있다. 표가 없고 품사의 약어를 잘 모를 경우에는 아래와 같이 nltk.help.upenn_tagset()를 사용해 품사 약어의 의미와 설명을 볼 수 있다.

```
nltk.help.upenn_tagset('CC')
```

[실행 결과]

```
CC: conjunction, coordinating
    & 'n and both but either et for less minus neither nor or plus so
    therefore times v. versus vs. whether yet
```

원하는 품사의 단어들만 추출

자연어 분석을 할 때에는 상황에 따라 명사만 필요하거나, 특정 품사들만 사용할 때가 있다. 이 경우에는 아래와 같은 방법으로 원하는 품사들을 골라낼 수 있다.

```
my_tag_set = ['NN', 'VB', 'JJ']
my_words = [word for word, tag in nltk.pos_tag(tokens) if tag in my_tag_set]
print(my_words)
```

[실행 결과]

```
['everyone', 'good', 'see', 'Let', 'start', 'text', 'mining', 'class']
```

단어에 품사 정보를 추가해 구분

동음이의어를 처리하거나 품사를 이용해 단어를 더 정확하게 구분하고 싶다면, 다음과 같이 단어 뒤에 품사 태그를 붙여 사용할 수 있다. 실제로 문장의 의미를 정확히 파악하려고 많이 쓰는 기법이다. BOW를 이용한 문서 분류에서 품사 정보를 추가한 경우와 그렇지 않은 경우의 성능 차이를 비교해 볼 수 있으므로, 관심이 있다면 5장의 'BOW 기반의 문서 분류'를 참고하기 바란다.

```
words_with_tag = ['/'.join(item) for item in nltk.pos_tag(tokens)]
print(words_with_tag)
```

[실행 결과]

```
['Hello/NNP', 'everyone/NN', './.', 'It/PRP', "'s/VBZ", 'good/JJ', 'to/TO', 'see/VB',
 'you/PRP', './.', 'Let/VB', "'s/POS", 'start/VB', 'our/PRP$', 'text/NN', 'mining/NN',
 'class/NN', '!/.']
```

2.4.3 한글 형태소 분석과 품사 태깅

형태소 분석

자연어 처리에 대한 경험이 없는 사람이라면 형태소 분석이라는 용어를 듣는 것만으로도 스트레스를 받을 확률이 높다. 용어 자체가 낯설어서다. 그러나 하나씩 차근차근 이해해가면 그리 어렵지만은 않다. 먼저 형태소는 우리말에서 '뜻을 가진 가장 작은 말의 단위'를 의미한다[6]. 즉 앞에서 영어에 대한 토큰화를 배울 때와 마찬가지로 우리말을 토큰화하려면 형태소 단위로 분리하는 것이 맞다. 다만 영어에서는 우리말의 형태소에 해당하는 것이 공백으로 분리된 단어와 거의 일

---

6   https://terms.naver.com/entry.nhn?docId=3403477&cid=47319&categoryId=47319

치해서 토큰화 과정이 비교적 쉬웠지만, 우리말에서는 여러 형태소가 합쳐져 하나의 어절이 되는 경우가 많아 공백을 기준으로 분리할 수 없다는 문제가 있다. 여기서 어절은 또 무엇일까?

어절을 이해하려면 음절, 형태소, 단어, 어절을 순서대로 이해할 필요가 있다. 음절은 '하나의 종합된 음의 느낌을 주는 말소리의 단위'이다. '하늘이 참 높고 푸르다'라는 문장이 있을 때 이를 음절 단위로 분리하면 "하/느/리/참/놉/꼬/푸/르/다"로 9개의 음절이 된다. 문장을 한 글자씩 분리한 것과 음절은 다르다는 것에 유의해야 한다. 음절의 다음 단위는 형태소다. 형태소는 앞서 설명한 바와 같이 '뜻을 가진 가장 작은 말의 단위'이다. 따라서 "하늘/이/참/높/고/푸르/다"로 분리된다. 이 다음 단계인 단어는 '홀로 쓸 수 있는 말'로 위 문장을 단어 단위로 분리하면 "하늘/이/참/높고/푸르다"가 된다. 어절은 '문장을 구성하는 각각의 마디로, 띄어쓰기의 단위'이다. 즉 어절 단위로 분리하면 "하늘이/참/높고/푸르다"가 된다.

토큰화를 할 때 음절이나, 단어 단위가 아닌 형태소 단위로 하는 이유는 무엇일까? 결국 우리가 알고 싶은 것은 문장의 의미다. 따라서 토큰화는 의미 단위로 이루어져야 하는 것이 맞기 때문이다. 미리 이야기하자면, 형태소 분석을 하고 난 뒤에 독립적인 의미가 없거나 약한 형태소는 이후 분석에서 큰 의미가 없을 수 있으므로 삭제하는 것이 일반적이다. 위 예에서 '하늘'은 의미가 있으므로 남겨두는 것이 맞지만, '이'와 같은 조사나 '고'와 같은 어미는 문장 의미 파악에 별 도움이 안 될 가능성이 높으므로 삭제하는 경우가 많다.

품사 태깅

한국어의 품사 체계는 당연히 영어와는 차이가 있다. 그러나 공통되는 부분이 많으므로 앞서 설명한 품사에 대한 설명으로도 충분히 이해할 수 있을 것이다. 가장 큰 차이는 조사에서 드러난다. 영어에는 직접적으로 조사가 없고, 이와 비슷한 기능을 하는 전치사와 be동사가 있을 수 있으나 분명한 차이가 있다. 영어는 명사, 대명사, 형용사, 동사, 부사, 전치사, 접속사, 감탄사의 8품사로 구성된 반면, 우리말은 전치사와 접속사가 없고, 수사, 조사, 관형사가 들어간 9 품사로 이뤄진다. 이러한 체계를 잘 알면 당연히 도움이 되겠지만 텍스트 마이닝을 하기 위해서 반드시 알아야 할 지식까지는 아니며, 위에 설명한 내용만 잘 이해하면 큰 문제는 없을 것이다.

한글 형태소 분석과 품사 태깅

그렇다면 NLTK로 한국어 문서에 대해서도 품사 태깅이 가능할까? 이미 눈치챘겠지만 당연히 안 된다. 품사 태깅에 앞서 토큰화도 제대로 할 수가 없다. 아래의 간단한 예제를 보자. 참고로 예제에 사용한 글은 정희성 시인의 〈희망공부〉라는 시다.

```
sentence = '''절망의 반대가 희망은 아니다.
어두운 밤하늘에 별이 빛나듯
희망은 절망 속에 싹트는 거지
만약에 우리가 희망함이 적다면
그 누가 세상을 비출어줄까.
정희성, 희망 공부'''

tokens = word_tokenize(sentence)
print(tokens)
print(nltk.pos_tag(tokens))
```

[실행 결과]
```
['절망의', '반대가', '희망은', '아니다', '.', '어두운', '밤하늘에', '별이', '빛나듯', '
희망은', '절망', '속에', '싹트는', '거지', '만약에', '우리가', '희망함이', '적다면', '
그', '누가', '세상을', '비출어줄까', '.', '정희성', ',', '희망', '공부']
[('절망의', 'JJ'), ('반대가', 'NNP'), ('희망은', 'NNP'), ('아니다', 'NNP'), ('.', '.'),
('어두운', 'VB'), ('밤하늘에', 'JJ'), ('별이', 'NNP'), ('빛나듯', 'NNP'), ('희망은',
'NNP'), ('절망', 'NNP'), ('속에', 'NNP'), ('싹트는', 'NNP'), ('거지', 'NNP'), ('만약에',
'NNP'), ('우리가', 'NNP'), ('희망함이', 'NNP'), ('적다면', 'NNP'), ('그', 'NNP'), ('누
가', 'NNP'), ('세상을', 'NNP'), ('비출어줄까', 'NNP'), ('.', '.'), ('정희성', 'NN'),
(',', ','), ('희망', 'NNP'), ('공부', 'NNP')]
```

위 결과를 살펴보면 우선 NLTK의 word_tokenize는 '절망의'를 하나의 토큰으로 분리했으나, '절망의'는 명사인 '절망'과 조사인 '의'로 분리돼야 한다. '반대가'와 '희망은'도 마찬가지다. 따라서 애초에 품사 태깅이 제대로 될 수 없는 상황이다. NLTK는 품사 태깅의 결과로 '절망의' 토큰에 'JJ', 즉 형용사를 부착했으나 당연히 옳지 않다. 따라서 결론은 NLTK 대신 한국어를 제대로 토큰화하고 품사 태깅할 수 있는 다른 라이브러리를 써야 한다는 것이다.

파이썬에서 쓸 수 있는 대표적인 형태소 분석 및 품사 태깅 라이브러리는 KoNLPy(코엔엘파

이)[7]다. KoNLPy는 Hannanum, Kkma, Komoran, Twitter, Mecab 이렇게 다섯 종의 형태소 분석기를 제공한다. KoNLPy 홈페이지[8]에 각 분석기 간의 성능 비교가 있으므로 참고하기 바란다. 이 책에서는 속도를 위해 주로 Twitter 클래스를 사용하지만, 여러분은 직접 사용해보고 용도에 맞는 것을 선택하기 바란다. 참고로 Mecab 클래스는 윈도우를 지원하지 않는다.

KoNLPy 설치

KoNLPy의 설치 방법은 홈페이지 https://konlpy.org/ko/latest/install/에 OS별로 잘 설명돼 있다.

맥이나 리눅스를 쓴다면 KoNLPy 홈페이지를 참조해 쉽게 설치할 수 있다. 특히 Jpype1을 별도로 설치할 필요가 없어 간편하다.

이 책에서는 독자 대부분이 윈도우를 사용할 것으로 가정하고, 윈도우에서의 설치 방법을 간략하게 설명한다. 윈도우에서의 설치 순서는 다음과 같다.

1. 먼저 자바 1.7버전 이상이 설치되어 있는지 확인하고, 설치되어 있지 않다면 https://www.oracle.com/java/technologies/javase-downloads.html에서 JDK를 다운받아 설치한다.

2. 자바 관련 환경변수인 JAVA_HOME을 설정한다. 먼저 작업표시줄의 돋보기 아이콘을 클릭하거나, 윈도우 키와 s키를 동시에 눌러서 그림 2.1의 왼쪽과 같은 검색창을 띄운다. 검색창에 "고급 시스템"을 입력하면 그림과 같이 상단에 "고급 시스템 설정 보기"가 나타나고 이것을 클릭하면 화면 중앙과 같은 "시스템 속성" 윈도우가 나타난다. 윈도우 상단의 '고급' 탭을 클릭한 후 아래에 있는 '환경 변수' 버튼을 클릭하면 그림 2.1의 오른쪽 그림과 같은 "환경 변수" 윈도우가 나타난다. 시스템 변수 창에서 '새로 만들기'를 클릭하고 변수 이름에는 JAVA_HOME, 변숫값에는 C:\Program Files\Java\jdk-12.0.1와 같이 설치된 자바의 폴더 위치를 입력한다. 자바 버전에 따라 설치 위치가 다르므로 주의한다. 설정한 환경변수를 반영하는 방법이 몇 가지 있으나, 사용자 환경에 따라 제대로 반영되지 않는 경우가 더 많으므로 가장 확실한 방법으로 윈도우를 재부팅하는 것을 추천한다.

---

7   KoNLPy, http://konlpy-ko.readthedocs.io/ko/latest/
8   https://konlpy.org/ko/latest/morph/

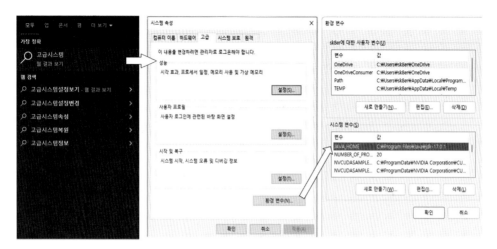

그림 2.1 환경 변수 설정 과정

3. 다음은 JPype1을 설치한다. JPype1은 파이썬에서 자바 클래스 라이브러리에 액세스하게 해준다. 즉 KoNLPy의 형태소 분석기는 자바로 수행되고, KoNLPy는 자바 클래스를 호출한 결과를 사용자에게 전달하는 역할을 한다고 볼 수 있다. 2023년 2월을 기준으로, JPype1은 아래와 같이 pip를 이용해 1.4.1 버전의 설치가 가능하며, KoNLPy와 문제없이 호환된다.

```
pip install jpype1
```

JPype1은 2022년까지 KoNLPy의 설치 과정에서 호환성 문제로 가장 오류가 많이 발생하는 패키지였다. 만일 위와 같은 방법으로 설치 후 오류가 발생한다면 다음과 같이 예전 방식으로 설치를 시도할 수 있다. 자신의 파이썬 버전과 비트 수에 맞는 버전을 https://www.lfd.uci.edu/~gohlke/pythonlibs/#jpype에서 다운로드받아 설치하면 되는데, 브라우저가 부적절한 사이트로 인식하고 차단할 수 있으므로 이에 유의한다. 버전이 맞지 않으면 실행할 때 에러가 발생하므로 반드시 버전에 유의해 다운로드해야 한다. 예를 들어 JPype11.1.2cp38cp38win_amd64.whl는 파이썬 64비트 3.8 버전을 위한 파일이다. 파이썬 버전을 모르는 경우, 아나콘다 프롬프트(도스창)에서 python을 입력하면 파이썬이 실행되면서 버전을 확인할 수 있다. 예시와 같은 버전을 다운로드하면 다운로드한 파일이 있는 위치에서 아래와 같이 pip를 이용해 설치할 수 있다. JPype1은 KoNLPy가 제대로 실행되지 않는 가장 흔한 이유다. 최신 버전은 에러가 날 가능성이 높으므로 가급적 안전하게 이전 버전을 설치하는 것이 좋다. KoNLPy 홈페이지에 따르면 JPype1는 0.5.7 버전 이상이면 되므로 1.1.2 버전으로 설치한다.

```
pip install JPype1-1.1.2-cp38-cp38-win_amd64.whl
```

4. 이제 드디어 KoNLPy를 설치할 준비가 됐다. 다음과 같이 pip를 사용해 설치한다.

```
pip install konlpy
```

설치가 완료됐다면 아래와 같이 KoNLPy가 제공하는 형태소 분석기 중에서 Twitter 클래스를 임포트해서 설치를 확인한다. Twitter 클래스의 이름은 Okt다.

```
from konlpy.tag import Okt
t = Okt()
```

다음과 같은 오류가 발생한다면 앞에서 설명한 JAVA_HOME 환경변수가 제대로 설정되지 않은 것이므로 환경변수를 다시 확인한 후 실행하면 된다.

```
jpype._jvmfinder.JVMNotFoundException: No JVM shared library file (jvm.dll) found. Try
setting up the JAVA_HOME environment variable properly.
```

KoNLPy의 형태소 분석 및 품사 태깅 기능 사용법

제대로 설치됐으면 형태소 분석과 품사 태깅을 수행해보자. 여기서는 5개의 형태소 분석기 클래스에서 공통으로 지원하는 세 함수를 간략하게 설명한다. 상세한 사용법은 KoNLPy 문서[9]를 참고한다.

- morphs(phrase): 주어진 텍스트를 형태소 단위로 분리한다. 따라서 반환 결과는 형태소의 리스트다.

- nouns(phrase): 주어진 텍스트를 형태소 단위로 분리해서 명사만을 반환한다. 즉 반환 결과는 텍스트에 있는 명사의 리스트다.

- pos(phrase): 주어진 텍스트를 형태소 단위로 분리하고, 각 형태소에 품사를 부착해 반환한다. 반환되는 형태는 NLTK와 동일하게 (단어, 품사)로 구성된 튜플의 리스트다. NLTK와 다른 점은, NLTK에서는 먼저 토큰화를 하고 품사 태깅을 한 것에 비해 KoNLPy는 품사 태깅 함수가 토큰화를 함께 수행한다는 점이다.

아래 예를 보면 형태소 분석 결과 혹은 품사 태깅 결과를 명확하게 이해할 수 있다. 자연어 처리를 이해하기는 어렵지만 실제 사용은 놀라울 만큼 쉬운 것을 볼 수 있다.

```
print('형태소:', t.morphs(sentence))
print()
print('명사:', t.nouns(sentence))
```

---

9 http://konlpy.org/ko/latest/api/konlpy.tag/

```
print()
print('품사 태깅 결과:', t.pos(sentence))
```

[실행 결과]

형태소: ['절망', '의', '반대', '가', '희망', '은', '아니다', '.', '\n', '어', '두운', '밤하늘', '에', '별', '이', '빛나듯', '\n', '희망', '은', '절망', '속', '에', '싹트는', '거지', '\n', '만약', '에', '우리', '가', '희망', '함', '이', '적다면', '\n', '그', '누가', '세상', '을', '비출어줄까', '.', '\n', '정희성', ',', '희망', '공부']

명사: ['절망', '반대', '희망', '어', '두운', '밤하늘', '별', '희망', '절망', '속', '거지', '만약', '우리', '희망', '함', '그', '누가', '세상', '정희성', '희망', '공부']

품사 태깅 결과: [('절망', 'Noun'), ('의', 'Josa'), ('반대', 'Noun'), ('가', 'Josa'), ('희망', 'Noun'), ('은', 'Josa'), ('아니다', 'Adjective'), ('.', 'Punctuation'), ('\n', 'Foreign'), ('어', 'Noun'), ('두운', 'Noun'), ('밤하늘', 'Noun'), ('에', 'Josa'), ('별', 'Noun'), ('이', 'Josa'), ('빛나듯', 'Verb'), ('\n', 'Foreign'), ('희망', 'Noun'), ('은', 'Josa'), ('절망', 'Noun'), ('속', 'Noun'), ('에', 'Josa'), ('싹트는', 'Verb'), ('거지', 'Noun'), ('\n', 'Foreign'), ('만약', 'Noun'), ('에', 'Josa'), ('우리', 'Noun'), ('가', 'Josa'), ('희망', 'Noun'), ('함', 'Noun'), ('이', 'Josa'), ('적다면', 'Verb'), ('\n', 'Foreign'), ('그', 'Noun'), ('누가', 'Noun'), ('세상', 'Noun'), ('을', 'Josa'), ('비출어줄까', 'Verb'), ('.', 'Punctuation'), ('\n', 'Foreign'), ('정희성', 'Noun'), (',', 'Punctuation'), ('희망', 'Noun'), ('공부', 'Noun')]

2.4.4 참고자료

- http://www.nltk.org/book/ch05.html

- https://medium.com/@gianpaul.r/tokenization-and-parts-of-speech-pos-tagging-in-pythons-nltk-library-2d30f70af13b

- https://universaldependencies.org/tagset-conversion/en-penn-uposf.html

- https://www.amazon.com/Python-Text-Processing-NLTK-Cookbook/dp/1782167854

- https://ucilnica.fri.uni-lj.si/mod/resource/view.php?id=16133

- http://www.nltk.org/book/ch03.html

03

그래프와
워드 클라우드

일반인들이 텍스트 분석이라는 이름으로 흔하게 접하게 되는 것은 복잡한 머신러닝이나 딥러닝 모형보다는 빈도를 바탕으로 한 그래프와 워드 클라우드(word cloud)인 경우가 많다. 텍스트 분석에서 가장 단순하고 기본적인 아이디어는 하나 혹은 여러 개의 문서에서 가장 많이 사용된 단어를 파악하는 것으로, 이것만으로도 상당히 많은 정보를 얻을 수 있다. 한 때 대통령의 연설문에서 사용된 단어들의 빈도를 분석하는 것이 유행이었다. 그렇게 함으로써 대통령이 중요시하는 것이 무엇인지 파악하고자 하는 의도였다. 예제를 보고 싶으면 뉴시스의 연설문 분석내용을 참고하기 바란다[1]. 연설문은 책에 비해 그다지 길지 않으므로 빈도를 보는 것보다 연설문 자체를 읽어보는 것이 내용을 파악하는 데 더 유리할 수 있다. 그러나 '지난 한 달간 뉴스에서 가장 중요하게 다루어진 것은 무엇인가?'라는 질문의 답을 구하기 위해 그 많은 뉴스를 다 읽어보는 사람은 없을 것이다. 이럴 때 유용하게 쓸 수 있는 가장 기초적인 도구가 단어 빈도를 그래프로 표현하거나 워드 클라우드를 그리는 것이다. 이 장에서는 단어 빈도 그래프와 워드 클라우드를 만들어 봄으로써 가장 기초적인 텍스트 분석을 수행해볼 뿐만 아니라 그 과정에서 앞서 배운 토큰화, 어간 추출, 불용어(stopwords) 등을 모두 활용함으로써 왜 그와 같은 전처리 과정이 중요한지를 알아보고자 한다.

---

1 https://cyram.tistory.com/309

3.1 단어 빈도 그래프 – 많이 쓰인 단어는?

단어 빈도 그래프를 그리려면 먼저 단어의 빈도를 구해야 한다. 그러나 그보다 먼저 문서들로부터 각 단어들을 분리해내야 한다. 이를 위해서 앞 장에서 배운 토큰화, 어간 추출, 불용어 등을 모두 이용해보자. 이 중에서 어간 추출은 스테밍이라는 원어를 더 많이 사용하므로 앞으로는 스테밍이라고 부르기로 한다. 실습할 문서는 루이스 캐럴의 《이상한 나라의 앨리스》다. 이 소설은 저작권이 만료되어 본문을 다운받아 실습하는 데 아무 지장이 없다. 이와 같이 저작권이 만료된 영어 소설들을 제공하는 구텐베르크 프로젝트(Project Gutenberg)[2]가 있다. 여기에 가면 약 60,000개의 무료 eBook을 다운로드받아 볼 수 있으므로 텍스트 마이닝을 연습할 때 활용해보기를 추천한다. NLTK는 패키지 안에서 구텐베르크 프로젝트의 일부 책들을 제공한다. 다음은 책들을 다운받고 책 제목을 확인해보는 코드다.

```
import nltk
nltk.download('gutenberg')

from nltk.corpus import gutenberg
file_names = gutenberg.fileids()
#파일 제목을 읽어온다.

print(file_names)
```

[실행 결과]

```
['austen-emma.txt', 'austen-persuasion.txt', 'austen-sense.txt', 'bible-kjv.txt',
'blake-poems.txt', 'bryant-stories.txt', 'burgess-busterbrown.txt', 'carroll-alice.
txt', 'chesterton-ball.txt', 'chesterton-brown.txt', 'chesterton-thursday.txt', 'edge-
worth-parents.txt', 'melville-moby_dick.txt', 'milton-paradise.txt', 'shakespeare-cae-
sar.txt', 'shakespeare-hamlet.txt', 'shakespeare-macbeth.txt', 'whitman-leaves.txt']
```

gutenberg.open()으로 파일 제목(fileid)으로 해당 파일을 열 수 있으며, read()로 그 내용을 읽어올 수 있다. 읽어 온 텍스트의 길이를 len()으로 알 수 있는데, 이것은 하나의 문자열이므로 길이는 파일에 있는 문자의 수와 같다. 길이를 확인한 후에는 앞에서부터 500개의 문자만 프린트해서 실제 내용을 확인해 본다.

---

2 https://www.gutenberg.org/

```
doc_alice = gutenberg.open('carroll-alice.txt').read()
print('#Num of characters used:', len(doc_alice))  # 사용된 문자의 수
print('#Text sample:')
print(doc_alice[:500])  #앞의 500자만 출력
```

[실행 결과]

```
#Num of characters used: 144395
#Text sample:
[Alice's Adventures in Wonderland by Lewis Carroll 1865]

CHAPTER I. Down the Rabbit-Hole

Alice was beginning to get very tired of sitting by her sister on the
bank, and of having nothing to do: once or twice she had peeped into the
book her sister was reading, but it had no pictures or conversations in
it, 'and what is the use of a book,' thought Alice 'without pictures or
conversation?'

So she was considering in her own mind (as well as she could, for the
hot day made her feel very sleepy an
```

내용을 확인하고 NLTK를 이용해 토큰화한다. 토큰 수와 앞 20개의 토큰을 확인하고 위에서 본 앞부분 내용과 비교해본다.

```
from nltk.tokenize import word_tokenize
tokens_alice = word_tokenize(doc_alice)  #토큰화 실행

print('#Num of tokens used:', len(tokens_alice))
print('#Token sample:')
print(tokens_alice[:20])
```

[실행 결과]

```
#Num of tokens used: 33493
#Token sample:
['[', 'Alice', "'s", 'Adventures', 'in', 'Wonderland', 'by', 'Lewis', 'Carroll', '1865',
 ']', 'CHAPTER', 'I', '.', 'Down', 'the', 'Rabbit-Hole', 'Alice', 'was', 'beginning']
```

포터 스테머로 스테밍하고, 토큰 수와 앞 20개의 토큰을 확인한다.

```
from nltk.stem import PorterStemmer
stemmer = PorterStemmer()

# 모든 토큰에 대해 스테밍 실행
stem_tokens_alice = [stemmer.stem(token) for token in tokens_alice]

print('#Num of tokens after stemming:', len(stem_tokens_alice))
print('#Token sample:')
print(stem_tokens_alice[:20])
```

[실행 결과]

```
#Num of tokens after stemming: 33493
#Token sample:
['[', 'alic', "'s", 'adventur', 'in', 'wonderland', 'by', 'lewi', 'carrol', '1865', ']',
'chapter', 'I', '.', 'down', 'the', 'rabbit-hol', 'alic', 'wa', 'begin']
```

WordNetLemmatizer를 이용해 표제어를 추출하고, 토큰 수와 앞 20개의 토큰을 스테밍 결과와 비교해본다.

```
from nltk.stem import WordNetLemmatizer
lemmatizer = WordNetLemmatizer()

# 모든 토큰에 대해 스테밍 실행
lem_tokens_alice = [lemmatizer.lemmatize(token) for token in tokens_alice]

print('#Num of tokens after lemmatization:', len(lem_tokens_alice))
print('#Token sample:')
print(lem_tokens_alice[:20])
```

[실행 결과]

```
#Num of tokens after lemmatization: 33493
#Token sample:
['[', 'Alice', "'s", 'Adventures', 'in', 'Wonderland', 'by', 'Lewis', 'Carroll', '1865',
']', 'CHAPTER', 'I', '.', 'Down', 'the', 'Rabbit-Hole', 'Alice', 'wa', 'beginning']
```

위 결과를 종합적으로 볼 때, 어간 추출이든 표제어 추출이든 토큰 수는 변하지 않는다. 이는 코
드를 보면 당연히 그렇다는 것을 알 수 있는데, 토큰화한 결과에 대해 개별적으로 어간 추출과
표제어 추출을 수행하기 때문이다. 이번에는 앞 장에서 배운 정규표현식을 이용해 토큰화를 하
고 결과를 비교해본다.

```python
from nltk.tokenize import RegexpTokenizer
tokenizer = RegexpTokenizer("[\w']{3,}")

reg_tokens_alice = tokenizer.tokenize(doc_alice.lower())
print('#Num of tokens with RegexpTokenizer:', len(reg_tokens_alice))
print('#Token sample:')
print(reg_tokens_alice[:20])
```

[실행 결과]

```
#Num of tokens with RegexpTokenizer: 21616
#Token sample:
["alice's", 'adventures', 'wonderland', 'lewis', 'carroll', '1865', 'chapter', 'down',
'the', 'rabbit', 'hole', 'alice', 'was', 'beginning', 'get', 'very', 'tired', 'sitting',
'her', 'sister']
```

WordTokenizer를 사용했을 때보다 토큰 수가 현저히 줄어든 것을 볼 수 있다. '[', ']'와 같은 부호
가 사라졌을 뿐 아니라 2자 이하의 글자들이 모두 제외됐기 때문이다. 부호는 목적에 따라 의미
를 가질 수도 있고 아닐 수도 있어, 부호를 포함할지 제외할지는 전적으로 텍스트 마이닝을 수행
하는 사람의 판단에 달려 있다. 여기서는 RegexpTokenizer의 결과를 사용하기로 하고 결과에서
불용어를 제거한다. 그리고 분석 목적이 그래프를 이용한 시각화이므로 단어를 알아보기 쉽도록
스테밍은 하지 않기로 한다.

```python
from nltk.corpus import stopwords  # 일반적으로 분석대상이 아닌 단어들
english_stops = set(stopwords.words('english'))  # 반복되지 않게 set으로 변환

# stopwords를 제외한 단어들만으로 리스트를 생성
result_alice = [word for word in reg_tokens_alice if word not in english_stops]

print('#Num of tokens after stopword elimination:', len(result_alice))
print('#Token sample:')
print(result_alice[:20])
```

[실행 결과]

```
#Num of tokens after stopword elimination: 12999
#Token sample:
["alice's", 'adventures', 'wonderland', 'lewis', 'carroll', '1865', 'chapter', 'rabbit',
'hole', 'alice', 'beginning', 'get', 'tired', 'sitting', 'sister', 'bank', 'nothing',
'twice', 'peeped', 'book']
```

이제 텍스트 전처리가 완료됐으므로 각 단어별로 빈도를 계산한다. 다양한 방법이 있으나, 여기서는 딕셔너리로 단어별 개수를 세고, 빈도가 큰 순으로 정렬한다.

```python
alice_word_count = dict()
for word in result_alice:
    alice_word_count[word] = alice_word_count.get(word, 0) + 1

print('#Num of used words:', len(alice_word_count))

sorted_word_count = sorted(alice_word_count, key=alice_word_count.get, reverse=True)

print("#Top 20 high frequency words:")
for key in sorted_word_count[:20]:  #빈도수 상위 20개의 단어를 출력
    print(f'{repr(key)}: {alice_word_count[key]}', end=', ')
```

[실행 결과]

```
#Num of used words: 2687
#Top 20 high frequency words:
'said': 462, 'alice': 385, 'little': 128, 'one': 98, 'know': 88, 'like': 85, 'went': 83,
'would': 78, 'could': 77, 'thought': 74, 'time': 71, 'queen': 68, 'see': 67, 'king': 61,
'began': 58, 'turtle': 57, "'and": 56, 'way': 56, 'mock': 56, 'quite': 55,
```

빈도가 높은 상위 20개 단어를 보면 'would', 'could', 'and'와 같은 단어는 딱히 필요하지 않은 단어처럼 보인다. 따라서 앞 장에서 배운 품사 태깅을 이용해 의미가 있을 것으로 생각되는 명사, 동사, 형용사만 추출해본다. 범위를 어디까지 할지는 역시 실행하는 사람의 판단으로, 빈도가 높은 단어들을 면밀히 살펴보고 결정해야 한다. 앞 장의 코드와 위의 코드를 적절히 조합해 아래와 같이 실행한다.

```
my_tag_set = ['NN', 'VB', 'VBD', 'JJ']
my_words = [word for word, tag in nltk.pos_tag(result_alice) if tag in my_tag_set]

alice_word_count = dict()
for word in my_words:
    alice_word_count[word] = alice_word_count.get(word, 0) + 1

print('#Num of used words:', len(alice_word_count))

sorted_word_count = sorted(alice_word_count, key=alice_word_count.get, reverse=True)

print("#Top 20 high frequency words:")
for key in sorted_word_count[:20]:    # 빈도수 상위 20개의 단어를 출력
    print(f'{repr(key)}: {alice_word_count[key]}', end=', ')
```

[실행 결과]

```
#Num of used words: 1726
#Top 20 high frequency words:
'said': 462, 'alice': 293, 'little': 124, 'went': 83, 'time': 71, 'queen': 66, 'be-
gan': 58, 'way': 56, 'turtle': 56, 'mock': 55, 'thought': 54, 'thing': 49, 'voice': 48,
'head': 46, 'gryphon': 45, 'got': 44, 'rabbit': 42, 'looked': 42, 'see': 42, 'came': 40,
```

위 결과가 아주 만족스럽지는 않지만 이 정도로 마무리하고 이제 그래프를 이용해 시각화해본
다. 시각화를 위한 도구로는 파이썬의 matplotlib 라이브러리를 사용한다.

```
import matplotlib.pyplot as plt
%matplotlib inline

# 정렬된 단어 리스트에 대해 빈도수를 가져와서 리스트 생성
w = [alice_word_count[key] for key in sorted_word_count]

plt.plot(w)
plt.show()
```

[실행 결과]

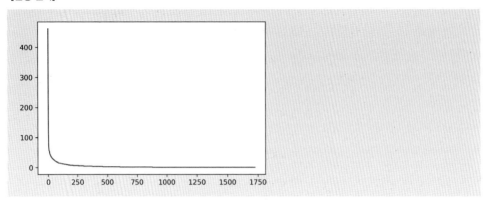

위 그래프에는 많은 문제점이 있다. 우선 무슨 단어인지 보이지 않는다. 그래프에 표시된 단어가 너무 많아서 단어를 출력한다고 해도 가독성이 전혀 없을 수밖에 없다. 이를 해결하려면 위에서 빈도수가 높은 상위 단어들만 출력해서 본 것처럼, 그래프도 상위 빈도수 단어에 대해서만 그려야 한다. 그러나 이 그래프는 우리에게 많은 통찰을 준다. 그래프의 모양은 빈도수에 따라 정렬된 단어의 순위와 빈도수가 극단적으로 반비례하는 것을 보여준다. 즉, 상위 몇 개의 단어는 빈도수가 매우 높지만 순위가 100위만 넘어가도 매우 적은 빈도수가 된다. 이것은 무엇을 의미할까? 우리는 글을 쓸 때 자주 사용하는 단어만 주로 쓰는 경향이 있다. 위 그래프를 볼 때 거의 90%의 단어는 사용되는 빈도가 비슷한 정도로 낮다. 나중에 우리가 문서를 분류하는 작업을 할 때 이와 같은 성질이 문제가 된다. 일부 단어의 빈도가 너무 높아서 이 단어들이 미치는 영향이 다른 단어에 비해 훨씬 커지는 결과가 발생한다. 이에 대해서는 문서 분류에서 더 상세히 다루기로 한다. 지프의 법칙은 이러한 현상을 설명해주는 법칙으로 자연에서 발생하는 많은 현상이 이 법칙을 따른다.

지프의 법칙(Zipf's law)

지프의 법칙은 이것을 최초로 제안한 하버드대학교의 언어학자, 조지 킹슬리 지프의 이름을 따서 만들어졌다. 지프는 말뭉치의 단어들을 사용 빈도가 높은 순서대로 나열하면 단어의 사용 빈도는 단어의 순위에 반비례한다는 것을 알아냈다. 예를 들어 'the'가 가장 높은 7%의 빈도를 보인다면 그다음으로 높은 단어인 'of'는 대략 3.5%의 빈도를 보인다는 것으로, 전체 단어에 대해 그래프를 그리면 위에서 확인한 것과 같은 반비례 모양이 나온다. 재미있는 것은 이와 같은 법칙이 언어와 관련 없는 도시

의 인구순위, 기업의 크기, 소득 순위 같은 분야에서도 적용된다는 것이다. 텍스트 마이닝 관점에서는
말뭉치에서의 단어 빈도가 상위 몇 개에 집중되어 이 단어들에 문서의 분류가 주로 영향을 받게 되므
로 이를 극복하기 위한 방법이 필요하다.

다시 돌아와서, 어쨌든 우리는 빈도가 높은 상위 단어들을 봄으로써 텍스트의 내용에 대한 통찰
을 얻으려고 하는 것이므로, 다음과 같이 코드를 수정한다. 일반적인 막대그래프를 그리면 단어
가 그래프 하단에 표시되고 이렇게 되면 필연적으로 단어들이 겹치게 된다. 물론 그래프의 매개
변수를 조정해 막대 사이를 벌릴 수 있으나, 보기가 좋지 않을 것이다. 따라서 단어 빈도수에 대
한 그래프를 그릴 때는 아래와 같이 수평 막대그래프를 이용한다. 더불어 수평 막대그래프는 앞
에 있는 단어가 원점에 가까운 아래부터 출력되므로, 간단한 트릭을 사용해 역순으로 정렬한 후
에 아래와 같이 그려준다.

```
n = sorted_word_count[:20][::-1]   # 빈도수 상위 20개의 단어를 추출해 역순으로 정렬
w = [alice_word_count[key] for key in n]   # 20개 단어에 대한 빈도
plt.barh(range(len(n)),w,tick_label=n)   # 수평 막대그래프
plt.show()
```

[실행 결과]

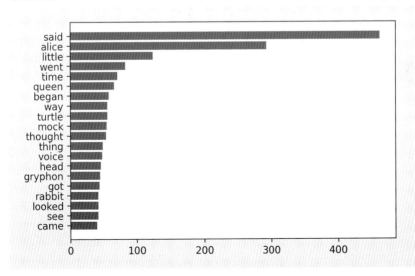

Tips: matplotlib, plt.bar, plt.barh

Matplotlib은 파이썬 라이브러리로 데이터를 다양한 그래프로 보여주는 대표적인 시각화 패키지다. 막대 그래프와 꺾은선 그래프, 히스토그램, 파이차트 등 다양한 그래프를 지원하는데 그중에서 plt.plot은 꺾은선 그래프를 그리는 matplolib의 가장 기본적인 함수이며, plt.bar는 막대 그래프를 그릴 수 있는 함수다. plot 함수는 x와 y값을 모두 주거나 위에서 사용한 것처럼 y값만 주어서 그릴 수도 있으나, bar 함수는 x, y 값을 모두 주어야 하고 tick_label로 막대의 이름을 지정해줄 수 있다. plt.barh 함수는 일반적인 수직 막대 그래프와 달리 수평 막대 그래프를 그리는 데 쓴다.

3.2 워드 클라우드로 내용을 한눈에 보기

워드 클라우드는 텍스트 분석 결과를 보여주는 시각화 도구 중 가장 많이 활용되는 방법이다. 빈도가 높은 단어는 크게, 낮은 단어는 작게 보여줌으로써 한눈에 전체적인 현황을 파악할 수 있게 해준다. 파이썬에서 워드 클라우드 라이브러리로 가장 많이 알려진 것은 WordCloud 패키지[3]다. 홈페이지에 가면 간단한 사용법부터 다양한 응용법까지 예제와 함께 상세히 설명돼 있다. 여기서는 간단하게 설치 및 사용법을 알아본다.

먼저 설치는 pip를 이용해 아래와 같이 할 수 있다.

```
!pip install wordcloud
```

사용법은 매우 간단하다. 라이브러리를 임포트하고, 객체를 만든 후 generate()를 호출한다. 이때 generate()의 인수로 분석하고자 하는 텍스트를 넘겨주면 된다. 앞 절의 단어빈도 그래프로 돌아가보면 이상한 나라의 앨리스를 doc_alice에 저장한 것을 알 수 있다. 이 문서를 그대로 사용해보자.

---

3 https://amueller.github.io/word_cloud/index.html

plt.imshow()

plt.imshow()는 이미지를 출력하는 데 쓰인다. 이미지를 읽어와서 출력하거나 프로그램에서 만든 이미지를 출력할 수 있다. 혹은 넘파이 행렬로 된 데이터를 이미지 형태로 출력할 수도 있다.

```python
from wordcloud import WordCloud

# 워드 클라우드 이미지 생성
wordcloud = WordCloud().generate(doc_alice)

plt.axis("off")
plt.imshow(wordcloud, interpolation='bilinear')  # 이미지를 출력
plt.show()
```

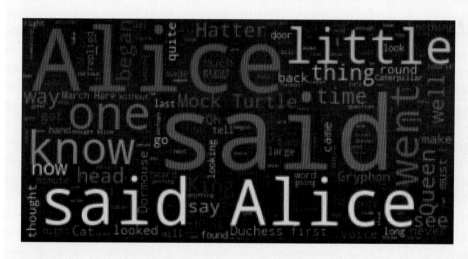

```python
wordcloud.to_array().shape
```

[실행 결과]
```
(200, 400, 3)
```

언뜻 보기엔 나쁘지 않아 보인다. WordCloud 객체의 generate() 메서드에 입력으로 문서를 넘겨주면 알아서 토큰화 등의 작업을 한다.

그런데 우리는 이전 절에서 토큰화도 하고 불용어 제거도 하고 품사 태깅을 한 후 특정 품사만 결과에 포함하는 등 다양한 노력을 했고 그 결과에 대해 딕셔너리로 빈도를 계산하기도 했다. 그 것을 가져다 쓸 수는 없을까? generate_from_frequencies() 메서드를 이용하면 계산된 빈도를 이 용해서 워드 클라우드를 그릴 수 있다.

또한 빈도 수가 높은 단어와 낮은 단어의 폰트 크기가 너무 차이 난다고 생각되면, WordCloud의 max_font_size로 최대 폰트 크기를 제한할 수도 있다.

아래 예에는 이 두 가지가 함께 구현돼 있다.

```
wordcloud = WordCloud(max_font_size=60).generate_from_frequencies(alice_word_count)
plt.figure()
plt.axis("off")
plt.imshow(wordcloud, interpolation="bilinear")
plt.show()
```

[실행 결과]

이제 우리 의도가 잘 반영된 워드 클라우드가 만들어졌다. 그런데 여기서 조금만 더 멋을 부릴 수는 없을까? 바로 이미지 위에 워드 클라우드를 출력하는 것으로, 신문기사 등을 보면 이런 기 법이 많이 적용돼 있다. 이를 위해서는 먼저 바탕으로 사용할 이미지가 있어야 한다. 이미지를 불러와서 워드 클라우드 객체를 만들 때 mask 매개변수에 할당해주면 된다. 다음 코드는 앨리스

가 토끼를 쫓아가는 이미지 위에 워드 클라우드를 그린 예다. 이미지 외에 테두리 등에 대한 매개변수가 있으므로 원하는 워드 클라우드 이미지를 얻을 수 있다.

```python
import numpy as np
from PIL import Image

# 배경이미지를 불러와서 넘파이 array로 변환
alice_mask = np.array(Image.open("alice_mask.png"))

wc = WordCloud(background_color="white",  # 배경색 지정
            max_words=30,  # 출력할 최대 단어 수
            mask=alice_mask,  # 배경으로 사용할 이미지
            contour_width=3,  # 테두리 굵기
            contour_color='steelblue')  # 테두리 색

wc.generate_from_frequencies(alice_word_count)  # 워드 클라우드 생성

wc.to_file("alice.png")  # 결과를 이미지 파일로 저장

# 화면에 결과를 출력
plt.figure()
plt.axis("off")
plt.imshow(wc, interpolation='bilinear')
plt.show()
```

[실행 결과]

3.3 한국어 문서에 대한 그래프와 워드 클라우드

한글 워드 클라우드를 그리기 위해 먼저 예제로 사용할 텍스트를 불러온다. KoNLPy는 형태소 분석기도 제공하지만 실습을 위해 사용할 말뭉치도 제공한다. 그중 하나가 대한민국 헌법이다. 아래와 같이 KoNLPy에서 헌법 텍스트를 불러오고 타입과 문자 수 앞 일부분 등을 확인한다. 텍스트를 읽어오면 반드시 형태와 내용을 살펴보는 습관을 들이는 것이 좋다.

```
from konlpy.corpus import kolaw
const_doc = kolaw.open('constitution.txt').read()

print(type(const_doc))  # 가져온 데이터의 type을 확인
print(len(const_doc))
print(const_doc[:600])
```

[실행 결과]

```
<class 'str'>
18884
대한민국헌법
유구한 역사와 전통에 빛나는 우리 대한국민은 3·1운동으로 건립된 대한민국임시정부의 법통
과 불의에 항거한 4·19민주이념을 계승하고, 조국의 민주개혁과 평화적 통일의 사명에 입각하
여 정의·인도와 동포애로써 민족의 단결을 공고히 하고, 모든 사회적 폐습과 불의를 타파하
며, 자율과 조화를 바탕으로 자유민주적 기본질서를 더욱 확고히 하여 정치·경제·사회·문화
의 모든 영역에 있어서 각인의 기회를 균등히 하고, 능력을 최고도로 발휘하게 하며, 자유와
권리에 따르는 책임과 의무를 완수하게 하여, 안으로는 국민생활의 균등한 향상을 기하고 밖으
로는 항구적인 세계평화와 인류공영에 이바지함으로써 우리들과 우리들의 자손의 안전과 자유
와 행복을 영원히 확보할 것을 다짐하면서 1948년 7월 12일에 제정되고 8차에 걸쳐 개정된 헌
법을 이제 국회의 의결을 거쳐 국민투표에 의하여 개정한다.

        제1장 총강
    제1조 ① 대한민국은 민주공화국이다.
②대한민국의 주권은 국민에게 있고, 모든 권력은 국민으로부터 나온다.
    제2조 ① 대한민국의 국민이 되는 요건은 법률로 정한다.
②국가는 법률이 정하는 바에 의하여 재외국민을 보호할 의무를 진다.
    제3조 대한민
```

위 결과를 보면 대한민국 헌법은 총 18,884자로 구성돼 있으며, 가장 앞부분에는 전문이 있고 전문 뒤에 제1장 총강으로 시작되는 것을 볼 수 있다. 헌법의 구성을 상세히 알고 싶다면 위키백과의 '대한민국 헌법'[4]을 보면 된다. 본문은 총 10장으로 구성돼 있고 마지막에 부칙이 있다.

앞 장에서 배운 대로 KoNLPy를 임포트해 읽어온 헌법 텍스트에 대해 형태소 분석을 실시하고, 그 결과를 대략 살펴본다. 이와 같이 중간 결과들이 제대로 나왔는지 확인해 보는 것이 나중에 발생할 수 있는 복잡한 오류를 방지할 수 있는 좋은 습관이다.

```
from konlpy.tag import Okt
t = Okt()
tokens_const = t.morphs(const_doc)  # 형태소 단위로 tokenize

print('#토큰의 수:', len(tokens_const))
print('#앞 100개의 토큰')
print(tokens_const[:100])
```

[실행 결과]
```
#토큰의 수: 8796
#앞 100개의 토큰
['대한민국', '헌법', '\n\n', '유구', '한', '역사', '와', '전통', '에', '빛나는', '우리', '대', '한', '국민', '은', '3', '·', '1', '운동', '으로', '건립', '된', '대한민국', '임시정부', '의', '법', '통과', '불의', '에', '항거', '한', '4', '·', '19', '민주', '이념', '을', '계승', '하고', ',', '조국', '의', '민주', '개혁', '과', '평화', '적', '통일', '의', '사명', '에', '입', '각하', '여', '정의', '·', '인도', '와', '동포', '애', '로써', '민족', '의', '단결', '을', '공고', '히', '하고', ',', '모든', '사회', '적', '폐습', '과', '불의', '를', '타파', '하며', ',', '자율', '과', '조화', '를', '바탕', '으로', '자유민주', '적', '기', '본', '질서', '를', '더욱', '확고히', '하여', '정치', '·', '경제', '·', '사회', '·']
```

위 토큰들을 보면 만족스럽지 않은 부분들이 많이 보인다. '\n\n'을 비롯한 기호를 비롯해서 3, 1과 같은 숫자 그리고 '와', '에', '은' 등은 딱히 그 수를 세는 것이 의미가 없어 보인다. 어떤 품사를 선택할지에 대해서는 좀 더 면밀한 분석이 필요하겠지만, 보통 워드 클라우드를 그릴 때에는 명사만 사용하는 것이 일반적이다.

---
[4] https://ko.wikipedia.org/wiki/대한민국_헌법

```
tokens_const = t.nouns(const_doc)  # 형태소 단위로 tokenize 후 명사만 추출
print('#토큰의 수:', len(tokens_const))
print('#앞 100개의 토큰')
print(tokens_const[:100])
```

[실행 결과]

```
#토큰의 수: 3882
#앞 100개의 토큰
['대한민국', '헌법', '유구', '역사', '전통', '우리', '국민', '운동', '건립', '대한민국',
'임시정부', '법', '통과', '불의', '항거', '민주', '이념', '계승', '조국', '민주', '개
혁', '평화', '통일', '사명', '입', '각하', '정의', '인도', '동포', '애', '로써', '민족',
'단결', '공고', '모든', '사회', '폐습', '불의', '타파', '자율', '조화', '바탕', '자유민
주', '질서', '더욱', '정치', '경제', '사회', '문화', '모든', '영역', '각인', '기회', '능
력', '최고', '도로', '발휘', '자유', '권리', '책임', '의무', '완수', '안', '국민', '생
활', '향상', '기하', '밖', '항구', '세계', '평화', '인류', '공영', '이바지', '함', '우
리', '우리', '자손', '안전', '자유', '행복', '확보', '것', '다짐', '제정', '차', '개정',
'헌법', '이제', '국회', '의결', '국민투표', '개정', '제', '장', '강', '제', '대한민국',
'민주공화국', '대한민국']
```

앞선 결과보다는 훨씬 좋아 보인다. 그러나 명사라고는 해도 '애', '것', '함', '제', '장'과 같은 1자로 된 명사는 의미를 부여하기 어려워보인다. 마지막으로 아래와 같이 결과에서 1자로 된 명사는 삭제하고 결과를 살펴본다.

```
tokens_const = [token for token in tokens_const if len(token) > 1]
print('#토큰의 수:', len(tokens_const))
print('#앞 100개의 토큰')
print(tokens_const[:100])
```

[실행 결과]

```
3013
['대한민국', '헌법', '유구', '역사', '전통', '우리', '국민', '운동', '건립', '대한민국',
'임시정부', '통과', '불의', '항거', '민주', '이념', '계승', '조국', '민주', '개혁', '평
화', '통일', '사명', '각하', '정의', '인도', '동포', '로써', '민족', '단결', '공고', '
모든', '사회', '폐습', '불의', '타파', '자율', '조화', '바탕', '자유민주', '질서', '더
욱', '정치', '경제', '사회', '문화', '모든', '영역', '각인', '기회', '능력', '최고', '도
로', '발휘', '자유', '권리', '책임', '의무', '완수', '국민', '생활', '향상', '기하', '항
구', '세계', '평화', '인류', '공영', '이바지', '우리', '우리', '자손', '안전', '자유', '
```

> 행복', '확보', '다짐', '제정', '개정', '헌법', '이제', '국회', '의결', '국민투표', '개정', '대한민국', '민주공화국', '대한민국', '주권', '국민', '모든', '권력', '국민', '대한민국', '국민', '요건', '법률', '국가', '법률', '재외국민']

이 정도면 어느 정도 만족스럽다고 할 수 있다. 여기서 의미 없는 단어들을 추가로 삭제하고 싶다면, 불용어 사전을 만들고 앞서 설명한 코드를 이용해 제거할 수 있다. 예를 들어 '도로', '모든' 같은 단어들을 불용어 사전에 추가하고 삭제할 수 있을 것이다.

이제 영어에 대해 했던 것처럼 수평 막대그래프를 그려본다. 단 여기서는 먼저 matplotlib에서 사용할 한글 폰트를 아래와 같이 지정해주고, 막대그래프를 그리는 부분을 함수화해서 사용한다. 맥은 주석과 같이 font_name에 'AppleGothic'을 할당하고, 리눅스를 사용한다면 조금 복잡하므로 각주[5]를 참고하기 바란다.

```python
from matplotlib import font_manager, rc

font_name = font_manager.FontProperties(fname="c:/Windows/Fonts/malgun.ttf").get_name()
# 맥인 경우에는 아래와 같이 font_name을 지정
# font_name = 'AppleGothic'
rc('font', family=font_name)

const_cnt = {}
for word in tokens_const:
    const_cnt[word] = const_cnt.get(word, 0) + 1

def word_graph(cnt, max_words=10):

    sorted_w = sorted(cnt.items(), key=lambda kv: kv[1])
    print(sorted_w[-max_words:])
    n, w = zip(*sorted_w[-max_words:])

    plt.barh(range(len(n)),w,tick_label=n)
    #plt.savefig('bar.png')  # 필요한 경우, 그래프를 이미지 파일로 저장한다.
    plt.show()

word_graph(const_cnt, max_words=20)
```

---

5 https://financedata.github.io/posts/matplotlib-hangul-for-ubuntu-linux.html

[실행 결과]

```
[('조직', 18), ('국회의원', 18), ('임기', 18), ('직무', 19), ('국무총리', 19), ('자유',
20), ('정부', 20), ('선거', 20), ('임명', 20), ('권리', 21), ('의원', 21), ('사항', 23),
('기타', 26), ('모든', 37), ('헌법', 53), ('국민', 61), ('국회', 68), ('국가', 73), ('대
통령', 83), ('법률', 127)]
```

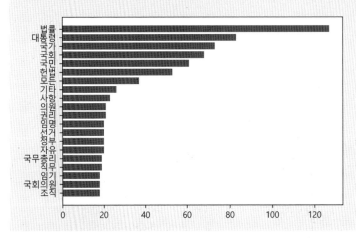

이 그래프에 여러 가지를 더 꾸밀 수 있겠지만 이 정도로 만족하고, 이제 워드 클라우드를 그려본다. 위 예에서 `matplotlib`에 대해 한글 폰트를 지정해줬으나 WordCloud 객체는 별도의 폰트를 사용하므로, 아래와 같이 한글 폰트를 지정해서 WordCloud 객체를 생성한다. 먼저 generate() 메서드를 이용해 위에서 사용한 형태소 분석 결과 대신 원문을 넣고 결과를 본다.

```python
font_path = 'c:/Windows/Fonts/malgun.ttf'
wordcloud = WordCloud(font_path=font_path).generate(const_doc)

plt.axis("off")
plt.imshow(wordcloud, interpolation='bilinear')
plt.show()
```

[실행 결과]

역시 마음에 들지 않는다. 위 결과를 보면 한글에 대해 별도의 형태소 분석기를 이용해 분석해야 하는 이유를 극명하게 보여준다. '또는', '수 있다', '관한', '때에는' 등에는 전혀 관심이 없기 때문이다. 다음 예에서는 generate_from_frequencies() 메서드와 형태소 분석 결과에 대한 빈도 딕셔너리(const_cnt)로 워드 클라우드를 생성한다.

그 외에 WordCloud 객체를 생성할 때 인수를 적절히 활용하면 생성할 워드 클라우드 이미지를 세밀하게 조정할 수 있다. 다음 예는 기존의 max_font_size 외에, 이미지의 너비와 높이를 지정하는 width, height와 배경색을 지정하는 background_color를 썼다. 이때 plt.imshow()로 주피터 노트북에 출력하는 이미지는 WordCloud가 생성하는 이미지를 다시 재처리해 보여주므로 지정한 크기가 반영되지 않는다는 점에 주의한다. to_file() 메서드를 사용하면 이미지를 저장할 수 있는데, 저장된 이미지를 불러서 확인하면 크기가 제대로 적용된 것을 확인할 수 있다.

```
wordcloud = WordCloud(
    font_path = font_path,
    max_font_size = 100,
    width = 800,  # 이미지 너비 지정
    height = 400,  # 이미지 높이 지정
    background_color='white',  # 이미지 배경색 지정
    max_words=50)
```

```
# 원문이 아닌 형태소 분석 결과로부터 워드 클라우드를 생성
wordcloud.generate_from_frequencies(const_cnt)

wordcloud.to_file("const.png")  # 생성한 이미지를 파일로 저장

plt.axis("off")
plt.imshow(wordcloud, interpolation='bilinear')
plt.show()
```

[실행 결과]

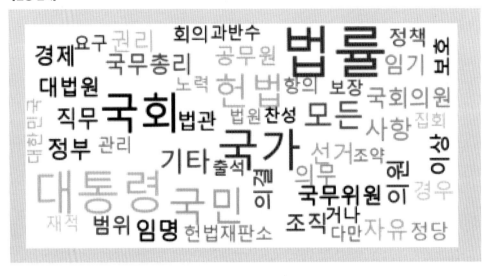

2부

BOW 기반의
텍스트 마이닝

04

카운트 기반의
문서 표현

단어별 카운트를 기반으로 문서로부터 특성을 추출하고 표현하는 방식을 BOW(Bag of Words)라고 부르는데, BOW에는 문서에서 단어의 사용 여부만 표시하는 방법, 단어 수를 세어 표시하는 방법, 단어가 문서에 나타난 수를 반영해 보정하는 방법 등이 있다. 이 장에서는 이와 같은 방법들에 대해 이해하고 영어 문서와 한글 문서를 대상으로 실습해보고자 한다.

4.1 카운트 기반 문서 표현의 개념

카운트 기반 문서 표현은 문서의 의미를 반영해 벡터를 만드는 과정이라고 할 수 있다. 우리는 어떻게 글을 이해할까? 너무도 당연하게 앞에서부터 순서대로 단어들을 읽어가면서 문장의 의미를 파악한다. 텍스트와 관련한 딥러닝 기법은 이러한 방식을 그대로 학습에 사용한다. 그러나 딥러닝 기법이 등장하기 전에는 컴퓨터가 사람과 같은 방식으로 글을 이해하기 어려웠다. 카운트 기반의 문서 표현은 문서에 나타나는 단어의 통계를 이용해 문서의 내용을 이해하고자 하는 시도라고 할 수 있다.

책을 한 권 읽고 대략 어떤 내용인지 알아내야 한다고 생각해보자. 처음부터 차근차근 글을 읽어나가는 데에는 시간이 오래 걸린다. 컴퓨터를 이용해서 이를 좀 더 빨리 할 수 있는 방법은 책에 나오는 단어의 빈도를 세는 것이다. 책에 어떤 단어가 주로 사용됐는지 알아내면 내용을 유추할 수 있다. 앞 장에서 배운 막대그래프와 워드 클라우드가 좋은 예다. 이 장에서는 이러한 카운트 기반의 문서 표현을 좀 더 상세하게 이해하고, 예제를 통해 구현 및 사용방법을 습득하고자 한다.

텍스트 마이닝을 하려면 대상 텍스트를 우리가 다룰 수 있는 수치 형태로 변환해야 한다. 이때 각 수치는 그 텍스트의 **특성(feature)**을 표현한다. 비유를 들자면, 사람이라는 대상의 특성으로는 이름, 나이, 키, 몸무게 등이 있을 것이다. 각 사람을 구분할 수 있는 것은 이러한 특성의 값들이 달라서다. 우리가 정의한 특성 관점에서, 비슷한 사람끼리는 특성 값이 비슷할 것이다. 그와 마찬가지로 텍스트 마이닝에서는 텍스트의 특성을 정의하고 그 값으로 텍스트를 구분한다.

그렇다면 텍스트의 특성은 무엇으로 정의할 수 있을까? 카운트 기반의 문서표현에서는 텍스트의 특성을 단어로 표현하고, 특성이 갖는 값은 그 단어가 텍스트에서 나타나는 횟수로 표현한다. 예를 들어 "text mining is the process of deriving high quality information from text"라는 문장이 있을 때, 이 문장에는 'text', 'mining', 'is', 'the' 등의 단어가 사용됐다. 따라서 각 단어가 특성이 되고, 이 단어의 빈도가 특성의 값이 된다면 다음과 같이 파이썬의 딕셔너리로 표현할 수 있다.

```
feature_vector = {'text':2, 'mining':1, 'is':1, 'the':1, 'process':1, 'of':1,
 'deriving':1, 'high':1, 'quality':1, 'information':1, 'from':1}
```

그런데 여기서 떠오르는 한 가지 문제점이 있다. 모든 문서의 특성이 같아야 서로 비교할 수 있는데, 위와 같이 딕셔너리로 표현하면 문서마다 특성이 제각각이 될 것이다. 문서를 비교할 수 있도록 동일한 특성을 갖게 하려면 어떻게 해야 할까? 답부터 이야기하자면, 동일한 단어들로 특성을 표현하면 된다. 즉 전체 말뭉치에 한 번이라도 사용된 단어는 문서에 없더라도 특성에 포함하고 빈도를 0으로 주면 된다.

이를 위해서 먼저 대상이 되는 말뭉치에 대해 하나의 단어 집합(Vocabulary)을 구성하고 이 단어 집합을 대상으로 각 문서에 대해 빈도를 표시한다. 1장에서 설명한 바와 같이 말뭉치는 '언어 연구를 위해 컴퓨터가 텍스트를 가공·처리·분석할 수 있는 형태로 모아 놓은 자료의 집합'을 의미한다. 즉 일반적으로 우리가 텍스트 마이닝을 한다면 그 대상은 하나의 문장 혹은 문서가 아니고 그러한 문장이나 문서들의 집합이 된다. 따라서 카운트 기반의 문서표현은 개별 문서가 아닌 말뭉치를 대상으로 한다.

이때 하나의 문서에서 사용한 단어에 비해 사용하지 않은 단어가 훨씬 많을 수밖에 없으므로, 문서에서 사용되지 않은 대부분의 특성은 값이 0이 된다. 이는 카운트 기반 문서 표현의 본질적인 문제로, 문서를 표현하기 위해 너무나 많은 특성을 사용해야 하고 그 특성 중에서 극히 일부만 값을 갖는다. 이와 같이 대부분의 값이 0인 특성 벡터를 **희소 벡터**(sparse vector)라고 부르는데, 저장공간과 연산 측면에나 매우 비효율적이므로 텍스트 마이닝을 지원하는 패키지들은 이를 효율적으로 처리할 수 있는 나름의 방법이 필요하다.

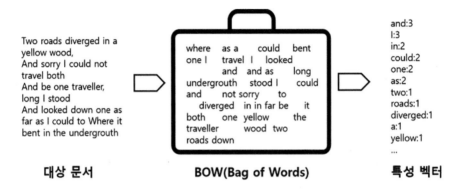

그림 4.1 BOW와 특성 벡터의 이해

정리하자면 텍스트는 우리가 정의한 특성에 대한 특성 값의 집합(혹은 벡터)으로 변환하는데, 카운트 기반의 문서 표현에서는 단어가 특성이 되고, 단어의 빈도가 특성의 값이 된다. 이와 같은 방식을 **BOW**(Bag of Words)라고 하며, 이렇게 표현하는 이유는 그림 4.1과 같이 단어들을 가방에 넣으면 순서가 사라지기 때문이다. 이 가방 안의 단어들에 대해 빈도를 계산하면 그림과 같이 왼쪽의 원문으로부터 BOW를 거쳐 특성 벡터를 추출할 수 있다.

4.2 BOW 기반의 카운트 벡터 생성

BOW의 실습을 위해 대상 말뭉치로 NLTK가 제공하는 영화 리뷰를 사용하겠다. NLTK가 제공하는 말뭉치에 대해서 더 알고 싶으면 온라인으로 제공되는 NLTK 책[1]을 참조하면 된다. movie_reviews라는 이름으로 제공되는 이 말뭉치는, 연구를 위해 수집된 2,000개의 영화 리뷰와 그 리

---

1 https://www.nltk.org/book/ch02.html

뷰의 내용이 긍정적인지 부정적인지를 나타내는 감성 값이 함께 제공된다. 이 말뭉치를 이용해 학습하면 주어진 영화 리뷰에 대해 그 내용이 긍정적인지 부정적인지 판별하는 감성분석을 할 수 있는데, 이에 대한 상세한 내용은 8장 감성 분석에서 다룬다. 먼저 다음과 같이 말뭉치를 다운로드하고, 다양한 함수를 사용해 내용을 파악한다. 다음 표는 movie_reviews가 제공하는 주요 함수를 보여준다.

표 4.1 movie_reviews의 주요 함수

함수	설명
fileids()	영화 리뷰 문서들의 id(fileid)를 반환한다. 매개변수 categories를 이용하면 특정 분류에 속하는 문서들의 id만 가져올 수 있다.
categories()	리뷰 문서들에 대한 분류, 즉 라벨을 보여준다. 여기서는 감성을 표현하는 긍정('pos')과 부정('neg') 값을 갖는다.
raw()	리뷰 문서의 원문을 문자열의 리스트 형태로 반환한다. 인수로 fileid를 주면 특정 문서만 가져올 수 있다.
sents()	리뷰 문서의 원문에 대해 NLTK의 sent_tokenize로 토큰화한 문장들을 다시 word_tokenize로 토큰화한 결과를 반환한다. 인수로 fileid를 주면 특정 문서에 대한 토큰화 결과를 가져올 수 있다.
words()	리뷰 문서의 원문에 대해 NLTK의 word_tokenize로 토큰화한 결과를 반환한다. 인수로 fileid를 주면 특정 문서에 대한 토큰화 결과를 가져올 수 있다.

카운트 벡터를 생성하기에 앞서 먼저 NLTK의 movie_reviews의 내용을 살펴보기로 한다. 표 4.1에서 설명한 함수들을 이용해 아래와 같이 영화 리뷰 문서의 id와 본문을 가져오고 문서의 내용과 토큰화 결과 등을 들여다본다.

```
import nltk
nltk.download('movie_reviews')

from nltk.corpus import movie_reviews

print('#review count:', len(movie_reviews.fileids()))  #영화 리뷰 문서의 id를 반환
print('#samples of file ids:', movie_reviews.fileids()[:10])  #id를 10개까지만 출력
```

```
fileid = movie_reviews.fileids()[0]  #첫번째 문서의 id를 반환
print('#id of the first review:', fileid)

#첫번째 문서의 내용을 200자까지만 출력
print('#first review content:\n', movie_reviews.raw(fileid)[:200])

#첫번째 문서를 sentence tokenize한 결과 중 앞 두 문장
print('#sentence tokenization result:', movie_reviews.sents(fileid)[:2])

#첫번째 문서를 word tokenize한 결과 중 앞 20개 단어
print('#word tokenization result:', movie_reviews.words(fileid)[:20])
```

[실행 결과]

```
#review count: 2000
#samples of file ids: ['neg/cv000_29416.txt', 'neg/cv001_19502.txt', 'neg/cv002_17424.
txt', 'neg/cv003_12683.txt', 'neg/cv004_12641.txt', 'neg/cv005_29357.txt', 'neg/
cv006_17022.txt', 'neg/cv007_4992.txt', 'neg/cv008_29326.txt', 'neg/cv009_29417.txt']
#id of the first review: neg/cv000_29416.txt
#first review content:
 plot : two teen couples go to a church party , drink and then drive .
they get into an accident .
one of the guys dies , but his girlfriend continues to see him in her life , and has
nightmares .
w
#sentence tokenization result: [['plot', ':', 'two', 'teen', 'couples', 'go', 'to', 'a',
'church', 'party', ',', 'drink', 'and', 'then', 'drive', '.'], ['they', 'get', 'into',
'an', 'accident', '.']]
#word tokenization result: ['plot', ':', 'two', 'teen', 'couples', 'go', 'to', 'a',
'church', 'party', ',', 'drink', 'and', 'then', 'drive', '.', 'they', 'get', 'into',
'an']
```

위 결과를 요약해보면, 총 2,000개의 리뷰 문서가 있으며, fileid는 문자열로 되어 있고 그 안에 감성과 파일명이 포함돼 있는 것을 알 수 있다. movie_reviews.sents()의 결과를 유심히 보면 위 표에서 설명한 내용을 잘 이해할 수 있다. 먼저 문서를 문장 단위로 토큰화하고 그 후에 각 문장을 단어 단위로 토큰화했으므로 결과가 리스트의 리스트로 되어 있음을 알 수 있다. 반면 movie_reviews.words()는 원문 전체에 대해 바로 단어 단위로 토큰화했으므로 결과가 하나의 리스트로 돼 있다.

이제 앞서 설명한 BOW를 이용해 텍스트를 특성 벡터로 변환하는 방법을 정리해보기로 하자. 특성값은 단어의 빈도로 한다.

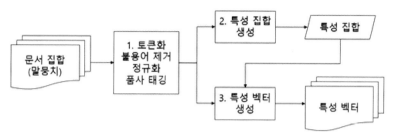

그림 4.2 BOW 기반의 특성 벡터 추출과정

위 그림은 문서 집합으로부터 특성 벡터를 추출하는 과정을 단계적으로 보여준다.

1. 각 문서에 대해 앞서 배운 텍스트 전처리를 수행해 의미가 있는 최소 단위의 리스트로 변환한다. 이미 말한 바와 같이 앞서 배운 토큰화, 정규화, 품사 태깅 등의 방법을 모두 사용할 수도 있으나, 우선은 movie_reviews.words()가 제공하는 결과를 써 보기로 하자.

2. 특성 추출 대상이 되는 단어 집합, 즉 특성 집합을 구성한다. 특성 집합은 텍스트 마이닝의 경우, 어휘 집합이라고 부르기도 한다. 말뭉치에 있는 모든 단어를 다 사용하는 것도 방법이 될 수 있으나, 자신이 정한 기준에 따라 단어들을 선별할 수도 있다. 예를 들어 단어에 대해 빈도를 계산하고, 빈도가 높은 상위 단어 n개만 사용할 수 있다.

3. 각 문서별로 특성 추출 대상 단어들에 대해 단어의 빈도를 계산해 특성 벡터를 추출한다. 단어의 빈도를 특성 값으로 사용해서 카운트 벡터라고도 부른다.

이제 위 과정을 기본적인 파이썬 함수들을 사용해 구현한다. 보통의 텍스트 마이닝 과정에서는 이 부분을 직접 구현하지 않고 사이킷런과 같은 라이브러리를 쓴다. 그러나 여기에서는 BOW에 대해 명확히 이해하기 위해 직접 구현해보자.

먼저 각 문서에 대한 토큰화 결과들로 리스트를 만들기 위해 아래 코드를 실행한다. fileids()를 이용해 모든 문서의 id를 가져오고 각 id들에 대해 words()로 토큰화 결과를 가져와 리스트를 만든다.

```
documents = [list(movie_reviews.words(fileid)) for fileid in movie_reviews.fileids()]
print(documents[0][:50])  # 첫째 문서의 앞 50개 단어를 출력
```

[실행 결과]

```
['plot', ':', 'two', 'teen', 'couples', 'go', 'to', 'a', 'church', 'party', ',',
'drink', 'and', 'then', 'drive', '.', 'they', 'get', 'into', 'an', 'accident', '.',
'one', 'of', 'the', 'guys', 'dies', ',', 'but', 'his', 'girlfriend', 'continues', 'to',
'see', 'him', 'in', 'her', 'life', ',', 'and', 'has', 'nightmares', '.', 'what', "'",
's', 'the', 'deal', '?', 'watch']
```

이제 특성 집합을 만들기 위해 딕셔너리를 써서 단어별로 말뭉치 전체에서의 빈도를 계산하고, 빈도가 높은 단어부터 정렬한 후에 빈도수 상위 10개의 단어를 출력한다. 앞에서 배운 막대그래 프를 그려봐도 좋다.

```
word_count = {}
for text in documents:
    for word in text:
        word_count[word] = word_count.get(word, 0) + 1

sorted_features = sorted(word_count, key=word_count.get, reverse=True)
for word in sorted_features[:10]:
    print(f"count of '{word}': {word_count[word]}", end=', ')
```

[실행 결과]

```
count of ',': 77717, count of 'the': 76529, count of '.': 65876, count of 'a': 38106,
count of 'and': 35576, count of 'of': 34123, count of 'to': 31937, count of ''': 30585,
count of 'is': 25195, count of 'in': 21822,
```

위 결과를 보면, ',', 'the', 'a'와 같이 의미적으로 쓸모없는 단어만 빈도가 높은 것 같아 보인다. 이를 해결하기 위해 2장에서 배운 정규표현식으로 다시 토큰화하고 앞의 과정을 반복해보자. 이 를 위해 먼저 raw()를 이용해 원문을 가져와서 documents를 만들고, 이에 대해 토큰화를 한다. 기 왕 하는 김에 NLTK가 제공하는 불용어 사전을 이용해 불용어도 제거한다.

```
from nltk.tokenize import RegexpTokenizer
from nltk.corpus import stopwords  # 일반적으로 분석대상이 아닌 단어들

tokenizer = RegexpTokenizer("[\w']{3,}")  # 정규표현식으로 토크나이저를 정의
english_stops = set(stopwords.words('english'))  # 영어 불용어를 가져옴
```

```
# words() 대신 raw()로 원문을 가져옴
documents = [movie_reviews.raw(fileid) for fileid in movie_reviews.fileids()]

# stopwords의 적용과 토큰화를 동시에 수행.
tokens = [[token for token in tokenizer.tokenize(doc) if token not in english_stops] for
doc in documents]
word_count = {}
for text in tokens:
    for word in text:
        word_count[word] = word_count.get(word, 0) + 1

sorted_features = sorted(word_count, key=word_count.get, reverse=True)

print('num of features:', len(sorted_features))
for word in sorted_features[:10]:
    print(f"count of '{word}': {word_count[word]}", end=', ')
```

[실행 결과]

```
num of features: 43030
count of 'film': 8935, count of 'one': 5791, count of 'movie': 5538, count of 'like':
3690, count of 'even': 2564, count of 'time': 2409, count of 'good': 2407, count of
'story': 2136, count of 'would': 2084, count of 'much': 2049,
```

이렇게 해서 추출된 단어 혹은 특성은 43,030개이고 상위 빈도부터 출력했을 때 이전 결과보다는 훨씬 나아 보인다. 이 특성들을 다 사용해도 좋지만, 상위 빈도수를 가지는 단어 천 개만 추출해서 최종적으로 문서를 표현할 특성으로 사용하기로 한다. 이렇게 하면 단어로 구성된 특성 집합이 완성된다. 이때 중요한 것은, 특성 집합에는 단어의 순서가 있으며 이 순서에 따라 문서의 카운트 벡터 값이 결정된다는 것이다.

```
# 빈도가 높은 상위 1000개의 단어만 추출해 features를 구성
word_features = sorted_features[:1000]
```

이제 주어진 문서를 특성 벡터, 즉 카운트 벡터로 변환하는 함수를 만든다. 함수가 제대로 작동하는지 알아보기 위해 아래와 같이 입력과 출력의 예를 만들어서 테스트해보자.

1. 특성 집합 예제(word_features_ex): `['one', 'two', 'teen', 'couples', 'solo']`

2. 주어진 문서의 토큰화 결과: `['two', 'two', 'couples']`

3. 변환된 카운트 벡터 결과: `[0, 2, 0, 1, 0]`

주어진 문서에서 'two'가 2회, 'couples'가 1회 사용됐으므로, 전체 특성 리스트와 맞춰봤을 때 벡터에서 둘째와 넷째 값이 각각 2와 1이 돼야 한다. 이때 특성 집합, 즉 word_features에 있는 단어들은 빈도에 따라 순서가 정해져 있으므로 카운트 벡터에서는 word_features에 있는 단어의 순서에 따라 단어의 빈도만 기록하면 된다.

문서 내 단어의 빈도를 저장할 딕셔너리를 생성하고, word_features의 모든 단어에 대해 빈도를 계산해 리스트로 반환하는 함수를 아래와 같이 만들어 위 예제에 대해 테스트한다.

```
# 주어진 document를 feature로 변환하는 함수, word_features를 사용
def document_features(document, word_features):
    word_count = {}
    for word in document:  # document에 있는 단어들에 대해 빈도수를 먼저 계산
        word_count[word] = word_count.get(word, 0) + 1

    features = []
    # word_features의 단어에 대해 계산된 빈도수를 feature에 추가
    for word in word_features:
        features.append(word_count.get(word, 0))  # 빈도가 없는 단어는 0을 입력
    return features

word_features_ex = ['one', 'two', 'teen', 'couples', 'solo']
doc_ex = ['two', 'two', 'couples']
print(document_features(doc_ex, word_features_ex))
```

[실행 결과]
```
[0, 2, 0, 1, 0]
```

잘 작동하는 것을 확인했으므로 이제 전체 리뷰 집합에 대해 적용하고, 추출된 특성의 수와 첫째 리뷰 문서에 대한 특성 집합 중 앞부분 20개만 출력해본다. 이때, 벡터에 있는 값에 대해 어떤 단어의 빈도인지를 알기 위해 순서를 맞춰서 word_features의 단어와 함께 출력한다.

```
feature_sets = [document_features(d, word_features) for d in tokens]

# 첫째 feature set의 내용을 앞 20개만 word_features의 단어와 함께 출력
for i in range(20):
    print(f'({word_features[i]}, {feature_sets[0][i]})', end=', ')
```

[실행 결과]

```
(film, 5), (one, 3), (movie, 6), (like, 3), (even, 3), (time, 0), (good, 2), (story, 0),
(would, 1), (much, 0), (also, 1), (get, 3), (character, 1), (two, 2), (well, 1), (first,
0), (characters, 1), (see, 2), (way, 3), (make, 5),
```

위 결과에서 word_features의 단어는 빈도가 높은 순서대로 정렬돼 있다. 따라서 앞의 20개 단어
에는 카운트 값이 0이 아닌 단어가 많이 있는 것을 볼 수 있다. 그러나 뒤로 갈수록 값이 0인 단
어들이 많아질 것으로 예측할 수 있다. 이를 확인하기 위해 아래와 같이 마지막 20개 값을 출력
해보면 모두 0인 것을 볼 수 있다.

```
print(feature_sets[0][-20:])  # feature set의 뒤 20개만 출력
```

[실행 결과]

```
[0, 0, 0, 0, 0, 0, 0, 0, 0, 0, 0, 0, 0, 0, 0, 0, 0, 0, 0, 0]
```

이상과 같은 방법으로 말뭉치에 있는 모든 문서들을 카운트 벡터로 변환할 수 있다. 카운트 벡터
가 어떤 값으로 구성되고, 어떠한 특징을 갖는지 이해했을 것이다. 요약하면 카운트 벡터는 말뭉
치 전체의 단어 집합 혹은 그중에서 선별한 단어 집합에 대한 단어들의 빈도로 이루어져 있으며,
매우 희소하다는 특징이 있다.

4.3 사이킷런으로 카운트 벡터 생성

카운트 기반으로 문서표현을 해서 머신러닝으로 분석을 하고 싶다면, 사이킷런의 텍스트 관련
라이브러리를 쓰면 훨씬 편리하다. 사이킷런은 머신러닝을 구현할 수 있는 가장 간편하고 효
과적인 파이썬 라이브러리다. 사이킷런에는 텍스트나 이미지로부터 특성을 추출하는 도구로

sklearn.feature_extraction 모듈이 있으며 사용법과 예제를 홈페이지[2]에서 상세히 설명한다. 가장 기본적인 도구는 CountVectorizer 클래스다. 객체를 생성할 때 기본값을 사용해도 되지만 좀 더 섬세하게 조정하고 싶다면 표 4.2의 매개변수들을 이용하면 된다.

표 4.2 CountVectorizer()의 주요 매개변수

주요 매개변수	설명
tokenizer	함수 형태로 외부 토크나이저를 지정한다. 지정하지 않으면 자체 토크나이저를 사용한다.
stop_words	리스트 형태로 불용어 사전을 지정한다. 'english'로 값을 주면 자체 영어 불용어 사전을 사용한다.
ngram_range	(min_n, max_n)의 튜플 형태로 ngram의 범위를 지정한다. 기본값은 (1, 1)이다.
max_df	단어로 특성을 구성할 때, 문서에 나타난 빈도(document frequency)가 max_df보다 크면 제외한다. 비율 혹은 문서의 수로 지정 가능하다.
min_df	단어로 특성을 구성할 때, 문서에 나타난 빈도가 min_df보다 작으면 제외한다. 비율 혹은 문서의 수로 지정 가능하다.
max_features	최대 특성의 수를 지정한다. 지정하지 않으면 전체 단어를 다 사용한다.
vocabulary	특성으로 사용할 단어들을 직접 지정한다.
binary	True 값을 주면 빈도 대신 1절에서 배운 단어의 유무(1/0)로 특성 값을 생성한다.

각 매개변수는 내용을 진행하면서 필요한 부분에서 상세히 설명하겠다. CountVectorizer 클래스의 주요 메서드는 다음과 같다.

표 4.3 CountVectorizer 클래스의 주요 메서드

주요 메서드	설명
fit(raw_documents)	인수로 주어진 문서 집합(raw_documents)에 대해 토큰화를 수행하고 특성 집합을 생성한다.
transform(raw_documents)	fit()에서 생성한 특성 집합을 이용해 인수로 주어진 문서 집합(raw_documents)에 대해 카운트벡터로 변환해 반환한다.

---

2 http://scikit-learn.org/stable/modules/feature_extraction.html#text-feature-extraction

주요 메서드	설명
fit_transform(raw_documents)	인수로 주어진 문서 집합(raw_documents)에 대해 fit과 transform을 동시에 수행한다.
get_feature_names_out()	특성 집합에 있는 특성의 이름, 즉 단어를 순서대로 반환한다. Sklearn의 버전이 1.0으로 바뀌기 전에는 get_feature_names()였으므로 sklearn의 버전을 확인하고 이에 맞춰서 사용한다.

사이킷런은 자체적인 토크나이저를 지원하므로, 사용자가 별도로 미리 토큰화를 하지 않아도 된다. 그러나 좀 더 세부적인 조정을 통해 성능을 높이고 싶을 때는 토크나이저를 함수로 정의하고 사이킷런에서 이를 사용하게 할 수 있다. 한글의 경우에는 KoNLPy로 형태소 분석을 수행해야 하므로 반드시 별도의 토크나이저를 사용해야 한다.

그림 4.3은 CountVectorizer의 fit() 메서드와 transform() 메서드가 각각 어떻게 작용하는지 보여준다. Fit()은 tokenizer, stop_words, max_df, min_df, max_features 등을 이용해 문서 집합 전체에 대해 토큰화와 불용어 제거, 특성 선택을 수행해 특성 집합을 생성한다. 특성 집합의 각 특성은 그림과 같이 단어와 인덱스로 구성된다. 예를 들어 film의 인덱스는 0이 되며, 이 인덱스는 나중에 각 문서별로 특성 벡터를 추출할 때 사용한다. Transform() 메서드는 생성된 특성 집합을 이용해 각 문서로부터 특성 벡터 혹은 카운트 벡터를 생성한다. 이때 특성 집합의 인덱스를 사용해 각 단어에 대해 빈도를 표시한다. 그림에서 '(0, 0):5'의 첫째 0은 첫 문서임을 나타내고, 둘째 0은 특성 집합의 인덱스를 나타내며 5는 이 특성의 빈도를 말한다. 즉 첫 문서에서 'film'은 5회 나타났음을 의미한다.

4.2절에서 실습한 것과 달리 이런 식으로 특성 벡터를 표현하는 이유는 특성 벡터가 매우 희소하기 때문이다. 예를 들어, 특성의 수가 10,000개인데 문서에 사용된 단어가 50개에 불과하다면 4.2절의 방식으로는 9,950개의 특성 값이 0이 된다. 사이킷런과 같이 특성 벡터를 표현하면 이 9,950개의 특성을 굳이 벡터로 표현하지 않아도 되므로 공간을 좀 더 효율적으로 활용할 수 있다. 이러한 내용은 실습을 진행하면서 다시 상세히 살펴보기로 한다.

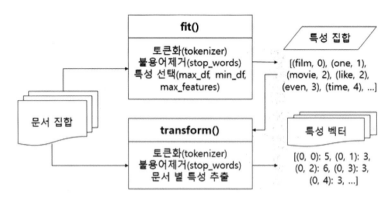

그림 4.3 CountVectorizer의 기능

이 절에서는 위에서 사용한 movie_reviews에 대해 사이킷런의 CountVectorizer 클래스를 이용해 카운트 벡터를 생성한다.

사이킷런 (https://scikit-learn.org/stable/)

사이킷런은 가장 널리 알려진 파이썬 머신러닝 라이브러리로, 효과적이고 간편한 머신러닝 구현 방법을 제공한다. 홈페이지에 가면 분류(Classification), 회귀(Regression), 군집화(Clustering), 차원축소 (Dimensionality reduction), 모형 선택(Model selection), 전처리(Preprocessing)로 분류해 다양한 예제와 설명을 보여준다. 모든 내용이 텍스트 마이닝과 관련 있으며 특히 전처리는 텍스트에 대한 전처리를 지원하는 모듈이 대표적이라 할 수 있다. 이 책에서도 문서 분류, 감성분석, 토픽 모델링 등에서 사이킷런을 사용하므로 사이킷런과 친해지기를 권장한다. 사이킷런은 아나콘다 기본 환경에 포함돼 있으며, 가상 환경을 만들었다면 "pip install scikit-learn"으로 간단하게 설치할 수 있다.[3]

먼저 4.2절에서 한 것과 같이 raw() 함수를 써서 리뷰 원문을 가져온다.

```
# data 준비, movie_reviews.raw()를 사용해 raw text를 추출
reviews = [movie_reviews.raw(fileid) for fileid in movie_reviews.fileids()]
```

CountVectorizer 객체를 생성할 때 vocabulary 매개변수를 쓰면 앞에서 만든 word_features에 있는 단어들만으로 벡터를 구성할 수 있다. 그러나 아무런 전처리 없이 바로 분석을 시작할 때는

---

3 https://scikit-learn.org/stable/install.html

단지 max_features에 빈도가 높은 단어부터 사용할 단어 수를 지정함으로써 원하는 벡터를 구성할 수 있다. 4.2절에서 word_features를 생성할 때는 단어들을 빈도 순으로 정렬했으나, 사이킷런에서는 단어들이 알파벳 순으로 정렬된다는 차이가 있다. 다음 코드는 위 결과와 비교하려고 word_features를 사용했다. print로 객체를 출력하면 사용된 인수를 볼 수 있다.

```python
from sklearn.feature_extraction.text import CountVectorizer

#cv = CountVectorizer()  # 모든 매개변수에 기본값을 사용하는 경우

# 앞에서 생성한 word_features로 특성 집합을 지정하는 경우
cv = CountVectorizer(vocabulary=word_features)

# 특성 집합을 지정하지 않고 최대 특성의 수를 지정하는 경우
#cv = CountVectorizer(max_features=1000)

print(cv)  # 객체의 인수를 확인
```

[실행 결과]
```
CountVectorizer(vocabulary=['film', 'one', 'movie', 'like', 'even', 'time',
                            'good', 'story', 'would', 'much', 'also', 'get',
                            'character', 'two', 'well', 'first', 'characters',
                            'see', 'way', 'make', 'life', 'really', 'films',
                            'plot', 'little', 'people', 'could', 'bad', 'scene',
                            'never', ...])
```

객체를 생성했다면 아래와 같이 fit_transform()으로 특성 집합을 생성하고 카운트 벡터를 생성한다. get_feature_names_out()를 출력해보면 word_features와 사용된 단어 및 순서가 동일한 것을 볼 수 있다.

```python
reviews_cv = cv.fit_transform(reviews)  # reviews를 이용해 count vector를 학습하고, 변환
print(cv.get_feature_names_out()[:20])  # count vector에 사용된 feature 이름을 반환
print(word_features[:20])  # 비교를 위해 출력
```

[실행 결과]
```
['film', 'one', 'movie', 'like', 'even', 'time', 'good', 'story', 'would', 'much',
 'also', 'get', 'character', 'two', 'well', 'first', 'characters', 'see', 'way', 'make']
```

```
['film', 'one', 'movie', 'like', 'even', 'time', 'good', 'story', 'would', 'much',
'also', 'get', 'character', 'two', 'well', 'first', 'characters', 'see', 'way', 'make']
```

이제 위에서 생성한 reviews_cv(리뷰 문서에 대한 카운트 벡터)가 어떻게 생겼는지 알아보자. 아래 코드를 보면 이 벡터의 타입은 'scipy.sparse.csr.csr_matrix'라고 나온다. shape을 보면 (2000, 1000)으로 나오는데, 이것은 리뷰의 수가 2,000개이고 각 리뷰마다 특성의 수가 1,000 개이기 때문이다. 이것만 봐서는 넘파이의 ndarray와 비슷하게 느껴진다. 실제로 첫째 리뷰에 대해 앞의 특성 10개만 출력해보자.

```
print('#type of count vectors:', type(reviews_cv))
print('#shape of count vectors:', reviews_cv.shape)
print('#sample of count vector:')
print(reviews_cv[0, :10])
```

[실행 결과]

```
#type of count vectors: <class 'scipy.sparse.csr.csr_matrix'>
#shape of count vectors: (2000, 1000)
#sample of count vector:
  (0, 0)        6
  (0, 1)        3
  (0, 2)        6
  (0, 3)        3
  (0, 4)        3
  (0, 6)        2
  (0, 8)        1
```

위 결과를 보면 reviews_cv는 넘파이의 ndarray와는 다른 것을 알 수 있다. 잘 보면 왼쪽의 튜플 (0, 0), (0, 1)은 좌표이고 오른쪽의 숫자는 빈도수임을 알 수 있다. 그리고 좌표는 (0, 5), (0, 7) 등이 빠져 있는 것을 볼 수 있다. 왜 이렇게 했을까? 잘 보면 이 카운트 벡터가 매우 희소해서 값이 있는 특성만 저장한 것임을 알 수 있다. 아래 예를 보면 더 명확하게 이해할 수 있을 것이다.

```
reviews_cv
```

[실행 결과]

```
<2000x1000 sparse matrix of type '<class 'numpy.int64'>'
      with 252984 stored elements in Compressed Sparse Row format>
```

위와 같이 노트북에서 print를 사용하지 않고 reviews_cv를 바로 입력하면[4] 몇 가지 정보를 보여주는데, 이 행렬은 2000×1000 크기이고, 실제 그 안에는 252,984개의 값이 있다는 것을 알 수 있다. 이를 제외한 나머지는 값이 0이다. 비율을 계산해보면 252984/(2000×1000)=12.65%가 나온다. 앞에서 말한 바와 같이 이 행렬은 희소해서 값을 가지는 특성이 그리 많지 않다. 빈도가 높은 상위 1,000개 대신 10,000개나 그 이상을 선택했다면 훨씬 더 희소했을 것이다. 사이킷런은 이와 같이 희소한 행렬을 효과적으로 관리하려고 Compressed Sparse Row format이라는 데이터 타입을 사용한다. 이 포맷을 넘파이 형태로 변경하고 싶다면 toarray() 메서드를 쓰면 된다.

```
print(feature_sets[0][:20])  # 앞에서 직접 계산한 카운트 벡터

# 변환된 결과의 첫째 feature set 중에서 앞 20개를 출력
print(reviews_cv.toarray()[0, :20])
```

[실행 결과]
```
[5, 3, 6, 3, 3, 0, 2, 0, 1, 0, 1, 3, 1, 2, 1, 0, 1, 2, 3, 5]
[6 3 6 3 3 0 2 0 1 0 1 3 2 2 1 0 1 2 3 5]
```

위 결과와 4.2 절에서 우리가 직접 만든 벡터를 비교하면 다 동일한데, 첫 값과 중간의 한 값이 1씩 차이 나는 것을 볼 수 있다. 이는 우리가 정규표현식으로 만든 토크나이저와 CountVectorizer가 사용하는 토크나이저에 차이가 있기 때문이다. 중요한 것은 CountVectorizer의 변환 결과인 reviews_cv가 어떤 모양을 가지고, 어떤 값을 표현하는지를 명확하게 이해하는 것이다.

get_feature_names_out()가 반환하는 특성, 즉 단어들의 순서는 reviews_cv에 있는 특성 값들의 순서는 일치한다. 따라서 위에서 우리가 했던 것처럼 각 특성 값을 단어와 함께 보고 싶다면 다음과 같이 할 수 있다.

```
for word, count in zip(cv.get_feature_names_out()[:20], reviews_cv[0].toarray()[0,
:20]):
    print(f'{word}:{count}', end=', ')
```

---

4 print(repr(reviews_cvf))와 같다.

[실행 결과]

```
film:6, one:3, movie:6, like:3, even:3, time:0, good:2, story:0, would:1, much:0,
also:1, get:3, character:2, two:2, well:1, first:0, characters:1, see:2, way:3, make:5,
```

DTM과 TDM

DTM(Document Term Matrix)은 문서를 행으로, 단어를 열로 해서 단어의 빈도를 나타낸 행렬을 말한다. 즉 위에서 우리가 CountVectorizer로 생성한 reviews_cv 행렬이 이에 해당한다. reviews_cv의 shape를 보면 (2000, 1000)으로 행은 리뷰 수이고, 열은 우리가 결정한 특성의 수다. 반면 TDM(Term Document Matrix)은 DTM의 전치행렬을 말한다. 즉 행과 열을 바꾼 것으로 대각선을 축으로 반사시킨 결과라고 할 수 있다.

4.4 한국어 텍스트의 카운트 벡터 변환

한국어 텍스트로부터 카운트 벡터를 생성하는 단계는 기본적으로 영어와 동일하다. 차이가 있다면 형태소 분석기뿐이라고 할 수 있다. 한글에 대한 분석을 할 때에는 CountVectorizer가 제공하는 기본 토크나이저를 쓸 수 없다. 따라서 KoNLPy의 형태소 분석기를 지정해서 CountVectorizer 객체를 선언해야 한다. 다음은 인터넷에 공개된 한국어 데이터셋들이다. 네이버 영화 리뷰는 평점이 있어 감성분석이 가능하며, 뉴스 데이터는 분류(정치, 경제 등)에 대한 정보가 있어서 분류용으로 사용할 수 있다.

1. 네이어 영화 리뷰, 텍스트 파일로 제공.

   https://github.com/e9t/nsmc

2. 네이버 뉴스 분류, NNST 파이썬 라이브러리 형태로 제공.

   https://github.com/jason9693/NNST-Naver-News-for-Standard-and-Technology-Database

3. 네이버 뉴스 분류, 데이터 파일로 제공.

   https://github.com/cranberryai/todak_todak_python/raw/master/machine_learning_text/
   naver_news/newsData.zip

이 책에서는 다음(Daum) 영화 리뷰를 크롤링해 만든 데이터를 사용한다. 데이터는 리뷰 내용, 평점, 날짜, 영화 제목으로 이루어져 있다. 데이터를 읽어와서 모양을 상세히 보기로 하자. 이 데이터에는 평점과 영화 제목이 다 있으므로 감성분석과 영화 제목 예측 혹은 분류가 모두 가능하다. 또 날짜가 있어서 나중에 토픽 트렌드를 살펴볼 수도 있다. 그러나 이 절에서는 단지 리뷰 내용을 어떻게 카운트 벡터로 변환할지에 초점을 맞추므로 리뷰 내용에만 집중한다.

4.4.1 데이터 다운로드

예제에 사용하는 데이터는 이 책의 깃허브 사이트에서 쉽게 다운로드할 수 있다.

노트북이 있는 폴더 밑에 data 폴더를 만들고 다운로드한 daum_movie_review.csv 파일을 복사한다. 아래와 같이 판다스를 이용해 지정된 위치의 파일을 읽어온 후, head() 메서드를 이용해 데이터 내용을 살펴본다.

```
import pandas as pd
df = pd.read_csv('./data/daum_movie_review.csv')
df.head(10)
```

[실행 결과]

	review	rating	date	title
0	돈 들인건 티가 나지만 보는 내내 하품만	1	2018.10.29	인피니티워
1	몰입할수밖에 없다. 어렵게 생각할 필요없다. 내가 전투에 참여한듯 손에 땀이남.	10	2018.10.26	인피니티워
2	이전 작품에 비해 더 화려하고 스케일도 커졌지만.... 전국 맛집의 음식들을 한데 ...	8	2018.10.24	인피니티워
3	이 정도면 볼만하다고 할 수 있음!	8	2018.10.22	인피니티워
4	재미있다	10	2018.10.20	인피니티워
5	나는 재밌게 봄	10	2018.10.14	인피니티워
6	0.5점은 줄 수 없냐?	0	2018.10.10	인피니티워
7	헐..다 죽었어....나중에 앤트맨 보다가도 깜놀...	10	2018.10.08	인피니티워
8	충격 결말	9	2018.10.06	인피니티워
9	응집력	8	2018.10.05	인피니티워

위 예를 보면 영화리뷰 데이터가 분석하기 쉽지 않다는 것을 알 수 있다. 내용이 상세한 경우에는 그나마 괜찮지만 어떤 리뷰는 너무 짧아서 과연 이것으로 감성분석이나 제목 예측이 가능할까 싶다. 위 리뷰 중에서 4번이나 5번의 내용을 보고 '인피니티 워'라는 제목을 맞출 수 있을까? 그러나 문서 분류에 대한 것은 나중에 다루기로 하고 여기서는 review 항목으로부터 카운트 벡터를 생성하는 것에 집중한다. 먼저 영어 문서분류와 동일하게 자체 토크나이저를 사용해서 아래와 같이 카운트 벡터를 생성한다.

```
from sklearn.feature_extraction.text import CountVectorizer
daum_cv = CountVectorizer(max_features=1000)

#review를 이용해 count vector를 학습하고, 변환
daum_DTM = daum_cv.fit_transform(df.review)

print(daum_cv.get_feature_names_out()[:100])  # count vector에 사용된 feature 이름을 반환
```

[실행 결과]

```
['10점', '18', '1987', '1도', '1점', '1점도', '2시간', '2시간이', '2편', '5점', '6점',
'7점', '8점', 'cg', 'cg가', 'cg는', 'cg도', 'cg만', 'good', 'of', 'ㅋㅋ', 'ㅋㅋㅋ', 'ㅋ
ㅋㅋㅋ', 'ㅎㅎ', 'ㅎㅎㅎ', 'ㅜㅜ', 'ㅠㅠ', 'ㅠㅠㅠ', 'ㅡㅡ', '가는', '가는줄', '가면', '
가서', '가슴', '가슴아픈', '가슴이', '가장', '가족', '가족과', '가족들과', '가족의', '가
족이', '가지고', '간만에', '갈수록', '감독', '감독님', '감독은', '감독의', '감독이', '감
동', '감동과', '감동도', '감동은', '감동을', '감동이', '감동입니다', '감동적', '감동적이
고', '감동적인', '감사드립니다', '감사합니다', '감정이', '갑자기', '갔는데', '갔다가', '
강철비', '강추', '강추합니다', '같고', '같네요', '같다', '같습니다', '같아', '같아요', '
같은', '같은데', '같음', '같이', '개연성', '개연성이', '개인적으로', '거의', '겁나', '것
도', '것은', '것을', '것이', '것이다', '겨울왕국', '결국', '결말', '결말이', '계속', '고
맙습니다', '곤지암', '공포', '공포를', '공포영화', '관객']
```

위 결과는 문제가 많아 보인다. 'cg'가 들어간 단어들('cg', 'cg가', 'cg는', 'cg도', 'cg만')이 전부 별도의 단어로 분류됐으며, '감동'이 들어간 단어('감동', '감동과', '감동도', '감동은', '감동을', '감동이', '감동입니다', '감동적', '감동적이고', '감동적인')는 더 심하다. 이런 단어들은 의미적으로 봤을 때 같은 단어로 취급하는 것이 바람직하다. 역시 영어를 대상으로 하는 기본 토크나이저는 적합하지 않으므로 KoNLPy의 형태소 분석기를 사용하자. 아래와 같이 형태소 분석기를 불러와서 간단하게 테스트해본다.

```
from konlpy.tag import Okt
twitter_tag = Okt()
print('#전체 형태소 결과:', twitter_tag.morphs(df.review[1]))
print('#명사만 추출:', twitter_tag.nouns(df.review[1]))
print('#품사 태깅 결과', twitter_tag.pos(df.review[1]))
```

[실행 결과]

```
#전체 형태소 결과: ['몰입', '할수밖에', '없다', '.', '어렵게', '생각', '할', '필요없다',
'.', '내', '가', '전투', '에', '참여', '한', '듯', '손', '에', '땀', '이남', '.']
#명사만 추출: ['몰입', '생각', '내', '전투', '참여', '듯', '손', '땀', '이남']
#품사 태깅 결과 [('몰입', 'Noun'), ('할수밖에', 'Verb'), ('없다', 'Adjective'), ('.',
'Punctuation'), ('어렵게', 'Adjective'), ('생각', 'Noun'), ('할', 'Verb'), ('필요없다',
'Adjective'), ('.', 'Punctuation'), ('내', 'Noun'), ('가', 'Josa'), ('전투', 'Noun'), ('
에', 'Josa'), ('참여', 'Noun'), ('한', 'Determiner'), ('듯', 'Noun'), ('손', 'Noun'), ('
에', 'Josa'), ('땀', 'Noun'), ('이남', 'Noun'), ('.', 'Punctuation')]
```

위 결과를 살펴보면 전체 형태소를 다 사용하는 경우에는 필요 없는 단어가 많아 보이고, 그렇다고 명사만 쓰면 또 너무 적어 보인다. 품사 태깅 결과를 보면 Josa나 Punctuation은 빼는 것이 좋아 보인다. 어디까지 특성 집합에 포함할지는 전적으로 실행하는 사람의 선택이다. 여기서는 명사, 동사, 형용사 세 개를 선택하기로 한다. CountVectorizer는 토크나이저를 함수 형태로 지정할 수 있으므로 나만의 토크나이저 함수를 아래와 같이 만들고 테스트한다.

```
def my_tokenizer(doc):
    return [
        token
        for token, pos in twitter_tag.pos(doc)
        if pos in ['Noun', 'Verb', 'Adjective']
    ]

print("나만의 토크나이저 결과:", my_tokenizer(df.review[1]))
```

[실행 결과]

```
나만의 토크나이저 결과: ['몰입', '할수밖에', '없다', '어렵게', '생각', '할', '필요없다',
'내', '전투', '참여', '듯', '손', '땀', '이남']
```

일단은 이 정도로 만족하기로 하고 아래와 같이 tokenizer 매개변수에 my_tokenizer 함수를 지정
해 객체를 생성한 후에, fit_transform으로 카운트 벡터를 생성한다. CountVectorizer에서 토크나
이저로 매번 my_tokenizer를 호출하므로 영어와는 달리 시간이 꽤 걸리는 것을 각오해야 한다.

```python
from sklearn.feature_extraction.text import CountVectorizer

# 토크나이저와 특성의 최대 개수를 지정
# 명사만 추출하고 싶은 경우에는 tokenizer에 'twitter_tag.nouns'를 바로 지정해도 됨
daum_cv = CountVectorizer(max_features=1000, tokenizer=my_tokenizer)

# review를 이용해 count vector를 학습하고, 변환
daum_DTM = daum_cv.fit_transform(df.review)

print(daum_cv.get_feature_names_out()[:100]) # count vector에 사용된 feature 이름을 반환
```

[실행 결과]

```
['가', '가는', '가는줄', '가면', '가서', '가슴', '가장', '가족', '가족영화', '가지', '가
치', '각색', '간', '간다', '간만', '갈', '갈수록', '감', '감독', '감동', '감사', '감사합
니다', '감상', '감성', '감정', '감탄', '갑자기', '갔는데', '갔다', '갔다가', '강', '강
철', '강추', '같고', '같네요', '같다', '같습니다', '같아', '같아요', '같은', '같은데', '
같음', '개', '개그', '개봉', '개연', '개인', '거', '거기', '거리', '거의', '걱정', '건',
'건가', '건지', '걸', '겁니다', '것', '게', '겨울왕국', '결론', '결말', '경찰', '경험',
'계속', '고', '고맙습니다', '고민', '고생', '곤지암', '곳', '공감', '공포', '공포영화',
'과', '과거', '관', '관객', '관객수', '관람', '광주', '괜찮은', '교훈', '구성', '국내',
'국민', '군인', '군함도', '굿', '권선', '귀신', '그', '그것', '그게', '그날', '그냥', '
그닥', '그대로', '그때', '그래픽']
```

위에서 있었던 '감독', '감동'의 문제는 해결된 것으로 보인다. daum_BOW의 정보를 살짝 들여다보
고, 얼마나 희소한지 계산해보자.

```python
print(repr(daum_DTM))
print(110800/(14725*1000))
```

[실행 결과]

```
<14725x1000 sparse matrix of type '<class 'numpy.int64'>'
        with 110800 stored elements in Compressed Sparse Row format>
0.007524617996604414
```

희소행렬에서 값이 있는 비율이 0.75%밖에 안 된다. 이는 위에서 살펴본 NLTK의 영화 리뷰에 비해 훨씬 적은 값인데, NLTK의 리뷰는 비교적 길고 사용된 단어가 많은 반면 다음 영화의 리뷰는 짧은 것이 대부분이기 때문이다. 위에서 예제로 본 둘째 리뷰에 대해 사용된 단어와 개수를 보고 싶으면 아래와 같이 할 수 있다.

```python
for word, count in zip(daum_cv.get_feature_names_out(), daum_DTM[1].toarray()[0]):
    if count > 0:
        print(word, ':', count, end=', ')
```

[실행 결과]

내 : 1, 듯 : 1, 몰입 : 1, 생각 : 1, 손 : 1, 없다 : 1, 할 : 1,

위 토큰화 결과에 비해 개수가 줄었는데, 그 이유는 우리가 max_features를 1,000으로 제한해서 빈도가 낮은 단어들은 제외됐기 때문이다. 이상에서 살펴본 바와 같이 한글에 대한 카운터 벡터 생성은 한글 형태소 분석기를 토크나이저로 지정해주는 것 외에 영어와 큰 차이는 없다.

4.5 카운트 벡터의 활용

지금까지 설명한 바와 같이 카운트 벡터는 문서로부터 특성을 추출하는 하나의 방법으로 이해할 수 있다. 이렇게 추출한 벡터는 머신러닝 기법을 적용하기 위한 입력으로 사용되어 문서 분류로부터 시작해 다양한 분야에 활용될 수 있다. 그러나 그 이전에 이 벡터는 문서의 특성을 표현하고 있어 문서 간의 유사도를 측정하는 데에도 사용될 수 있다. 유사도를 측정할 수 있다는 말은 주어진 문서와 가장 유사한 문서를 말뭉치에서 검색하는 데 사용될 수 있다는 뜻이다. 이러한 유사도 계산에 가장 많이 사용되는 척도는 **코사인 유사도**(cosine similarity)다. 코사인 유사도는 두 벡터가 이루는 각도의 코사인값으로 정의된다. 식은 다음과 같다.

$$\frac{A \cdot B}{\|A\|\|B\|} = \frac{\sum_{i=1}^{n} A_i \times B_i}{\sqrt{\sum_{i=1}^{n} (A_i)^2} \times \sqrt{\sum_{i=1}^{n} (B_i)^2}}$$

그림 4.4를 참고하면 이해하기 쉬운데, 두 개의 벡터가 있을 때 벡터의 크기는 중요하지 않고 벡터의 방향성만 비교하겠다는 뜻이 된다. 그림과 같은 2차원 상의 벡터가 되려면 각 문서는 단 두 개의 단어 빈도로만 이뤄져야 한다. 예를 들어 두 단어가 '텍스트'와 '마이닝'이라고 할 때, 두 개의 축(2차원이므로 x축과 y축이라고 할 수 있음)은 두 단어의 빈도를 나타낸다. 첫째 문서의 단어별 빈도가 (3, 3)이고 둘째 문서의 단어별 빈도가 (6, 6)이라면 두 문서는 방향이 정확히 일치한다고 볼 수 있고, 따라서 이때의 유사도는 0도에 대한 코사인 값인 1이 된다.

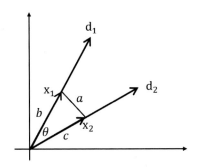

그림 4.4 두 벡터의 코사인 유사도

각도에 따른 유사도는 아래 코사인 커브를 보면 된다. 다시 앞의 예제로 돌아가서 생각해보면, 단어별 빈도는 최솟값이 0이므로 위 그래프에서 각 벡터는 1사분면에만 위치한다. 이 말은 두 벡터 간의 각도 차이가 90도를 넘어가지 않는다는 것을 의미한다. 따라서 두 벡터 간의 거리가 가장 먼 경우에도 유사도는 90도에 대한 코사인 값인 0보다 작아지는 경우는 없다. 다시 정리하자면 두 벡터가 가장 가까우면(각도가 일치하면) 유사도는 1, 가장 먼 경우에는(각도가 가장 크면) 유사도가 0이 된다.

```
%matplotlib inline
import matplotlib.pyplot as plt
import matplotlib as mpl

# 그래프에서 마이너스 폰트 깨지는 문제에 대한 대처
mpl.rcParams['axes.unicode_minus'] = False

import numpy as np
```

```
x = np.arange(0, 2*np.pi, 0.1)   # start,stop,step
y = np.cos(x)
#print(x)
plt.plot(x, y)
plt.show()
```

[실행 결과]

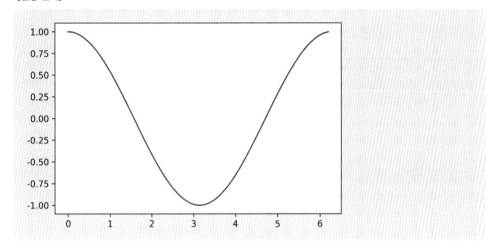

사이킷런은 코사인 유사도를 측정할 수 있는 도구[5]를 제공하므로 이를 이용해서 코사인 유사도를 계산해보기로 한다.

다음 예에서는 4.3절에서 실습한 NLTK 영화 리뷰 문서들에 대해 유사도를 측정해본다. 제대로 유사도가 계산되는지 확인하기 위해, 먼저 유사도를 측정할 대상 문서를 만든다. 아래 예에서는 첫째 리뷰의 뒷부분 절반을 잘라서 대상 문서를 만들었다. 유사도 측정이 제대로 된다면 새로 만든 문서와 가장 유사한 문서로 첫째 리뷰가 나올 것이다. 코사인 유사도 계산을 위해서는 카운트 벡터가 필요하므로 새로 만든 문서에 대해서도 카운트 벡터로 변환하고 난 후에 cosine_similarity를 적용해 유사도를 계산한다.

이때, 사이킷런의 cosine_similarity 함수는 벡터 하나씩 유사도를 계산하지 않고 다수 벡터와 다수 벡터 간의 유사도를 한 번에 계산하고 그 결과를 행렬로 반환한다. m개 벡터와 n개 벡터 간의 유사도를 한꺼번에 계산했다면 결과는 (m, n)의 2차원 행렬로 반환된다. 아래 예에서는 대

5　http://scikit-learn.org/stable/modules/generated/sklearn.metrics.pairwise.cosine_similarity.html

상 문서가 하나이고 이를 전체 리뷰와 비교하므로 결과는 (1, 2000)의 행렬로 반환될 것이며, 이를 확인하는 코드를 추가했다. 이와 같이 데이터가 어떤 형태로 생성되는지를 항상 확인할 필요가 있다. 결과가 행렬 형태로 반환되므로, 아래 예에서 우리가 생성한 문서 ― 첫째 리뷰의 뒤 절반에 대한 전체 리뷰의 유사도를 보고 싶으면 sim_result[0]를 보면 된다. 우리가 관심 있는 것은 유사도가 높은 것들이므로 결과를 아래와 같이 역순으로 정렬해서 본다.

```python
from sklearn.metrics.pairwise import cosine_similarity

#첫째 리뷰의 문자수를 확인하고 뒤 절반을 가져오기 위해 중심점을 찾음
start = len(reviews[0]) // 2

#중심점으로부터 뒤 절반을 가져와서 비교할 문서를 생성
source = reviews[0][-start:]

#코사인 유사도는 카운트 벡터에 대해 계산하므로 벡터로 변환
#transform은 반드시 리스트나 행렬 형태의 입력을 요구하므로 리스트로 만들어서 입력
source_cv = cv.transform([source])

#행렬의 크기를 확인, 문서가 하나이므로 (1, 1000)
print("#대상 특성 행렬의 크기:", source_cv.shape)

#변환된 count vector와 기존 값들과의 similarity 계산
sim_result = cosine_similarity(source_cv, reviews_cv)

print("#유사도 계산 행렬의 크기:", sim_result.shape)
print("#유사도 계산결과를 역순으로 정렬:", sorted(sim_result[0], reverse=True)[:10])
```

[실행 결과]
```
#대상 특성 행렬의 크기: (1, 1000)
#유사도 계산 행렬의 크기: (1, 2000)
#유사도 계산결과를 역순으로 정렬: [0.8367205630128807, 0.43817531290756406,
0.4080451370075411, 0.40727044884302327, 0.4060219836225451, 0.3999621981759778,
0.39965783997760135, 0.39566661804603703, 0.3945302295079114, 0.3911637170821695]
```

위 결과를 보면 다른 것들에 비해 확실히 유사도가 높은 리뷰가 있다. 이것이 첫째 리뷰인지를 확인해야 하는데, 넘파이의 argmax 함수를 쓰면 아래와 같이 값이 가장 높은 항목의 인덱스(index)를 가져올 수 있다.

```
import numpy as np
print('#가장 유사한 리뷰의 인덱스:', np.argmax(sim_result[0]))
```

[실행 결과]

```
#가장 유사한 리뷰의 인덱스: 0
```

다행히도 원본과 일치하는 것을 볼 수 있다. 유사도가 가장 가까운 것들부터 인덱스를 순서대로 보고 싶다면 다음과 같이 넘파이의 argsort 함수를 쓰면 된다.

```
print('#가장 유사한 리뷰부터 정렬한 인덱스:', (-sim_result[0]).argsort()[:10])
```

[실행 결과]

```
#가장 유사한 리뷰부터 정렬한 인덱스: [0 1110 1570  687  628  112 1712 1393  524 1740]
```

4.6 TF-IDF로 성능을 높여보자

카운트 벡터에서 빈도는 일종의 가중치로 작용한다. 즉 카운트 벡터에서는 빈도가 높을수록 중요한 단어로 취급되는 경향이 있다. 그러나 여기에는 아직 우리가 생각하지 못한 한 가지 문제가 있다. 만일 어떤 단어가 모든 문서에 나타난다면 그 단어는 과연 중요한 단어일까? 예를 들어 가상의 축구팀들을 만들어서 어느 팀이 가장 강한 팀인지를 가린다고 할 때, 모든 팀에 차범근, 손흥민, 박지성이 똑같이 들어 있다면 이 세 선수가 팀 간의 차이를 만들 수 있을까? 당연히 아니라고 생각할 것이다. 즉 모든 문서에 다 들어있는 단어는 별로 중요하지 않다. 이것을 정도로 바꿔서 이야기한다면, 단어가 더 많은 문서에서 나타날수록 그 단어는 별로 중요하지 않게 된다. 이러한 의미를 카운트 벡터에 반영한 것이 바로 **TF-IDF(Term Frequency – Inverse Document Frequency)**다. 이를 용어 그대로 해석하면 단어빈도-역문서빈도인데, 이것이 의미하는 것은 카운트 대신 단어의 빈도에 그 단어가 출현한 문서 수의 역수를 곱했다는 뜻이다. 다시 말해서 단어의 빈도를 그 단어가 나타난 문서의 수로 나눠준 것이다. 이렇게 하면 단어가 나타난 문서의 수가 클수록 이 값은 작아져서 우리 목적을 달성하게 된다.

$$\text{tf-idf}(t, d) = \text{tf}(t, d) \times \text{idf}(t)$$

$$\text{idf}(t) = log\frac{1+n_d}{1+\text{df}(d,t)} + 1$$

TF–IDF에 대한 위 식에서 idf는 log 함수가 들어가는 등 앞서 설명한 것과는 달라 보인다. 그러나 근본적으로는 같은 기능을 하며, 위 식 말고도 TF–IDF에는 다양한 변형식이 있다. 따라서 의미만 잘 이해하고, 라이브러리를 이용하면 편하다. 사이킷런은 텍스트로부터 바로 TF–IDF 행렬을 생성하는 TfidfVectorizer 클래스[6]와 카운트 벡터로부터 변환하는 TfidfTransformer 클래스[7]를 함께 제공한다.

다음 예에서는 앞서 만든 카운트 행렬을 재사용하기 위해 TfidfTransformer를 사용한다. 이렇게 하면 시간을 절약할 수 있다. 처음부터 TF–IDF 행렬을 만들고 싶다면 TfidfVectorizer를 쓰면 된다.

```python
from sklearn.feature_extraction.text import TfidfTransformer
transformer = TfidfTransformer()
transformer

reviews_tfidf = transformer.fit_transform(reviews_cv)

#TF-IDF 행렬의 모양과 카운트 행렬의 모양이 일치하는 것을 확인
print('#shape of tfidf matrix:', reviews_tfidf.shape)

#첫 리뷰의 카운트 벡터 중 앞 20개 값 출력
print('#20 count score of the first review:', reviews_cv[0].toarray()[0][:20])

#첫 리뷰의 TF-IDF 벡터 중 앞 20개 값 출력
print('#20 tfidf score of the first review:', reviews_tfidf[0].toarray()[0][:20])
```

[실행 결과]

```
#shape of tfidf matrix: (2000, 1000)
#20 count score of the first review: [6 3 6 3 3 0 2 0 1 0 1 3 2 2 1 0 1 2 3 5]
#20 tfidf score of the first review: [0.13556199 0.06700076 0.14998642 0.0772298
```

---

6 https://scikit-learn.org/stable/modules/generated/sklearn.feature_extraction.text.TfidfVectorizer.html

7 https://scikit-learn.org/stable/modules/generated/sklearn.feature_extraction.text.TfidfTransformer.html

```
 0.08608998 0.
  0.0609124  0.          0.03126552 0.         0.03242315 0.09567082
  0.06575035 0.06518293 0.03225625 0.         0.0345017  0.06863314
  0.10042383 0.16727495]
```

위 결과를 보면 카운트 벡터의 값과 TF-IDF 벡터의 값이 많이 차이가 나는 것을 볼 수 있다. 그러나 아주 당연하게도 카운트 값이 0인 것은 TF-IDF 값도 여전히 0이 된다.

다음은 카운트 벡터를 거치지 않고 처음부터 바로 TF-IDF 행렬을 생성하는 예다. 기왕 하는 김에 TF-IDF에 대해서도 코사인 유사도를 구해보자. 비교를 위해 여기서도 word_features를 사용해 생성했다.

```
from sklearn.feature_extraction.text import TfidfVectorizer

tf = TfidfVectorizer(vocabulary=word_features)
reviews_tf = tf.fit_transform(reviews)

#코사인 유사도는 카운트 벡터에 대해 계산하므로 벡터로 변환
#transform은 반드시 리스트나 행렬 형태의 입력을 요구하므로 리스트로 만들어서 입력
source_tf = tf.transform([source])

#변환된 count vector와 기존 값들과의 similarity 계산
sim_result_tf = cosine_similarity(source_tf, reviews_tf)

print('#가장 유사한 리뷰의 인덱스:', np.argmax(sim_result_tf[0]))
```

[실행 결과]
#가장 유사한 리뷰의 인덱스: 0

위 결과를 보면 TF-IDF에서도 원본을 잘 찾아내는 것을 볼 수 있다. 그렇다면 원본을 제외한 나머지 유사한 리뷰들은 과연 동일할까? 이를 확인하기 위해 아래와 같이 코사인 유사도가 높은 값들부터 10개씩 출력해서 비교해보자.

```
print(
    '#카운트 벡터에 대해 가장 유사한 리뷰부터 정렬한 인덱스:',
    (-sim_result[0]).argsort()[:10]
```

```
)
print(
    '#TF-IDF 벡터에 대해 가장 유사한 리뷰부터 정렬한 인덱스:',
    (-sim_result_tf[0]).argsort()[:10]
)
```

[실행 결과]

#카운트 벡터에 대해 가장 유사한 리뷰부터 정렬한 인덱스: [0 1110 1570 687 628 112 1712
1393 524 1740]
#TF-IDF 벡터에 대해 가장 유사한 리뷰부터 정렬한 인덱스: [0 1110 1393 1570 645 323 1143
 628 1676 1391]

위 결과를 보면, 0을 제외하고 1110, 1570, 1393, 628이 양쪽에 공통으로 들어갔지만 순위는 0
과 1110을 제외하고는 모두 달라진 것을 볼 수 있다. 이러한 차이는 이후에 문서 분류와 같은 머
신러닝 작업에서도 성능의 차이를 만들어낸다. 둘 중 어느 것이 더 정확한 유사도를 제공할까?
일반적으로는 TF−IDF가 더 정확한 것으로 알려져 있다. 그러나 용도에 따라 달라질 수 있으므
로 논리적인 추론과 실험을 통해 선택할 필요가 있다.

05

BOW 기반의
문서 분류

문서 분류는 주어진 문서에 대해 미리 정의된 클래스로 분류하는 작업을 말한다. 예를 들어 우리가 뉴스 기사를 읽으면 정치, 경제, 연예, 스포츠 등 대략 어느 분야에 속하는지 알 수 있다. 텍스트 마이닝은 이러한 작업을 대신할 수 있다. 메일의 내용을 분석해 스팸 메일의 여부를 결정하는 것도 대표적인 문서 분류의 예다. 문서의 내용이 호의적인지, 비호의적인지를 알아내는 것도 넓게 보면 문서 분류에 속하며 이 외에도 수많은 응용분야가 있다. 자연어 처리 및 텍스트 마이닝에서 가장 기본적이기도 하고 동시에 활용범위가 가장 넓은 분야이기도 하다. 이 책은 주로 문서 분류를 중심으로 내용을 구성했다. 테스트 마이닝의 다른 분야도 분류와의 연관성이 높으므로 분류 문제를 정확하게 이해한다면 다른 분야에 대한 이해도 쉬워질 수 있다.

이 장에서는 텍스트 문서의 다양한 분류 방법을 배워보고자 한다. 분류는 머신러닝의 대표적인 분야이기도 한다. 머신러닝을 크게 지도학습과 비지도학습으로 나눌 때, 분류는 지도학습에 속하며 로지스틱 회귀분석을 비롯해 결정트리, 나이브 베이즈, SVM 등 다양한 머신러닝 방법론들이 존재한다. 이 중에서도 특히 나이브 베이즈는 텍스트 분류에 특화됐다고 할 정도로 많이 사용된다. 문서 분류는 지도학습에 속하므로 학습을 위해서는 모든 문서 혹은 텍스트에 라벨 혹은 미리 분류된 클래스가 있어야 한다. 예를 들어 뉴스기사 말뭉치에 대해 뉴스의 분야를 분류하는 텍스트 마이닝을 수행한다면 학습 데이터의 모든 기사에 반드시 그 뉴스의 분야가 라벨로 달려 있어야 한다. 스팸 메일 분류도 마찬가지로 각 메일에 대해 스팸의 여부가 정해져 있어야 한다.

이 장에서는 먼저 문서 분류에서 널리 알려진 20 뉴스그룹 데이터셋을 이용해 실습하고자 한다.

5.1 20 뉴스그룹 데이터 준비 및 특성 추출

20 뉴스그룹 데이터셋(20 newsgroups dataset)[1]은 텍스트 마이닝에서 문서 분류의 성능을 측정하기 위해 가장 많이 사용되는 데이터셋 중 하나다. 즉, 새로운 텍스트 마이닝 기법이 개발됐을 때, 그 기법의 성능을 평가하는 기준으로 많이 쓰인다. 이 데이터셋을 이해하려면 먼저 유즈넷[2]을 알아야 한다. 유즈넷은 초창기 인터넷에서 이메일과 함께 가장 많이 사용된 서비스 중 하나로 일종의 게시판이라고 이해할 수 있다. 유즈넷에는 여러 뉴스 서버가 있고, 사용자는 이 중한 서버에 접속해서 하나 이상의 뉴스그룹을 구독할 수 있다. 뉴스그룹마다 특정 주제가 있으며, 사용자는 그에 맞는 뉴스를 올리거나 읽을 수 있다. 뉴스그룹이란 용어를 언뜻 들으면 지금처럼 언론에서 출판되는 기사를 떠올릴 수 있는데, 그보다는 게시판에 올라온 사용자들의 포스트를 생각하는 것이 더 가깝다고 할 수 있다.

5.1.1 데이터셋 확인 및 분리

20 뉴스그룹은 Ken Lang이라는 연구자가 수집한 것으로 알려져 있으며, 약 20,000여 개의 뉴스그룹 문서로 이뤄져 있다. 사이킷런에서는 `sklearn.datasets.fetch_20newsgroups` 모듈을 통해 20개 토픽 혹은 분류에 속한 18,000여 개의 문서를 다운받을 수 있도록 지원한다. 일반적으로 머신러닝을 수행할 때에는 학습 데이터셋(train dataset)과 평가 데이터셋(test dataset)으로 데이터셋을 분리한다. 학습 데이터셋은 학습모형을 만들 때 사용하고, 평가 데이터셋은 만들어진 학습모형을 평가하는 데 쓴다. 보통 하나의 데이터셋을 랜덤하게 분리해서 두 데이터셋을 구성하는 경우가 많은데, 사이킷런에서는 학습 데이터셋과 평가 데이터셋이 미리 분리돼 있어서 서로 다른 기법의 성능을 공정하게 비교할 수 있다. 이 외에 사이킷런 20 뉴스그룹 데이터는 다음과 같은 특징을 갖고 있다.

- categories 매개변수를 이용해 20개의 topic 중에서 원하는 토픽을 선택할 수 있다.

- remove로 필요 없는 데이터를 삭제할 수 있다.

- 각 데이터셋 내에서 .data는 텍스트의 내용을, .target은 숫자로 표시된 라벨(분류)을 가져오는 데 사용된다.

---

1 http://scikit-learn.org/0.19/datasets/twenty_newsgroups.html
2 https://ko.wikipedia.org/wiki/유즈넷

본 실습에서는 문제를 단순하게 함으로써 속도를 높이기 위해 토픽(카테고리)을 4개만 선택해 수행하고자 하며, 속도가 빠른 컴퓨터에서는 20개를 전부 사용해서 해보는 것을 추천한다. 아래 코드에서 볼 수 있듯이 'alt.atheism', 'talk.religion.misc', 'comp.graphics', 'sci.space' 네 개의 토픽에 대한 문서를 가져오며, headers나 footers에 종종 토픽의 이름이 쓰여 있는 경우가 있어 힌트를 배제하려고 remove로 제거했다. subset 매개변수는 학습 데이터셋과 평가 데이터셋을 구분하는 데 쓴다. 데이터를 가져온 다음에는 각 데이터셋의 크기, 라벨의 이름과 실젯값과 같이 가장 기본적으로 살펴봐야 할 정보를 출력했다.

```python
from sklearn.datasets import fetch_20newsgroups

# 20개의 토픽 중 선택하고자 하는 토픽을 리스트로 생성
categories = ['alt.atheism', 'talk.religion.misc', 'comp.graphics', 'sci.space']

# 학습 데이터셋을 가져옴
newsgroups_train = fetch_20newsgroups(subset='train',
# 메일 내용에서 hint가 되는 부분을 삭제 - 순수하게 내용만으로 분류
                                      remove=('headers', 'footers', 'quotes'),
                                      categories=categories)
# 평가 데이터셋을 가져옴
newsgroups_test = fetch_20newsgroups(subset='test',
                                     remove=('headers', 'footers', 'quotes'),
                                     categories=categories)
print('#Train set size:', len(newsgroups_train.data))
print('#Test set size:', len(newsgroups_test.data))
print('#Selected categories:', newsgroups_train.target_names)
print('#Train labels:', set(newsgroups_train.target))
```

[실행 결과]

```
#Train set size: 2034
#Test set size: 1353
#Selected categories: ['alt.atheism', 'comp.graphics', 'sci.space', 'talk.religion.misc']
#Train labels: {0, 1, 2, 3}
```

앞서 설명한 바와 같이 학습 데이터와 평가 데이터는 각기 .data와 .target으로 문서의 본문과 라벨(토픽)의 내용을 갖는다. 카테고리와 라벨을 들여다보면, 카테고리는 문자열로 된 원래의 값이지만 라벨은 이를 숫자로 변경한 것을 볼 수 있다. 순서가 동일하므로 나중에 숫자로 된 라벨을 예측하더라도 그것이 의미하는 원래 카테고리가 무엇인지 알 수 있다.

데이터 분석을 위해서는 데이터를 직접 들여다보는 것이 매우 중요하므로 아래와 같이 첫째 값을 확인해본다.

```python
print('#Train set text samples:', newsgroups_train.data[0])
print('#Train set label smaples:', newsgroups_train.target[0])
print('#Test set text samples:', newsgroups_test.data[0])
print('#Test set label smaples:', newsgroups_test.target[0])
```

[실행 결과]

```
#Train set text samples: Hi,

I've noticed that if you only save a model (with all your mapping planes
positioned carefully) to a .3DS file that when you reload it after restarting
3DS, they are given a default position and orientation.  But if you save
to a .PRJ file their positions/orientation are preserved.  Does anyone
know why this information is not stored in the .3DS file? Nothing is
explicitly said in the manual about saving texture rules in the .PRJ file.
I'd like to be able to read the texture rule information, does anyone have
the format for the .PRJ file?

Is the .CEL file format available from somewhere?

Rych
#Train set label smaples: 1
#Test set text samples: TRry the SKywatch project in  Arizona.
#Test set label smaples: 2
```

newsgroups_train.target_names에는 토픽(라벨)의 값이 들어 있는데, 이 순서에 따라 .target의 숫자가 정해진다. 위에서 target_names가 ['alt.atheism', 'comp.graphics', 'sci.space', 'talk.religion.misc']이고 첫 학습 데이터의 라벨이 1이므로 이 문서는 'comp.graphics'가 해당 토픽

임을 알 수 있다. 반면 평가 데이터셋의 첫 데이터는 라벨이 2이므로 해당 토픽이 'sci.space'임을 알 수 있다.

5.1.2 카운트 기반 특성 추출

대략 내용이 파악됐다면 아래와 같이 newsgroups_train과 newsgroups_test로부터 .data와 .target을 이용해 X_train, X_test, y_train, y_test을 추출하고 앞 장에서 배운 특성 추출을 한 후에 실제로 문서 분류를 수행해보기로 하자. 앞 장에서 배운 방법을 골고루 사용해보기 위해 먼저 카운트 벡터를 이용해서 특성을 추출한다.

```
X_train = newsgroups_train.data    #학습 데이터셋 문서
y_train = newsgroups_train.target  #학습 데이터셋 라벨

X_test = newsgroups_test.data      #평가 데이터셋 문서
y_test = newsgroups_test.target    #평가 데이터셋 라벨

from sklearn.feature_extraction.text import CountVectorizer

cv = CountVectorizer(max_features=2000, min_df=5, max_df=0.5)

X_train_cv = cv.fit_transform(X_train)  # train set을 변환
print('Train set dimension:', X_train_cv.shape)
X_test_cv = cv.transform(X_test)  # test set을 변환
print('Test set dimension:', X_test_cv.shape)
```

[실행 결과]
```
Train set dimension: (2034, 2000)
Test set dimension: (1353, 2000)
```

위 예에서는 CountVectorizer 객체를 생성함과 동시에 fit()함수를 호출해 학습을 수행했으며, max_features를 이용해 특성의 수를 2,000개로 제한했다. Min_df는 minimum document frequency로 단어가 최소 이 개수만큼의 문서에 나타나야 한다는 것을 의미한다. 어떤 단어가 문서에서 거의 쓰이지 않는다는 것은 매우 예외적인 단어일 가능성이 있다. 따라서 여기서는 5개 미만의 문서에서 나타나는 단어는 특성에서 제외했다. Min_df의 효과를 눈으로 확인하려

면 max_features를 제한하지 않고 min_df 값을 조절해가며 생성된 특성의 수를 확인해보면 된다. Min_df 값이 클수록 생성된 특성의 수는 적어질 것이다. Max_df는 많은 문서에서 공통으로 나타나는 단어를 제외하기 위해 사용한다. 여기서는 0.5로 문서의 50%를 초과해 나타나는 단어들은 제외했다. Min_df와 max_df는 특성에 포함될 단어들을 선택하기 위해서 사용되며, 그 결과에 따라 문서분류의 성능도 달라지므로, 최적의 성능을 얻으려면 이러한 값들을 다양하게 적용해보는 것이 좋다. 대략 어떤 단어들이 얼마나 있는지 보기 위해 4장에서 사용한 방법으로 단어의 빈도를 아래와 같이 살펴본다.

```
for word, count in zip(
    cv.get_feature_names_out()[:100], X_train_cv[0].toarray()[0, :100]
):
    print(word, ':', count, end=', ')
```

[실행 결과]

```
00 : 0, 000 : 0, 01 : 0, 04 : 0, 05 : 0, 10 : 0, 100 : 0, 1000 : 0, 11 : 0, 12 : 0, 128
: 0, 129 : 0, 13 : 0, 130 : 0, 14 : 0, 15 : 0, 16 : 0, 17 : 0, 18 : 0, 19 : 0, 1987 : 0,
1988 : 0, 1989 : 0, 1990 : 0, 1991 : 0, 1992 : 0, 1993 : 0, 20 : 0, 200 : 0, 202 : 0, 21
: 0, 22 : 0, 23 : 0, 24 : 0, 25 : 0, 256 : 0, 26 : 0, 27 : 0, 28 : 0, 2d : 0, 30 : 0,
300 : 0, 31 : 0, 32 : 0, 33 : 0, 34 : 0, 35 : 0, 39 : 0, 3d : 0, 40 : 0, 400 : 0, 42 :
0, 45 : 0, 50 : 0, 500 : 0, 60 : 0, 600 : 0, 65 : 0, 70 : 0, 75 : 0, 80 : 0, 800 : 0, 90
: 0, 900 : 0, 91 : 0, 92 : 0, 93 : 0, 95 : 0, _the : 0, ability : 0, able : 1, abortion
: 0, about : 1, above : 0, absolute : 0, absolutely : 0, ac : 0, accept : 0, acceptable
: 0, accepted : 0, access : 0, according : 0, account : 0, accurate : 0, across : 0, act
: 0, action : 0, actions : 0, active : 0, activities : 0, activity : 0, acts : 0, actual
: 0, actually : 0, ad : 0, add : 0, added : 0, addition : 0, additional : 0, address : 0,
```

관점에 따라 사용된 단어들이 별로 마음에 들지 않을 수 있다. 의미 없어 보이는 숫자가 많고, activities와 activity처럼 정규화되지 않은 결과 외에 an, as와 같이 별 의미 없는 단어들은 제외하는 것이 바람직할 수 있다. 그러나 문서의 특성, 분류의 목적 등에 따라 이러한 변수들이 성능에 미치는 영향은 달라질 수 있으므로 실제 작업에서는 상황에 따라 결정해서 수행하는 것이 좋다.

5.2 머신러닝과 문서 분류 과정에 대한 이해

머신러닝에 대해 익숙하다면 이 부분은 건너뛰어도 좋다. 머신러닝은 인공지능의 한 분야로, 사람의 직접적인 지시 없이 컴퓨터가 학습을 통해 문제를 해결할 수 있게 하는 알고리즘이나 통계적 모형에 관한 연구를 말한다. 즉 문제해결 방법을 직접적인 코딩으로 구현하는 것이 아니라 공통적인 알고리즘을 데이터에 적용해 학습함으로써 주어진 데이터에 적합한 문제해결 방안을 생성하는 방식이다. 기계학습은 크게 지도학습, 비지도학습, 강화학습으로 나뉘며, 지도학습은 다시 회귀와 분류, 비지도학습은 클러스터링과 차원축소로 나뉜다.

이 중에서 문서 분류는 지도학습 중 하나인 분류를 사용한다. 분류를 하기 위한 머신러닝 알고리즘으로는 나이브 베이즈, 로지스틱 회귀분석, 그리고 로지스틱 회귀분석의 변형이라고 할 수 있는 릿지와 라쏘 회귀분석이 있으며, 그 외에도 결정트리, 랜덤 포레스트, 그레이디언트 부스팅, SVM, 인공신경망 등 수많은 알고리즘이 있다.

다음 그림은 머신러닝을 이용한 문서 분류의 과정을 보여준다.

- 1. 데이터 정제, 전처리: 2장의 텍스트 전처리 과정을 통해 대상 말뭉치를 특성 데이터로 변환한다.
- 2. 데이터 분리: 대상 데이터를 학습 데이터와 평가 데이터로 분리해서 모형에 대한 평가에 대비한다. 평가 데이터를 분리하는 것은 모형의 일반화 성능을 평가하기 위해서다. 어떤 모형들은 학습 데이터에 대해 쉽게 과적합되는 경향이 있다. 과적합은 주어진 데이터에 지나치게 학습이 된 결과, 새로운 데이터에 대해서는 제대로 예측하지 못하는 경우를 말한다. 따라서 모형을 제대로 평가하려면 학습에 사용되지 않은 데이터로 일반화 성능을 평가할 필요가 있다.
- 3. 머신러닝 학습: 학습 데이터에 대해 머신러닝 알고리즘을 적용해 학습된 예측모형을 얻는다.
- 4. 평가: 학습된 예측모형에 대해 평가 데이터를 이용해 평가를 실시한다.
- 5. 최종모형 도출: 평가를 통해 최적의 최종 모형을 도출한다.
- 6. 예측: 실제 문제에 대해 예측모형을 적용하기 위해, 실제 텍스트에 대해 1단계와 동일한 전처리를 통해 특성 데이터를 추출하고 최종 모형으로 문서를 분류한다.

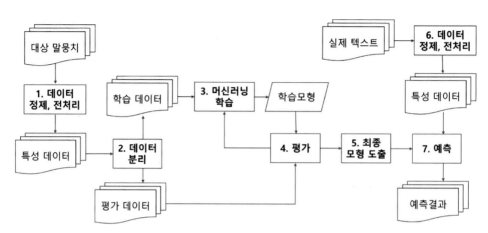

그림 5.1 문서 분류 과정

학습모형에 대한 평가는 어떻게 이루어질까? 성능을 평가하기 위한 지표에는 여러 가지가 있다. 가장 많이 사용되는 지표는 **정확도(accuracy)**다. 정확도는 쉽게 말하면 올바르게 예측한 데이터의 수를 전체 데이터의 수로 나눈 값이다. 올바르게 예측했는지를 알려면 라벨이 필요하다. 즉 평가 데이터에 있는 라벨(올바른 분류)과 예측한 라벨을 비교해 정확도를 구할 수 있다. 정확도 외에 정밀도(precision)와 재현율(recall)과 같은 지표가 있는데, 이에 대해서는 8장에서 다룬다.

5.3   나이브 베이즈 분류기를 이용한 문서 분류

대상 문서로부터 특성을 추출함으로써 머신러닝을 적용할 준비가 되었다. 먼저 문서 분류에서 가장 많이 사용돼왔고, 또 의외로 좋은 성능을 보이는 나이브 베이즈(Naïve Bayes) 분류기를 적용해보자.

나이브 베이즈를 수학적인 수식으로 설명하는 자료들은 이미 많이 있으므로 여기서는 가급적 직관에 의지해서 이해할 수 있도록 설명하고자 한다. 아래 표는 학습하고자 하는 기사와 특성의 예를 보여준다. 5개의 기사에 대해 특성을 추출한 결과 아래와 같이 추출됐다고 하자. 이 중 세 개는 경제 관련 기사이고 두 개는 과학 관련 기사다.

표 5.1 기사의 특성

분류	특성(단어)
경제	인플레이션, 인플레이션, 브릭스, 4차산업혁명
경제	물가지수, 물가지수, GDP, 인플레이션, 브릭스
과학	4차산업혁명, 인공지능, 인공지능, 머신러닝
과학	인공지능, 우주산업, 우주산업, 딥러닝, 딥러닝
경제	4차산업혁명, 4차산업혁명, 우주산업, GDP

만일 특성에 대한 정보가 전혀 없다면, 새로운 기사가 있을 때 그 기사가 경제 기사일 확률과 과학 기사일 확률을 어떻게 계산할 수 있을까? 학습 데이터셋의 분포를 봤을 때, 경제 기사는 5개 중 3개이므로 3/5, 과학 기사는 2/5로 봄이 타당할 것이다. 이것을 **사전확률**이라고 한다. 그러나 우리에게는 특성에 대한 정보가 있으므로 이보다는 더 잘 예측할 수 있다. 특성 정보는 어떻게 활용할 수 있을까? 아주 직관적으로 봤을 때, 우리는 학습 데이터셋을 통해 어떤 단어가 경제 기사에서 더 많이 나오는지 알 수 있다. 예를 들어 표 5.1에서 '인플레이션'이라는 단어는 과학 기사에는 등장하지 않고 경제 기사에만 등장하므로, '인플레이션'이 새로운 기사에 있다면 그 기사를 경제 기사라고 봄이 타당하다. 즉 새로운 기사에 나온 단어들이 각각 어떤 확률로 경제관련 기사와 과학 기사에 나오는지를 계산하고 이를 잘 결합할 수만 있다면 새로운 기사가 어느 분류에 속할지 알 수 있을 것이다.

통계를 제대로 공부한 적이 없는 사람에게 나이브 베이즈의 식은 너무나 어렵게 보일 수 있다. 그러나 아무리 어려운 식도 그 식을 고안한 사람의 아이디어는 단순한 사실에서 출발할 때가 많다. 일단 나이브 베이즈의 의도를 직관적으로 이해할 수 있다면, 각 분류에 속한 기사들의 수를 이용해 사전확률을 계산하고, 특성을 고려해 이를 더 정확한 확률로 바꾸는 과정을 이해하는 것도 그리 어려운 일은 아니다. 그러나 보다 상세한 설명은 이 책의 의도를 벗어나므로 생략하기로 하고 직관적인 이해에 만족하기로 한다.

사이킷런은 `sklearn.naive_bayes`에서 나이브 베이즈를 위한 클래스들을 제공한다. 여기서는 그 중에서 `MultinomialNB`[3]를 이용해 20 뉴스그룹 기사들을 분류해보기로 한다. MultinomialNB는 이산적인 특성 값들을 이용해 분류를 하고자 할 때 사용한다. '이산적'이란 연속적인 값이 아닌

---

3 http://scikit-learn.org/stable/modules/generated/sklearn.naive_bayes.MultinomialNB.html

값이라는 뜻으로 우리 경우에는 카운트 벡터가 이에 해당한다. 사이킷런이 제공하는 다른 나이브 베이즈 클래스로 BernoulliNB가 있는데, 이 모델은 특성 값이 이진 값일때 주로 사용한다. 원칙적으로 MultinomialNB는 이산적인 값에 대해 사용하도록 되어 있지만, TF-IDF와 같은 연속적인 값에 대해서도 잘 작동한다. 우리 입장에서는 성능이 가장 중요하므로 둘 다 해보고 더 나은 모형을 선택하면 된다. 아래 예에서는 MultinomialNB를 불러와서 객체를 생성하고 학습한 후에 학습 데이터셋과 평가 데이터셋에 대해 정확도를 계산했다. 위에서 카운트 벡터로 특성을 추출했으니, 그대로 가져다 써보자.

```
from sklearn.naive_bayes import MultinomialNB

# 분류기 선언
NB_clf = MultinomialNB()
# train set을 이용해 분류기(classifier)를 학습
NB_clf.fit(X_train_cv, y_train)

# train set에 대한 예측 정확도를 확인
print('Train set score: {:.3f}'.format(NB_clf.score(X_train_cv, y_train)))
# test set에 대한 예측 정확도를 확인
print('Test set score: {:.3f}'.format(NB_clf.score(X_test_cv, y_test)))
```

[실행 결과]

```
Train set score: 0.824
Test set score: 0.732
```

위 예에서 MultinomialNB 클래스의 fit() 메서드는 주어진 특성 데이터와 라벨을 이용해 학습을 수행한다. X_train_cv는 카운트 벡터로 추출된 특성이고, y_train은 해당 문서에 대한 분류임을 기억하면 된다. Score() 메서드는 앞서 설명한 정확도를 반환한다. 정확도를 계산하려면 예측을 위한 특성 값과 라벨이 모두 필요하므로 fit()과 마찬가지로 둘 다 인수로 전달한다. 위 결과를 보면 학습 데이터에 대한 정확도가 평가 데이터에 대한 정확도보다 높은데, 이는 머신러닝에서 자주 나타나는 현상이다. 하지만 두 값의 차이가 크다면 과적합, 즉 학습 데이터에 과하게 학습되어 일반화 성능이 떨어진 것을 의심할 수 있다.

주어진 텍스트에 대해 분류를 예측하고 싶다면 predict() 메서드를 이용하면 된다. 예측에는 라벨이 필요 없으므로 아래와 같이 특성 값만 인수로 주면 된다. 결과는 라벨과 동일하게 숫자로 반환되므로 실제 카테고리를 알고 싶다면 newsgroups_train.target_names를 이용해 다음과 같이
출력한다.

```
print('#First document and label in test data:', X_test[0], y_test[0])
print('#Second document and label in test data:', X_test[1], y_test[1])

pred = NB_clf.predict(X_test_cv[:2])

print('#Predicted labels:', pred)
print(
    '#Predicted categories:',
    newsgroups_train.target_names[pred[0]],
    newsgroups_train.target_names[pred[1]]
)
```

[실행 결과]

```
#First document and label in test data: Trry the Skywatch project in  Arizona. 2
#Second document and label in test data: The Vatican library recently made a tour of the
US.
 Can anyone help me in finding a FTP site where this collection is
 available. 1
#Predicted labels: [2 1]
#Predicted categories: sci.space comp.graphics
```

여기까지 하면 위 2절에서 설명한 단계는 거의 해보았다. 4번과 5번에서 평가를 반복해서 최종
모형을 도출하는 부분은 지금부터 다양한 시도를 함으로써 해보기로 한다. 그 외에 6번은 실제
데이터에 대해 먼저 텍스트 전처리를 하는 과정인데, 위에서 전체 데이터에 대해 했던 과정을 동
일하게 반복하면 된다. 주의할 점은 학습 데이터로 만든 CountVectorizer의 transform() 메서
드를 그대로 사용해야 하며, 실제 데이터에 대해 새로 fit() 메서드를 적용해서는 안된다는 점이
다. 모든 fit() 메서드는 학습 데이터에 대해서만 한 번 수행되고 평가 데이터나 실제 데이터에
대해서는 수행하지 않는다.

위에서 나온 결과를 개선할 방법은 수도 없이 많다. 첫째, max_features, min_df, max_df와 같은
CountVectorizer의 매개변수를 변경할 수 있다. 예를 들어 2,000개 대신 더 많은 수의 특성을 사
용할 수 있다. 둘째, 나이브 베이즈의 매개변수를 조절할 수 있다. MultinomialNB는 모델의 복

잡도를 조절하는 alpha 매개변수를 갖고 있다. 이 값을 늘리면 통계 데이터가 완만해지고 복잡도가 낮아진다. 셋째, 나이브 베이즈가 아닌 다른 머신러닝 알고리즘을 시도해 볼 수 있다. 넷째, CountVectorizer 대신 TfidfVectorizer를 사용해 볼 수 있다. 제안된 모든 방법들을 앞으로 시도해볼 텐데, 우선 마지막 제안부터 해보도록 하자. 아래 결과를 보면 평가 데이터셋에 대한 정확도가 73.2%에서 74.1%로 올라갔다. 즉, TfidfVectorizer를 사용한 효과가 있다는 뜻이다.

```python
from sklearn.feature_extraction.text import TfidfVectorizer

# CountVectorizer와 동일한 인수를 사용
tfidf = TfidfVectorizer(max_features=2000, min_df=5, max_df=0.5)
X_train_tfidf = tfidf.fit_transform(X_train)  # train set을 변환
X_test_tfidf = tfidf.transform(X_test)  # test set을 변환

# tfidf train set을 이용해 분류기를 새로 학습
NB_clf.fit(X_train_tfidf, y_train)

# train set에 대한 예측정확도를 확인
print('Train set score: {:.3f}'.format(NB_clf.score(X_train_tfidf, y_train)))

# test set에 대한 예측정확도를 확인
print('Test set score: {:.3f}'.format(NB_clf.score(X_test_tfidf, y_test)))
```

[실행 결과]
```
Train set score: 0.862
Test set score: 0.741
```

위에서 나이브 베이즈 분류기의 직관적인 원리에 대해 설명한 바와 같이, 분류에 대한 예측에는 특정 단어들이 기여한다. 네 카테고리별로 영향을 많이 미친 특성 혹은 단어를 알고 싶다면 그 특성에 대해 학습된 계수를 보면 된다. 다음 코드에서는 카테고리별로 계수가 큰 10개의 특성들을 추출해 출력한다. 다른 알고리즘에 대해서도 사용할 수 있게 함수화했다.

```python
import numpy as np

def top10_features(classifier, vectorizer, categories):
    feature_names = np.asarray(vectorizer.get_feature_names_out())
```

```
for i, category in enumerate(categories):
    # 역순으로 정렬하기 위해 계수에 음수를 취해 정렬 후 앞에서부터 10개의 값을 반환
    top10 = np.argsort(-classifier.coef_[i])[:10]
    # 카테고리와 영향이 큰 특성 10개를 출력
    print("%s: %s" % (category, ", ".join(feature_names[top10])))

top10_features(NB_clf, tfidf, newsgroups_train.target_names)
```

[실행 결과]

```
alt.atheism: you, not, are, be, this, have, as, what, they, if
comp.graphics: you, on, graphics, this, have, any, can, or, with, thanks
sci.space: space, on, you, be, was, this, as, they, have, are
talk.religion.misc: you, not, he, are, as, this, be, god, was, they
```

위 결과를 보면 흥미로운 부분들이 보인다. atheism은 우리말로 무신론인데 상위 10개의 단어 중 이렇다 할 것이 별로 없다. 반면 'comp.graphics'는 'graphics'라는 결정적인 단어가 있고, 'sci. space'에는 'space', 'talk.religion.misc'에는 'god'이라는 단어가 보인다. 물론 카테고리를 예측하는 데에 상위 10개만 쓰이는 것은 아니므로 다른 단어들의 영향도 봐야 알겠지만 you, are, this와 같은 단어들이 모든 카테고리에 동시에 있으면서 높은 영향을 미친다는 것은 의아하긴 하다. 이와 같이 나이브 베이즈에서의 coef_ 값은 결과를 해석하기 쉽지 않은데, 정확히 그런 이유인지는 알 수 없지만 sklearn 1.1 버전부터는 MultinomialNB 클래스에 대해 coef_가 더 이상 지원되지 않는다. 따라서 coef_를 이용한 단어의 영향에 대한 분석은 다음 절부터 설명하는 로지스틱 회귀분석 계열에서 주로 사용하기를 권장한다.

5.4 로지스틱 회귀분석을 이용한 문서 분류

로지스틱 회귀분석은 회귀분석에 기반한 분류 알고리즘으로, 회귀분석은 예측하고자 하는 값이 연속적일 때 사용하는 반면 로지스틱 회귀분석은 라벨이 연속적인 값이 아니고 분류(class)에 해당할 때 사용한다. 분류가 이진(binary), 즉 두 개일 때와 셋 이상의 다중 클래스(multi-class)일 때는 서로 다른 알고리즘을 사용하는데, 사이킷런을 이용한다면 그냥 구분 없이 사용하면 된다. 우리가 다루고 있는 문제에서는 학습할 분류의 수가 총 4개이므로 다중 클래스에 해당한다.

사이킷런은 LogisticRegression[4] 클래스를 제공하며, 상세한 사용법은 링크를 참조하기 바란다. 사이킷런을 사용할 때 좋은 점은 클래스의 사용법이 통일돼 있다는 점이다. 객체를 선언하고, fit() 메서드를 이용해 학습하고, score()를 이용해 정확도를 보거나, predict()로 예측하면 된다. 내부를 들여다보고 싶다면 coef_ 속성을 보면 된다.

```
# sklearn이 제공하는 logistic regression을 사용
from sklearn.linear_model import LogisticRegression

# count vector에 대해 regression을 해서 NB와 비교
LR_clf = LogisticRegression()  # 분류기 선언


# train data를 이용해 분류기를 학습
LR_clf.fit(X_train_tfidf, y_train)

# train data에 대한 예측 정확도
print('Train set score: {:.3f}'.format(LR_clf.score(X_train_tfidf, y_train)))
# test data에 대한 예측 정확도
print('Test set score: {:.3f}'.format(LR_clf.score(X_test_tfidf, y_test)))
```

[실행 결과]

```
Train set score: 0.930
Test set score: 0.734
```

위 결과를 보면 나이브 베이즈보다 성능이 떨어지는 것을 볼 수 있다. 여기에는 여러 가지 이유가 있는데, 첫째 이유는 나이브 베이즈의 가정이 텍스트 분류의 환경과 잘 맞아서 나이브 베이즈가 일반적으로 텍스트 분류에서 놀라울 정도로 좋은 성능을 보여주기 때문이다. 둘째는 이유라기보다 하나의 가능성인데, 두 알고리즘의 성능을 비교해보면, 학습 데이터와 평가 데이터에 대한 성능의 차이가 로지스틱 회귀분석에서 더 큰 것을 볼 수 있다. 이것은 로지스틱 회귀분석에서 과적합이 일어났을 가능성이 있음을 의미한다. 앞서 설명한 바와 같이 과적합은 학습 데이터에 대해 지나치게 학습이 많이 되어 일반화 성능이 떨어지는 것을 의미한다. 이러한 과적합을 방지하는 방법으로 첫째 특성의 수를 줄이는 것이 있고, 둘째 정규화를 이용해 각 특성에 대한 계수

---

4 http://scikit-learn.org/stable/modules/generated/sklearn.linear_model.LogisticRegression.html

가 지나치게 커지는 것을 방지하는 방법이 있다. 현재 특성의 수는 2,000개로 학습 데이터의 수 (2,034개)에 비해 확실히 많은 감이 있다. 그러나 특이하게도 텍스트 분석에서는 특성이 많음에도 불구하고 좋은 성능을 보이는 경우가 많다. 그러니 정규화에 대해 더 알아보자.

5.4.1 릿지 회귀를 이용한 과적합 방지

릿지 회귀(ridge regression)는 회귀분석에 정규화를 사용하는 알고리즘으로, 앞서 말한 바와 같이 최적화를 위한 목적함수에 정규화 항목을 넣어서 특성에 대한 계수가 지나치게 커지는 것을 억제한다.

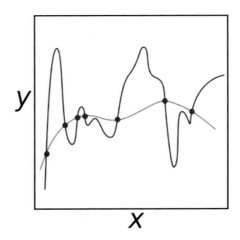

그림 5.2 과적합 그래프

이를 직관적으로 설명해보면, 그림 5.2에서 간단한 초록색의 선으로 주어진 데이터를 설명할 수 있음에도 훨씬 복잡한 파란색 곡선으로 피팅돼 있으며, 보통 이렇게 되면 학습 데이터가 아닌 평가 데이터에 대해서는 성능이 급격히 떨어지는 과적합 현상이 발생한다. 그림에서 파란 선은 기울기가 급격하게 변하는데 이는 특성의 계수가 초록 선에 비해 크다는 것을 의미한다. 이와 같은 현상을 방지하려면 곡선이 지나치게 복잡해지지 않게, 즉 계수가 지나치게 커지지 않게 계수에 제약을 준다. 이러한 방식의 대표적인 알고리즘이 릿지 회귀다.

사이킷런에서는 릿지 회귀를 사용하는 분류기로 RidgeClassifier[5] 클래스를 제공한다. RidgeClassifier의 중요한 매개변수로는 alpha가 있는데, alpha는 정규화의 정도를 조절한다. 즉 alpha가 커질수록 정규화의 비중이 커져서 계수의 변화를 더 많이 억제한다. alpha가 너무 커지면 학습 자체가 잘 안되므로 적절한 값을 찾는 것이 중요하다. 이러한 매개변수를 **하이퍼 파라미터**라고 하는데, 하이퍼 파라미터는 학습을 통해 정해지는 값이 아니라 사용자가 결정하는 매개변수 값을 말한다. 다음 예에서는 일단 모형이 제공하는 기본값으로 릿지 회귀분석을 실시하고 결과를 본다.

```python
from sklearn.linear_model import RidgeClassifier

ridge_clf = RidgeClassifier()  # 릿지 분류기 선언
ridge_clf.fit(X_train_tfidf, y_train)  # 학습

print('Train set score: {:.3f}'.format(ridge_clf.score(X_train_tfidf, y_train)))
print('Test set score: {:.3f}'.format(ridge_clf.score(X_test_tfidf, y_test)))
```

[실행 결과]

```
Train set score: 0.960
Test set score: 0.735
```

테스트 셋에 대한 성능이 아주 조금 나아지기는 했지만 뭔가 개운하지 않다. 학습 데이터에 대한 성능이 오히려 올라가서 과적합이 더 심해진 것처럼 보이기 때문이다. alpha를 조정하면 성능을 개선할 수 있을지도 모른다. 적절한 alpha를 찾기 위해서는 학습 데이터를 다시 분리해서 검증(validation) 데이터셋을 만들고, 검증 데이터셋에 대한 성능이 최고가 되는 alpha를 선택해야 한다. 평가 데이터셋을 사용하지 않는 이유는, 평가 데이터셋은 오직 최종적으로 일반화 성능을 평가할 때에만 사용하기 때문이다. 만일 하이퍼 파라미터의 값을 찾는 과정에서 평가 데이터셋을 사용하게 되면 일종의 치팅을 한 것이 된다. 즉 기말고사 문제를 미리 보면서 공부한 후에 같은 문제로 기말고사를 보는 것과 같다.

아래 코드는 아주 원초적으로 그리드 서치를 구현한 코드다. 그리드 서치는 다양한 하이퍼 파라미터 값에 대해 검증 데이터셋에 대한 성능을 계산해 비교함으로써 적절한 하이퍼 파라미터 값을 얻기 위한 방법이다. 먼저 검증 데이터셋을 얻기 위해 사이킷런이 제공하는 train_test_

---

5 https://scikit-learn.org/stable/modules/generated/sklearn.linear_model.RidgeClassifier.html

split[6]을 이용해 학습데이터를 다시 분리한다. 그 후, alpha의 값을 0.1부터 10까지 0.1씩 증가시키면서 릿지 회귀분석을 실시하고 성능이 가장 큰 모형의 alpha를 찾는다. 보통 그리드 서치에서 alpha는 로그스케일, 즉 0.001, 0.01, 0.1, 1, 10, 100과 같은 일련의 값을 사용한다. 여기서는 한 번의 그리드 서치를 한 후에 0.1과 10 사이에서 세밀한 값을 찾는다.

```python
import numpy as np
from sklearn.model_selection import train_test_split

X_train_ridge, X_val_ridge, y_train_ridge, y_val_ridge = train_test_split(
    X_train_tfidf, y_train, test_size=0.2, random_state=42)

max_score = 0
max_alpha = 0
for alpha in np.arange(0.1, 10, 0.1):  # alpha를 0.1부터 10까지 0.1씩 증가
    ridge_clf = RidgeClassifier(alpha=alpha)  # 릿지 분류기 선언
    ridge_clf.fit(X_train_ridge, y_train_ridge)  # 학습
    # 검정 데이터셋에 대해 정확도를 측정
    score = ridge_clf.score(X_val_ridge, y_val_ridge)
    if score > max_score:  # 정확도가 이전의 정확도 최댓값보다 크면 최댓값을 변경한다.
        max_score = score
        max_alpha = alpha
print('Max alpha {:.3f} at max validation score {:.3f}'.format(max_alpha, max_score))
```

[실행 결과]
```
Max alpha 1.600 at max validation score 0.826
```

위 예에서는 최적의 alpha가 1.6으로 나왔으므로 다음과 같이 학습해서 테스트 데이터에 대해 최종 정확도를 계산한다.

```python
ridge_clf = RidgeClassifier(alpha=1.6)  # 릿지 분류기 선언
ridge_clf.fit(X_train_tfidf, y_train)  # 학습

print('Train set score: {:.3f}'.format(ridge_clf.score(X_train_tfidf, y_train)))
print('Test set score: {:.3f}'.format(ridge_clf.score(X_test_tfidf, y_test)))
```

---

6 https://scikit-learn.org/stable/modules/generated/sklearn.model_selection.train_test_split.html

[실행 결과]

```
Train set score: 0.948
Test set score: 0.739
```

위 결과는 기존의 로지스틱 회귀분석보다는 좋은 성능이지만 나이브 베이즈에는 못 미치는 것으로 보인다. 이러한 모형 간의 차이는 주어진 데이터와 상황에 따라 달라서 일반화하기는 어렵지만, 적어도 나이브 베이즈가 무시 못할 성능을 보이는 것은 알 수 있다.

나이브 베이즈에서 우리가 분류에 중요한 영향을 미친 특성, 즉 단어들을 살펴본 것과 같이 릿지 회귀분석에서도 단어들을 분석할 수 있다. 함수화한 top10_features()를 이용해 한번 결과를 살펴보자.

```
top10_features(ridge_clf, tfidf,newsgroups_train.target_names)
```

[실행 결과]

```
alt.atheism: bobby, religion, atheism, atheists, motto, punishment, islam, deletion,
islamic, satan
comp.graphics: graphics, computer, 3d, file, image, hi, 42, using, screen, looking
sci.space: space, orbit, nasa, spacecraft, moon, sci, launch, flight, funding, idea
talk.religion.misc: christian, christians, fbi, blood, order, jesus, objective,
children, christ, hudso
```

나이브 베이즈가 you, are, not, be, this 같은 일상적인 단어들을 보여준 것에 비해 릿지 회귀는 훨씬 그럴 듯한 결과를 보여준다. 바로 이러한 점이 로지스틱 회귀분석 계열의 장점이다. 이러한 분석을 통해 예측 결과를 설명하고 해석하기에 매우 용이하기 때문이다. 회귀분석에 정규화를 추가하는 알고리즘으로 릿지 회귀분석 외에 라쏘 회귀분석이 있다. 라쏘 회귀분석은 특성을 골라낼 수 있도록 하는 장점이 있다.

5.4.2 라쏘 회귀를 이용한 특성 선택

라쏘 회귀(lasso regression)는 특성의 계수에 대해 정규화를 한다는 점에서는 유사하지만 정규화 항에 차이가 있다. 릿지는 L2 정규화를 쓰는 반면, 라쏘는 L1 정규화를 사용한다. 정규화 항에 대한 더 상세한 설명 대신 결과적으로 어떤 차이가 있는지를 설명하는 편이 나을 것 같다. 라쏘는 정규화를 할 때, 특성의 계수가 0에 가까워지면 이를 완전히 0으로 바꾼다는 점에서 차이가 있다. 어떤 특성의 계수가 0이라는 것은 그 특성은 실제로 분류에 전혀 영향을 미치지 않으며 사실상 그 특성 값이 사용되지 않는다는 것을 의미한다. 이는 특성의 수를 줄이는 결과를 가져온다. 보통 특성의 수가 줄어들수록 정확도도 함께 줄어드는 경향이 있다. 쉽게 생각해서 정보량이 줄어든다고 봐도 좋다. 라쏘는 정규화를 통해 과적합을 줄이지만 동시에 특성의 수도 줄어드므로 성능, 즉 정확도는 항상 향상된다고 보기 어렵다. 다양한 시도를 통해 적절한 지점을 찾는 것이 중요하다.

사이킷런은 라쏘 회귀분석을 사용하는 별도의 분류기를 제공하지 않고 기존의 로지스틱 회귀분석에서 정규화 방식을 L1으로 선택하도록 함으로써 지원한다[7]. 동시에 알고리즘도 'liblinear'를 선택해야 한다. 그리고 릿지 회귀의 alpha와 같은 기능을 하는 매개변수로 C를 제공하는데, 주의할 점은 C는 alpha의 역수라는 것이다. 즉 릿지 회귀에서는 alpha를 올리면 정규화가 강해지지만 C는 값이 커지면 정규화가 약해진다. 아래 예는 C에 1을 인수로 주고 라쏘 회귀분석을 이용한 분류를 하는 예다.

```python
# Lasso는 동일한 LogisticRegression을 사용하면서 매개변수로 지정
lasso_clf = LogisticRegression(penalty='l1', solver='liblinear', C=1)

lasso_clf.fit(X_train_tfidf, y_train)  # train data로 학습

print('#Train set score: {:.3f}'.format(lasso_clf.score(X_train_tfidf, y_train)))
print('#Test set score: {:.3f}'.format(lasso_clf.score(X_test_tfidf, y_test)))

# 계수(coefficient) 중에서 0이 아닌 것들의 개수를 출력
print(
    '#Used features count: {}'.format(np.sum(lasso_clf.coef_ != 0)),
    'out of',
    X_train_tfidf.shape[1]
)
```

[실행 결과]

```
#Train set score: 0.819
#Test set score: 0.724
#Used features count: 437 out of 2000
```

---

7 http://scikit-learn.org/stable/modules/generated/sklearn.linear_model.Lasso.html

위 결과를 보면 정확도는 떨어졌고, 사용된 특성은 전체 2,000개 중에서 437개로 줄어든 것을 볼 수 있다. 라쏘와 같은 방식으로 특성의 수를 줄이는 것을 **특성 선택(feature selection)**이라고 한다. 특성을 줄이면서 얻어지는 장점은 연관성이 떨어지는 특성들을 배제하고 중요한 특성에 집중할 수 있다는 것이다. 앞에서 한 것처럼 카테고리별로 상위 10개의 중요 특성들을 살펴보자.

```
top10_features(lasso_clf, tfidf,newsgroups_train.target_names)
```

[실행 결과]

```
alt.atheism: bobby, atheism, atheists, islam, religion, islamic, motto, atheist, satan,
vice
comp.graphics: graphics, image, 3d, file, computer, hi, video, files, looking, sphere
sci.space: space, orbit, launch, nasa, spacecraft, flight, moon, dc, shuttle, solar
talk.religion.misc: fbi, christian, christians, christ, order, jesus, children, objec-
tive, context, blood
```

해석하는 사람이나 상황에 따라 달라질 수 있으나, 보기에 따라서는 릿지 회귀분석보다 이 단어들이 각 카테고리를 더 잘 설명한다고 볼 수 있다. 라쏘는 성능을 향상할 목적으로도 사용되지만 특성의 수를 줄이고 특성에 대한 설명을 더 잘하기 위해서도 많이 사용된다.

5.5 결정트리 등을 이용한 기타 문서 분류 방법

결정트리도 분류를 위한 머신러닝 알고리즘 중 하나이므로 문서 분류에 사용할 수 있다. 결정트리의 장점 중 하나는 왜 그와 같이 예측했는지에 대해 체계적인 설명이 가능하다는 것이다. 모형이 학습되면 결정트리를 그려서 분류가 되는 과정을 살펴볼 수 있다. 다만 문제는 특성이 너무 많은 경우, 이를 그려서 보기가 쉽지 않다는 점이다. 결정트리를 쓰고 싶다면 특성의 수를 비롯한 여러 가지를 고려해야 한다.

사이킷런은 결정트리를 위한 DecisionTreeClassifier[8] 클래스, 결정트리 기반의 앙상블 모형 중 하나인 랜덤포레스트를 위한 RandomForestClassifier[9] 클래스, 결정트리 기반의 모형 중에서 높

---

8 https://scikit-learn.org/stable/modules/generated/sklearn.tree.DecisionTreeClassifier.html
9 https://scikit-learn.org/stable/modules/generated/sklearn.ensemble.RandomForestClassifier.html

은 성능을 자랑하는 그레이디언트 부스팅을 지원하는 GradientBoostingClassifier[10] 클래스를 제
공한다. 다음 코드는 이 세 가지에 대해 문서 분류를 실행한 결과를 보여준다.

```python
from sklearn.tree import DecisionTreeClassifier
from sklearn.ensemble import RandomForestClassifier
from sklearn.ensemble import GradientBoostingClassifier

tree = DecisionTreeClassifier(random_state=7)
tree.fit(X_train_tfidf, y_train)
print(
    "#Decision Tree train set score: {:.3f}".format(tree.score(X_train_tfidf, y_train))
)
print('#Decision Tree test set score: {:.3f}'.format(tree.score(X_test_tfidf, y_test)))

forest = RandomForestClassifier(random_state=7)
forest.fit(X_train_tfidf, y_train)
print(
    '#Random Forest train set score: {:.3f}'.format(forest.score(X_train_tfidf, y_train))
)
print('#Random Forest test set score: {:.3f}'.format(forest.score(X_test_tfidf, y_test)))

gb = GradientBoostingClassifier(random_state=7)
gb.fit(X_train_tfidf, y_train)

print(
    '#Gradient Boosting train set score: {:.3f}'.format(gb.score(X_train_tfidf, y_train))
)
print('#Gradient Boosting test set score: {:.3f}'.format(gb.score(X_test_tfidf, y_test)))
```

[실행 결과]

```
#Decision Tree train set score: 0.977
#Decision Tree test set score: 0.536
#Random Forest train set score: 0.977
#Random Forest test set score: 0.685
#Gradient Boosting train set score: 0.933
#Gradient Boosting test set score: 0.696
```

---

10 https://scikit-learn.org/stable/modules/generated/sklearn.ensemble.GradientBoostingClassifier.html

결과를 보면 몇 가지 주목할 점이 있는데, 우선 결정트리와 랜덤 포레스트는 학습 데이터에 대한 정확도가 지금까지의 결과 중에서 가장 높다. 이는 결정트리가 일반적으로 학습 데이터에 과적합되는 성향이 매우 강하기 때문이다. 둘째로 그레이디언트 부스팅으로 갈수록 성능이 높아지고 있다. 그럼에도 불구하고 앞선 결과들에 비해 전체적인 성능이 좋지는 않다. 여기에는 최적화를 위한 하이퍼 파라미터 탐색이 이뤄지지 않은 원인도 있지만, 문서 분류의 경우에는 전반적으로 결정트리 기반의 알고리즘이 좋은 성능을 보여주지 못한다.

결정트리에서도 나이브베이즈, 로지스틱 회귀분석과 마찬가지로 어떤 단어가 분류에 가장 큰 영향을 미쳤는지 알 수 있다. 다만 coef_ 대신 feature_importances_를 제공하므로 아래와 같이 코드를 조금 변경해야 한다. 그레이디언트 부스팅 분류기로부터 feature_importances_를 가져와 중요도가 높은 단어부터 40개를 살펴보자.

```python
sorted_feature_importances = sorted(
    zip(tfidf.get_feature_names_out(), gb.feature_importances_),
    key=lambda x: x[1],
    reverse=True,
)
for feature, value in sorted_feature_importances[:40]:
    print('%s: %.3f' % (feature, value), end=', ')
```

[실행 결과]

```
space: 0.126, graphics: 0.080, atheism: 0.024, thanks: 0.023, file: 0.021, orbit: 0.020,
jesus: 0.018, god: 0.018, hi: 0.017, nasa: 0.015, image: 0.015, files: 0.014, christ:
0.010, moon: 0.010, bobby: 0.010, launch: 0.010, looking: 0.010, christian: 0.010, athe-
ists: 0.009, christians: 0.009, fbi: 0.009, 3d: 0.008, you: 0.008, not: 0.008, islamic:
0.007, religion: 0.007, spacecraft: 0.007, flight: 0.007, computer: 0.007, islam: 0.007,
ftp: 0.006, color: 0.006, software: 0.005, atheist: 0.005, card: 0.005, people: 0.005,
koresh: 0.005, his: 0.005, kent: 0.004, sphere: 0.004,
```

위 결과를 보면 상위에 있는 space, graphics, atheism, orbit, jesus, god, nasa 등 로지스틱 회귀분석의 결과와 일치하는 결과들이 상당히 많은 것을 볼 수 있다. 다만 결정트리의 feature_importances_는 coef_와 결정적으로 다른 점이 하나 있다. 결정트리에서는 성격이 비슷한 두 단어 중 하나가 분류에 먼저 사용되면 다른 단어는 상대적으로 중요도가 떨어진다. 다시 말해 로지스틱 회귀분석에서는 두 단어가 비슷한 계숫값을 가져도, 결정트리에서는 완전히 다른 값을 가질 수 있다.

결정트리의 좋은 점은 왜 그런 결과가 나왔는지를 명확하게 제시할 수 있다는 점이다. 그러나 특성의 수가 상대적으로 매우 많은 텍스트 분류에서 완전한 결정트리가 너무 크고 단계를 전부 설명하는 것도 어려우므로 완전한 설명을 원한다면 특성의 수를 훨씬 적은 수로 제한하는 것이 좋다. 다만 그렇게 하면 정확도가 급격히 떨어진다는 단점이 있다.

5.6 성능을 높이는 방법

위에서 보인 예들도 나름 좋은 성능을 보이기는 하지만 최선을 다했다고는 볼 수 없다. 그렇다면 무엇을 더 해볼 수 있을까? 첫째는 토큰화, 정규화 등을 좀 더 세심하게 해볼 수 있다. 사이킷런의 CountVectorizer와 TfidfVectorizer는 자체 토크나이저를 쓸 수도 있지만 외부에서 정의한 함수를 사용할 수 있으므로 앞에서 배운 지식을 동원해서 토크나이저를 향상시켜보자. 아래 예에서는 정규표현식 토크나이저를 사용하고, NLTK의 불용어 사전을 이용해 불용어를 제거했으며, 포터 스테머를 사용해서 스테밍을 수행했다. TfidfVectorizer에 이 토큰화 결과를 입력으로 사용해서 나온 특성 벡터로 로지스틱 회귀분석을 실시해서 결과를 비교해 보자.

```python
from nltk.corpus import stopwords
cachedStopWords = stopwords.words("english")

from nltk.tokenize import RegexpTokenizer
from nltk.stem.porter import PorterStemmer
import re

RegTok = RegexpTokenizer("[\w']{3,}")  # 정규포현식으로 토크나이저를 정의
english_stops = set(stopwords.words('english'))  # 영어 불용어를 가져옴

def tokenizer(text):
    tokens = RegTok.tokenize(text.lower())
    # stopwords 제외
    words = [word for word in tokens if (word not in english_stops) and len(word) > 2]
    # porter stemmer 적용
    features = (list(map(lambda token: PorterStemmer().stem(token),words)))
    return features
```

```
# 새로 정의한 토크나이저 사용
tfidf = TfidfVectorizer(tokenizer=tokenizer, max_features=2000, min_df=5, max_df=0.5)

X_train_tfidf = tfidf.fit_transform(X_train) # train set을 변환
X_test_tfidf = tfidf.transform(X_test) # test set을 변환

# tfidf vector를 이용해서 분류기 학습
LR_clf = LogisticRegression() # 분류기 선언
LR_clf.fit(X_train_tfidf, y_train) # train data를 이용해 분류기를 학습

# train data에 대한 예측 정확도
print('#Train set score: {:.3f}'.format(LR_clf.score(X_train_tfidf, y_train)))
# test data에 대한 예측 정확도
print('#Test set score: {:.3f}'.format(LR_clf.score(X_test_tfidf, y_test)))
len(LR_clf.coef_[0])
```

[실행 결과]

```
#Train set score: 0.930
#Test set score: 0.751
2000
```

앞서 릿지 회귀의 정확도가 0.739에 불과했던 것에 비해 0.751로 꽤 많이 향상됐다. 여기서 성능을 더 높일 수는 없을까? 이 장의 시작에서 우리는 특성의 수를 2,000개로 제한했다. 여기에는 여러 이유가 있는데, 첫째 이유는 학습 데이터셋의 샘플 수가 2,034개밖에 되지 않는다는 것 때문이다. 특성의 수가 2,000개이면 그냥 회귀분석을 해도 2,000여개의 계수를 추정해야 한다. 카테고리가 4개인 로지스틱 회귀분석이라면 8,000개의 계수를 단 2,034개의 샘플로 추정해야 하는 상황이다. 일반적으로는 어마어마한 과적합 현상이 일어나서 일반화가 거의 안 돼야 하는데 문서 분류는 그 특성상 별 문제 없이 가능하다. 그렇다면 특성의 수를 더 늘려보면 어떨까? 아예 max_features를 없애버리고 모든 단어를 다 특성으로 사용한다면? 과적합의 문제가 없다면 특성의 수는 많을수록 좋을 가능성이 높다. 아래 예를 보자.

```
from sklearn.feature_extraction.text import TfidfVectorizer

tfidf = TfidfVectorizer(tokenizer=tokenizer)
```

```python
X_train_tfidf = tfidf.fit_transform(X_train)  # train set을 변환
# 실제로 몇 개의 특성이 사용됐는지 확인
print('#Train set dimension:', X_train_tfidf.shape)

X_test_tfidf = tfidf.transform(X_test)  # test set을 변환
print('#Test set dimension:', X_test_tfidf.shape)

ridge_clf = RidgeClassifier(alpha=2.4)
ridge_clf.fit(X_train_tfidf, y_train)  # 학습
print('#Train set score: {:.3f}'.format(ridge_clf.score(X_train_tfidf, y_train)))
print('#Test set score: {:.3f}'.format(ridge_clf.score(X_test_tfidf, y_test)))

NB_clf = MultinomialNB(alpha=0.01)  # 분류기 선언
NB_clf.fit(X_train_tfidf, y_train)  # train set을 이용해 분류기를 학습

# train set에 대한 예측정확도를 확인
print('#Train set score: {:.3f}'.format(NB_clf.score(X_train_tfidf, y_train)))
# test set에 대한 예측정확도를 확인
print('#Test set score: {:.3f}'.format(NB_clf.score(X_test_tfidf, y_test)))
```

[실행 결과]

```
#Train set dimension: (2034, 20085)
#Test set dimension: (1353, 20085)
#Train set score: 0.968
#Test set score: 0.768
#Train set score: 0.971
#Test set score: 0.793
```

위 예에서는 로지스틱 회귀분석의 결과를 향상시키기 위해 그리드서치로 적정 alpha 값 2.4를 구한 후, 릿지 회귀분석을 실시했다. 그리고, 지금까지 수행했던 문서 분류 알고리즘 중에서 나이브 베이즈의 결과가 0.741로 가장 좋았던 것을 상기하고 나이브 베이즈 분류도 수행했다. 결과를 보면, 릿지 회귀분석도 0.768로 꽤 향상됐지만 나이브 베이지는 0.793으로 지금까지의 결과 중에서 가장 높은 결과를 보여준다. 여러분도 이보다 좋은 결과를 얻기 위해 다양한 시도를 해보길 추천한다.

5.7 카운트 기반의 문제점과 N-gram을 이용한 보완

5.7.1 통계로는 알 수 없는 문맥 정보

지금까지 BOW(Bag of Words) 기반의 방법을 이용해서 다양한 분류 기법을 수행했다. 그러나 BOW에는 치명적인 문제가 있다. 그것은 단어들이 쓰여진 순서에 따른 문맥 정보를 이용할 수 없다는 것이다. 기본적으로 BOW 방식은 단어들의 순서를 무시하고, 단어가 사용된 횟수를 기반으로 문서에 대한 벡터를 만든다. 즉 '나는 학교에 간다'와 '간다 학교에 나는'은 동일한 벡터로 인코딩된다. 이렇게 짧은 문장은 순서가 뒤섞여도 이해가 가능하지만 조금 긴 문장은 어떨까? 대략의 의미는 파악할 수 있지만 정확한 의미를 알기는 어려울 것이다.

이와 같은 문제점을 해결하는 근본적인 방법은 문서를 단어들의 통계적인 값으로 표현하지 않고, 있는 그대로 단어의 시퀀스로 표현해서 처리하는 것이다. 딥러닝 기법은 이와 같은 요구에 의해 사용되기 시작했다고 볼 수 있다. 여기서는 딥러닝 기법 대신 BOW 방식을 그대로 쓰면서도 단어가 쓰여진 순서를 반영할 수 있는 방법인 N-gram에 대해 알아보고자 한다.

5.7.2 N-gram의 이해

N-gram은 n개의 연속적인 단어들의 나열을 의미한다. 지금까지 토큰화를 할 때, 토큰은 하나의 단어 혹은 의미가 있는 가장 작은 단위로 만들어졌다. 그러나 N-gram에서는 하나의 토큰이 두 개 이상의 단어로 구성될 수 있다. n이 2이면 bi-gram이라고 부르는데, 이 경우 하나의 토큰은 두 개의 단어로 구성된다. 빠른 이해를 위해 다음 예를 보자. "The future depends on what we do in the present"라는 문장이 있을 때, 지금까지의 기준으로 토큰화하면 The, future, depends, on, what, we, do, in, the, present가 된다. 이 경우 n이 1이므로 **unigram**이라고 부른다. n이 2인 bi-gram에서는 'The future', 'future depends', 'depends on', 'on what', …와 같이 토큰이 만들어진다. n이 3이면 **tri-gram**이라고 하고, 'The future depends', 'future depends on', 'depends on what', …와 같이 토큰이 만들어진다. 이제 대략적인 개념이 이해됐을 것이다.

N-gram의 본래 용도를 이해하려면 먼저 언어 모델에 대해 알아볼 필요가 있다. 언어 모델은 문장 혹은 단어의 시퀀스에 대해 확률을 할당하는 모델을 말하는데, 이때 확률은 말뭉치에 나타난

단어 시퀀스의 빈도와 관련이 있다. 예를 들어, "나는 배가 고파서 밥을 먹었다."와 "나는 배가 고파서 밥을 치웠다." 중에서 앞 문장이 더 자연스럽다는 것을 우리는 알고 있다. 언어 모델은 이 두 문장에 확률을 부여하는데, 우리 상식에 부합하려면 앞 문장에 더 높은 확률을 부여해야 한다. 어떻게 그렇게 할 수 있을까? 확률을 계산하는 데 참조하는 말뭉치에 앞 문장이 더 많이 나타난다면 이를 기반으로 앞 문장에 더 높은 확률을 부여하면 된다.

그런데 여기에 한 가지 문제가 있다. 말뭉치에서 "나는 배가 고파서 밥을 먹었다"라는 문장은 많이 나왔는데, "나는 배가 고파서 밥을 허겁지겁 먹었다"라는 문장은 나온 적이 없다고 하자. 그러면 언어 모델은 "나는 배가 고파서 밥을 허겁지겁 먹었다"의 확률을 어떻게 계산할까? 우리에게는 자연스럽게 보이지만, 단지 전체 문장이 등장한 적이 없다는 이유로 확률이 0이 될 수 있다. N-gram은 이와 같은 문제를 해결하기 위해 만들어졌다. 말뭉치에 앞에서부터 이어지는 전체 문장이 없더라도 "밥을 허겁지겁"과 같은 bi-gram이 말뭉치 어딘가에서 나타났다면 이 문장에 대한 확률이 0이 아니게 할 수 있다.

Bi-gram을 사용하면 적어도 두 단어로 이루어진 시퀀스에 대해서는 파악하게 된다. 따라서 아주 제한적이지만 문맥에 대한 정보를 추가한다고 볼 수 있다. Tri-gram을 사용하면 더 많은 정보를 넣을 수 있을 것이다. 그러나 n을 계속해서 늘려갈 수는 없다. 기본적으로 BOW 기반의 방식은 벡터의 크기가 커서 과적합의 문제가 있다. 여기에 변수를 계속해서 추가하면 문제를 가져올 수밖에 없다. 따라서 많아야 tri-gram 정도까지 쓰는 것이 일반적이다. 따라서 N-gram의 도입에도 불구하고 더 긴 단어 시퀀스로 이루어진 문맥은 여전히 파악할 수 없다는 문제가 아직 남아있다.

5.7.3 N-gram을 이용한 문서 분류

N-gram의 의미와 한계를 이해했다면 이제 적용을 해보자. 우선은 unigram, bi-gram, tri-gram의 비교를 위해 아래와 같이 Unigram으로 TfidfVectorizer 객체를 새로 생성하고 변환된 TF-IDF 벡터의 크기를 확인한다. N-gram에서 N이 바뀜에 따라 벡터의 크기가 어떻게 바뀌는지 보기 위해 max_features는 사용하지 않았다. 그 외에 토큰화를 위한 정규식을 인수로 주고, NLTK의 불용어사전을 이용했다.

```python
from nltk.corpus import stopwords
from sklearn.feature_extraction.text import TfidfVectorizer

cachedStopWords = stopwords.words("english")
tfidf = TfidfVectorizer(token_pattern= "[a-zA-Z']{3,}",  # 토큰화를 위한 정규식
                        decode_error ='ignore',
                        lowercase=True,
                        stop_words = stopwords.words('english'),
                        max_df=0.5,
                        min_df=2)
X_train_tfidf = tfidf.fit_transform(X_train)
X_test_tfidf = tfidf.transform(X_test)

print(X_train_tfidf.shape)
```

[실행 결과]
```
(2034, 11483)
```

주어진 인수 기준으로 토큰화했을 때 남는 단어의 수가 11,483개인 것을 확인했다. 이제 아래와 같이 릿지 회귀분석을 이용해 학습을 하고 성능을 살펴본다. 앞서 설명한 바와 같이 N-gram을 사용하면 변수가 늘어나고 이로 인해 과적합의 우려가 있으므로 릿지 회귀분석을 사용한다.

```python
from sklearn.linear_model import RidgeClassifier
ridge_clf = RidgeClassifier()  # 릿지 분류기 선언
ridge_clf.fit(X_train_tfidf, y_train)  # 학습
print('Train set score: {:.3f}'.format(ridge_clf.score(X_train_tfidf, y_train)))
print('Test set score: {:.3f}'.format(ridge_clf.score(X_test_tfidf, y_test)))
```

[실행 결과]
```
Train set score: 0.976
Test set score: 0.766
```

이제 bi-gram을 적용해본다. TfidfVectorizer의 ngram_range 매개변수를 사용하면 쉽게 N-gram을 적용할 수 있다. ngram_range 매개변수는 시작 N값과 끝 N값으로 이루어진 튜플을 인수로 받는다. 아래와 같이 (1, 2)로 주면 N이 1과 2가 되므로 unigram과 bi-gram을 모두 사용하게 된다. bi-gram만 사용하고 싶다면 (2, 2)를 인수로 주면 되지만, unigram 없이 학

습했을 때 성능이 좋지 않을 것을 짐작할 수 있으므로 원래 변수에 bi-gram을 추가하는 것으로 한다.

```python
tfidf = TfidfVectorizer(token_pattern= "[a-zA-Z']{3,}",
                        decode_error ='ignore',
                        lowercase=True,
                        stop_words = stopwords.words('english'),
                        ngram_range=(1, 2),  # 바이그램 설정
                        max_df=0.5,
                        min_df=2)
X_train_tfidf = tfidf.fit_transform(X_train)
X_test_tfidf = tfidf.transform(X_test)

print(X_train_tfidf.shape)
```

[실행 결과]
```
(2034, 26550)
```

변환된 결과를 보면 특성의 수가 26,550으로 늘어난 것을 볼 수 있다. max_df와 min_df가 적용되어 늘어난 bi-gram의 숫자가 정확하게 일치하지는 않지만 전체 특성의 수가 대략 두 배 이상이 된 것을 확인할 수 있다. bi-gram이 어떤 식으로 생성되는지 확인하기 위해 아래와 같이 특성 이름을 출력하고, 릿지 회귀분석으로 학습한 후 결과를 본다.

```python
bigram_features = [f for f in tfidf.get_feature_names_out() if len(f.split()) > 1]
print('bi-gram samples:', bigram_features[:10])

ridge_clf.fit(X_train_tfidf, y_train)  # 학습
print('Train set score: {:.3f}'.format(ridge_clf.score(X_train_tfidf, y_train)))
print('Test set score: {:.3f}'.format(ridge_clf.score(X_test_tfidf, y_test)))
```

[실행 결과]
```
bi-gram samples: ["'cause can't", "'em better", "'expected errors'", "'karla' next",
"'nodis' password", "'official doctrine", "'ok see", "'sci astro'", "'what's moonbase",
'aas american']
Train set score: 0.976
Test set score: 0.773
```

unigram을 사용했을 때의 정확도인 76.6%에 비해, 77.3%로 약간 성능이 향상됐다. bi-gram 의 효과가 약간은 있는 것으로 생각할 수 있다. 이제 마지막으로 아래와 같이 tri-gram을 추가 하고 학습을 해서 성능을 보기로 하자.

```python
tfidf = TfidfVectorizer(token_pattern= "[a-zA-Z']{3,}",
                        decode_error ='ignore',
                        lowercase=True,
                        stop_words = stopwords.words('english'),
                        ngram_range=(1, 3),
                        max_df=0.5,
                        min_df=2)
X_train_tfidf = tfidf.fit_transform(X_train)
X_test_tfidf = tfidf.transform(X_test)
print(X_train_tfidf.shape)

trigram_features = [f for f in tfidf.get_feature_names_out() if len(f.split()) > 2]
print('tri-gram samples:', trigram_features[:10])

ridge_clf.fit(X_train_tfidf, y_train)  # 학습
print('Train set score: {:.3f}'.format(ridge_clf.score(X_train_tfidf, y_train)))
print('Test set score: {:.3f}'.format(ridge_clf.score(X_test_tfidf, y_test)))
```

[실행 결과]
```
(2034, 32943)
tri-gram samples: ["'em better shots", "'expected errors' basically", "'karla' next
one", "'nodis' password also", "'official doctrine think", "'ok see warning", "'what's
moonbase good", 'aas american astronautical', 'ability means infallible', 'able accept
donations']
Train set score: 0.976
Test set score: 0.775
```

정확도가 77.5%로 bi-gram에 비해서도 약간 성능이 향상됐으나, 별 차이는 없다. 이와 같이 문서 분류에 N-gram을 사용할 경우, 어느 정도 성능의 향상을 기대해볼 수는 있으나 근본적인 해결이라고 보기는 어렵다. 무엇보다 긴 단어 시퀀스로 인한 문맥은 여전히 파악하지 못하고 있 다. 그럼에도 불구하고 상황에 따라 N-gram이 필요한 경우가 있으므로 개념과 사용법을 잘 알 아 두는 것이 좋다.

5.8 한국어 문서의 분류

앞에서 영어 문서를 분류하는 다양한 방법을 알아봤다. 한글 문서에 대한 분류는 형태소 분석을
제외하고는 기본적으로 영어 문서의 분류와 동일하다고 할 수 있다. 영어 문서는 사이킷런에서
제공하는 기본 토크나이저를 사용할 수 있었으나, 한글 문서는 처음부터 별도의 토크나이저를
쓸 수밖에 없다. 앞 장에서 배운 KoNLPy를 사용해서 한글 문서 분류를 해보자.

5.8.1 다음 영화 리뷰에 대한 영화 제목 예측

5장에서 카운트 벡터 변환의 예제로 사용했던 다음무비[11]의 영화 리뷰를 이용해 분류를 연습해
본다. 즉 영화 리뷰의 내용을 분석해서 영화의 제목을 예측하는 분류기를 만든다. 앞 장에서도
데이터 파일의 내용을 간략하게 살펴봤지만, 여기서는 영화의 제목과 관련한 내용을 좀 더 들여
다보기로 한다. 앞 장에서의 기억을 되살리기 위해 pandas의 head() 메서드로 앞 5개 데이터를
살펴보자.

```
import pandas as pd
df = pd.read_csv('./data/daum_movie_review.csv')
df.head(5)
```

[실행 결과]

	review	rating	date	title
0	돈 들인건 티가 나지만 보는 내내 하품만	1	2018.10.29	인피니티 워
1	몰입할수밖에 없다. 어렵게 생각할 필요없다. 내가 전투에 참여한듯 손에 땀이남.	10	2018.10.26	인피니티 워
2	이전 작품에 비해 더 화려하고 스케일도 커졌지만.... 전국 맛집의 음식들을 한데 ...	8	2018.10.24	인피니티 워
3	이 정도면 볼만하다고 할 수 있음!	8	2018.10.22	인피니티 워
4	재미있다	10	2018.10.20	인피니티 워

---

11 http://movie.daum.net

위 결과에서 title이 영화 제목인 것을 알 수 있는데, 어떤 영화들이 있고, 각 영화에 대해 리뷰의 수는 몇 개나 되는지 알아보기 위해 value_counts() 메서드를 title에 적용해보자.

```
df.title.value_counts()
```

[실행 결과]
```
신과함께       4947
택시운전사      2322
인피니티 워     2042
범죄도시       1939
곤지암        1547
라라랜드       1150
코코          778
Name: title, dtype: int64
```

결과를 보면 각 영화별로 리뷰가 몇 개인지를 알 수 있는데, 리뷰의 수가 꽤 차이가 난다. "신과함께"는 4,947개인 반면 "코코"는 778개에 불과하다. 이러한 데이터셋을 불균형 데이터셋(imbalanced dataset)이라고 한다. 이 문제를 해결하기 위한 방법으로, 첫째 언더샘플링을 통해 갯수가 많은 분류들의 데이터 수를 적은 분류의 수에 맞출 수 있다. 둘째 오버샘플링을 이용해 데이터 수가 적은 분류의 수를 늘릴 수 있다. 둘 다 나름의 장단점이 있으며, 이 외에도 다른 방법들이 있다. 여기서는 일단 주어진 데이터 수를 그대로 이용해서 분류를 진행해보고자 한다.

20 뉴스그룹과는 달리 다음 영화 리뷰는 학습 데이터셋과 테스트 데이터셋이 분리돼 있지 않다. 따라서 먼저 train_test_split을 이용해 아래와 같이 분리를 해 주고, 각 데이터셋의 크기를 확인한다.

```
from sklearn.model_selection import train_test_split

# 데이터와 라벨을 학습 세트와 평가 세트로 분리
# 비율을 지정하지 않으면 75:25로 분할됨
X_train, X_test, y_train, y_test = train_test_split(df.review, df.title, random_state=0)

print('#Train set size:', len(X_train))  # 실제로 몇 개의 특성이 사용됐는지 확인
print('#Test set size:', len(X_test))
```

[실행 결과]

```
#Train set size: 11043
#Test set size: 3682
```

이제 데이터가 준비됐으므로 KoNLPy에서 형태소 분석기를 불러온다. 앞 장에서 설명한 바와 같이 KoNLPy에서는 다섯 개의 형태소 분석기를 제공하며, 속도와 성능을 비교한 결과가 홈페이지에 나와 있다[12]. 자신이 가진 텍스트를 대상으로 직접 형태소 분석을 해보고 가장 잘 맞는 형태소 분석기를 선택하는 것을 추천한다. 다만 이 책에서는 실습 속도를 높이려고 트위터 형태소 분석기를 선택했다.

```
from konlpy.tag import Okt
okt = Okt()

print(okt.morphs(X_train[1]))  # 둘째 리뷰에 대해 형태소 단위로 tokenize
print(okt.nouns(X_train[1]))  # 둘째 리뷰에서 명사만 추출
```

[실행 결과]

```
['몰입', '할수밖에', '없다', '.', '어렵게', '생각', '할', '필요없다', '.', '내', '가', '전투', '에', '참여', '한', '듯', '손', '에', '땀', '이남', '.']
['몰입', '생각', '내', '전투', '참여', '듯', '손', '땀', '이남']
```

위 예제에서는 학습 데이터셋의 두번째 리뷰에 대해 morphs()와 nouns()로 형태소 분석 결과와 그중 명사만 추출한 결과를 확인했다. 일반적으로 문서를 대상으로 분석하는 경우에는 명사만으로도 좋은 결과를 보이는 경우가 많으므로 우선 okt.nouns()를 TfidfVectorizer의 토크나이저로 지정해 로지스틱 회귀분석을 해보자.

```
from sklearn.feature_extraction.text import TfidfVectorizer
from sklearn.linear_model import LogisticRegression

# Twitter 형태소분석기에서 명사만 추출하는 함수를 tokenizer로 이용
tfidf = TfidfVectorizer(tokenizer=okt.nouns, max_features=2000, min_df=5, max_df=0.5)

X_train_tfidf = tfidf.fit_transform(X_train)  # train data 변환 -> tfidf vector
```

```
X_test_tfidf = tfidf.transform(X_test)  # test data 변환 -> tfidf vector

# logistic regression 분류기 선언
# 충분한 학습을 위해 max_iter를 1,000으로 설정, 기본은 100
clf = LogisticRegression(max_iter=1000)
clf.fit(X_train_tfidf, y_train)  # 분류기 학습
# train data 예측정확도
print('#Train set score: {:.3f}'.format(clf.score(X_train_tfidf, y_train)))
# test data 예측정확도
print('#Test set score: {:.3f}'.format(clf.score(X_test_tfidf, y_test)))
```

[실행 결과]

```
#Train set score: 0.756
#Test set score: 0.694
```

클래스의 수가 7개라는 점을 감안할 때 나쁘지 않은 결과로 보인다. 위 예에서
LogisticRegression 객체를 선언할 때 max_iter 매개변수의 값을 1,000으로 했는데, 이 매개변수
의 기본값은 100이고 기본값으로 실행할 경우 충분히 수렴되지 않았다는 warning이 발생해서
권고에 따라 1,000으로 늘렸다.

테스트 데이터에 대해 모형이 어떻게 예측하는지 보기 위해, 테스트 데이터 앞 10개의 리뷰에
대해 실제 영화제목, 예측한 제목, 리뷰의 순으로 아래와 같이 출력했다.

```
print('실제영화제목, 예측한 제목, 리뷰')
for content in zip(y_test[:10], clf.predict(X_test_tfidf[:10]), X_test[:10]):
    print(content)
```

[실행 결과]

```
실제영화제목, 예측한 제목, 리뷰
('범죄도시', '신과함께', '오랜만에 잼나는 영화 봤습니다.  다음에 더 재미있는 영화 기대하
겠습니다.')
('범죄도시', '범죄도시', '조연들이 눈에 박힌다. 간만에 집중 ㅎ')
('코코', '코코', '대감동을 선사. 인사이드 아웃을 잇는 픽사의 감동스토리. 신과함께의 멕시
코판이라고나할까요??')
('신과함께', '신과함께', '돈이 안아까웠던 영화    정말 좋았다')
('신과함께', '신과함께', '역시 김용화감독이 영화는 잘 만들어요. 이제 VFX 제작 부문도 헐
```

```
리우드 수준 이상입니다.')
('택시운전사', '택시운전사', '민주화를 위해 힘써주신 분들께 감사하는 마음으로 살아야겠
다.')
('신과함께', '신과함께', '잠만 자다 왔음')
('신과함께', '신과함께', '오랜만에 잼있고 좋은 영화를 봤다')
('범죄도시', '신과함께', '잼남')
('범죄도시', '인피니티 워', '대박~~')
```

예측이 틀린 리뷰에 대해서 리뷰의 내용을 살펴보면, 사람이 봐도 맞히기 어려울 것 같다는 생각
이 든다. '잼남', '대박~~'으로 영화 제목을 맞히기는 아마도 불가능할 것이다. 오히려 '오랜만에
잼있고 좋은 영화를 봤다'로 제목을 맞힌 것이 용한 것 같다. 이 정도면 상당히 잘 맞힌다고 봐도
될 것이다.

5.8.2 성능을 개선하기 위한 노력

이제 영어 문서에 대한 분류와 마찬가지로 한글에 대해서도 성능을 개선하기 위한 노력을 해보
자. 시작은 형태소 분석이다. 위 예에서는 명사만을 사용했는데 만일 모든 품사를 다 사용한다면
어떨까?

```
# 명사 대신 모든 형태소를 사용
tfidf = TfidfVectorizer(tokenizer=okt.morphs, max_features=2000, min_df=5, max_df=0.5)
X_train_tfidf = tfidf.fit_transform(X_train)
X_test_tfidf = tfidf.transform(X_test)

# 충분한 학습을 위해 max_iter를 1,000으로 설정, 기본은 100
clf = LogisticRegression(max_iter=1000)
clf.fit(X_train_tfidf, y_train)

# train data 예측정확도
print('#Train set score: {:.3f}'.format(clf.score(X_train_tfidf, y_train)))
# test data 예측 정확도
print('#Test set score: {:.3f}'.format(clf.score(X_test_tfidf, y_test)))
```

[실행 결과]

```
#Train set score: 0.777
#Test set score: 0.695
```

0.694에서 0.695로 바뀌었는데 이 정도로는 향상됐다고 보기 어렵다. 기왕에 품사 태깅을 했으니, 전체를 다 사용하는 대신에 명사, 동사, 형용사만 선별한다면 어떻게 될까? 이를 위해서 아래와 같이 `twit_tokenizer` 함수를 정의하고, 정의된 함수를 이용해 특성 추출을 한 후에 분류해 보자.

```python
def twit_tokenizer(text):   # 전체를 다 사용하는 대신, 명사, 동사, 형용사를 사용
    target_tags = ['Noun', 'Verb', 'Adjective']
    result = []
    for word, tag in okt.pos(text, norm=True, stem=True):
        if tag in target_tags:
            result.append(word)
    return result

#명사, 동사, 형용사를 이용해 tfidf 생성
tfidf = TfidfVectorizer(tokenizer=twit_tokenizer, max_features=2000, min_df=5,
max_df=0.5)
X_train_tfidf = tfidf.fit_transform(X_train)
X_test_tfidf = tfidf.transform(X_test)

clf = LogisticRegression(max_iter=1000)
clf.fit(X_train_tfidf, y_train)

print('#Train set score: {:.3f}'.format(clf.score(X_train_tfidf, y_train)))
print('#Test set score: {:.3f}'.format(clf.score(X_test_tfidf, y_test)))
```

[실행 결과]

```
#Train set score: 0.784
#Test set score: 0.712
```

0.695에서 0.712로의 변화는 상당히 차이가 있어 보인다. 즉 품사를 선별하는 것이 도움이 된다는 뜻이다. 모든 품사를 다 사용할 때는 무엇이 문제일까? 생각할 수 있는 문제 중 하나는, 같은 단어가 서로 다른 품사로 사용된 경우 이를 구분하지 못한다는 것이다. 그럼 동일 단어에 대해 품사를 구분할 수 있게 할 수 있을까? 많이 쓰는 방법 중 하나가 단어에 품사명을 붙여서 하나의 단어로 만드는 것이다. 컴퓨터 입장에서는 단어를 다른 것들과 구분할 수 있기만 하면 되므로 우리가 보기에 어색한 것은 별 문제가 되지 않는다. 아래 예에서는 이것을 반영한 토크나이저를 정의하고 학습 데이터 중 둘째 리뷰에 대해 적용한 결과를 보인다.

```
# 모든 형태소를 다 사용하고 품사를 알 수 있게 하면?
def twit_tokenizer2(text):
    result = []
    for word, tag in okt.pos(text, norm=True, stem=True):
        result.append('/'.join([word, tag]))  # 단어의 품사를 구분할 수 있게 함
    return result

print(twit_tokenizer2(X_train[1]))
```

[실행 결과]

```
['몰입/Noun', '하다/Verb', '없다/Adjective', './Punctuation', '어렵다/Adjective', '생각/
Noun', '하다/Verb', '필요없다/Adjective', './Punctuation', '내/Noun', '가/Josa', '전투/
Noun', '에/Josa', '참여/Noun', '한/Determiner', '듯/Noun', '손/Noun', '에/Josa', '땀/
Noun', '이남/Noun', './Punctuation']
```

위 결과를 보면 어떤 식으로 단어가 만들어지는지 이해할 수 있을 것이다. 이제 이 토크나이저를
이용해 분류를 해보자. 결과가 어떨까?

```
tfidf = TfidfVectorizer(tokenizer=twit_tokenizer2, max_features=2000, min_df=5, max_
df=0.5)
X_train_tfidf = tfidf.fit_transform(X_train)
X_test_tfidf = tfidf.transform(X_test)

clf = LogisticRegression(max_iter=1000)
clf.fit(X_train_tfidf, y_train)

print('#Train set score: {:.3f}'.format(clf.score(X_train_tfidf, y_train)))
print('#Test set score: {:.3f}'.format(clf.score(X_test_tfidf, y_test)))
```

[실행 결과]

```
#Train set score: 0.789
#Test set score: 0.718
```

결과가 더 나아졌다. 그럼 혹시 명사, 동사, 형용사만 선택하고 거기에 품사를 붙이면 더 나아질
수 있을까? 이것은 여러분들의 몫으로 남기기로 하겠다. 지금까지는 로지스틱 회귀분석의 결과
이므로 혹시 릿지 회귀분석을 해보면 더 좋아질 수 있는지 보기 위해 다시 한번 어설픈 그리드
서치를 해보자.

```
import numpy as np
from sklearn.model_selection import train_test_split

X_train_ridge, X_val_ridge, y_train_ridge, y_val_ridge = train_test_split(
    X_train_tfidf, y_train, test_size=0.2, random_state=42)

max_score = 0
max_alpha = 0
for alpha in np.arange(0.1, 10, 0.1):  # alpha를 0.1부터 10까지 0.1씩 증가
    ridge_clf = RidgeClassifier(alpha=alpha)  # 릿지 분류기 선언
    ridge_clf.fit(X_train_ridge, y_train_ridge)  # 학습
    # 검정 데이터셋에 대해 정확도를 측정
    score = ridge_clf.score(X_val_ridge, y_val_ridge)
    if score > max_score:  # 정확도가 이전의 정확도 최댓값보다 크면 최댓값을 변경한다.
        max_score = score
        max_alpha = alpha
print('#Max alpha {:.3f} at max validation score {:.3f}'.format(max_alpha, max_score))
```

[실행 결과]

```
Max alpha 1.600 at max validation score 0.727
```

이 alpha 값을 이용해 아래와 같이 릿지 회귀분석을 해보고 내친 김에 라쏘 회귀분석도 해본다.

```
from sklearn.linear_model import RidgeClassifier

ridge_clf = RidgeClassifier(alpha=1.6)
ridge_clf.fit(X_train_tfidf, y_train)
print('#Ridge Train set score: {:.3f}'.format(ridge_clf.score(X_train_tfidf, y_train)))
print('#Ridge Test set score: {:.3f}'.format(ridge_clf.score(X_test_tfidf, y_test)))

from sklearn.linear_model import LogisticRegression
import numpy as np
lasso_clf = LogisticRegression(penalty='l1', solver='liblinear', C=0.5)
lasso_clf.fit(X_train_tfidf, y_train)
print('#Lasso Train set score: {:.3f}'.format(lasso_clf.score(X_train_tfidf, y_train)))
print('#Lasso Test set score: {:.3f}'.format(lasso_clf.score(X_test_tfidf, y_test)))
```

```
print(
    '#Used features count: {}'.format(np.sum(lasso_clf.coef_ != 0)),
    'out of',
    X_train_tfidf.shape[1]
)
```

[실행 결과]

```
#Ridge Train set score: 0.807
#Ridge Test set score: 0.726
#Lasso Train set score: 0.703
#Lasso Test set score: 0.696
#Used features count: 957 out of 2000
```

릿지 회귀분석은 정확도 0.726으로 확실히 더 나은 결과를 보인다. 반면 라쏘 회귀분석은 0.696
으로 성능이 떨어진다. 어느 정도 예견했던 결과다. 마지막으로 영어 문서 분류에서 나이브 베이
즈가 가장 좋은 성능을 보여줬으니 나이브 베이즈로도 분류해보자.

```
from sklearn.naive_bayes import MultinomialNB

NB_clf = MultinomialNB(alpha=0.1)
NB_clf.fit(X_train_tfidf, y_train)
print('Train set score: {:.3f}'.format(NB_clf.score(X_train_tfidf, y_train)))
print('Test set score: {:.3f}'.format(NB_clf.score(X_test_tfidf, y_test)))
```

[실행 결과]

```
Train set score: 0.768
Test set score: 0.704
```

생각과는 다르게 로지스틱 회귀분석보다도 더 낮은 결과를 보인다. 나이브 베이즈 분석이 항상
좋은 결과를 보이는 것은 아니라는 사실을 알 수 있다. 최적의 성능을 얻으려면 다양한 모형과
세팅을 모두 시도해볼 수밖에 없다. 예를 들어 한국어 문서에서는 max_features를 2,000으로 제
한하는데 영어 문서에서와 같이 모든 단어를 다 특성으로 사용하면 더 성능이 나아질까? 이것
역시 독자의 몫으로 남겨두고자 한다.

06

차원 축소

문서 분류와 같은 문제에서 차원은 문서의 표현에 사용된 특성의 수를 의미한다. BOW 기반의 텍스트 마이닝에서는 특성의 수가 매우 커서 기본적으로 차원의 저주와 같은 문제를 내포하고 있다. 이 장에서는 차원의 저주에 대해 이해하고, 이를 해결하기 위한 방법들에 대해 알아보고자 한다.

6.1 차원의 저주와 차원 축소의 이유

차원의 저주는 낮은 차원에서는 발생하지 않던 문제가 차원이 커지면서 발생하는 것을 말한다. 다양한 분야에서 이 용어를 사용하는데, 데이터 분석 혹은 머신러닝의 관점에서 차원이 커진다는 것은 관측한 변수의 수가 증가하는 것을 말하고, 차원이 커지면 차원이 구성하는 공간의 크기가 커짐으로써 공간 안에 있는 데이터들 간의 거리가 멀어지고 그 결과 데이터가 희박해지는 문제를 차원의 저주라고 한다.

차원의 저주를 인터넷에서 검색하면 각자의 해석이 덧붙여져 있는 경우를 많이 보는데, 가급적 원칙에 의거해서 파악하는 것이 좋다. 2차원에서 3차원으로 차원이 늘어나는 경우, 즉 두 변수로 그린 2차원 그래프가 3차원 그래프로 확장되는 경우를 생각하면, 하나의 차원이 늘어남으로써 공간이 커지는 것을 대략 머리 속에 그려볼 수 있다. 여기에 또 하나의 변수가 추가되면 우리 인지능력으로 그림이 그려지지는 않지만 어쨌든 공간이 계속 늘어나게 될 것을 상상할 수 있는데, 같은 공간 안에서 데이터의 수는 동일하므로 데이터 간의 거리가 멀어질 수밖에 없다.

이와 같이 데이터가 희박해지면 이러한 데이터를 기반으로 학습한 모형의 설명력이 일반적으로는 떨어지는 결과를 가져온다. 만약 통계적인 유의성을 요구하는 모형이라면, 차원이 커지면서 요구되는 데이터의 크기도 기하급수적으로 커진다. 즉 차원이 증가하면 동일한 수준의 통계적 유의성을 갖기 위해 훨씬 더 많은 데이터를 요구한다. 그 외에 데이터 간 거리에 기반한 방법론, 예를 들어 KNN(K-nearist neighbor)와 같은 알고리즘의 성능이 저하된다.

지금까지 살펴본 BOW 기반의 문서 표현은 본질적으로 이러한 문제를 갖고 있다. 문서를 표현하는 데 사용하는 특성이 단어이고, 말뭉치에 단어가 매우 많기 때문이다. 그럼에도 불구하고 BOW 기반의 기법들이 나름의 좋은 성능을 유지하는 것은 흥미로운 현상이기도 하다.

차원의 저주를 해결하는 방법은 크게 두 가지로 볼 수 있다. 첫째는 **데이터를 충분히 늘리는 것**이다. 차원이 커지면서 문제가 가장 심각해지는 지점이 바로 데이터의 수가 차원의 수보다 작아지는 시점이다. 이는 연립방정식에서 미지수가 방정식의 수보다 더 많은 경우와 비슷한데 사실상 해를 구하는 것이 불가능해지고, 머신러닝에서는 주어진 데이터를 설명하는 모형을 찾을 수 없게 된다. 이를 방지하려면 충분한 수의 문서를 확보하는 것이 중요하다.

그러나 우리가 문서 분류에서 이미 살펴본 바와 같이, 학습 데이터의 문서 수보다 문서 표현에 사용한 특성의 수가 많은 경우에도 분류 모형이 잘 작동하는 경우가 많다. 이는 상당히 흥미로운 현상으로 이를 설명하고자 하는 논문들도 있는데, 언뜻 생각하기로는 문서의 단어들이 사실상 독립이 아니고 서로 연관성이 높아서 특성이 많음에도 불구하고 학습되는 것으로 생각된다.

차원의 저주를 해결하는 둘째 방법은, **BOW로 표현한 문서의 특성 수를 줄임으로써 차원을 축소하는 것**이다. 특성 수를 줄이기 위한 방법으로 다시 두 가지가 있다. 첫째는 **특성 선택**으로 현재 있는 특성들 중에서 대표 특성을 선택하는 것이다. 이는 문서 분류에서 라쏘회귀를 통해 이미 했던 기억이 있다. 계수가 0이 되면 사실상 그 특성은 결과에 영향을 미치지 못하고, 따라서 아예 입력으로 사용할 필요가 없다. 그 외에 우리가 사용했던 다양한 방법들 – 단어가 나타난 문서의 수를 기반으로 너무 적거나 많은 경우에 특성에서 제외하는 것도 이에 해당한다.

둘째는 기존의 특성 값을 조합해 새로운 특성을 생성하는 것이다. 이를 **특성 추출**(feature extraction)이라고 한다. 보통 새로운 특성은 기존 특성들의 선형 결합으로 표현된다. 여기에 해당하는 대표적인 방법으로 PCA, LSA와 같은 방법들이 있는데 이 장에서는 지금까지의 예제를 대상으로 이러한 방법론을 적용한 차원 축소를 실습해보고자 한다.

6.2 PCA를 이용한 차원 축소

PCA(Principal Component Analysis)는 우리말로는 주성분 분석이라고 하며 데이터의 분산을 최대한 보존하는 새로운 축을 찾아 변환함으로써 차원을 축소하고자 하는 방법이다. 통계와 선형대수에 익숙하다면 수학적으로 PCA 과정을 풀어서 이해하는 것을 추천한다. 이를 위해서는 고윳값, 고유벡터, 공분산행렬과 같은 선형대수의 개념을 알아야 하는데, 이는 이 책이 목표로 하는 설명의 범위를 넘어서므로 여기서는 가급적 직관적으로 설명하고 이해하고자 한다. 사람은 4차원 이상의 공간은 사실상 직관적인 이해가 불가능하므로 2차원 정도에서 최대한 설명을 해보도록 하겠다.

우선 가장 중요한 원칙은 차원을 줄이는 과정에서도 정보가 최대한 유지돼야 한다는 것이다. 즉 10개의 독립변수를 9개로 줄인다고 해도 원래 가지고 있던 정보량을 최대한 유지하려면 새로운 변수 9개가 원래 10개의 변수가 가지는 정보량을 최대한 반영해야 한다는 것이다. 통계적으로 이러한 정보량은 분산으로 측정할 수 있다. 차원이 줄어들 때 최대한 분산을 크게 유지한다면 정보량의 손실을 최소화할 수 있다.

그림 6.1에는 2차원 공간에 점들이 분포한다. 이 점들은 두 개의 변수(일반적인 좌표계에서 x, y)로 표현된다. 여기서 한 차원을 줄이면 일직선 위의 한 변수로 값들을 표현해야 한다. 그림을 3차원 공간에 놓고, 그림의 옆에서 2차원 그림이 1차원이 되도록 바라본다고 생각해보자. 그러면 점들이 일직선상에 위치하는 것처럼 보일 것이다. 화살표로 표시한 네 방향에서 바라본다면, 방향에 따라 점들이 분포하는 범위가 달라진다.

먼저 1번 방향은 위에서 아래를 바라보는 형태로, 2차원 좌표를 나타내는 (X, Y) 두 값 중 Y 성분은 버리고 X값만으로 새로운 축의 값을 표현하게 된다. 마찬가지로 4번 방향은 X 성분은 버리고 Y값만으로 새로운 축을 나타낸다. 반면, 2번과 3번 방향은 X와 Y 성분의 선형결합, 즉 aX +

bY의 형태로 새로운 값을 표현하는데, 2번 화살표의 경우에는 가장 좁은 범위에 점들이 위치하고, 3번 화살표는 가장 넓은 범위에 점들이 위치한다.

이 중에서 가장 좋은 것은 무엇일까? 점들이 가장 넓게 분포하는 3번 방향이 가장 좋은 선택이 되며 이때 분산도 가장 커진다. 점들이 넓게 분포하면 점이 겹쳐질 확률도 줄어들게 되고, 각 점 사이의 거리도 멀어져서 점을 더 잘 분별할 수 있을 것이다. 즉 정보량이 가장 많다고 할 수 있다. 따라서 시각적으로 볼 때 아래 그림에서는 3번 방향으로 값들을 변환하는 것이 가장 바람직하며, PCA는 이와 같이 분산을 가장 크게 만드는 새로운 축을 찾는 방법론이라고 할 수 있다.

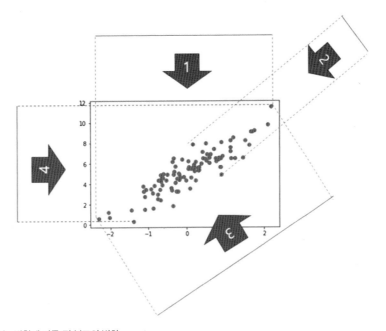

그림 6.1 보는 방향에 따른 점 분포의 변화

PCA 실습을 위해 먼저 우리가 익숙한 20 뉴스그룹의 문서들을 아래와 같이 가져온다.

```
from sklearn.datasets import fetch_20newsgroups

# 20개의 토픽 중 선택하고자 하는 토픽을 리스트로 생성
categories = ['alt.atheism', 'talk.religion.misc', 'comp.graphics', 'sci.space']

# 학습 데이터셋 불러오기
```

```
#메일 내용에서 hint가 되는 부분 삭제 - 순수하게 내용만으로 분류
newsgroups_train = fetch_20newsgroups(subset='train',
                                      remove=('headers', 'footers', 'quotes'),
                                      categories=categories)

# 평가 데이터셋을 가져옴
newsgroups_test = fetch_20newsgroups(subset='test',
                                     remove=('headers', 'footers', 'quotes'),
                                     categories=categories)
```

지금까지 했던 방식으로 토큰화, 불용어처리, 스테밍 등의 전처리 이후 BOW 기반의 특성 벡터로 변환해 문서 분류를 위한 데이터를 준비한다.

```
from sklearn.feature_extraction.text import TfidfVectorizer

from nltk.corpus import stopwords
cachedStopWords = stopwords.words("english")

from nltk.tokenize import RegexpTokenizer
from nltk.stem.porter import PorterStemmer

X_train = newsgroups_train.data    # 학습 데이터셋 문서
y_train = newsgroups_train.target  # 학습 데이터셋 라벨

X_test = newsgroups_test.data      # 평가 데이터셋 문서
y_test = newsgroups_test.target    # 평가 데이터셋 라벨

RegTok = RegexpTokenizer("[\w']{3,}")  # 정규표현식으로 토크나이저를 정의
english_stops = set(stopwords.words('english'))  # 영어 불용어를 가져옴

def tokenizer(text):
    tokens = RegTok.tokenize(text.lower())
    # stopwords 제외
    words = [word for word in tokens if (word not in english_stops) and len(word) > 2]
    # porter stemmer 적용
    features = (list(map(lambda token: PorterStemmer().stem(token),words)))
    return features
```

```
tfidf = TfidfVectorizer(tokenizer=tokenizer)
X_train_tfidf = tfidf.fit_transform(X_train)  # train set을 변환
X_test_tfidf = tfidf.transform(X_test)  # test set을 변환
```

차원을 축소한 뒤의 분류 성능과 비교를 하기 위해, 사이킷런의 로지스틱 회귀분석 라이브러리를 이용해 아래와 같이 차원 축소 전 분류 성능을 미리 측정해 둔다.

```
from sklearn.linear_model import LogisticRegression
LR_clf = LogisticRegression()  # 분류기 선언
LR_clf.fit(X_train_tfidf, y_train)  # train data를 이용해 분류기를 학습
print('#Train set score: {:.3f}'.format(LR_clf.score(X_train_tfidf, y_train)))
print('#Test set score: {:.3f}'.format(LR_clf.score(X_test_tfidf, y_test)))
```

[실행 결과]

```
#Train set score: 0.962
#Test set score: 0.761
```

사이킷런은 주성분 분석을 지원하기 위해 PCA 라이브러리[1]를 제공한다. 매개변수 중에서 n_components는 축소하고자 하는 차원의 크기를 지정하며, svd_solver는 알고리즘을 선택할 수 있다. svd_solver의 경우 auto가 기본값인데, 축소 전 차원과 축소 목표 차원을 고려해 자동으로 선택하므로 특별히 신경 쓰지 않고 싶다면 기본값을 선택하면 된다.

객체의 속성값인 explained_variance_는 각각의 새로운 축이 설명하는 분산을 나타내고, explained_variance_ratio_는 이를 축소 전 분산에 대한 비율로 표시해 준다. 만일 새로운 축들이 원래의 분산을 모두 설명해 준다면 explained_variance_ratio_의 합은 1이 될 것이다.

다음 예에서는 20,085였던 차원을 2,000차원으로 축소한다. 원래 차원은 아래와 같이 X_train_tfidf의 모양을 출력하면 알 수 있다. 사이킷런의 PCA는 희소 벡터 형식에 대해 직접적인 연산을 지원하지 않는다. 즉 CountVectorizer나 TfidfVectorizer로 변환한 행렬을 직접 인수로 사용할 수 없다. 따라서 아래와 같이 먼저 toarray() 메서드를 이용해 형태를 변환한 후에, transform()이나 fit_transform() 메서드에 인수로 전달한다. 축소한 뒤, 원래의 분산의 어느 정도를 설명하는지 보기 위해 explained_variance_ratio_의 합을 출력했다.

---

1   https://scikit-learn.org/stable/modules/generated/sklearn.decomposition.PCA.html

```
from sklearn.decomposition import PCA

pca = PCA(n_components=2000, random_state=7)
X_train_pca = pca.fit_transform(X_train_tfidf.toarray())
X_test_pca = pca.transform(X_test_tfidf.toarray())

print('Original tfidf matrix shape:', X_train_tfidf.shape)
print('PCA Converted matrix shape:', X_train_pca.shape)
print(
    "Sum of explained variance ratio: {:.3f}".format(
        pca.explained_variance_ratio_.sum()
    )
)
```

[실행 결과]

```
Original tfidf matrix shape: (2034, 20085)
PCA Converted matrix shape: (2034, 2000)
Sum of explained variance ratio: 1.000
```

결과를 보면 먼저 원래 차원이 20,085인데 이는 특성 벡터의 단어 수를 나타내고, 축소된 차원은 목표한 바와 같이 2,000이다. 원래 차원의 수가 커서 계산량이 상당히 많고 그로 인해 시간도 꽤 걸리는 것을 볼 수 있다. 시간은 걸렸으나, 차원이 거의 1/10로 줄었는데도 불구하고 설명되는 분산은 거의 100%이므로 정보의 손실이 거의 없는 것을 알 수 있다. 축소된 데이터를 이용해 문서 분류를 함으로써 성능의 변화를 살펴보자.

```
LR_clf.fit(X_train_pca, y_train)
print('#Train set score: {:.3f}'.format(LR_clf.score(X_train_pca, y_train)))
print('#Test set score: {:.3f}'.format(LR_clf.score(X_test_pca, y_test)))
```

[실행 결과]

```
#Train set score: 0.962
#Test set score: 0.761
```

위 결과를 보면, 축소하기 전 성능과 동일한 것을 확인할 수 있다. PCA는 선형결합을 통해 최대한의 정보를 유지하므로, 특성 선택과는 다른 성능을 낸다. 5장의 문서 분류에서 우리가 처음부터 특성의 수를 2,000개로 제한했을 때 테스트 집합에 대한 성능이 0.734였던 것을 생각해보면 특성 추출이 더 좋은 성능을 보인다는 것을 확인할 수 있다.

그렇다면, 라쏘 회귀분석을 이용한 특성 선택과의 비교는 어떨까? 이를 위해 먼저 라쏘 회귀분석을 아래와 같이 수행해보자.

```
lasso_clf = LogisticRegression(penalty='l1', solver='liblinear', C=1)
lasso_clf.fit(X_train_tfidf, y_train)

print('#Train set score: {:.3f}'.format(lasso_clf.score(X_train_tfidf, y_train)))
print('#Test set score: {:.3f}'.format(lasso_clf.score(X_test_tfidf, y_test)))

import numpy as np
# 계수 중에서 0이 아닌 것들의 개수를 출력
print(
    "#Used features count: {}".format(np.sum(lasso_clf.coef_ != 0)),
    "out of",
    X_train_tfidf.shape[1],
)
```

[실행 결과]

```
#Train set score: 0.790
#Test set score: 0.718
#Used features count: 321 out of 20085
```

위 결과를 보면 최종적으로 사용된 특성은 321개이고, 그 결과 테스트 집합에 대한 성능은 0.718로 축소 전에 비해 꽤 많이 떨어지는 것을 볼 수 있다. PCA와의 비교를 위해, 아래와 같이 목표 차원을 라쏘 회귀분석과 동일한 321개로 설정한 후, 변환한 데이터로 학습을 해보자.

```
pca = PCA(n_components=321, random_state=7)

X_train_pca = pca.fit_transform(X_train_tfidf.toarray())
X_test_pca = pca.transform(X_test_tfidf.toarray())
print('PCA Converted X shape:', X_train_pca.shape)
print(
    "Sum of explained variance ratio: {:.3f}".format(
```

```
        pca.explained_variance_ratio_.sum()
    )
)

LR_clf.fit(X_train_pca, y_train)
print('#Train set score: {:.3f}'.format(LR_clf.score(X_train_pca, y_train)))
print('#Test set score: {:.3f}'.format(LR_clf.score(X_test_pca, y_test)))
```

[실행 결과]

```
PCA Converted X shape: (2034, 321)
Sum of explained variance ratio: 0.437
#Train set score: 0.875
#Test set score: 0.751
```

설명되는 분산의 비율이 43.7%로 꽤 많이 줄었음에도 불구하고 테스트 집합에 대한 정확도는 75.1%로 축소 전인 76.1%에 비해 겨우 1%만 줄었다. 따라서 라쏘 회귀분석과 축소된 차원은 동일하지만 분류기의 성능은 훨씬 뛰어난 것을 볼 수 있다. 이제 조금만 더 욕심을 내서 아래와 같이 차원을 100개로 줄여보자. 테스트 집합에 대한 정확도가 73.8%로, 특성의 수가 321개인 위 라쏘 회귀분석보다 여전히 성능이 좋은 것을 볼 수 있다.

```
pca = PCA(n_components=100, random_state=7)

X_train_pca = pca.fit_transform(X_train_tfidf.toarray())
X_test_pca = pca.transform(X_test_tfidf.toarray())
print('PCA Converted X shape:', X_train_pca.shape)
print(
    "Sum of explained variance ratio: {:.3f}".format(
        pca.explained_variance_ratio_.sum()
    )
)

LR_clf.fit(X_train_pca, y_train)
print('#Train set score: {:.3f}'.format(LR_clf.score(X_train_pca, y_train)))
print('#Test set score: {:.3f}'.format(LR_clf.score(X_test_pca, y_test)))
```

[실행 결과]

```
PCA Converted X shape: (2034, 100)
Sum of explained variance ratio: 0.211
#Train set score: 0.807
#Test set score: 0.738
```

6.3 LSA를 이용한 차원 축소와 의미 파악

LSA(Latent Semantic Analysis)는 우리말로 잠재 의미 분석이다. 문서들에 잠재된 의미를 분석하고 동시에 단어들에 잠재된 의미도 분석할 수 있다. 여기서 의미는 문서와 단어를 연결하는 매개체가 되는데, 바로 축소된 차원이 그 역할을 한다. LSA는 SVD(Singular Value Decomposition), 더 정확하게는 절단된 SVD(Truncated SVD)를 이용해 구현되는데, 보다 정확한 이해를 위해서는 SVD를 먼저 이해할 필요가 있다.

SVD, 즉 특잇값 분해는 m×n의 크기를 가진 주어진 행렬을 아래와 같이 세 개의 행렬의 곱으로 분해하는 것을 말한다.

$$X=U\Sigma V^{T}$$

이때 U, V^{T}은 각각 m×m과 n×n의 크기를 갖는 직교행렬이어야 하고, Σ는 m×n의 크기를 갖는 대각행렬이어야 한다. 위 식과 조건에 대해 각각의 의미를 설명하는 것은 책의 범위를 넘어서므로 더 이상의 설명은 생략하고자 한다. 다만 특잇값 분해는 위에서 설명한 PCA와 같이 결과적으로 공분산행렬의 고윳값을 만들어내고 이를 통해 차원축소가 가능하게 해준다.

여기서 왜 차원축소를 위해 세 개의 행렬의 곱으로 분해하는지가 중요하다. 일단 위 식대로 한다면 분해된 세 개의 행렬을 다시 곱해서 원래의 데이터를 복원할 수 있다. 위 행렬에서 차원 축소의 키가 되는 행렬은 Σ이다. 여기에는 주성분 분석 결과와 동일한 정보가 들어간다. 즉 가장 정보량이 많은 축이 위에 있고 아래로 점차 줄어드는 형태로 새로운 축에 대한 정보가 들어간다고 보면 된다.

LSA에서의 차원 축소는 SVD의 변형인 절단된 SVD(Truncated SVD)를 통해 이루어진다. 아래 그림은 SVD와 절단된 SVD의 차이점을 보여준다. 절단된 SVD는 차원 축소를 위해 Σ의 대각 원소인 특잇값에서 상위 k개만 골라낸다. 그 결과, U에서 k개의 열 그리고, V^T에서도 k개의 행만 남게 된다. SVD에서는 세 행렬의 곱으로 원래의 X를 복원할 수 있지만 절단된 SVD에서는 완전한 복원이 불가능하고 대신 최대한 유사한 값이 되도록 할 수 있다. 즉 정보의 손실이 발생한다.

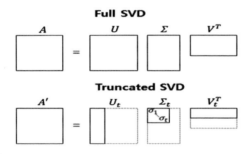

그림 6.2 SVD와 절단된 SVD

이와 같이 각각 잘려진 세 개의 행렬로 원래의 X를 근사하는 것을 다음 식에서 볼 수 있다.[2]

$$X \approx X_k = U_k \Sigma_k V_k^\top$$

여기까지의 설명은 선형대수에 대한 지식 없이는 사실상 완전한 이해가 불가능하다. 활용을 위해 중요한 것은 이제부터라고 할 수 있다. LSA를 사용하는 첫째 목적은 차원의 축소다. 즉 X가 각 문서에 대한 카운트 벡터 혹은 tfidf 벡터로 이루어진 행렬이라고 할 때, 각 문서는 n개의 단어 빈도를 통해 표현된다. 우리가 원하는 것은 이것을 k개의 차원으로 축소하는 것이다.

사이킷런은 TruncatedSVD[3] 클래스를 이용해 문서에 대한 LSA를 지원한다. PCA 클래스에서 희소 행렬을 직접 연산하지 못한 것과 달리, TruncatedSVD는 바로 연산이 가능해 toarray() 메서드를 쓸 필요가 없다. TruncatedSVD의 transform()이나 fit_transform() 메서드를 호출하면 축소된 차원의 문서 행렬을 반환해 준다. 이때 반환되는 행렬은 위 절단된 SVD의 식에서 어떤 부분에 해당할까? 여기에 대한 답은 아래와 같다.

2 https://scikit-learn.org/stable/modules/decomposition.html#lsa
3 https://scikit-learn.org/stable/modules/generated/sklearn.decomposition.TruncatedSVD.html

- $U_k\Sigma_k$: 학습 데이터에 대한 fit_transform의 반환값

- $X'=XV_k$: 테스트 데이터에 대한 transform의 반환값

지금까지 본 바와 같이 fit_transform()은 학습 데이터에 대해, transform()은 테스트 데이터에 대해 사용된다. TruncatedSVD는 두 메서드에 대해 위와 같이 축소된 문서 행렬을 반환한다.

위에서 축소된 차원은 잠재된 의미를 나타내고, 문서와 단어를 연결한다고 설명했다. 즉 문서 벡터가 m개의 차원일 때에는 사용된 단어의 빈도에 기반해 문서를 표현하지만, k개의 차원으로 축소한 후에는 k개의 잠재된 의미의 비중으로 각 문서를 표현한다. 다시 말해서 k개의 축소된 차원은 각각 잠재된 의미를 표현하고 있으며, 이를 단어에 대해서 적용하면 각 단어도 k개의 잠재된 의미의 비중으로 표현돼 있다고 해석할 수 있다.

Σ_k, V_k^T는 각각 TruncatedSVD 객체의 singularvalues 속성과 components_ 속성으로 값을 볼 수 있다. 단어들에 대해 잠재된 의미의 비중으로 표현된 값들을 보고 싶다면 $\Sigma_k V_k^T$를 구하면 되는데, 이는 np.diag(svd.singularvalues).dot(svd.components_)로 구할 수 있다. 여기에 대한 계산과 활용은 6.3.4항에서 실습하기로 한다.

6.3.1 LSA를 이용한 차원 축소와 성능

먼저 사이킷런의 TruncatedSVD를 이용해 차원 축소를 하고, 주성분 분석의 결과와 비교해 보자. 사이킷런에서 TruncatedSVD는 사용에 있어 PCA와 중요한 차이점이 있다. TruncatedSVD는 희소 벡터에 대한 연산을 바로 지원한다. PCA는 X_train_tfidf.toarray()로 희소행렬 형식을 일반적인 numpy 행렬로 변환해야 했지만 TruncatedSVD에서는 TFIDF 희소행렬을 바로 사용할 수 있다.

차원축소를 위해서 PCA와 마찬가지로 TruncatedSVD 객체를 선언할 때 n_components로 차원의 크기를 정한다. 주성분 분석과 동일하게 먼저 2,000개로 축소한 후, 축소된 데이터로 분류 모형을 학습한다.

```
from sklearn.decomposition import TruncatedSVD
svd = TruncatedSVD(n_components=2000, random_state=7)  # 압축할 component의 수 지정
X_train_lsa = svd.fit_transform(X_train_tfidf)
X_test_lsa = svd.transform(X_test_tfidf)
```

```
print('LSA Converted X shape:', X_train_lsa.shape)
print(
    "Sum of explained variance ratio: {:.3f}".format(
        svd.explained_variance_ratio_.sum()
    )
)


LR_clf.fit(X_train_lsa, y_train)
print('#Train set score: {:.3f}'.format(LR_clf.score(X_train_lsa, y_train)))
print('#Test set score: {:.3f}'.format(LR_clf.score(X_test_lsa, y_test)))
```

[실행 결과]

```
LSA Converted X shape: (2034, 2000)
Sum of explained variance ratio: 1.000
#Train set score: 0.962
#Test set score: 0.761
```

주성분 분석 결과와 동일하게 설명된 분산의 비율이 1.0으로 나오고, 테스트 집합에 대한 정확도도 동일하다. 사이킷런에서 자연어 처리를 할 때에는 PCA보다 TruncatedSVD를 사용하는 것이 더 일반적이다.

이제 차원의 수를 100개로 줄여보자. TruncatedSVD는 PCA와 거의 같지만 알고리즘에 미세한 차이가 있어 차원 축소 결과가 완벽하게 일치하지는 않는다. 아래 결과는 PCA보다 나은 결과를 보여주지만 random_state를 변경하면 다른 결과를 볼 수 있다.

```
svd = TruncatedSVD(n_components=100, random_state=1)  # 압축할 component의 수 지정
X_train_lsa = svd.fit_transform(X_train_tfidf)
X_test_lsa = svd.transform(X_test_tfidf)


print('LSA Converted X shape:', X_train_lsa.shape)
print(
    "Sum of explained variance ratio: {:.3f}".format(
        svd.explained_variance_ratio_.sum()
    )
)
```

```
LR_clf.fit(X_train_lsa, y_train)
print('#Train set score: {:.3f}'.format(LR_clf.score(X_train_lsa, y_train)))
print('#Test set score: {:.3f}'.format(LR_clf.score(X_test_lsa, y_test)))
```

[실행 결과]

```
LSA Converted X shape: (2034, 100)
Sum of explained variance ratio: 0.209
#Train set score: 0.810
#Test set score: 0.745
```

6.3.2 LSA를 이용한 의미 기반의 문서 간 유사도 계산

SVD를 자연어에 적용했을 때 LSA(잠재의미분석)라고 불리우는 이유는 축소된 차원이 잠재된 의미를 보여준다고 해석할 수 있기 때문이다. 문서에 대해 카운트 기반의 표현을 이용해 벡터로 변환하면 4장에서 살펴본 것과 같이 문서 간의 거리 혹은 유사도를 계산하는 것이 가능하다. 그 문서에 사용된 단어들의 빈도를 이용해서 유사도를 계산하는 것인데, LSA로 축소된 문서의 벡터는 단어가 아니라 잠재된 의미의 비중으로 문서를 표현하므로 이를 이용해 유사도를 계산하는 것도 가능하다.

위에서 100개의 차원으로 축소된 결과를 이용해 각 문서 간의 거리를 계산해보자. 편의를 위해 첫째 문서에 대해 전체 문서와의 유사도를 계산한다. 당연히 자기 자신에 대해서는 유사도가 1이 나올 것이다. 아래와 같이 계산된 유사도를 이용해 유사도가 높은 순으로 20개 문서의 인덱스와 카테고리를 출력한다.

```
from sklearn.metrics.pairwise import cosine_similarity

print('#사용된 전체 카테고리:', newsgroups_train.target_names)
print('#첫 문서의 카테고리:', y_train[0])

# 변환된 count vector와 기존 값들과의 similarity 계산
sim_result = cosine_similarity([X_train_lsa[0]], X_train_lsa)

print("#Top 20 유사도(lsa):\n", sorted(sim_result[0].round(2), reverse=True)[:20])
sim_index = (-sim_result[0]).argsort()[:20]
print('#Top 20 유사 뉴스의 인덱스(lsa):\n', sim_index)
```

```
sim_labels = [y_train[i] for i in sim_index]
print('#Top 20 유사 뉴스의 카테고리(lsa):\n', sim_labels)
```

[실행 결과]

```
#사용된 전체 카테고리: ['alt.atheism', 'comp.graphics', 'sci.space', 'talk.religion.
misc']
#첫 문서의 카테고리: 1
#Top 20 유사도(lsa):
 [1.0, 0.74, 0.74, 0.72, 0.7, 0.7, 0.69, 0.67, 0.66, 0.65, 0.65, 0.65, 0.63, 0.62, 0.62,
0.62, 0.57, 0.57, 0.55, 0.54]
#Top 20 유사 뉴스의 인덱스(lsa):
 [   0 1957 1674  501 1995 1490  790 1902 1575 1209 1728  892 1892  998
 1038 1826 1290 1089  867  151]
#Top 20 유사 뉴스의 카테고리(lsa):
 [1, 1, 1, 1, 1, 1, 1, 1, 1, 1, 1, 1, 1, 1, 1, 1, 1, 1, 1, 1]
```

위 결과를 보면 첫째 문서의 카테고리가 1('comp.graphics')인 것을 볼 수 있다. 자신을 포함해 유사도가 높은 상위 20개 문서의 카테고리가 모두 1이므로, 유사도가 잘 작동한다고 판단할 수 있다.

그렇다면 TFIDF 벡터를 이용한 유사도는 어떨까? 아래와 같이 대상이 되는 행렬을 X_train_lsa 에서 X_train_tfidf로 바꿔서 계산해보자.

```
sim_result = cosine_similarity(X_train_tfidf[0], X_train_tfidf)

print("#Top 20 유사도(tfidf):\n", sorted(sim_result[0].round(2), reverse=True)[:20])
sim_index = (-sim_result[0]).argsort()[:20]
print('#Top 20 유사 뉴스의 인덱스(tfidf):\n', sim_index)
sim_labels = [y_train[i] for i in sim_index]
print('#Top 20 유사 뉴스의 카테고리(tfidf):\n', sim_labels)
```

[실행 결과]

```
#Top 20 유사도(tfidf):
 [1.0, 0.3, 0.22, 0.21, 0.19, 0.19, 0.19, 0.17, 0.16, 0.16, 0.16, 0.15, 0.15, 0.15,
0.15, 0.15, 0.15, 0.15, 0.15, 0.14]
#Top 20 유사 뉴스의 인덱스(tfidf):
 [   0 1575 1892 1490  501 1290 1013  998 1636 1705 1995 1957 1664  651
```

```
 1038  429 1089 1209 1728 1803]
#Top 20 유사 뉴스의 카테고리(tfidf):
 [1, 1, 1, 1, 1, 1, 1, 1, 1, 1, 1, 1, 1, 1, 1, 1, 1, 1, 1, 1]
```

LSA 결과와 원래 TFIDF에 대한 유사도 계산 결과를 비교해보면, 순위에 차이가 있으나 결과적으로 상위 20개 모두 동일한 카테고리의 문서를 가져온다. 다만 유사도 값에서 차이가 큰데, TFIDF는 자신을 제외하면 0.53부터 시작하는 반면, LSA는 0.74부터 시작하고 20개 중 가장 낮은 값도 0.54다.

즉 TFIDF는 유사도가 넓은 범위에 분포하게 되는데, 이는 차원이 상대적으로 훨씬 커서 LSA에 비해 각 문서 간의 거리가 멀기 때문으로 차원의 저주가 적용됐다고 할 수 있다. 클러스터링과 같은 작업을 통해 분류 또는 시각화한다면 차원이 적은 쪽이 훨씬 유리하다. 상대적으로 문서 간의 거리가 가깝고 좁게 분포해 있어서다. 이러한 시각화는 6.4절에서 구체적으로 살펴본다.

6.3.3 잠재된 토픽의 분석

문서들이 잠재된 의미의 비중으로 표현되고 다시 그 잠재된 의미가 단어들과 연관되어 있다면, 잠재된 의미와 연결된 단어들을 살펴봄으로써 문서를 이루고 있는 잠재 의미가 무엇인지 파악할 수 있다. 이때 잠재된 의미를 토픽이라고 하고, 이러한 분석을 **토픽 모델링**이라고 한다.

LDA(Latent Dirichlet Allocation)가 나오기 전까지 LSA는 이러한 토픽 모델링에도 사용이 됐으나, 현재는 대부분 LDA를 이용한다. LDA를 이용한 토픽 모델링은 7장에서 상세히 다루기로 하고, 여기서는 LSA를 이용한 간단한 토픽 모델링을 살펴본다.

축소된 차원의 수가 너무 크면 토픽을 파악하기가 어려우므로 차원을 10개로 축소하고 각 차원에 대해 단어들의 비중을 살펴보기로 하자. 6.3절 첫 부분에 설명한 바와 같이 V_k^T는 각 단어에 대해 축소된 차원, 즉 의미의 비중을 표현하며 TruncatedSVD의 components_ 속성으로 값을 확인할 수 있다. 따라서 아래와 같이 각 토픽별로 비중이 높은 단어 10개를 출력한다.

```
svd = TruncatedSVD(n_components=10, random_state=1)  # 압축할 component의 수 지정
X_train_lsa = svd.fit_transform(X_train_tfidf)
X_test_lsa = svd.transform(X_test_tfidf)

print('LSA Converted X shape:', X_train_lsa.shape)
```

```
print(
    "Sum of explained variance ratio: {:.3f}".format(
        svd.explained_variance_ratio_.sum()
    )
)

terms = tfidf.get_feature_names_out()
def get_topics(model, feature_names, n=10):
    for idx, topic in enumerate(model.components_):
        print("Topic %d:" % (idx+1),
              [feature_names[i] for i in topic.argsort()[:-n-1:-1]])
get_topics(svd, terms)
```

[실행 결과]

```
LSA Converted X shape: (2034, 10)
Sum of explained variance ratio: 0.045
Topic 1: ['would', 'one', 'god', 'think', 'use', 'peopl', 'know', 'like', 'say',
'space']
Topic 2: ['file', 'imag', 'thank', 'program', 'graphic', 'space', 'format', 'use',
'color', 'ftp']
Topic 3: ['space', 'orbit', 'nasa', 'launch', 'shuttl', 'satellit', 'year', 'moon',
'lunar', 'cost']
Topic 4: ['moral', 'object', 'system', 'valu', 'goal', 'think', 'anim', 'absolut',
'natur', 'defin']
Topic 5: ['ico', 'bobb', 'tek', 'beauchain', 'bronx', 'manhattan', 'sank', 'queen',
'vice', 'blew']
Topic 6: ['god', 'file', 'imag', 'object', 'moral', 'exist', 'space', 'format',
'system', 'color']
Topic 7: ['file', 'islam', 'imag', 'cview', 'use', 'format', 'color', 'muslim',
'religion', 'peopl']
Topic 8: ['post', 'file', 'space', 'islam', 'read', 'cview', 'format', 'articl',
'group', 'moral']
Topic 9: ['christian', 'graphic', 'imag', 'jesu', 'book', 'data', 'group', 'softwar',
'law', 'code']
Topic 10: ['exist', 'atheism', 'atheist', 'graphic', 'delet', 'post', 'god', 'one',
'group', 'newsgroup']
```

토픽이 아주 잘 드러나지는 않지만, Topic 3 같은 경우에는 space, orbit, nasa, launce, shuttl, satellit 등 주로 'sci.space' 카테고리에 대한 내용들이 잘 나타나 있는 것을 볼 수 있다. 단어별로 비중도 함께 보고 싶다면 feature_names[i]와 함께 topic[i]를 출력한다.

6.3.4 단어 간 의미 유사도 분석

LSA를 사용하면 문서 간 유사도와 마찬가지로 단어 간 유사도를 구할 수 있다. 카운트벡터 행렬을 단어의 관점에서 보면, 하나의 단어는 모든 문서에 나타난 빈도로 표현된다고 할 수 있다. 따라서 문서에서 나타나는 빈도 분포에 따라 단어 간의 유사도를 구할 수 있다. LSA에서는 문서가 축소된 의미의 비중으로 표현되므로 이를 이용해 단어 간의 의미적인 유사도를 구할 수 있다. 다만 이때 각 단어의 의미 분포는 주어진 말뭉치에 한정된다는 것을 명심해야 한다.

토픽은 단어들의 비중으로 표현되므로 전처리 과정을 단어 관점에서 다시 할 필요가 있다. 아래 예에서는 TFIDF 벡터를 생성할 때 최대 단어수를 1000개로 한정하고, min_df, max_df 값을 각각 5와 0.5로 지정했다. 이후 TruncatedSVD를 이용해 100개의 차원으로 축소했다.

단어들에 대해 잠재된 의미의 비중으로 표현된 값들을 보고 싶다면 $\Sigma_k V_k^T$를 구하면 되는데, 이는 np.diag(svd.singularvalues).dot(svd.components_)로 구할 수 있다. 아래 예에서 svd.components_의 모양(shape)이 (100, 1000)이므로, 변환된 단어-잠재의미 행렬에 대해 전치 행렬을 구하면 모양은 (1000, 100)이 된다. 즉 1,000개의 단어에 대해 100개의 내재된 의미를 이용해 유사도를 구할 수 있다.

```
tfidf = TfidfVectorizer(max_features=1000, min_df=5, max_df=0.5)
X_train_tfidf = tfidf.fit_transform(X_train)  # train set을 변환

svd = TruncatedSVD(n_components=100, random_state=1)  # 압축할 component의 수 지정
X_train_lsa = svd.fit_transform(X_train_tfidf)

print('#components_의 shape:', svd.components_.shape)
print('#singular_values_의 shape:', svd.singular_values_.shape)
t_words = np.diag(svd.singular_values_).dot(svd.components_).T
print('#변환된 단어-잠재의미 행렬의 shape:', t_words.shape)

# t_words에서 space에 해당하는 벡터를 가져옴
```

```
source = t_words[np.where(tfidf.get_feature_names_out() == 'space')[0][0]]
# 변환된 count vector와 기존 값들과의 similarity 계산
sim_result = cosine_similarity([source], t_words)

print("#Top 20 유사도(tfidf):", sorted(sim_result[0].round(2), reverse=True)[:20])
sim_index = (-sim_result[0]).argsort()[:20]
print('#Top 20 유사 단어의 인덱스(tfidf):', sim_index)
sim_labels = [tfidf.get_feature_names_out()[i] for i in sim_index]
print('#Top 20 유사 단어 리스트(tfidf):', sim_labels)
```

[실행 결과]

```
#components_의 shape: (100, 1000)
#singular_values_의 shape: (100,)
#변환된 단어-잠재의미 행렬의 shape: (1000, 100) 1000
#Top 20 유사도(tfidf): [1.0, 0.73, 0.72, 0.69, 0.66, 0.58, 0.56, 0.56, 0.54, 0.54, 0.52,
0.52, 0.52, 0.51, 0.51, 0.5, 0.5, 0.49, 0.48, 0.47]
#Top 20 유사 단어의 인덱스(tfidf): [812 314 754 829 594 679 720 650 785 565 101 435 606
545 854 746 669 856 611 564]
#Top 20 유사 단어 리스트(tfidf): ['space', 'exploration', 'sci', 'station', 'office',
'propulsion', 'reports', 'planetary', 'shuttle', 'national', 'astro', 'international',
'operations', 'missions', 'technical', 'satellites', 'probes', 'telescope', 'orbiter',
'nasa']
```

위 예제에서는 'space'와 유사한 단어들을 검색했고, 당연히 자신에 대해서는 유사도가 1이 나왔으며, 그 외에 'exploration', 'sci', 'station' 등이 순서대로 출력됐다. 이 유사도는 주어진 문서 집합에서 함께 등장한 정도에 따라 계산된 것으로 우리가 생각하는 단어의 의미와는 차이가 있다. 하지만 말뭉치 내에서 단어들이 어떻게 유사한 의미를 갖는지 분석하고 싶을 때 이 방법을 사용하기도 한다.

6.4 tSNE를 이용한 시각화와 차원축소의 효과

tSNE는 시각화를 위해 사용되는 비지도학습 알고리즘으로 다차원 데이터 사이의 거리를 가장 잘 보존하는 2차원 좌표를 찾기 위해 사용된다. 즉 2차원 공간으로 데이터 간의 거리를 매핑함으로써 시각적으로 이를 쉽게 파악할 수 있도록 해 준다. tSNE를 이용해 그린 그래프에서 모양이 좋게 나타난다면 원래의 다차원 데이터 간의 거리도 의미 있게 잘 계산된다고 생각할 수 있다.

6.3절에서 내재된 의미를 이용해 문서들 간의 거리를 계산했는데, 과연 원래의 TFIDF를 이용한 문서 간 거리에 비해 문서의 유형을 더 잘 표현한다고 할 수 있을까? 다시 말해서 예제 데이터를 구성할 때 20 뉴스그룹으로부터 4개의 뉴스그룹을 선택했는데, 동일한 뉴스그룹에 있는 문서들은 다른 문서들에 비해 거리가 가까울 것이라고 예상할 수 있다. 즉 잠재된 의미들이 문서들의 유형을 잘 파악하고 있다면, 2차원 공간에 문서들을 시각화했을 때 같은 카테고리의 문서는 서로 가깝게 분포해야 할 것이다.

이를 확인하기 위해 먼저 TFIDF 행렬을 tSNE로 시각화해보고, 다음으로 LSA 행렬을 시각화해서 둘을 비교해보기로 한다. 다음은 matplotlib을 로드하고 matplotlib에서 음수 기호가 깨지는 것을 방지하는 코드다.

```
%matplotlib inline
import matplotlib.pyplot as plt
import matplotlib as mpl

# 그래프에서 마이너스 폰트 깨지는 문제에 대한 대처
mpl.rcParams['axes.unicode_minus'] = False
```

기본적으로 tSNE도 차원을 축소하는 알고리즘이라고 할 수 있다. 사이킷런은 tSNE를 지원하기 위해 TSNE 클래스[4]를 제공한다. 사용법은 TruncatedSVD과 유사하므로 상세한 설명은 생략한다. 시각화는 위 토픽 분석에 사용한 데이터를 그대로 활용한다. 아래와 같이 객체를 선언한 후 2차원 좌표로 변환한다. 그 후 두 개의 축을 이용해 시각화한다. 이때 문서 유형이 그래프에

---

4 https://scikit-learn.org/stable/modules/generated/sklearn.manifold.TSNE.html

표현되도록 하기 위해 plt.text()를 이용해 문서의 카테고리에 해당하는 숫자를 그래프에 출력했다.

```python
from sklearn.manifold import TSNE

tfidf = TfidfVectorizer(tokenizer=tokenizer)
X_train_tfidf = tfidf.fit_transform(X_train)  # train set을 변환
X_test_tfidf = tfidf.transform(X_test)  # test set을 변환

tsne = TSNE(n_components=2, random_state=7)
tsne_tfidf = tsne.fit_transform(X_train_tfidf)
print('TSNE dimension:', tsne_tfidf.shape)

def tsne_graph(tsne_2, label, lim=None):
    colors = {0:'blue', 1:'red', 2:'green', 3:'purple'}
    x = tsne_2[:,0]  # 압축된 첫 차원을 x축으로 이용
    y = tsne_2[:,1]  # 압축된 둘째 차원은 y축으로 이용
    plt.figure(figsize=(15,10))
    if lim == None:
        lim = [min(x), max(x), min(y), max(y)]
    plt.xlim(lim[0], lim[1])
    plt.ylim(lim[2], lim[3])
    #for i in range(500):
    for i in range(len(x)):
        # 각 값에 대해 y값, 즉 label에 따라 색을 바꿔가며 text로 그래프에 출력
        if (lim[0] < x[i] < lim[1]) and (lim[2] < y[i] < lim[3]):
            plt.text(x[i], y[i], label[i], color = colors[label[i]])
    plt.show()

tsne_graph(tsne_tfidf, y_train, (-4, 5, -5, 5))
```

[실행 결과]

```
TSNE dimension: (2034, 2)
```

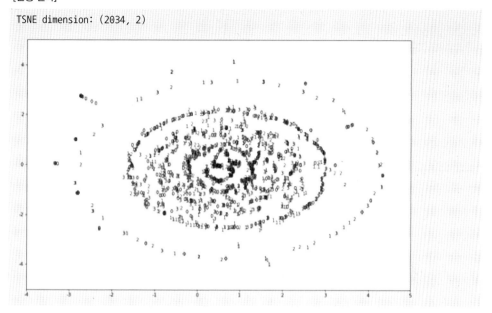

위 결과를 보면 각 카테고리에 해당하는 문서들이 유형에 관계없이 특이하게 분포하는 것을 볼수 있다. 무언가 패턴이 있기는 하지만 이 그래프를 봐서는 사실상 카테고리를 구분하기 어렵다.

이제 LSA를 이용해 차원을 축소한 후, 다시 tSNE로 시각화해보자.

```python
svd = TruncatedSVD(n_components=100, random_state=1)  # 압축할 component의 수 지정
X_train_lsa = svd.fit_transform(X_train_tfidf)
X_test_lsa = svd.transform(X_test_tfidf)

print('LSA Converted X shape:', X_train_lsa.shape)
print(
    "Sum of explained variance ratio: {:.3f}".format(
        svd.explained_variance_ratio_.sum()
    )
)

tsne_lsa = tsne.fit_transform(X_train_lsa)
print('TSNE dimension:', tsne_lsa.shape)
```

```
print('#Selected categories:', newsgroups_train.target_names)

tsne_graph(tsne_lsa, y_train)
```

[실행 결과]

```
LSA Converted X shape: (2034, 100)
Sum of explained variance ratio: 0.209
TSNE dimension: (2034, 2)
#Selected categories: ['alt.atheism', 'comp.graphics', 'sci.space', 'talk.religion.misc']
```

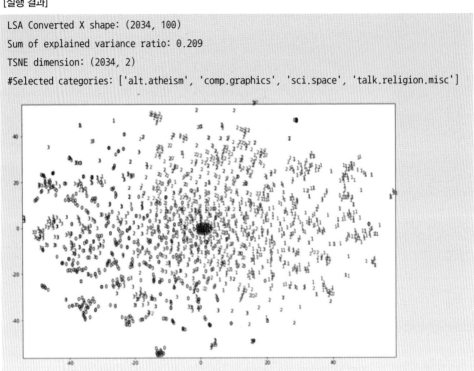

위 결과는 TFIDF 행렬을 바로 시각화한 것에 비해 훨씬 정리된 모습을 보여준다. 서로 겹치는 부분이 있기는 하지만 카테고리 1과 2는 비교적 분명하게 자신의 영역을 가지고 있다. 반면 0과 3은 겹치는 부분도 있고, 나뉘어진 부분도 보인다. 0과 3의 카테고리명을 보면 이유를 알 수 있는데, 각 카테고리명은 'alt.atheism'과 'talk.religion.misc'으로 우리말로는 무신론과 종교다. 당연히 무신론과 종교는 유사한 주제를 다루므로 겹치는 부분이 발생할 수밖에 없을 것이다.

위에서 보는 바와 같이 LSA와 tSNE를 결합하면 문서의 의미에 따른 분류를 더 명확하게 시각화할 수 있으며, 실제로도 많이 사용되는 분석방법이다. 최근에는 딥러닝의 오토인코더가 차원 축소 분야에서 LSA보다 나은 성능을 보여주기도 한다.

07

토픽 모델링으로
주제 찾기

토픽 모델링은 텍스트 마이닝 기법 중에서 가장 많이 활용되는 기법 중 하나로, 다양한 문서 집합에 내재한 토픽, 즉 주제를 파악할 때 쓰는 방법이다. 문서 분류가 텍스트의 내용을 파악해서 무엇인가를 예측하는 것에 목적을 두었다면, 토픽 모델링은 예측보다는 내용의 분석 자체를 목적으로 하는 기법이라고 할 수 있다. 즉 주어진 텍스트에 대해 사후적으로 분석하는 기법으로 새로운 문서에 대한 예측에는 잘 쓰이지 않는다. 이 장에서는 토픽 모델링 알고리즘 중에 가장 널리 쓰이는 LDA(Latent Dirichlet Allocation) 기법을 중심으로 토픽 모델링에 대해 이해하고 실습하고자 한다.

7.1 토픽 모델링과 LDA의 이해

7.1.1 토픽 모델링이란?

앞서 이 책에서 텍스트의 분석을 위해 다룬 방법은 많이 사용된 단어들의 빈도를 이용해 그래프를 그리거나 워드 클라우드를 통해 내용을 시각화하는 것이었다. 그러나 단어의 빈도만으로는 글을 쓴 의도와 전체 내용을 파악하는 데 한계가 있다. 예를 들어 '벌'과 같은 동음이의어가 나왔을 때는, 전체적인 맥락을 알아야만 정확한 이해가 가능하다. '벌'이 '꿀', '벌집' 등과 같은 단어와 쓰였다면 날아다니는 곤충의 의미임을 알 수 있고, '잘못', '책임' 등과 같이 쓰였다면 잘못한 사람에게 주는 고통의 의미임을 알 수 있다. 이와 같이 함께 사용되는 단어의 집합으로 문서에 담긴 주제를 표현하면 더 구체적이고 명확하게 의미를 보여줄 수 있다는 점이 토픽 모델링을 사용하는 중요한 이유라고 할 수 있다.

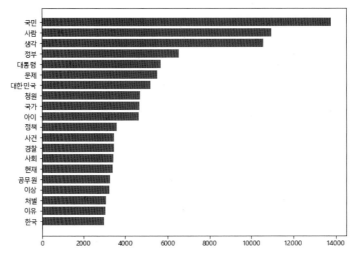

그림 7.1 청와대 국민청원 데이터 단어 빈도 분석

그림 7.1은 만료된 청와대 국민청원 데이터[1]의 일부에 대해 단어 빈도 분석을 실시한 결과다. 그래프를 보면 국민, 사람, 생각, 정부, 대통령 등에 대한 내용이 국민청원에 주로 담겨 있었다는 사실을 알게 해준다. 그러나 단어들만 봐서는 청원의 내용이 주로 어떤 것들인지 예상하기가 어렵다. 국민청원에 어떤 내용이 있었는지 더 구체적으로 알고 싶다면 단어의 빈도를 세는 것만으로는 부족하다. 이때 토픽 모델링이 유용하다. 표 7.1은 토픽 모델링에 의한 주제별 분석을 통해 국민청원에서 다뤄진 내용을 구체적으로 보여준다.

표 7.1 청와대 국민청원 토픽 모델링 결과

주제명	주제 구성 단어
외교	북한, 한국, 우리, 대통령, 정부, 미국, 대한민국, 일본, 문재인, 국가, 문제, 국민, 생각, 우리나라, 중국
육아	아이, 부모, 생각, 어린이집, 교사, 엄마, 우리, 유치원, 자녀, 가정, 동물, 저희, 출산, 가족, 아빠

---

1 https://github.com/akngs/petitions

주택	정부, 주택, 정책, 부동산, 서민, 국민, 아파트, 나라, 대통령, 지금, 세금, 사람, 투기, 집값, 임대
일자리	일자리, 기업, 근무, 정부, 생각, 지원, 근로자, 임금, 최저임금, 정책, 시간, 직원, 대기업, 고용, 사람
범죄	경찰, 범죄, 국민, 사건, 위해, 조직, 대한민국, 불법, 만행, 수사, 경찰서, 범죄자, 부정부패, 검찰, 증거

단어 빈도에서는 막연했던 내용들이 주제 분석에서는 외교, 육아, 주택, 일자리, 범죄로 구체화된다. 토픽 모델링은 바로 이와 같은 '내재된 주제의 분석'을 가능하게 하는 기법이다. 더불어 이러한 주제들이 시간에 따라 어떻게 변화했는지를 살펴보는 '토픽 트렌드' 분석을 할 수도 있다.

7.1.2 LDA 모형의 구조

LDA(Latent Dirichlet Allocation)는 토픽 모델링에 가장 널리 쓰이는 기본적인 알고리즘이다. LDA의 기본 가정은, 문서들이 쓰여질 때 그 문서를 구성하는 몇 개의 토픽이 존재하며 각 토픽은 단어의 집합으로 구성됐다는 것이다. 즉 내가 문서를 작성하는 작가라고 할 때, 나는 이 문서에 넣고 싶은 주제들을 먼저 구상하고 문서를 쓴다. 또한 각 주제는 내가 하고 싶은 말을 표현하는 단어들의 집합으로 표현할 수 있다.

예를 들어, 내가 문화도시를 구성하기 위한 문화정책에 대한 글을 쓰고 싶다면 이 글 안에 문화정책의 개념과 관련한 주제, 문화도시를 만들기 위한 전략과 관련한 주제를 포함하려고 할 것이다. 문화정책에는 일반적인 내용도 있지만 문화재와 관련한 정책, 그리고 영화산업 정책이 있을 수 있다. 이와 같은 여러 주제에 이름을 붙인다면 '문화정책 개념', '문화도시 전략', '문화재 정책', '영화산업 정책'이라고 할 수 있다. 이 중에서 '문화재 정책'이라는 주제를 쓰기 위해 나는 '문화재', '문화유산', '유적지', '무형문화재' 등의 단어를 중심으로 글을 쓸 수 있다.

그러나 이상과 같은 내용은 가정일 뿐, 각 문서에서 토픽이 무엇이고 각 토픽은 어떤 단어들로 이루어졌다는 사실이 명시적으로 드러나지는 않는다. 그래서 '내재된 주제 혹은 토픽'이라고 부르며, LDA는 이와 같이 내재한 토픽들을 유추하고자 하는 통계적 방법론이라고 설명할 수 있다.

다음 그림은 LDA 모형의 구조를 보여준다. 이 구조에 대해 통계학적으로 상세히 설명하고 이해하는 것은 이 책의 범위를 넘어서므로 직관에 의지해 원리를 간단하게 설명하기로 한다.

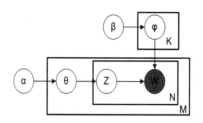

그림 7.2 LDA 모형 구조

먼저 토픽 모델링은 전체 문서에 공통적으로 내재한 토픽들을 식별한다. 즉 각 문서가 개별적으로 전혀 다른 토픽들로 구성되는 것이 아니고 전체 말뭉치를 관통하는 토픽들이 있으며, 문서는 이러한 공통적인 토픽들이 다양한 비중으로 결합된 것으로, 문서에 따른 토픽의 확률분포를 추정하는 것이 토픽 모델링의 첫째 목적이 된다. 그림의 M은 문서의 수이고 따라서 M과 함께 있는 가장 큰 박스는 하나의 문서를 나타낸다. 따라서 θ는 그 문서의 토픽분포를 말하고 디리클레 분포[2]를 따르며, 디리클레 분포의 매개변수인 α에 의해 결정된다.

여기서 디리클레 분포는 연속 확률분포의 하나이며, k 차원의 실수 벡터에서 각 벡터 값이 양수이고 모든 값을 더하면 1이 되는 경우에 대해 확률값이 정의되는 분포다. 무슨 말인지 천천히 살펴보도록 하자. 문서에는 여러 개의 토픽이 있고, 각 토픽은 확률값을 갖는다. 다시 말해서 내가 세 개의 토픽을 문서에 넣을 때, 세 토픽에 대한 비중을 [0.5, 0.3, 0.2] 같은 식으로 정할 수 있다. 이때 각 토픽에 대한 확률은 모두 양수이고 값을 모두 합하면 1이 된다. 디리클레 분포는 이러한 상황을 표현하는 대표적인 연속 확률분포로 이해하면 된다. 즉 우리는 문서의 토픽 분포가 디리클레 분포를 따른다고 가정하는 것이다.

토픽 모델링의 둘째 목표는 각 토픽의 단어분포를 알아내는 것이다. 토픽은 그 토픽을 구성하는 단어들의 비중으로 표현된다. 위 그림에서 K는 전체 토픽의 수를 나타내며, φ는 각 토픽의 단어분포를 말하고 문서의 토픽 분포와 같이 디리클레 분포를 따른다. 토픽에는 여러 단어가 있고 각 단어가 확률값을 가지면 모두 합하면 1이 되기 때문이다. Z는 문서에 있는 단어 W가 속한 토픽을 나타내며, 문서의 토픽분포와 각 토픽의 단어분포가 결합됨으로써 문서의 단어분포가 결정된다는 것이 LDA의 확률적 가정이다. 즉, 어떤 문서에 사용된 단어의 분포(각 단어의 빈도)는 이 문서에 잠재된 토픽에 의해 결정되는데, 각 토픽은 단어의 분포이므로 이것들이 결합되어 문서에 사용된 단어의 분포가 된다는 것이다.

---

2 https://ko.wikipedia.org/wiki/디리클레_분포

그림 7.2에서 N은 문서에 사용된 단어들의 빈도를 나타내고, 텍스트 전처리를 통해 측정이 가능하다. LDA를 이용한 토픽 모델링의 내용을 요약하자면, 각 문서에 사용된 단어들의 빈도를 측정하고, 이로부터 역으로 모든 문서의 토픽분포와 각 토픽의 단어분포를 추정하는 것이라고 할 수 있다.

토픽의 개수 K와 α, β는 하이퍼 파라미터로, 사용자가 가정하여 값을 주고 LDA를 실행하게 된다. 따라서 적절한 토픽 수, α, β를 설정함으로써 토픽 모델링의 성능을 높일 수 있다. 이때 무엇이 적절한 값인지 판단하려면 성능에 대한 척도가 필요한데, 주로 사용하는 것으로 혼란도(perplexity)와 토픽 응집도(topic coherence)가 있다.

7.1.3 모형의 평가와 적절한 토픽 수의 결정

Perplexity는 혼란도 혹은 혼잡도로 번역되며, 보통은 특정한 확률 모형이 실제로 관측되는 값을 얼마나 유사하게 예측해내는지를 평가할 때 사용한다. 토픽 모델링에서는 우리가 추정한 디리클레 모형이 주어진 문서 집합을 얼마나 유사하게 생성할 수 있는지 나타낸다고 해석할 수 있다. 다만 이름이 혼란도이므로 값이 작을수록 토픽 모델이 문서집합을 잘 반영한다고 생각하면 된다.

토픽 응집도(coherence)는 각 토픽에서 상위 비중을 차지하는 단어들이 의미적으로 유사한지를 나타내는 척도다. 만일 토픽이 단일 주제를 잘 표현한다면 의미적으로 유사한 단어들의 비중이 높을 것이라는 가정에 따라 성능을 표현한다. 이 값은 혼란도와는 달리 값이 클수록 좋다.

토픽 모형의 성능을 평가할 때 무엇보다 중요한 점이 있는데, 혼란도나 토픽 응집도와 같은 척도의 수치보다, 토픽의 해석이 사람이 보기에 자연스러운 것이 더 중요하다는 것이다. 따라서 실제로 토픽 모델링을 할 때에는 척도에 따라 모형을 바로 선택하기보다 최적값 근처에서 몇 개의 값을 선택해 모델링을 수행하고 그 결과를 사람이 직접 비교해보는 것이 좋다. 이는 토픽 모델링의 성능과 관련한 논문들에서도 중요하게 지적되는 사항이다.

이 책에서는 사이킷런과 Gensim의 두 패키지로 토픽 모델링을 실습해보고자 한다. Gensim을 한글로 '젠심'으로 표기하기도 하지만, 이 책에서는 Gensim으로 쓰기로 한다. 사이킷런은 혼란도 계산만 제공하고 토픽 응집도는 지원하지 않는다. 반면, Gensim은 두 척도를 모두 지원하므로 다양하게 해보고 본인에게 맞는 것을 선택하길 바란다. 일반적으로는 Gensim이 더 많이 사용되나, 사이킷런을 사용하면 우리가 지금까지 배운 내용과 자연스럽게 연결된다는 장점이 있다.

7.2 사이킷런을 이용한 토픽 모델링

7.2.1 데이터 준비

이미 우리가 사용한 바 있는 20 뉴스그룹 데이터를 사용해 토픽 모델링을 실습하고자 한다. 익숙한 데이터이므로 결과를 해석하기에도 용이하다. 문서분류와는 달리 예측을 할 필요가 없으므로 학습데이터만 사용한다. 문서 분류에서는 네 개의 카테고리만 선택했으나, 여기서는 좀 더 다양한 토픽들을 살펴보기 위해 여섯 개로 카테고리를 늘렸다.

```python
from sklearn.datasets import fetch_20newsgroups

categories = ['alt.atheism', 'talk.religion.misc', 'comp.graphics', 'sci.space',
              'comp.sys.ibm.pc.hardware', 'sci.crypt']

# 학습 데이터셋을 가져옴
newsgroups_train = fetch_20newsgroups(subset='train', categories=categories)

print('#Train set size:', len(newsgroups_train.data))
print('#Selected categories:', newsgroups_train.target_names)
```

[실행 결과]

```
#Train set size: 3219
#Selected categories: ['alt.atheism', 'comp.graphics', 'comp.sys.ibm.pc.hardware', 'sci.
crypt', 'sci.space', 'talk.religion.misc']
```

데이터가 준비되면 카운트 벡터를 생성한다. 사이킷런의 LDA 라이브러리는 카운트 벡터를 입력으로 사용한다. 문서분류에서는 단어 수를 제한하지 않는 편이 가장 좋은 성능을 보였으나, 수행시간을 고려해 초기에 사용했던 인수들을 그대로 사용한다. 즉 특성 수를 2,000개로 제한하고 min_df와 max_df를 각각 5와 0.5로 해서 변환한다.

```
from sklearn.feature_extraction.text import CountVectorizer

cv = CountVectorizer(token_pattern="[\w']{3,}", stop_words='english',
                     max_features=2000, min_df=5, max_df=0.5)
review_cv = cv.fit_transform(newsgroups_train.data)
```

7.2.2 LDA 토픽 모델링 실행

사이킷런에서 LDA를 지원하는 클래스는 LatentDirichletAllocation이다[3]. 앞선 설명에서 하이퍼 파라미터로 말했던 토픽의 수, α, β 외에 max_iter, learning_method, n_jobs, random_state 매개변수가 있다. 먼저 n_components는 토픽의 수를 지정한다. 우선은 10으로 시작하지만 가장 중요한 하이퍼 파라미터이므로 최적값을 찾는 방법을 이후에 알아보자.

매개변수 max_iter는 알고리즘의 최대 반복 횟수다. 보통 최종 모형에서는 충분히 큰 값을 준다고 하지만, 그 이전에 수렴하는 경우도 많으므로 적절하게 선택하면 된다. 기본값은 10이다. 실습이므로 시간이 많이 걸린다면 더 줄여도 되지만 5 이하가 되면 제대로 결과가 안 나올 수 있다.

topic_word_prior는 β를 말하며, 앞선 설명과 같이 토픽의 사전 단어분포를 결정하는 매개변수다. 기본값은 1/n_components다. doc_topic_prior는 α를 의미하며 문서의 사전 토픽분포를 결정한다. 기본값은 마찬가지로 일반적으로 1/n_components다. 이 두 값을 얼마로 설정하는 것이 좋은지에 대해 정해진 답은 없다. 다만 토픽 모델링으로 유명한 논문[4]에서 β는 0.1, α는 50/n_components 값을 사용했으므로 이 근처에서 직접 적절한 값을 찾아보는 것을 권한다. 다만 논문에서는 토픽의 수를 10에서 1,000개까지 테스트하는 동안 값을 변경했으므로 실습에서는 1.0 정도로 해보자.

learning_method는 batch와 online의 두 값이 있으며, batch가 online에 비해 더 성능이 좋은 대신 느리다. n_jobs는 실행 시 사용하는 프로세서의 수로 값을 주지 않으면 한 개, -1이면 가능한 모든 프로세서를 사용한다. random_state는 지금까지와 마찬가지로 랜덤 시드를 지정해 재실행 및 확인이 가능하도록 해준다.

---

3 https://scikit-learn.org/stable/modules/generated/sklearn.decomposition.LatentDirichletAllocation.html

4 Griffiths, Thomas L., and Mark Steyvers. "Finding scientific topics." Proceedings of the National academy of Sciences 101.suppl 1 (2004): 5228–5235.

아래와 같이 기본적인 인수를 주고 실행해보자.

```python
from sklearn.decomposition import LatentDirichletAllocation
import numpy as np
np.set_printoptions(precision=3)

lda = LatentDirichletAllocation(n_components = 10,  # 추출할 topic의 수
                                max_iter=5,
                                topic_word_prior=0.1, doc_topic_prior=1.0,
                                learning_method='online',
                                n_jobs= -1,  # 사용 processor 수
                                random_state=0)

review_topics = lda.fit_transform(review_cv)
print('#shape of review_topics:', review_topics.shape)
print('#Sample of review_topics:', review_topics[0])

gross_topic_weights = np.mean(review_topics, axis=0)
print('#Sum of topic weights of documents:', gross_topic_weights)

print('#shape of topic word distribution:', lda.components_.shape)
```

[실행 결과]
```
#shape of review_topics: (3219, 10)
#Sample of review_topics: [0.018 0.006 0.026 0.901 0.01 0.008 0.008 0.007 0.007 0.008]
#Sum of topic weights of documents: [0.106 0.09 0.095 0.127 0.083 0.119 0.093 0.068 0.088
0.129]
#shape of topic word distribution: (10, 2000)
```

위 결과를 보면 LDA를 이용해 학습하고 변환한 결과가 저장된 review_topics의 shape이 (3219, 10)인 것을 볼 수 있는데, 여기서 행은 각 문서 그대로이고 열의 값들은 LDA가 추출한 토픽의 비중을 나타낸다. 즉 LDA 변환결과는 각 문서별로 토픽분포를 보여주며, 이는 위 LDA의 원리 설명에서 θ에 해당한다.

위 결과와 같이 review_topics의 첫째 행을 출력하면 첫 문서의 각 토픽에 대한 분포를 볼 수 있으며, 첫째 토픽의 비중이 압도적으로 크고 나머지는 비슷한 것을 알 수 있다. numpy로 열에 대해

총합을 구하면 문서 전체에 나타난 토픽의 평균 분포를 알 수 있다. 즉 말뭉치 전체에서는 10번째 토픽이 12.9%로 가장 많이 나타났으며, 다음이 11.9%인 6번째 토픽이다.

그러나 위 결과만 가지고는 각 토픽의 내용을 알 수 없다. 토픽의 단어 분포를 보면 토픽의 내용을 짐작할 수 있는데, 이는 LDA 모형에서 φ에 해당하고, 사이킷런의 LDA 클래스에서는 components_ 속성이 이 값을 가지고 있다. 위 예와 같이 lda.components_의 shape을 출력해보면 (10, 2000)이 나오는데, 이는 각 토픽에 대해 카운트 벡터에서 사용한 단어 2,000개의 비중을 표현하기 때문이다.

토픽의 내용을 파악하려고 모든 단어의 비중을 들여다보는 것은 사실상 불가능하므로, 보통은 가장 비중이 높은 단어 10~20개 정도를 본다. 토픽별로 비중이 높은 상위 단어들을 찾아 순서대로 출력하기 위해 아래와 같이 print_top_words 함수를 정의하고, 위 결과에 적용해보았다.

```python
def print_top_words(model, feature_names, n_top_words):
    for topic_idx, topic in enumerate(model.components_):
        print("Topic #%d: " % topic_idx, end='')
        print(
            ", ".join([feature_names[i] for i in topic.argsort()[:-n_top_words - 1:-1]])
        )

        # 위 slicing에서 맨 뒤 -1은 역순을 의미, 역순으로 했을 때 처음부터
        # n_top_words까지
    print()
print_top_words(lda,cv.get_feature_names_out(), 10)
```

[실행 결과]
```
Topic #0: com, article, posting, nntp, host, university, science, org, computer, uucp
Topic #1: image, graphics, file, ftp, mail, software, files, available, email, pub
Topic #2: space, nasa, gov, launch, earth, orbit, moon, shuttle, research, lunar
Topic #3: god, people, don't, say, think, does, believe, christian, keith, moral
Topic #4: com, article, sandvik, just, university, apple, posting, cwru, kent, nntp
Topic #5: scsi, bit, bus, windows, thanks, university, just, card, know, like
Topic #6: com, netcom, phone, distribution, clipper, article, right, posting, david, host
Topic #7: drive, disk, hard, controller, com, drives, dos, problem, tape, floppy
```

```
Topic #8: key, encryption, chip, clipper, keys, public, government, security, use,
privacy
Topic #9: people, just, like, don't, jesus, think, know, did, com, time
```

위 결과를 보고 토픽이 제대로 분류됐는지 확인하는 것은 분석가의 몫이다. 1번 토픽의 경우 image, graphics, file, software 등의 단어를 통해 말뭉치를 이루는 카테고리들 중 graphics에 해당하는 토픽임을 짐작할 수 있다. 마찬가지로 2번 토픽은 space, nasa, access, launch, earth, orbit 등을 통해 space에 대한 토픽임을 알 수 있다.

토픽 모델링을 수행한 결과에 대한 논문이나 신문기사를 보면 토픽에 제목이 있다. 이 제목은 통상적으로 분석가가 판단해서 만든다. 상위 비중을 차지하는 단어들을 보고 짐작해 이름을 짓는데, 이 과정에서 분석가의 해석이 많이 반영된다. 빈도가 높은 단어들로부터 토픽의 이름을 자동으로 생성하는 시도가 있으나, 아직 높은 정확성을 기대하기는 어렵다.

위에서 적절한 토픽의 수를 결정하기 위해 모형의 성능을 측정하는 것에 대해 언급했는데, 혼란도나 토픽 응집도와 같은 수치에 전적으로 의존하기보다 사람의 판단이 중요하다고 이야기한 것이 바로 이와 같은 맥락이다. 성능상으로 좋은 수치를 보인다 해도 토픽을 해석하기가 어렵다면 좋은 결과라고 하기 어렵다.

7.2.3 최적의 토픽 수 선택하기

토픽모델링에서 가장 중요한 하이퍼 파라미터는 바로 토픽의 수다. 토픽 수를 결정하기 위해 다양한 토픽 수를 적용한 모형들에 대해 혼란도와 토픽 응집도를 계산하는데, 사이킷런은 혼란도만 공식적으로 제공한다. 토픽 응집도를 알고 싶다면 아직까지는 직접 계산해야 한다. 여기서는 perplexity를 계산하고 그래프를 통해 적절한 값을 선택하는 과정을 실습해보고자 한다.

토픽의 수를 변화시키면서 LDA를 수행하고 perplexity를 계산한 후 그래프로 그려주는 show_ perplexity 함수를 아래와 같이 구현했다. 이때 주의할 점은, 시간을 줄이기 위해 max_iter를 너무 낮추면 제대로 수렴이 되지 않아 perplexity값이 높게 나오고 토픽 수에 비례하는 경향이 있다. 따라서 최소 5 이상의 값을 주는 것이 좋다.

```
import matplotlib.pyplot as plt
%matplotlib inline
```

```
def show_perplexity(cv, start=10, end=30, max_iter=5, topic_word_prior=0.1,
                     doc_topic_prior=1.0):
    iter_num = []
    per_value = []

    for i in range(start, end + 1):
        lda = LatentDirichletAllocation(n_components = i, max_iter=max_iter,
                                        topic_word_prior= topic_word_prior,
                                        doc_topic_prior=doc_topic_prior,
                                        learning_method='batch', n_jobs= -1,
                                        random_state=7)
        lda.fit(cv)
        iter_num.append(i)
        pv = lda.perplexity(cv)
        per_value.append(pv)
        print(f'n_components: {i}, perplexity: {pv:0.3f}')

    plt.plot(iter_num, per_value, 'g-')
    plt.show()
    return start + per_value.index(min(per_value))

print("n_components with minimum perplexity:",
      show_perplexity(review_cv, start=6, end=15))
```

[실행 결과]

```
n_components: 6, perplexity: 1036.231
n_components: 7, perplexity: 1026.665
n_components: 8, perplexity: 1012.214
n_components: 9, perplexity: 1016.801
n_components: 10, perplexity: 1024.029
n_components: 11, perplexity: 1015.490
n_components: 12, perplexity: 1014.387
n_components: 13, perplexity: 1015.377
n_components: 14, perplexity: 1026.692
n_components: 15, perplexity: 1017.414
```

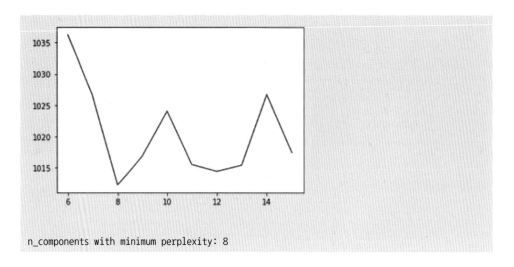

```
n_components with minimum perplexity: 8
```

위 결과를 보면 토픽의 수가 8일 때 주변의 다른 값에 비해 perplexity가 낮은 것을 볼 수 있다. 물론 몇 개의 대안을 놓고 각각 실행해서 해석이 더 잘되는 모형을 선택하는 것이 바람직하지만 여기서는 토픽의 수를 8로 놓고 본격적인 LDA를 실행해서 결과를 살펴보기로 한다. max_iter는 5에서 20으로 늘렸다.

```python
lda = LatentDirichletAllocation(n_components=8,  #추출할 topic의 수를 지정
                                max_iter=20,
                                topic_word_prior=0.1,
                                doc_topic_prior=1.0,
                                learning_method='batch',
                                n_jobs=-1,
                                random_state=7)

review_topics = lda.fit_transform(review_cv)

print_top_words(lda, cv.get_feature_names_out(), 10)
```

[실행 결과]

```
Topic #0: image, graphics, file, available, ftp, mail, data, files, information,
software
Topic #1: com, posting, host, nntp, university, article, distribution, reply, ___, ibm
Topic #2: com, keith, morality, think, caltech, article, sgi, objective, don't, posting
Topic #3: com, don't, people, just, jesus, know, article, think, like, good
```

```
Topic #4: god, people, does, say, don't, believe, think, evidence, way, atheism
Topic #5: drive, scsi, card, disk, ide, controller, hard, bus, use, com
Topic #6: space, nasa, access, launch, earth, moon, year, orbit, gov, digex
Topic #7: key, encryption, clipper, chip, government, com, use, keys, security, public
```

처음 선택했던 카테고리가 'alt.atheism', 'talk.religion.misc', 'comp.graphics', 'sci.space', 'comp.sys.ibm.pc.hardware', 'sci.crypt' 였음을 기억해보면, Topic 0: 'comp.graphics', Topic 3: 'talk.religion.misc', Topic 5: 'comp.sys.ibm.pc.hardware', Topic 6: 'sci.space', Topic 7: 'sci.crypt'는 비교적 명확해 보인다. Topic 1과 Topic 2는 살짝 모호해 보이며 (물론 지식이 많다면 해석을 더 잘할 수도 있다), Topic 4는 'alt.atheism'과 'talk.religion.misc'이 섞여 있는 것처럼 보인다.

만일 카테고리에 대한 사전정보가 전혀 없었다면 위 결과가 나름 말뭉치에 내재된 주제들을 잘 분류했다고 볼 수 있을 것이다.

7.3 Gensim을 이용한 토픽 모델링

7.3.1 Gensim 사용법과 시각화

Gensim[5]은 Word2Vec으로 잘 알려져 있으며, 토픽 모델링을 비롯해 의미적인 자연어 처리를 위한 다양한 라이브러리를 제공한다. Word2Vec은 워드 임베딩을 다룰 때 실습해보기로 하고, 여기서는 토픽 모델링 중에서 LDA 모형 위주로 실습해보기로 한다. 먼저 아나콘다 프롬프트 혹은 터미널에서 다음 명령어를 입력해 Gensim을 설치할 수 있다.

```
pip install --upgrade gensim
```

Gensim은 텍스트에 대한 토큰화 결과를 입력으로 사용한다. 따라서 먼저 20 뉴스그룹의 문서들을 다음과 같이 토큰화한다. 사이킷런과의 비교를 위해 Gensim 실습에서도 동일한 데이터를 사용한다. 다만 토픽 모델링은 추출된 단어들을 읽고 토픽을 추정해야 하므로 편의상 스테밍은 하지 않기로 한다.

---

5 https://radimrehurek.com/gensim/

```
from nltk.corpus import stopwords
from nltk.tokenize import RegexpTokenizer


cachedStopWords = stopwords.words("english")


RegTok = RegexpTokenizer("[\w']{3,}")    # 정규포현식으로 토크나이저를 정의
english_stops = set(stopwords.words('english'))    # 영어 불용어를 가져옴


def tokenizer(text):
    tokens = RegTok.tokenize(text.lower())
    # stopwords 제외
    words = [word for word in tokens if (word not in english_stops) and len(word) > 2]
    return words


texts = [tokenizer(news) for news in newsgroups_train.data]
```

Gensim은 먼저 토큰화 결과로부터 토큰과 gensim 모듈이 내부적으로 사용하는 id를 매칭하는 사전을 생성한다. 이를 위한 클래스가 Dictionary[6]다. 사전을 생성하면 filter_extremes() 메서드에서, 사이킷런의 max_features에 해당하는 keep_n 인수, min_df에 해당하는 no_below, max_df에 해당하는 no_above 인수를 이용해 특성을 선택할 수 있다. 사이킷런과 마찬가지로 no_below와 no_above 로 출현한 문서 빈도수가 너무 낮거나 높은 단어들을 제외하고, 빈도수가 높은 순으로 keep_n에서 지정된 수의 단어를 특성으로 선택한다.

다음 단계에서는 사이킷런의 CountVectorizer와 같은 기능을 하는 doc2bow() 메서드로 토큰화된 결과를 카운트 벡터, 즉 BOW 형태로 변환한다. 이때 gensim의 용어에 매우 주의해야 한다. 우선 gensim은 내부 모듈에서 매개변수를 사용할 때 텍스트의 토큰화 결과를 공통적으로 texts로 지칭한다. 그리고 이 토큰화 결과를 doc2bow()로 변환한 결과를 지칭하는 매개변수로 corpus를 사용한다. 일반적으로 texts 혹은 corpus라고 쓰면 토큰화 이전의 raw text를 생각하기 쉽지만 gensim에서는 이와 같이 내부적으로 표현한다는 것을 잘 기억해야 실수를 피할 수 있다.

아래의 예제는 dictionary 생성, 필터링, 카운트 벡터 변환의 과정을 순서대로 보여준다.

---

6   https://radimrehurek.com/gensim/corpora/dictionary.html

```
from gensim.corpora.dictionary import Dictionary

# 토큰화 결과로부터 dictionay 생성
dictionary = Dictionary(texts)
print('#Number of initial unique words in documents:', len(dictionary))

# 문서 빈도수가 너무 적거나 높은 단어를 필터링하고 특성을 단어의 빈도 순으로 선택
dictionary.filter_extremes(keep_n = 2000, no_below=5, no_above=0.5)
print('#Number of unique words after removing rare and common words:', len(dictionary))

# 카운트 벡터로 변환
corpus = [dictionary.doc2bow(text) for text in texts]
print('#Number of unique tokens: %d' % len(dictionary))
print('#Number of documents: %d' % len(corpus))
```

[실행 결과]

```
#Number of initial unique words in documents: 46466
#Number of unique words after removing rare and common words: 2000
#Number of unique tokens: 2000
#Number of documents: 3219
```

Gensim에서 LDA 모델링을 수행하는 클래스는 gensim.models의 LdaModel[7]이다. 다음은 LdaModel의 매개변수와 기본값을 보여준다. 각 매개변수의 기본값이 어떻게 설정됐는지 유심히 살펴볼 필요가 있다. 예를 들어 iterations, 즉 반복횟수는 50으로 지정돼 있다.[8]

```
class gensim.models.ldamodel.LdaModel(corpus=None, num_topics=100, id2word=None,
distributed=False, chunksize=2000, passes=1, update_every=1, alpha='symmetric', eta=None,
decay=0.5, offset=1.0, eval_every=10, iterations=50, gamma_threshold=0.001,
minimum_probability=0.01, random_state=None, ns_conf=None, minimum_phi_value=0.01,
per_word_topics=False, callbacks=None, dtype=<class 'numpy.float32'>)
```

중요한 매개변수들을 살펴보자. 먼저 corpus는 앞서 설명한 바와 같이 doc2bow()를 이용해 변환된 카운트 벡터 리스트다. 앞서 생성한 corpus를 인수로 넘기면 된다. num_topics는 토픽의 수로, 신중하게 결정해야 할 값이나 일단 10으로 지정한다. id2word는 dictionary를 의미하므로 그대로 전달하면 된다.

7 https://radimrehurek.com/gensim/models/ldamodel.html
8 https://radimrehurek.com/gensim/models/ldamodel.html#gensim.models.ldamodel.LdaModel

passes는 사이킷런의 max_iter와 같다고 보면 된다. 말뭉치 전체에 대해 학습하는 횟수를 지정한
다. 기본값인 1을 적용해보면 상황에 따라 결과가 잘 안 나올 때가 있으므로 안전하게 5 정도로
준다.

gensim에서 alpha는 문서의 사전 토픽분포에 대한 매개변수로, 사전 토픽분포를 직접 주거나
토픽분포를 결정하는 전략을 지정할 수 있다. 전략은 symmetric, asymmetric, auto 중에서 선택
할 수 있는데, symmetric은 모든 토픽에 대해 고정된 대칭 값을 사용하는 반면, asymmetric은 토
픽들에 대해 비대칭 값을 사용하며, auto는 비대칭 값을 corpus로부터 학습한다.

eta는 토픽의 사전 단어분포에 대한 매개변수로, 직접 다양한 방식으로 분포를 주거나 alpha와
같이 auto로 전략을 지정할 수 있다. 다음 실습에서는 alpha와 eta에 대해 기본값을 사용한다. 웹
에서의 예제들을 살펴보면 둘 다 auto로 하는 것도 많이 볼 수 있다.

아래 예에서는 먼저 토픽의 수를 10개로 정하고, passes는 5, 그 외의 값은 기본값을 사용했다.
참고로 %time은 주피터 노트북의 명령어로, 해당 문장을 실행하는 데 소요된 시간을 출력해준다.

```
from gensim.models import LdaModel


num_topics = 10
passes = 5
%time model = LdaModel(corpus=corpus, id2word=dictionary,\
                       passes=passes, num_topics=num_topics, \
                       random_state=7)
```

[실행 결과]
```
Wall time: 27.6 s
```

사이킷런에서는 각 토픽의 상위 비중 단어를 보기 위해 직접 함수를 만들었다. gensim은 이
를 위해 print_topics() 메서드를 지원한다. num_topics 매개변수로 보고 싶은 토픽의 수를, num_
words로 각 토픽의 상위 단어 수를 지정할 수 있다. 보통은 num_words만 사용한다.

```
model.print_topics(num_words=10)
```

[실행 결과]

```
[(0,
  '0.023*"com" + 0.018*"keith" + 0.016*"caltech" + 0.013*"sgi" + 0.013*"nntp" +
0.013*"posting" + 0.013*"host" + 0.012*"would" + 0.012*"system" + 0.011*"livesey"'),
 (1,
  '0.020*"morality" + 0.018*"objective" + 0.015*"one" + 0.015*"say" + 0.014*"uiuc" +
0.012*"frank" + 0.012*"values" + 0.010*"faq" + 0.010*"article" + 0.008*"cso"'),
 (2,
  '0.026*"com" + 0.025*"access" + 0.025*"posting" + 0.023*"host" + 0.023*"nntp" +
0.017*"digex" + 0.015*"article" + 0.013*"cwru" + 0.013*"___" + 0.013*"net"'),
 (3,
  '0.021*"university" + 0.017*"posting" + 0.015*"host" + 0.015*"nntp" + 0.013*"article"
+ 0.010*"com" + 0.009*"know" + 0.009*"i\'m" + 0.009*"would" + 0.009*"thanks"'),
 (4,
  '0.032*"com" + 0.015*"would" + 0.011*"article" + 0.010*"one" + 0.010*"get" +
0.009*"people" + 0.009*"ibm" + 0.008*"government" + 0.007*"good" + 0.007*"i\'m"'),
 (5,
  '0.025*"key" + 0.017*"encryption" + 0.014*"clipper" + 0.014*"chip" + 0.009*"keys" +
0.009*"use" + 0.008*"security" + 0.008*"government" + 0.008*"public" + 0.007*"escrow"'),
 (6,
  '0.024*"scsi" + 0.024*"drive" + 0.013*"com" + 0.012*"ide" + 0.011*"controller" +
0.010*"bus" + 0.010*"card" + 0.010*"disk" + 0.009*"one" + 0.009*"drives"'),
 (7,
  '0.017*"graphics" + 0.012*"image" + 0.012*"ftp" + 0.011*"file" + 0.010*"files" +
0.009*"available" + 0.009*"data" + 0.009*"pub" + 0.008*"software" + 0.008*"use"'),
 (8,
  '0.014*"god" + 0.013*"people" + 0.012*"one" + 0.009*"would" + 0.007*"jesus" +
0.007*"com" + 0.007*"think" + 0.006*"many" + 0.006*"even" + 0.006*"say"'),
 (9,
  '0.033*"space" + 0.019*"nasa" + 0.009*"gov" + 0.007*"first" + 0.007*"launch" +
0.006*"moon" + 0.006*"earth" + 0.006*"orbit" + 0.006*"shuttle" + 0.006*"would"')]
```

위 결과를 보면, 각 토픽의 번호와 함께 토픽의 상위 비중 단어, 비중을 함께 볼 수 있다. 사이킷런에서의 결과와 유사한 것을 볼 수 있다.

get_document_topics 메서드를 이용하면 인수로 넘긴 문서들에 대해 토픽 분포를 반환한다. 즉 인수로 corpus – BOW로 변환된 카운트 벡터를 요구하며, minimum_probability로 보여질 토픽의 비중에 대한 임곗값을 설정할 수 있다. 다시 말해서 minimum_probability 이상의 토픽만 출력
되도록 할 수 있다.

```
print("#topic distribution of the first document: ", model.get_document_topics(corpus)
[0])
```

[실행 결과]

```
#topic distribution of the first document:  [(0, 0.72576743), (8, 0.2699525)]
```

위 예는 첫째 문서에 대한 토픽 분포를 보여주는데, 결과를 보면 0에 매우 가까운 값은 출력되지
않았다. 이 결과와 사이킷런에서의 결과를 비교하면 두 라이브러리가 비슷한 결과를 보여주고
있음을 알 수 있다.

pyLDAvis는 gensim의 토픽모델링 결과를 시각화하는 패키지이며, pip를 이용해 쉽게 설치할
수 있다. pyLDAvis를 사용할 때 가장 유의할 점은 시각화 모듈의 이름이 pyLDAvis.gensim에서
pyLDAvis.gensim_models로 바뀌었다는 것이다. 웹에서 찾을 수 있는 대부분의 예제에서는 아직도
pyLDAvis.gensim을 사용하고 있는데, 실행해보면 에러가 발생하니 주의해야 한다.

다음과 같이 model, corpus, dictionary를 인수로 넘겨주면 쉽게 시각화할 수 있다.

```
import pyLDAvis
import pyLDAvis.gensim_models as gensimvis
pyLDAvis.enable_notebook()

# LDA 모형을 pyLDAvis 객체에 전달
lda_viz = gensimvis.prepare(model, corpus, dictionary)
lda_viz
```

[실행 결과]

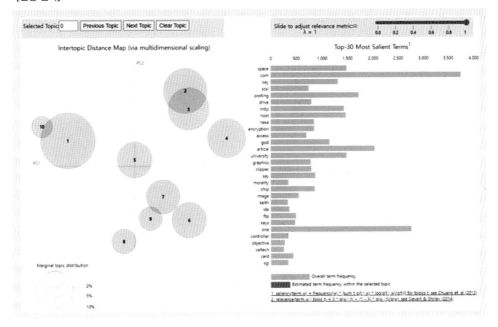

7.3.2 혼란도와 토픽 응집도를 이용한 최적값 선택

gensim은 혼란도와 토픽 응집도를 계산할 수 있는 모듈을 모두 제공한다. 먼저 혼란도는 LDA model의 `log_perplexity()` 메서드로 쉽게 구할 수 있다. 다만 `model.log_perplexity(corpus)`와 같이 인수로 corpus를 넘겨줘야 한다.

토픽 응집도 계산을 위해서는 `CoherenceModel` 클래스[9]를 사용해야 한다. `CoherenceModel` 클래스의 주요 매개변수로 먼저 model이 있는데 사전에 학습된 토픽모형을 넘겨줘야 한다. 다음 매개변수는 texts인데, 앞서 설명한 바와 같이 텍스트에 대해 토큰화가 된 결과를 인수로 넘겨준다. corpus는 현재의 카운트 벡터를 넘겨 받는다.

coherence 매개변수는 응집도를 계산하는 척도를 지정한다. 가장 속도가 빠른 척도는 u_mass이며 u_mass를 사용할 때는 corpus를 반드시 함께 줘야 한다. 그 외의 척도로 c_v, c_uci, cnpmi가 있는데, 재미있는 것은 c로 시작하는 이 척도들을 사용할 때는 반드시 texts를 넘겨줘야 한다. coherence 매개변수의 기본값은 c_v다.

---

9 https://radimrehurek.com/gensim/models/coherencemodel.html

topn은 각 토픽에서 사용할 상위 단어들의 수를 지정할 수 있다. 이 외에 `dictionary` 매개변수가 있는데, `model`이 있으면 굳이 지정하지 않아도 된다.

이상의 결과를 종합해 보면 두 가지 사용법이 있는 것을 알 수 있다. u_mass를 사용할 때는 `model`과 `corpus`가 반드시 필요하고, 기본값을 포함해 c로 시작하는 척도를 사용할 때는 `model`과 `texts`가 반드시 필요하다. 이 책에서는 속도를 위해 u_mass를 사용한다.

아래 예는 `CoherenceModel`을 이용해 coherence를 계산한 예다.

```
from gensim.models import CoherenceModel

cm = CoherenceModel(model=model, corpus=corpus, coherence='u_mass')
coherence = cm.get_coherence()
print(coherence)
```

[실행 결과]

```
-1.7493528544065975
```

이제 사이킷런에서 했듯이 혼란도와 응집도를 이용해 최적의 토픽 수를 결정하는 예를 실습한다. 지정된 토픽 수의 범위에 따라 LDA 모델을 학습하고, 이 모델에 대해 혼란도와 토픽 응집도를 계산해 그래프로 그리는 것으로, 다음과 같이 함수로 구현했다.

```
def show_coherence(corpus, dictionary, start=6, end=15):
    iter_num = []
    per_value = []
    coh_value = []

    for i in range(start, end + 1):
        model = LdaModel(corpus=corpus, id2word=dictionary,
                chunksize=1000, num_topics=i,
                random_state=7)
        iter_num.append(i)
        pv = model.log_perplexity(corpus)
        per_value.append(pv)

        cm = CoherenceModel(model=model, corpus=corpus, coherence='u_mass')
```

```
        cv = cm.get_coherence()
        coh_value.append(cv)
        print(f'num_topics: {i}, perplexity: {pv:0.3f}, coherence: {cv:0.3f}')

    plt.plot(iter_num, per_value, 'g-')
    plt.xlabel("num_topics")
    plt.ylabel("perplexity")
    plt.show()

    plt.plot(iter_num, coh_value, 'r--')
    plt.xlabel("num_topics")
    plt.ylabel("coherence")
    plt.show()

show_coherence(corpus, dictionary, start=6, end=15)
```

[실행 결과]

```
num_topics: 6, perplexity: -7.035, coherence: -1.701
num_topics: 7, perplexity: -7.023, coherence: -1.735
num_topics: 8, perplexity: -7.023, coherence: -1.547
num_topics: 9, perplexity: -7.007, coherence: -1.891
num_topics: 10, perplexity: -6.996, coherence: -1.888
num_topics: 11, perplexity: -7.027, coherence: -2.164
num_topics: 12, perplexity: -7.019, coherence: -2.018
num_topics: 13, perplexity: -7.025, coherence: -2.255
num_topics: 14, perplexity: -7.020, coherence: -2.082
num_topics: 15, perplexity: -7.019, coherence: -2.521
```

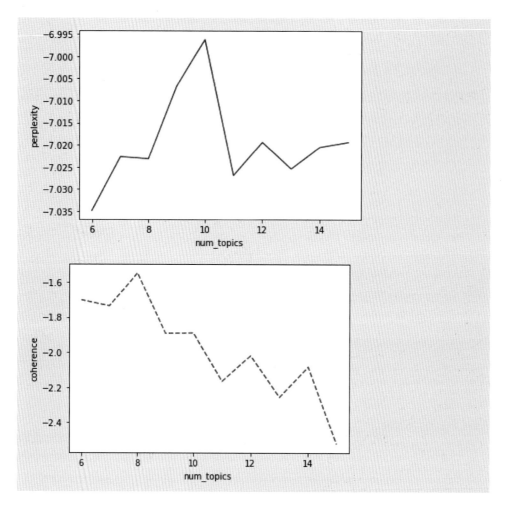

실행결과를 보면 토픽 모델링을 최적화하는 것이 쉽지 않음을 알 수 있다. 우선 혼란도는 낮을수록 좋고, 응집도는 높을수록 좋은데 두 척도가 모두 최상인 토픽의 수는 없다. 혼란도는 토픽 수 6에서 가장 좋은 반면, 응집도는 8에서 가장 좋다. 6으로 할지 8로 할지는 결국 분석가의 결정이며, 둘 다 해보고 해석이 더 좋은 것을 선택하는 것도 대안이 될 수 있을 것이다.

7.4 토픽 트렌드로 시간에 따른 주제의 변화 알아내기

토픽 트렌드는 주어진 시간 동안 토픽들의 비중이 어떻게 변화했는지를 봄으로써 주요 토픽의 추이를 분석하는 데 쓰인다. 모든 문서에 생성 날짜가 있다면, 특정한 기간에 만들어진 문서들의 토픽 분포에 대한 평균을 계산해서 그 기간 동안의 토픽 분포를 알아낼 수 있다. 예를 들어 문서들이 만들어진 기간을 월별로 분류하고, 각 월의 토픽 분포 평균을 계산함으로써 매달 토픽이 어떻게 변화했는지를 볼 수 있다.

토픽 트렌드 실습에서는 깃허브에 공개된 "청와대 국민청원 사이트의 만료된 청원 데이터 모음"[10]을 사용하고자 한다. 깃허브에는 전체 데이터를 담은 petition.csv 외에 결측치가 들어 있는 petition_corrupted.csv와 전체 데이터 중 5%만 임의추출한 petition_sampled.csv 등이 공개돼 있다. 이 실습에서는 속도를 위해 petition_sampled.csv를 사용한다.

petition_sampled.csv를 다운로드해 실습 디렉터리 밑에 생성한 data 폴더에 저장하고 아래와 같이 판다스로 읽어서 컬럼의 제목과 내용을 확인한다.

```
import pandas as pd

df = pd.read_csv("./data/petition_sampled.csv")
df.iloc[[2]]
```

[실행 결과]

	article_id	start	end	answered	votes	category	title	content
2	136	2017-08-20	2017-11-18	0	4	육아/교육	고등학교 교육 내용 수준을 낮춰주시고 실용적인 내용을 담아주세요!	저는 광주에 사는 중3 학생입니다. 고등학교 가기 직전의 학년이라 어느 때보다 고등…

---

10 https://github.com/akngs/petitions

우선 청원의 내용은 content에 저장돼 있고, 청원의 분류가 category, 그리고 청원 시작날짜와 종료날짜가 각각 start와 end에 저장된 것을 볼 수 있다. 여기서는 분류에 관심이 없으므로 content와 start만을 이용해 토픽 트렌드를 살펴보자. 편의를 위해 사이킷런의 CountVectorizer를 사용하고, 대상이 한국어 문서이므로 CountVectorizer에 한글 형태소 분석기를 붙여준다. 보통 토픽 모델링은 명사를 대상으로 한다. 물론 분석자의 판단에 따라 형용사, 동사 같은 품사를 추가할 수도 있지만, 이 실습에서는 두 자 이상의 명사만 사용하기로 한다.

```python
from sklearn.feature_extraction.text import CountVectorizer
from konlpy.tag import Okt
twit = Okt()

def tokenizer(doc):
    return [token for token in twit.nouns(doc) if len(token) > 1]

vec = CountVectorizer(tokenizer=tokenizer,  # 우선은 명사만 사용
                      max_df=0.5, min_df = 5,
                      max_features = 1000)  # 적당한 대상 단어 수를 선택

pet_cv = vec.fit_transform(df.content)
print(pet_cv.shape)
```

[실행 결과]

```
(18077, 1000)
```

생성된 카운트 벡터의 shape을 보면 총 18,077개의 문서에 대해 1,000개의 단어로 구성된 DTM이 생성된 것을 볼 수 있다. 이 결과에 대해 LDA를 수행한다. 앞서 배운 바와 같이 적절한 토픽의 수를 찾기 위해 혼란도를 이용해 모형을 평가할 수 있는데, 그 과정은 생략하고 아래와 같이 저자가 실험을 통해 확인한 15개를 사용하기로 한다. 이번에는 n_jobs와 random_state를 제외한 나머지 매개변수는 기본값을 사용했다. n_jobs는 프로세서(코어) 수에 따라 실행시간에 영향을 많이 미치므로 반드시 지정하는 것이 좋다. 위에서와 같이 print_top_words를 이용해 토픽별로 상위빈도의 단어를 확인한다.

```python
from sklearn.decomposition import LatentDirichletAllocation
```

```
lda = LatentDirichletAllocation(n_components = 15, \
                                n_jobs= -1, \
                                random_state=0)

%time pet_topics = lda.fit_transform(pet_cv)

def print_top_words(model, feature_names, n_top_words):
    for topic_idx, topic in enumerate(model.components_):
        print("Topic #%d: " % topic_idx, end='')
        print(", ".join([feature_names[i]
                         for i in topic.argsort()[:-n_top_words - 1:-1]]))
print_top_words(lda,vec.get_feature_names_out(), 15)
```

[실행 결과]

```
Wall time: 1min 3s
Topic #0: 사람, 생각, 피해자, 병원, 사건, 정말, 가족, 대통령, 자신, 환자, 지금, 가해자,
인간, 국민, 나라
Topic #1: 북한, 한국, 우리, 대통령, 정부, 미국, 대한민국, 일본, 문재인, 국가, 문제, 국
민, 생각, 우리나라, 중국
Topic #2: 아이, 부모, 생각, 어린이집, 교사, 엄마, 우리, 유치원, 자녀, 가정, 동물, 저희,
출산, 가족, 아빠
Topic #3: 청소년, 불법, 폐지, 보호, 장애인, 조직, 사찰, 생각, 이용, 외국인, 게임, 노인,
나이, 사회, 사람
Topic #4: 정부, 주택, 정책, 부동산, 서민, 국민, 아파트, 나라, 대통령, 지금, 세금, 사람,
투기, 집값, 임대
Topic #5: 일자리, 기업, 근무, 정부, 생각, 지원, 근로자, 임금, 최저임금, 정책, 시간, 직
원, 대기업, 고용, 사람
Topic #6: 국민, 청원, 국회의원, 대통령, 국회, 난민, 의원, 정치, 대한민국, 생각, 나라, 청
와대, 반대, 세금, 국가
Topic #7: 대한, 관리, 내용, 조사, 관련, 판결, 업무, 공사, 사실, 판사, 확인, 기관, 해당,
처리, 결과
Topic #8: 학생, 학교, 교육, 선수, 시험, 생각, 대학, 공부, 선생님, 교사, 문제, 시간, 고등
학교, 위해, 제도
Topic #9: 보험, 연금, 국민연금, 공무원, 건강, 의료, 지급, 방송, 국민, 소득, 가입, 보험
료, 기초, 치료, 제도
Topic #10: 여성, 공무원, 사회, 생각, 남성, 의무, 남자, 대한민국, 여자, 사람, 행정, 군대,
나라, 문제, 국가
Topic #11: 경찰, 범죄, 국민, 사건, 위해, 조직, 대한민국, 불법, 만행, 수사, 경찰서, 범죄
```

> 자, 부정부패, 검찰, 증거
> Topic #12: 처벌, 차량, 사건, 사고, 피해자, 범죄, 경우, 피해, 대한, 기사, 행위, 이명박, 택시, 가해자, 청원
> Topic #13: 민원, 화폐, 가상, 정부, 투자, 거래, 시장, 계획, 규제, 주식, 담배, 흡연, 개인, 도시, 금융
> Topic #14: 사람, 회사, 지역, 저희, 대출, 생각, 사용, 미세먼지, 판매, 문제, 때문, 은행, 전화, 서울, 지금

위 결과를 보면 몇 개의 토픽은 토픽이 비교적 명확해 보이는 반면 어떤 토픽은 두 개 이상의 토픽이 섞인 것처럼 보이기도 한다. 정확한 토픽을 찾아내기보다는 토픽들의 트렌드를 보는 것이 우리 목표이므로 이 정도로 만족하고 토픽 트렌드를 계산해보자. 토픽 트렌드를 계산하려면 각 문서의 날짜(start)와 토픽 분포를 결합해야 한다. 아래와 같이 먼저 각 토픽에 이름을 주고, 원본으로부터 날짜를 가져와서 trend_data라는 이름으로 데이터프레임을 생성한다. 다만 청원 데이터가 수집된 기간이 꽤 길어서 일별로 보는 것은 무리가 있으므로 날짜에서 연도와 월만 잘라서 가져온다.

```
from sklearn.feature_extraction.text import CountVectorizer
from konlpy.tag import Okt
trend_data = pd.DataFrame(pet_topics, columns=['Topic'+str(i) for i in range(1, 16)])
trend_data = pd.concat([trend_data, df.start.map(lambda x: x[:7])], axis=1)
trend_data.iloc[:5, -5:]
```

[실행 결과]

	Topic12	Topic13	Topic14	Topic15	start
0	0.000307	0.000307	0.000307	0.000307	2017–08
1	0.000813	0.000813	0.000813	0.425031	2017–08
2	0.001449	0.001449	0.001449	0.001449	2017–08
3	0.000227	0.000227	0.000227	0.000227	2017–08
4	0.000447	0.044870	0.000447	0.000447	2017–08

생성된 trend_data의 뒷부분 열을 확인해보면 날짜가 잘 결합된 것을 볼 수 있다. 이제 pandas 의 groupby를 이용해 월별로 평균을 구하고, 데이터를 확인해본다.

```
trend = trend_data.groupby(['start']).mean()
trend.iloc[:5, -5:]
```

[실행 결과]

	Topic11	Topic12	Topic13	Topic14	Topic15
start					
2017-08	0.028187	0.018142	0.023323	0.022292	0.102061
2017-09	0.042437	0.023987	0.097511	0.018154	0.042309
2017-10	0.088276	0.054098	0.064813	0.029914	0.096482
2017-11	0.044859	0.043676	0.229894	0.039596	0.046768
2017-12	0.056061	0.028838	0.074279	0.046931	0.077424

연도별 토픽별 평균값이 잘 계산된 것을 볼 수 있다. 이제 남은 것은 matplolib을 이용해 각 토픽에 대해 그래프를 그려보는 것이다. 아래와 같이 5×3으로 분할해 그래프를 그린다.

```
import matplotlib
import matplotlib.pyplot as plt
%matplotlib inline

fig, axes = plt.subplots(5, 3, sharex='col', figsize=(12, 16))
for col, ax in zip(trend.columns.tolist(), axes.ravel()):
    ax.set_title(col)
    ax.axes.xaxis.set_visible(False)
    ax.plot(trend[col])
plt.show()
```

[실행 결과]

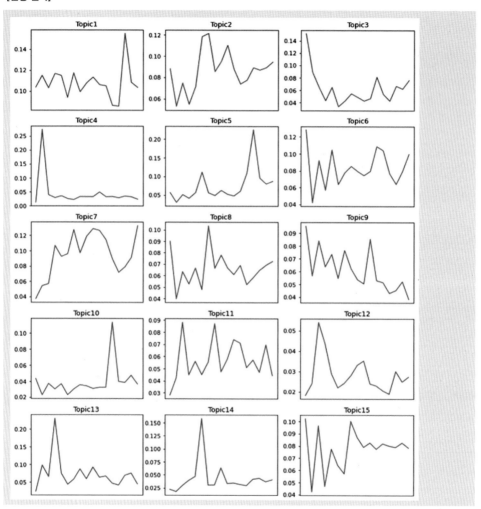

위 결과를 보면 어떤 토픽들은 트렌드가 잘 나타난다. 예를 들어 Topic3, Topic4, Topic9, Topic13은 초기에 비중이 높았다가 뒤로 가면서 점차 줄어드는 경향이 있다. 이와 같은 토픽들을 Cold Topic이라고 한다. 반면, Topic5, Topic13은 뒤로 가면서 비중이 더 높아지는 경향이 있는데 이런 유형을 Hot Topic이라고 부른다. 이러한 토픽 트렌드 분석은 사람들의 관심이 점차 사라져가는 주제와 높아지는 주제를 찾아낼 수 있어, 다양한 분야에서 연구주제의 변화, 사람들의 관심의 변화 등을 알아내는 데 활용된다.

7.5 동적 토픽 모델링

7.4절에서 설명한 토픽 트렌드 분석은 각 토픽들이 시간에 따라 변하지 않고 고정돼 있다고 가정한다. 트렌드를 분석한 전체 기간이 짧다면 별 문제가 없겠지만 기간이 긴 경우에는 무리한 가정이 될 수 있다. 앞서 설명한 바와 같이 토픽은 단어의 확률분포로 표현되는데, 시간이 지나면서 토픽의 내용이 바뀔 수 있기 때문이다. 예를 들어 지난 1년간 상영한 영화들의 리뷰에 대해 토픽 모델링을 했다고 하자. 토픽은 각 영화별로 구성될 수 있을 것이다. 특정 영화에 대한 토픽이 있을 때, 이 토픽의 내용이 시간이 지나면서 기대감에서 실망으로 바뀔 수 있다. 그러나 7.4절과 같은 방식은 이러한 시간에 따른 흐름은 분석할 수 없고 전체 시간, 즉 1년 동안의 평균적인 토픽 분포만 볼 수 있다. 이를 해결하기 위해 각 시간 단위, 예를 들어 월별로 각각 토픽 모델링을 할 수 있다. 1년에 대해 10개의 토픽이 있었다면, 월별로 하는 경우 총 120개의 토픽이 생길 수 있다. 그러나 이때 1월의 10개 토픽과 2월의 10개 토픽이 서로 연관성을 가진다는 어떠한 보장도 없다. 즉 전혀 다른 토픽들로 구성될 가능성이 존재하기 때문에 사실상 트렌드 분석이 불가능하다.

동적 토픽 모델링(Dynamic Topic Modeling)은 이와 같은 문제점들을 개선하기 위해 제안된 방법이다. 동적 토픽 모델링의 기본적인 아이디어는 다음 시간 단위에서 추출되는 토픽이 이전 시간 단위의 토픽과 유사하다고 가정하고, 최대한 이전 토픽을 반영하여 다음 시간의 토픽을 추출하는 것이다. 아래 그림을 보며 동적 토픽 모델링의 작동 원리를 간단히 알아보자.

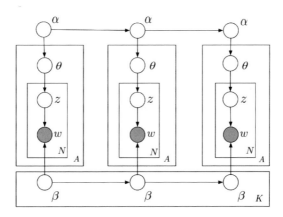

[출처: Blei, David M., and John D. Lafferty. "Dynamic topic models."]

위 그림에서 위에서 아래로 연결되는 한 열은 7.2절에서 설명한 LDA 모형 구조를 보여준다. α 와 β는 각각 문서의 토픽 분포와 토픽의 단어분포를 결정하는 매개변수다. 동적 토픽 모델링에 서는 어떤 시점 t에서의 α와 β가 이전 시점인 t−1에서의 α와 β에 의해 결정된다고 가정한다. 이 것을 식으로 표현하면 다음과 같다.

$$\alpha_t \,|\, \alpha_{t-1} \sim N(\alpha_{t-1}, \delta^2 I), \beta_t \,|\, \beta_{t-1} \sim N(\beta_{t-1}, \sigma^2 I)$$

위 식을 풀어서 설명하면 다음과 같다. 특정 시점 t에서 토픽의 분포를 결정하는 α_t와 β_t는 각각 이전 시점의 α_{t-1}와 β_{t-1}를 평균으로 하는 정규분포로부터 샘플링된다. 다시 말해서 이전 시점에 가까운 값으로 설정되고, 이로 인해 결과적으로 각각의 토픽은 이전 시점의 토픽과 가깝게 추출 된다. 동적 토픽 모델링에 대한 논문[11]을 보면 이후 어떤 방식으로 토픽들이 생성되는지 알 수 있으나, 이 책에서는 기본이 되는 아이디어만 이해하고 넘어가기로 한다.

정적 토픽 모델링은 7.3에서 실습한 Gensim의 models.LdaSeqModel[12] 패키지를 통해 지원 한다. LdaSeqModel 패키지는 Gensim의 LdaModel과 사용법이 유사하다. 기본적인 인수로 corpus와 id2word가 있는데, LdaModel과 동일하게 doc2bow()로 변환한 카운트 벡터 리스트와 dictionary를 넘겨주면 된다. 이 외에 토픽의 수를 나타내는 num_topics와 말뭉치 전체에 대한 학습 회수인 passes를 지정할 수 있다. LdaModel과 다른 가장 중요한 인수는 time_slice이며, 이 인수를 이용해 동적 토픽 모델링에 필요한 값들을 리스트 형태로 전달한다. time_slice는 순 서대로 정렬된 각 시간 단위에 속한 문서의 수를 나타낸다. 모든 문서들이 시간 순서대로 정렬되 어 있다는 가정하에, LdaSeqModel은 time_slice로 전달되는 문서의 수를 이용해 앞에서부터 문서가 속한 시간 단위를 구분한다. 예를 들어 아래와 같이 시간순으로 정렬된 문서들이 있다고 하자.

```
[doc_1월_1, doc_1월_2, doc_2월_1, doc_2월_2, doc_2월_3, doc_3월_1, doc_4월_1, doc_4월_2]
```

위 리스트를 보면 1월, 2월, 3월, 4월에 각각 2, 3, 1, 2건의 문서가 있는 것을 볼 수 있다. 이때 time_slice는 [2, 3, 1, 2]가 된다. LdaSeqModel은 이 time_slice의 값에 따라 각 시간 단위에 속해 있는 문서들을 파악할 수 있으며 위에서 설명한 동적 토픽 모델링을 시간 단위별로 수행할 수 있게 된다.

---

11 Blei, David M., and John D. Lafferty. "Dynamic topic models." Proceedings of the 23rd international conference on Machine learning. 2006.
12 https://radimrehurek.com/gensim/models/ldaseqmodel.html

정적 토픽 모델링에 대한 실습은 7.4의 국민청원 데이터를 동일하게 사용하여 수행하고 그 결과를 비교해 보기로 한다. 아래와 같이 petition_sampled.csv 파일을 읽고 먼저 청원시작날짜인 'start'를 기준으로 정렬하여 df_sorted 데이터프레임에 저장한다. 다음 작업은 time_slice를 생성하는 것이다. 이를 위해 청원시작날짜에서 연도와 월만 추출하여 아래와 같이 df_sorted의 'time' 열에 저장한다. 'time'열에 value_counts() 메서드를 사용하면 'time'열의 값, 즉 연도와 월에 따라 문서의 수를 셀 수 있다. 문서 카운트가 연도와 월 순서대로 되도록 sort_index()를 이용하여 정렬하고 리스트로 변환한다. sum()을 이용해 time_slice의 값들을 다 더해서 전체 문서의 건수와 일치하는지 확인하고, 연도와 월별로 문서의 수가 얼마인지도 확인한다.

```
import pandas as pd

df = pd.read_csv("./data/petition_sampled.csv")
df_sorted = df.sort_values(by='start') # 문서를 시작날짜 순으로 정렬

# time slice를 생성. 월별로 변화를 보기 위해 연도와 월만 추출하여 time 열 생성
df_sorted['time'] = df_sorted['start'].map(lambda x: x[:7])

# 월별로 문서가 몇건인지를 계산하여 time_slice에 저장
time_slice = list(df_sorted['time'].value_counts().sort_index())
print(time_slice, sum(time_slice))
```

[실행 결과]
```
[83, 906, 298, 1446, 926, 1514, 1304, 1097, 1217, 1301, 1246, 1291, 1390, 1155, 1277, 1187, 439] 18077
```

추가로 나중에 사용하기 위해 time_slice의 각 값에 대응하는 'time'의 값을 다음과 같이 리스트로 만든다. 참고로 df_sorted['time'].value_counts()를 실행하여 결과를 비교하면 time_tag와 time_slice가 서로 올바르게 대응되는지 확인할 수 있다.

```
# 시간 구간을 리스트로 작성
time_tag = sorted(list(set(df_sorted['time'])))
print(time_tag)
```

[실행 결과]

```
['2017-08', '2017-09', '2017-10', '2017-11', '2017-12', '2018-01', '2018-02', '2018-03',
 '2018-04', '2018-05', '2018-06', '2018-07', '2018-08', '2018-09', '2018-10', '2018-11',
 '2018-12']
```

이제 데이터가 준비되었으니 아래와 같이 konlpy를 이용해 토큰화를 하고, Gensim을 이용해
dictionary와 corpus를 생성한다. 이에 대한 상세한 설명은 7.3절에 있으므로 기억이 잘 나지
않는다면 다시 읽어보기 바란다.

```
from gensim.corpora.dictionary import Dictionary
from konlpy.tag import Okt  # konlpy에서 Twitter 형태소 분석기를 import
twit = Okt()

def tokenizer(doc):  # 명사만 사용
    return [token for token in twit.nouns(doc) if len(token) > 1]

# 청원 데이터의 텍스트를 토큰화
texts = [tokenizer(news) for news in df_sorted['content']]

# 토큰화 결과로부터 딕셔너리 생성
dictionary = Dictionary(texts)
print('#Number of initial unique words in documents:', len(dictionary))

# 문서 빈도수가 너무 적거나 높은 단어를 필터링하고 특성을 단어의 빈도순으로 선택
dictionary.filter_extremes(keep_n = 2000, no_below=5, no_above=0.5)
print('#Number of unique words after removing rare and common words:', len(dictionary))

# 카운트 벡터로 변환
corpus = [dictionary.doc2bow(text) for text in texts]
print('#Number of unique tokens: %d' % len(dictionary))
print('#Number of documents: %d' % len(corpus))
```

[실행 결과]

```
#Number of initial unique words in documents: 36344
#Number of unique words after removing rare and common words: 2000
#Number of unique tokens: 2000
#Number of documents: 18077
```

적절한 토픽의 수를 정하기 위해 7.3절에서 정의한 show_coherence() 함수를 이용해 다음과 같이
그래프를 그려본다.

```
# 적절한 토픽 수를 알아보기 위해 토픽 수를 바꿔가면서 log_perplexity와 coherence를 계산
from gensim.models import CoherenceModel

coherence = cm.get_coherence()
print(coherence)
show_coherence(corpus, dictionary, start=6, end=15)
```

[실행 결과]

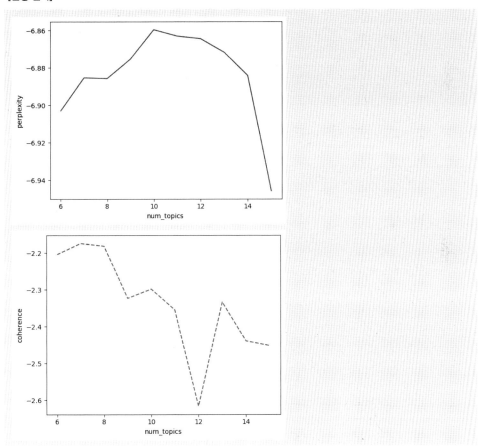

위 결과를 보면 토픽 수가 6, 7, 8일 때 응집도가 높고 혼란도는 7, 8에 비해 6이 더 낮은 것을 볼 수 있다. 따라서 토픽의 수를 6으로 정하고 아래와 같이 LdaSeqModel을 이용해 동적 토픽 모델링을 실행한다. 인수로는 num_topics 외에 앞서 만든 corpus, dictionary 그리고 time_slice 를 넘겨준다. random_state 인수는 다시 실행될 때 동일한 결과가 나오도록 하기 위해 사용한다. 여기서는 7을 할당했다. 지금까지의 작업에 비해 많은 시간이 소요되므로 인내심을 갖고 기다 린다.

```python
# LdaSeqModel을 실행
from gensim.models import LdaSeqModel
import warnings
warnings.filterwarnings("ignore")

# 시간이 많이 소요됨
ldaseq = LdaSeqModel(corpus=corpus, id2word=dictionary, time_slice=time_slice, num_top-
ics=6, random_state=7)
```

동적 토픽 모델링을 완료하면 ldaseq.print_topics(time=0) 메서드를 이용해 시간 단위 혹은 구 간 0의 토픽 분포를 출력하거나, ldaseq.print_topic_times(topic=0) 메서드를 이용해 토픽 0의 시간에 따른 토픽 변화를 출력할 수 있다. 각각 time과 topic 인수로 시간 단위와 토픽을 지정할 수 있는데, 내용을 그다지 보기 좋게 출력해 주지는 않기 때문에 아래와 같이 출력 함수를 별도 로 만든다.

```python
# 토픽 결과로부터 상위 n개의 단어만 반환하는 함수 작성
def get_topic_words(topic, top_n_words=10):
    words, _ = zip(*topic)
    return words[:top_n_words]

# 주어진 토픽에 대해 시간별로 상위단어를 간략하게 출력하는 함수 작성
def print_topic_times(model, topic, time_tag, top_n_words=10):
    topic_times = model.print_topic_times(topic)
    for i in range(len(topic_times)):
        print(time_tag[i]+':', get_topic_words(topic_times[i], top_n_words))
```

위에서 만든 print_topic_times() 함수를 이용해 6개 토픽 중 다섯째 토픽인 4번의 시간별 분포 를 아래와 같이 출력한다. 시간에 따라 토픽의 단어 분포, 즉 상위 단어의 순서가 바뀌는 것을 볼 수 있다. 초기에는 '청소년', '보호'와 같은 단어가 상위에 있지만 시간이 지나며 점차 '처벌'이 상위로 올라온다. 이와 같은 토픽 단어 분포의 변화는 때로 더 깊이 있는 분석을 가능하게 한다.

```
# 4번 토픽에 대해 시간별로 상위 8개의 단어를 출력
print_topic_times(ldaseq, 4, time_tag, 8)
```

[실행 결과]
```
2017-08: ('청소년', '보호', '경찰', '생각', '범죄', '폐지', '사건', '피해자')
2017-09: ('청소년', '보호', '생각', '경찰', '범죄', '폐지', '사건', '피해자')
2017-10: ('경찰', '범죄', '국민', '대한민국', '사람', '위해', '피해자', '청소년')
2017-11: ('경찰', '범죄', '국민', '사람', '대한민국', '위해', '사건', '생각')
2017-12: ('사람', '경찰', '범죄', '생각', '처벌', '대한민국', '국민', '피해자')
2018-01: ('사람', '선수', '처벌', '생각', '피해자', '여성', '범죄', '경찰')
2018-02: ('사람', '선수', '처벌', '생각', '여성', '피해자', '사회', '범죄')
2018-03: ('사람', '처벌', '여성', '생각', '피해자', '사회', '선수', '범죄')
2018-04: ('사람', '처벌', '생각', '여성', '피해자', '사회', '범죄', '사건')
2018-05: ('사람', '처벌', '생각', '여성', '피해자', '사건', '범죄', '사회')
2018-06: ('사람', '처벌', '생각', '여성', '피해자', '사회', '사건', '범죄')
2018-07: ('사람', '처벌', '생각', '여성', '피해자', '사건', '사회', '남성')
2018-08: ('사람', '생각', '처벌', '여성', '피해자', '사건', '남성', '사회')
2018-09: ('사람', '생각', '처벌', '여성', '사건', '피해자', '사회', '남성')
2018-10: ('사람', '처벌', '생각', '사건', '피해자', '여성', '사회', '범죄')
2018-11: ('사람', '처벌', '생각', '사건', '피해자', '여성', '사회', '범죄')
2018-12: ('사람', '처벌', '생각', '사건', '여성', '피해자', '사회', '남자')
```

이제 시간에 따른 각 토픽 비중의 변화를 살펴보기 위해, 아래와 같이 dtm_vis() 메서드를 이용해 전체 문서에 대한 토픽 분포를 가져와서 각 시간 단위(구간)별로 토픽 분포의 평균을 구한다.

```
# 구간별로 문서 토픽 분포의 평균을 구해 토픽의 트렌드로 사용
def get_topic_trends(model, corpus, time_slice):
    dtm = model.dtm_vis(0, corpus)  # dtm_vis 메서드를 이용해 문서별 토픽 분포를 가져옴
    result = []
    start = 0
    for index in time_slice:  # 각 구간별 문서들에 대해 토픽분포의 평균을 구함
        result.append(np.array(dtm[0][start:start+index]).mean(axis=0))
        start += index
    return np.array(result)
topic_trends = get_topic_trends(ldaseq, corpus, time_slice)
```

구한 topic_trends를 다음과 같이 time_tag, 즉 연도와 월 순서에 따라 그래프로 시각화한다.

```python
import matplotlib
import matplotlib.pyplot as plt
%matplotlib inline

topic_titles = ['Topic '+str(i) for i in range(6)]  # 토픽 타이틀 생성
fig, axes = plt.subplots(2, 3, sharex='col', figsize=(12, 6))
for i, (title, ax) in enumerate(zip(topic_titles, axes.ravel())):
    ax.set_title(title)
    ax.set_xticks([0, 5, 10, 15])
    ax.set_xticklabels(time_tag[::5])
    ax.plot(topic_trends[:, i])
plt.savefig('dtm.png')
plt.show()
```

[실행 결과]

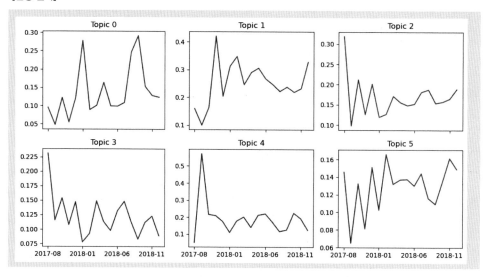

7.3절에서 pyLDAvis를 이용하면 Gensim의 토픽 모델링 결과를 보기 좋게 시각화할 수 있었다. LdaSeqModel은 dtm_vis() 메서드로 주어진 시간 단위에 대한 토픽 분포를 넘겨받을 수 있도록 지원한다. 아래와 같이 이 정보에 대해 pyLDAvis를 사용하면 동일하게 시각화할 수 있다. pyLDAvis.display() 메서드는 시각화 결과를 주피터 노트북 화면에 바로 출력하고, pyLDAvis.

save_html() 메서드는 지정한 별도의 html 파일로 저장한다. pyLDAvis 시각화 결과는 인터랙티 브하게 구현돼 있어, 토픽 위에 마우스를 가져가면 해당 토픽의 구성을 오른쪽에 수평막대그래 프 형태로 보여준다. 따라서 저장 결과는 단순 이미지 파일이 아니라 html 파일이 된다. 만일 시 각화 결과를 저장해서 나중에 다시 확인하고 싶다면 pyLDAvis.save_html()를 사용하는 것을 추천 한다.

```
import pyLDAvis
pyLDAvis.enable_notebook()

# 특정 time slice의 토픽분포를 시각화 - ldaseq.dtm_vis() 메서드를 이용
doc_topic, topic_term, doc_lengths, term_frequency, vocab = ldaseq.dtm_vis(time=0,
corpus=corpus)
vis_dtm = pyLDAvis.prepare(topic_term_dists=topic_term, doc_topic_dists=doc_topic, doc_
lengths=doc_lengths, vocab=vocab, term_frequency=term_frequency)
pyLDAvis.display(vis_dtm)  # 결과를 출력
# pyLDAvis.save_html(vis_dtm, 'lda_time0.html')  # 결과를 별도의 html 파일로 저장
```

[실행 결과]

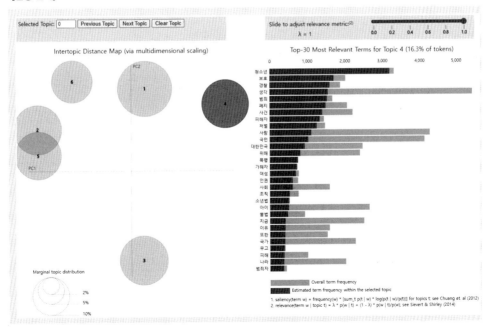

08

감성 분석

이 장에서는 텍스트 마이닝의 주요 분야 중 하나인 감성 분석에 대해 이해하고, 감성 사전을 기반으로 하는 감성 분석과 머신러닝을 기반으로 하는 감성 분석에 대해 각각 실습해보고자 한다.

8.1 감성분석의 이해

감성 분석(Sentiment Analysis)은 텍스트에 나타난 의견, 평가, 태도와 같은 주관적인 정보를 분석하는 것을 말한다. 이와 같이 말하면 상당히 모호하게 들리는데, 의견이나 평가는 상당히 포괄적인 의미를 갖기 때문이다. 조금 더 좁고 명확하게 감성 분석을 정의하면 글자 그대로 텍스트에 담긴 감성을 분석하는 것이라고 할 수 있다.

감성(Sentiment)은 쉽게 말해서 어떤 대상에 대한 주관적인 감정으로 보통 긍정(positive), 중립(neutral), 부정(negative)의 세 분류로 나뉘어진다. 중립은 감정이 없이 객관적인 정보만을 전달하는 텍스트로 보면 되는데, 가끔 중립을 생략하고 긍정와 부정으로만 분류하기도 한다. 이와 같은 감성의 정도를 극성(polarity)이라고 부르는데, 보통 극성은 감성 분석의 과정에서 숫자로 표현되며, 0이면 중립, 양수이면 긍정, 음수이면 부정을 나타낸다.

감성분석은 사람이 읽어도 모호한 경우가 종종 있는데, 예를 들어 "마블 영화는 액션이 화려하다."라고 했을 때 이것을 긍정으로 보는지 아니면 중립으로 보는지는 읽는 사람에 따라 다를 수 있다. 여기에 조금 더 추가해서 "마블 영화는 액션이 화려해서 좋다."라고 한다면 긍정으로 볼 수 있겠으나, "마블 영화는 액션은 화려하지만 내용이 부실하다."라고 한다면 부정적인 요소가 더 강하다고 할 수 있다.

특히 우리말은 가끔 코미디에서 보듯이 "영화가 안 좋다고 아니 할 수 없다고 하기 어렵다."와 같은 식으로 부정을 반복해서 섞어주면 이해하기가 몹시 어려운데, 자동화된 감성 분석에서도 이러한 부정문들이 어려운 요소로 작용한다.

감성 분석 방법론은 다양하게 분류될 수 있는데, 크게는 어휘 기반(lexicon-based)의 분석과 기계학습 기반의 분석으로 나뉘어진다. 그 밑에 또 세부적인 분류가 있으나 여기서는 감성 사전을 이용하는 감성 분석과 머신러닝 혹은 딥러닝 기법을 사용하는 감성 분석의 두 가지만 집중해서 설명하기로 한다.

8.1.1 어휘 기반의 감성 분석

어휘 기반의 감성 분석은 감성이 표현될 수 있는 명사, 형용사, 동사를 대상으로 모든 단어에 대해 긍정 혹은 부정의 감성을 붙여서 감성 사전을 구축한 후에, 이를 기반으로 텍스트에 대한 감성 분석을 수행하는 방식이다. 감성 사전은 직접 구축하거나 누군가가 이미 구축한 사전을 가져와서 사용할 수 있는데 사실상 직접 구축하는 것은 너무나 시간과 노력이 많이 소모되므로 특별한 경우가 아니면 외부의 감성 사전을 이용한다.

예를 들어 '마블 영화는 액션이 화려하다'에 대해 형태소 분석을 해서 ['마블', '영화', '액션', '화려하다']의 결과를 얻었다고 하자. 감성사전에서 '마블', '영화', '액션'에 대한 극성은 0으로 중립, '화려하다'에 대한 극성은 1로 긍정의 값을 갖는다면, 가장 쉽게는 이 값들을 합산함으로써 전체 문장에 대해 극성 1로 긍정이라고 판단할 수 있다.

감성사전으로부터 각 단어들에 대한 감성 값을 가져온 후에 이를 조합해 텍스트에 대한 감성을 계산하는 다양한 방법이 있다. 쉬운 방법으로 앞선 예와 같이 단순한 합산을 할 수도 있으나, '영상이 유려하거나 배우가 연기를 잘하거나 시나리오가 좋은 것은 아니다'와 같이 긍정의 단어들을 나열하다가 단 한 번의 부정으로 전체 문장이 부정이 되는 경우가 있으므로 오류가 많이 발생할 수 있다.

이와 같은 문제점을 극복하기 위해 문장의 형태소를 분석하고 다시 이를 명사구, 형용사구와 같은 구로 묶는 **청킹(chunking)**을 한 후에, 밑의 단어로부터 상위의 구로 이동하면서 단계적으로 긍정/부정을 결정하는 방식도 있다. 그림을 보면 이해가 쉬운데, 밑에서부터 단계적으로 긍정이었다가 상위의 not(n't)에 의해 부정으로 바뀌는 것을 볼 수 있다. 이렇게 하면 긍정 단어가 부정 단어보다 많지만 실제로는 부정인 경우에도 문장 구조의 분석을 통해 비교적 잘 판별할 수 있다.

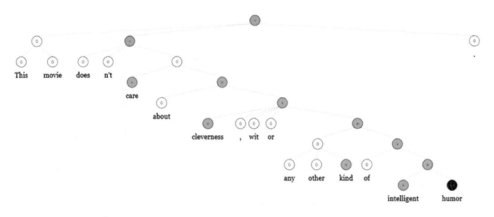

그림 8.1 문장 구조 분석[1]

보통 어휘 기반의 감성 분석과 관련한 파이썬 라이브러리들은 감성 사전과 함께 텍스트에 대한 감성 값을 반환하는 함수를 동시에 제공하므로 실제 사용은 매우 간편하며, 세부 알고리즘을 몰라도 되는 경우가 많다. 다만 자신만의 알고리즘으로 성능을 향상하고 싶다면 감성 사전을 이용해 직접 감성을 분석하는 코드를 작성할 수도 있다.

8.1.2 머신러닝 기반의 감성 분석

머신러닝 기반으로 감성 분석을 하려면 학습을 위한 데이터셋이 있어야 한다. 예를 들어 영화 리뷰에 대해 머신러닝으로 감성을 판단하고 싶다면, 학습용으로 리뷰와 그 리뷰에 대한 감성이 라벨로 짝지어진 학습 데이터셋이 반드시 있어야 한다. 이는 쉽게 말해서 문서의 클래스가 '긍정', '부정', '중립' 혹은 '중립'을 제외한 나머지로 이루어진 문서 분류 문제로 볼 수 있다. 따라서 학습 데이터셋만 있다면 문서 분류에서 사용한 다양한 알고리즘으로 학습을 통해 감성을 예측할 수 있다.

---

1 https://nlp.stanford.edu/sentiment/treebank.html

어휘 기반의 감성 분석과 달리 머신러닝 기반의 감성 분석은 명시적인 감성 사전을 사용하지 않는다. 군이 '명시적'이라고 설명한 이유는, 문서를 BOW 기반의 벡터로 변경하고 로지스틱 회귀분석으로 감성의 분류를 학습한다면 각 단어에 대한 계수가 감성 사전에서의 감성 값을 나타낼 수 있기 때문이다. 그러나 일반적으로는 계수를 감성 사전이라고 부르지는 않는다.

머신러닝 기반의 감성 분석은 학습에 사용한 말뭉치의 영향을 많이 받는다. 즉 영화 리뷰로 학습한 모형을 회사에 대한 평가와 같이 다른 도메인으로 그대로 전이(transfer)해 사용하기에는 무리가 있다. 딥러닝 기반의 감성 분석 혹은 문서 분류 모형에서는 전이의 대상이 되는 부분과 미세조정학습의 대상이 되는 부분이 분리돼 있어서, 일반적 혹은 공통적인 학습 결과를 현재 문제에 맞게 수정·보완해 재사용할 수 있다. 여기에 대해서는 딥러닝 분야에서 더 상세히 다루기로 한다.

8.2 감성 사전을 이용한 영화 리뷰 감성 분석

8.2.1 NLTK 영화 리뷰 데이터 준비

여기서는 NLTK의 말뭉치 중 영화 리뷰 데이터인 movie_reviews의 감성을 분석한다. movie_reviews는 각 리뷰에 대해 감성 분석의 결과가 라벨로 붙어 있어서 머신러닝 기반의 감성 분석도 가능하지만, 학습을 필요로 하지 않는 감성 사전을 이용해 감성 분석을 수행하고 그 결과를 확인해 볼 수도 있다.

movie_reviews 말뭉치에는 2,000개의 영화 리뷰와 리뷰에 대한 감성이 제공되며, 감성은 'pos'와 'neg'로 표시돼 있다. 먼저 아래와 같이 말뭉치를 다운로드하고 구조를 살펴본다.[2]

```
import nltk
nltk.download('movie_reviews')

from nltk.corpus import movie_reviews

print('#review count:', len(movie_reviews.fileids()))  # 영화 리뷰 문서의 id를 반환
```

---

2 https://www.nltk.org/book/ch02.html

```
print('#samples of file ids:', movie_reviews.fileids()[:10])  # id를 10개까지만 출력
# label, 즉 긍정인지 부정인지에 대한 분류
print('#categories of reviews:', movie_reviews.categories())
# label이 부정인 문서들의 id를 반환
print('#num of "neg" reviews:', len(movie_reviews.fileids(categories='neg')))
# label이 긍정인 문서들의 id를 반환
print('#num of "pos" reviews:', len(movie_reviews.fileids(categories='pos')))
fileid = movie_reviews.fileids()[0]  # 첫번째 문서의 id를 반환
print('#id of the first review:', fileid)
# 첫번째 문서의 내용을 500자까지만 출력
print('#part of the first review:', movie_reviews.raw(fileid)[:500])
# 첫번째 문서의 감성
print('#sentiment of the first review:', movie_reviews.categories(fileid))


# 영화 리뷰 데이터에서 파일 id를 가져옴
fileids = movie_reviews.fileids()
# 파일 id를 이용해 raw text file을 가져옴
reviews = [movie_reviews.raw(fileid) for fileid in fileids]
categories = [movie_reviews.categories(fileid)[0] for fileid in fileids]
```

[실행 결과]

```
#review count: 2000
#samples of file ids: ['neg/cv000_29416.txt', 'neg/cv001_19502.txt', 'neg/cv002_17424.
txt', 'neg/cv003_12683.txt', 'neg/cv004_12641.txt', 'neg/cv005_29357.txt', 'neg/
cv006_17022.txt', 'neg/cv007_4992.txt', 'neg/cv008_29326.txt', 'neg/cv009_29417.txt']
#categories of reviews: ['neg', 'pos']
#num of "neg" reviews: 1000
#num of "pos" reviews: 1000
#id of the first review: neg/cv000_29416.txt
#part of the first review: plot : two teen couples go to a church party , drink and then
drive .
they get into an accident .
one of the guys dies , but his girlfriend continues to see him in her life , and has
nightmares .
what's the deal ?
watch the movie and " sorta " find out . . .
critique : a mind-fuck movie for the teen generation that touches on a very cool idea ,
but presents it in a very bad package .
```

```
which is what makes this review an even harder one to write , since i generally applaud
films which attempt
#sentiment of the first review: ['neg']
```

위 결과를 보면 총 2,000개의 리뷰가 있으며, 리뷰에 대한 극성이 'pos'와 'neg'로 라벨링돼 있고, 각각에 해당하는 리뷰가 동일하게 1,000개씩 있는 것을 확인할 수 있다. fileids()를 이용해 원하는 리뷰의 id를 가져오면 raw()와 categories() 메서드를 이용해 리뷰의 원문과 극성을 가져오는 것이 가능하다. 영화 리뷰 원문 전체를 reviews에 저장하고, 극성은 categories에 저장한다.

8.2.2 TextBlob을 이용한 감성 분석

감성 분석에서 첫째로 실습할 라이브러리는 TextBlob이다. TextBlob는 감성 분석 외에 자연어 처리를 위한 다양한 기능을 제공한다. 우리가 지금까지 배운 토큰화, POS 태깅, 명사 추출, 나이브 베이즈와 결정트리를 이용한 문서 분류 등을 제공하므로 자연어 전처리를 위해 NLTK 대신 사용해도 된다. 다만 여기서는 감성 분석에 집중하기로 한다.

먼저 아래와 같이 TextBlob 홈페이지[3]를 참조해 TextBlob을 설치한다.

```
!pip install -U textblob
!python -m textblob.download_corpora
```

TextBlog의 사용[4]은 매우 직관적으로, 객체를 생성할 때 대상이 되는 텍스트를 인수로 전달하고 감성 분석의 결과는 sentiment 속성을 확인하면 된다. sentiment는 polarity와 subjectivity로 구성돼 있는데, polarity는 감성을 나타내는 극성을 의미하고 −1.0과 1.0 사이의 실숫값을 가지며, subjectivity는 0.0과 1.0 사이의 실수로, 0에 가까울수록 객관적 1에 가까울수록 주관적임을 의미한다. 아래 예에서는 첫째 리뷰에 대한 결괏값을 보여주는데, 극성은 0.06으로 매우 약한 긍정, 주관성(subjectivity)은 0.5로 중간 정도임을 알 수 있다.

```
from textblob import TextBlob

result = TextBlob(reviews[0])
print(result.sentiment)
```

3 https://textblob.readthedocs.io/en/dev/
4 https://textblob.readthedocs.io/en/dev/quickstart.html

[실행 결과]

```
Sentiment(polarity=0.06479782948532947, subjectivity=0.5188408350908352)
```

TextBlob은 sentiment 외에도 words, sentence, tags, noun_phrases와 같은 속성으로 각기 토큰화된 단어와 문장, POS 태깅의 결과 그리고 추출된 명사 리스트를 제공하므로 목적에 맞게 사용하면 된다. sentiment에서 polarity는 −1과 1 사이의 실수로 극성을 나타내는 반면, 우리가 가진 데이터에서는 'pos'와 'neg'로 극성을 표현하므로, 텍스트 리스트를 받아서 polarity의 결과를 데이터에 맞게 반환하는 함수를 아래와 같이 작성한다.

이때, 앞서 설명한 바와 같이 polarity가 0이면 중립을 나타내는데, 현재 데이터에서는 중립이 없으므로 polarity가 0보다 큰 경우는 긍정으로, 그렇지 않으면 부정으로 분류한다. 라벨에 중립이 없으면 극성값 0을 긍정으로 처리해야 하는지 아니면 부정으로 처리해야 하는지가 모호한데, 일반적으로는 부정으로 처리한다.

```python
def sentiment_TextBlob(docs):
    results = []

    for doc in docs:
        testimonial = TextBlob(doc)
        if testimonial.sentiment.polarity > 0:
            results.append('pos')
        else:
            results.append('neg')
    return results
```

위 함수는 TextBlob을 이용해 인수로 받은 문서들에 대한 감성 분석 결과를 반환하는 함수다. 이를 이용해서 감성 분석을 실시하고 원래의 라벨과 비교해 어느 정도 정확한 값이 나오는지 확인해 본다. 지금까지는 라이브러리들이 제공하는 정확도 함수를 사용했으나, TextBlob은 이를 제공하지 않으므로 사이킷런에서 accuracy_score를 불러와서 아래와 같이 정확도를 확인한다.

```python
from sklearn.metrics import accuracy_score

print(
    '#TextBlob을 이용한 리뷰 감성분석의 정확도:',
```

```
    accuracy_score(categories, sentiment_TextBlob(reviews))
)
```

[실행 결과]

```
#TextBlob을 이용한 리뷰 감성분석의 정확도: 0.6
```

생각보다 정확도가 좋지 않은 것을 볼 수 있다. 감성 사전을 기반으로 하는 감성 분석의 가장 큰 문제는 이와 같이 정확도가 그리 높지 않다는 점이다. 문장이 복잡하거나 길어지는 경우, 단순히 단어들의 극성을 조합하는 것만으로 정확한 감성 분석을 하기에는 많은 어려움이 있다.

8.2.3 AFINN을 이용한 감성 분석

AFINN 어휘 목록[5]은 덴마크의 핀 아럽 닐센(Finn Årup Nielsen)이 2009년부터 2011년까지 수작업으로 −5에서 5 사이의 극성을 부여한 영어 단어들의 리스트다. 파이썬 afinn 라이브러리 는 AFINN을 활용한 감성 분석 패키지로 Nielsen의 깃허브[6]에 공개돼 있으며 사용법이 잘 설명 돼 있다. 설치는 다음과 같이 pip로 할 수 있다.

```
!pip install afinn
```

사용법은 TextBlob과 같이 매우 직관적이다. TextBlob과 마찬가지로 토큰화 등의 전처리 작업 을 알아서 하므로 별도로 전처리를 하지 않고 바로 텍스트를 인수로 넘겨준다. 영어가 아닌 언어 를 사용하고 싶다면 'language' 매개변수를 사용하면 되고, 대상 텍스트에 이모티콘이 포함돼 있 다면 'emoticons=True'로 설정한다.

TextBlob과 마찬가지로 afinn은 극성을 수치로 반환하므로 다음과 같이 ['neg', 'pos']로 변환 하는 함수를 작성한다. score 메서드를 이용해 극성 점수를 가져올 수 있는데, TextBlob과 달리 객체 선언이 아니라 score 메서드를 호출할 때 텍스트를 인수로 전달하는 것에 유의한다. 함수 를 이용해 바로 정확도를 확인해본다. 결과를 보면 TextBlob에 비해서는 더 나아진 정확도를 보 여주지만 여전히 마음에 들지는 않는다.

---

5 http://corpustext.com/reference/sentiment_afinn.html

6 https://github.com/fnielsen/afinn

```
from afinn import Afinn

def sentiment_Afinn(docs):
    afn = Afinn(emoticons=True)
    results = []

    for doc in docs:
        if afn.score(doc) > 0:
            results.append('pos')
        else:
            results.append('neg')
    return results

print(
    '#Afinn을 이용한 리뷰 감성분석의 정확도:',
    accuracy_score(categories, sentiment_Afinn(reviews))
)
```

[실행 결과]
```
#Afinn을 이용한 리뷰 감성분석의 정확도: 0.664
```

8.2.4 VADER를 이용한 감성 분석

VADER(Valence Aware Dictionary and sEntiment Reasoner)[7]는 규칙기반의 감성 분석 알고리즘을 사용하는 것으로 알려져 있으며, 트위터나 페이스북 같은 소셜 미디어의 텍스트에서 좋은 성능이 나올 수 있도록 개발됐다. NLTK의 nltk.sentiment.vader에 포함돼 있으므로, 다음과 같이 vader에서 사용하는 감성 사전인 vader_lexicon을 추가로 다운로드받은 후 NLTK에 있는 라이브러리를 사용할 수 있다.

```
import nltk
nltk.download('vader_lexicon')
```

혹은 아래와 같이 pip로 vaderSentiment 모듈을 설치해서 사용해도 된다.

---

7 https://github.com/cjhutto/vaderSentiment

```
!pip install vaderSentiment
```

여기서는 nltk.sentiment.vader로부터 SentimentIntensityAnalyzer를 불러와서 사용하기로 한다. vader의 SentimentIntensityAnalyzer는 4개의 극성값을 제공한다. 'pos'는 긍정, 'neg'는 부정 그리고 'neu'는 중립에 대한 값을 나타낸다. 넷째 극성값인 compound는 이 세 값을 적절히 조합해 −1과 1 사이의 극성값을 제공한다. 따라서 TextBlob이나 Afinn과 같은 방식으로 할 경우, compound를 기준으로 동일하게 극성을 판단할 수 있다. 혹은 'pos' 값이 'neg' 값보다 크면 긍정, 그 외에는 부정으로 판단하기도 한다.

Vader 측에서는 compound를 이용할 경우, 아래와 같은 기준으로 긍정, 부정, 중립을 권유하지만, 우리는 중립이 없으므로 기존과 같이 0보다 크면 긍정으로 판단하기로 한다.

- 긍정: compound >= 0.05
- 중립: (compound > −0.05) and (compound < 0.05)
- 부정: compound <= −0.05

다음과 같이 함수를 만들어서 감성분석을 수행한 후, 정확도를 보면 Afinn과 TextBlob의 중간 정도 되는 성능이 나오는 것을 볼 수 있다.

```
from afinn import Afinn
from nltk.sentiment.vader import SentimentIntensityAnalyzer

def sentiment_vader(docs):
    analyser = SentimentIntensityAnalyzer()
    results = []

    for doc in docs:
        score = analyser.polarity_scores(doc)
        if score['compound'] > 0:
            results.append('pos')
        else:
            results.append('neg')

    return results
```

```
print(
    '#Vader을 이용한 리뷰 감성분석의 정확도:',
    accuracy_score(categories, sentiment_vader(reviews))
)
```

[실행 결과]

```
#Vader을 이용한 리뷰 감성분석의 정확도: 0.635
```

이상에서 실습한 것 외에도 SentiWordNet[8], LIWC(Linguistic Inquiry and Word Count)[9]와 같은 다양한 감성 분석 도구들이 존재한다. 도구마다 각각의 특징과 장단점이 있으나, 기본적인 원리와 사용법은 큰 차이가 없으므로 사이트를 참조하면 어렵지 않게 사용할 수 있을 것이다.

8.3 학습을 통한 머신러닝 기반의 감성 분석

8.3.1 NLTK 영화 리뷰에 대한 머신러닝 기반 감성 분석

앞서 설명한 바와 같이 머신러닝 기반의 감성분석은 지도학습에 기반하므로 학습을 위한 데이터 셋에 라벨이 반드시 있어야 한다. NLTK의 movie_reviews에는 감성에 대한 극성 값이 모두 있으므로 이에 적합하다고 할 수 있다. 모델의 일반화 성능을 보기 위해 아래와 같이 먼저 학습 데이 터셋과 테스트 데이터셋으로 나눠준다.

```
from sklearn.model_selection import train_test_split

X_train, X_test, y_train, y_test = train_test_split(
    reviews, categories, test_size=0.2, random_state=7
)

print('Train set count: ', len(X_train))
print('Test set count: ', len(X_test))
```

---

8 https://github.com/aesuli/SentiWordNet
9 http://liwc.wpengine.com/

[실행 결과]

```
Train set count:  1600
Test set count:  400
```

이후 과정은 문서 분류와 완전히 동일하다. 학습과 예측을 위해 문서 분류에서 배운 바와 같이 먼저 사이킷런의 TfidfVectorizer를 이용해 TFIDF 벡터로 변환한다. 이후 MultinomialNB를 이용해 나이브 베이즈 모형으로 학습하고 성능을 출력한다.

```python
from sklearn.feature_extraction.text import TfidfVectorizer
from sklearn.naive_bayes import MultinomialNB

tfidf = TfidfVectorizer()
X_train_tfidf = tfidf.fit_transform(X_train)  # train set을 변환

# 실제로 몇 개의 특성이 사용됐는지 확인
print('#Train set dimension:', X_train_tfidf.shape)

X_test_tfidf = tfidf.transform(X_test)  # test set을 변환
print('#Test set dimension:', X_test_tfidf.shape)

NB_clf = MultinomialNB(alpha=0.01)  # 분류기 선언
NB_clf.fit(X_train_tfidf, y_train)  # train set을 이용해 분류기를 학습

# train set에 대한 예측정확도를 확인
print('#Train set score: {:.3f}'.format(NB_clf.score(X_train_tfidf, y_train)))

# test set에 대한 예측정확도를 확인
print('#Test set score: {:.3f}'.format(NB_clf.score(X_test_tfidf, y_test)))
```

[실행 결과]

```
#Train set dimension: (1600, 36189)
#Test set dimension: (400, 36189)
#Train set score: 0.998
#Test set score: 0.797
```

결과를 보면 감성 사전을 이용한 감성 분석에 비해 월등히 성능이 뛰어난 것을 볼 수 있다. 이는 학습된 모형이 현재의 영화 리뷰 데이터에 최적화됐기 때문이다. 영화 리뷰가 아닌 다른 대상에 대해 감성 분석을 실시하면 이보다 훨씬 떨어지는 성능이 나올 것이다. 즉 감성 사전을 이용할 경우에는 대상 말뭉치에 관계없이 일반적으로 적용할 수 있다는 장점이 있지만, 학습에 의한 모형은 특정 도메인에 한정되어 더 좋은 성능을 보인다는 장점이 있다.

8.3.2 다음 영화 리뷰에 대한 머신러닝 기반 감성 분석

이제 한국어 문서에 대해 머신러닝 기반의 감성 분석을 해보자. 사용할 데이터는 다음 영화의 리뷰다. pandas를 이용해 파일을 읽어 오고 데이터 모양을 살펴본다. 실습에 사용할 데이터는 이 책의 깃허브 저장소에서 다운로드할 수 있다.

```
import pandas as pd
df = pd.read_csv('./data/daum_movie_review.csv')
df.head(5)
```

[실행 결과]

	review	rating	date	title
0	돈 들인건 티가 나지만 보는 내내 하품만	1	2018.10.29	인피니티 워
1	몰입할수밖에 없다. 어렵게 생각할 필요없다. 내가 전투에 참여한듯 손에 땀이남.	10	2018.10.26	인피니티 워
2	이전 작품에 비해 더 화려하고 스케일도 커졌지만.... 전국 맛집의 음식들을 한데 ...	8	2018.10.24	인피니티 워
3	이 정도면 볼만하다고 할 수 있음!	8	2018.10.22	인피니티 워
4	재미있다	10	2018.10.20	인피니티 워

이전의 실습과는 달리 우리가 사용할 데이터는 리뷰와 평점(rating)이다. 평점은 극성과 유사하게 0부터 10까지의 값으로 이루어져 있다. 먼저 아래와 같이 막대그래프를 그려서 평점의 분포를 살펴보자.

```
import matplotlib.pyplot as plt
%matplotlib inline
```

```
df.rating.value_counts().sort_index().plot(kind='bar')
#df.rating.plot.hist(bins=10)  # 히스토그램을 그릴 수도 있다.
plt.show()
```

[실행 결과]

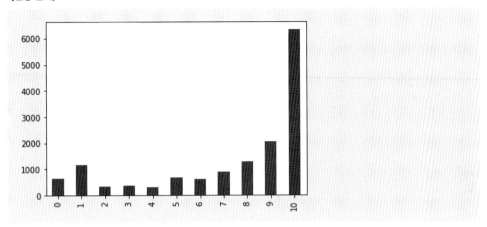

위 그래프로부터 알 수 있는 사실은, 먼저 평점이 0부터 10까지 위치해 있어서 감성 분석과 같이 긍정과 부정으로 결론을 내리려면 평점으로부터 특정 값을 기준으로 두 개의 클래스로 분류를 해야 한다는 것이다. 5가 정확히 중앙에 위치해 있어 5를 중립으로 하고 큰 값과 작은 값을 각각 긍정과 부정으로 할 수 있으나, 지금까지 중립은 고려하지 않았으므로 5보다 큰 값을 긍정, 작은 값을 부정으로 보기로 한다.

위 그래프에서 둘째로 알 수 있는 사실은 평점이 고르게 분포하지 않는다는 것이다. 10점이 가장 많고, 5점을 중심으로 봤을 때 주로 더 큰 값에 훨씬 많이 분포해 있다. 이와 같이 클래스별로 고르게 분포하지 않는 경우를 **불균형 데이터셋**이라고 하는데, 성능이 잘 나오기가 어렵고 모형의 성능을 정확도로 측정하기 어렵다는 특징이 있다. 긍정이 99%, 부정이 1%로 이루어진 극단적인 예를 살펴보자. 이때에는 내용과 관계없이 무조건 긍정으로 예측하면 정확도가 99%가 된다.

이와 같은 불균형 데이터에서의 성능 측정을 위해 사용하는 지표로 **정밀도**와 **재현율**이 있다. 정밀도는 긍정으로 예측한 대상 중에서 실제로 긍정인 데이터의 비율을 말하고, 재현율은 실제 긍정인 네이터 중에서 긍정으로 예측한 대상의 비율이다.

표 8.1 오차행렬

	긍정으로 예측한 리뷰(PP)	부정으로 예측한 리뷰(PN)
실제 긍정인 리뷰(P)	True positive(TP)	False negative(FN)
실제 부정인 리뷰(N)	False positive(FP)	True negative(TN)

현재 데이터를 기준으로 표8.1을 보면 좀 더 쉽게 이해가 가능하다. 실제로 감성이 긍정인 리뷰의 수가 P개, 부정인 리뷰의 수가 N개이고, 모형을 통해 긍정으로 예측한 리뷰가 PP개, 부정으로 예측한 리뷰가 PN개라고 하자. 이때 **True positive(TP)**는 실제 긍정인 리뷰에 대해 올바르게 긍정으로 예측한 수를 말하고, **False negative(FN)**은 실제로는 긍정인데 부정으로 잘못 예측한 리뷰의 수를 말한다. 마찬가지로 **False positive(FP)**는 실제로는 부정인데 긍정으로 잘못 예측한 리뷰, **True negative(TN)**은 실제 부정인 리뷰를 올바르게 부정으로 예측한 수를 말한다.

정확도는 전체 수에서 올바르게 예측한 리뷰의 수이므로 (TP + TN) / (P + N) 이 된다. 정밀도는 긍정으로 예측한 대상 중 실제 긍정인 리뷰의 비율이므로 TP / (TP + FP) 이고, 재현율은 실제 긍정인 리뷰 중에서 긍정으로 예측한 리뷰의 비율이므로 TP / (TP + FN) 이 된다. 일단 개념만 잘 이해하면 accuracy_score와 마찬가지로 사이킷런으로부터 라이브러리를 불러와서 쓰면 되므로, 구현하기 위해 애쓸 필요는 없다.

데이터가 준비되면 학습을 해야 하는데, 두 가지 방안을 생각할 수 있다. 첫째, 평점이 0부터 10까지의 연속된 값이므로 평점을 예측하는 다중회귀분석을 사용한다. 이 경우에는 평점을 라벨로 해서 학습하고 평점을 예측한 후, 마지막 과정에서 긍정과 부정으로 판별한다. 둘째, 평점을 긍정과 부정으로 먼저 변환하고 이것을 라벨로 해서 학습하는 로지스틱 회귀분석을 사용한다.

두 아이디어 모두 그럴듯하므로 모두 실행한 후에 결과를 비교해보기로 한다. 먼저 평점을 예측하는 다중회귀분석을 실시한다. 따라서 평점을 라벨로 사용해야 하므로, 아래 예에서 다음 영화 리뷰를 학습 데이터셋과 테스트 데이터셋으로 분리할 때 라벨이 되는 y_train과 y_test는 df.rating을 분리해서 사용한다.

데이터 분리 후에는 KoNLPy의 형태소 분석기를 이용해 TFIDF로 변환한다. 주의할 점은 보통 극성을 가지는 단어는 명사, 동사, 형용사이므로 토큰화에서도 이 셋만 포함하도록 한다.

```
from sklearn.model_selection import train_test_split

X_train, X_test, y_train, y_test = train_test_split(df.review, df.rating, random_state=7)
print('#Train set size:', len(X_train))
print('#Test set size:', len(X_test))

from konlpy.tag import Okt
#from konlpy.tag import Twitter
okt = Okt()

def twit_tokenizer(text):  # 전체를 다 사용하는 대신, 명사, 동사, 형용사를 사용
    target_tags = ['Noun', 'Verb', 'Adjective']
    result = []
    for word, tag in okt.pos(text, norm=True, stem=True):
        if tag in target_tags:
            result.append(word)
    return result

# 명사, 동사, 형용사를 이용해 tfidf 생성
tfidf = TfidfVectorizer(tokenizer=twit_tokenizer, max_features=2000, min_df=5,
max_df=0.5)

X_train_tfidf = tfidf.fit_transform(X_train)
X_test_tfidf = tfidf.transform(X_test)
```

[실행 결과]

```
#Train set size: 11043
#Test set size: 3682
```

이제 사이킷런의 LinearRegression 모듈을 이용해 다중회귀분석을 실시하고 성능을 살펴본다.

```
from sklearn.linear_model import LinearRegression

lr = LinearRegression()  #객체를 생성
lr.fit(X_train_tfidf, y_train)
print('#Regression Train set R2 score: {:.3f}'.format(lr.score(X_train_tfidf, y_train)))
print('#Regression Test set R2 score: {:.3f}'.format(lr.score(X_test_tfidf, y_test)))
```

[실행 결과]

```
#Regression Train set R2 score: 0.604
#Regression Test set R2 score: 0.395
```

다중회귀분석 모듈인 LinearRegression이 제공하는 score는 모형의 설명력을 나타내는 R2 값이다. 이 척도로는 감성 분석에 대한 정확도를 알기 어려우므로 아래와 같이 평점을 극성으로 바꿔주고, accuracy_score를 이용해 정확도를 살펴본다. 더불어 앞에서 설명한 정밀도, 재현율, f1 척도까지 출력한다.

평점을 극성으로 바꾸는 과정은 pandas의 Series 타입에 대한 비교 연산자를 통해 쉽게 True/False로 이루어진 불 배열로 변환할 수 있다. 즉 True이면 긍정, False이면 부정을 나타내는 것으로 변환하다. 참고로 f1 척도는 정밀도와 재현율의 하모닉 평균으로 쉽게 말해서 두 가지를 다 고려한 척도라고 할 수 있다.

```python
y_train_senti = (y_train > 5)
y_test_senti = (y_test > 5)

y_train_predict = (lr.predict(X_train_tfidf) > 5)
y_test_predict = (lr.predict(X_test_tfidf) > 5)

from sklearn.metrics import precision_score
from sklearn.metrics import recall_score
from sklearn.metrics import f1_score

print(
    '#Accuracy for train set: {:.3f}'.format(
        accuracy_score(y_train_senti, y_train_predict)
    )
)
print(
    '#Precision for train set: {:.3f}'.format(
        precision_score(y_train_senti, y_train_predict)
    )
)
print(
    '#Recall for train set: {:.3f}'.format(recall_score(y_train_senti, y_train_predict))
```

```
)
print('#F1 for train set: {:.3f}'.format(f1_score(y_train_senti, y_train_predict)))

print(
    '#Accuracy for test set: {:.3f}'.format(accuracy_score(y_test_senti, y_test_predict))
)
print(
    '#Precision for test set: {:.3f}'.format(
        precision_score(y_test_senti, y_test_predict)
    )
)
print('#Recall for test set: {:.3f}'.format(recall_score(y_test_senti, y_test_predict)))
print('#F1 for test set: {:.3f}'.format(f1_score(y_test_senti, y_test_predict)))
```

[실행 결과]

```
#Accuracy for train set: 0.888
#Precision for train set: 0.893
#Recall for train set: 0.969
#F1 for train set: 0.929
#Accuracy for test set: 0.849
#Precision for test set: 0.868
#Recall for test set: 0.946
#F1 for test set: 0.905
```

테스트 집합에 대한 모형의 설명력이 좋지 않았던 것에 비해, 극성에 대해서는 꽤 좋은 정확도, 정밀도 그리고 재현율을 보인다.

이제 둘째 아이디어인, 극성을 라벨로 한 로지스틱 회귀분석을 실시해보기로 한다. 위에서 극성에 해당하는 y_train_senti와 y_test_senti를 이미 구해 놓았으므로 이를 바로 라벨로 사용해 아래와 같이 학습을 하고 정확도, 정밀도, 재현율, f1을 살펴본다. 여기서는 모형의 예측값이 평점이 아닌 극성이므로, 비교 연산자를 이용한 변환 없이 바로 척도를 계산한다.

```
# sklearn이 제공하는 logistic regression을 사용
from sklearn.linear_model import LogisticRegression

# count vector에 대해 regression을 해서 NB와 비교
```

```
LR_clf = LogisticRegression()  # 분류기 선언
LR_clf.fit(X_train_tfidf, y_train_senti)  # train data를 이용해 분류기를 학습

y_train_predict = LR_clf.predict(X_train_tfidf)
y_test_predict = LR_clf.predict(X_test_tfidf)

print(
    '#Accuracy for train set: {:.3f}'.format(
        accuracy_score(y_train_senti, y_train_predict)
    )
)
print(
    '#Precision for train set: {:.3f}'.format(
        precision_score(y_train_senti, y_train_predict)
    )
)
print(
    '#Recall for train set: {:.3f}'.format(recall_score(y_train_senti, y_train_predict))
)
print('#F1 for train set: {:.3f}'.format(f1_score(y_train_senti, y_train_predict)))

print(
    '#Accuracy for test set: {:.3f}'.format(accuracy_score(y_test_senti, y_test_predict))
)
print(
    '#Precision for test set: {:.3f}'.format(
        precision_score(y_test_senti, y_test_predict)
    )
)
print('#Recall for test set: {:.3f}'.format(recall_score(y_test_senti, y_test_predict)))
print('#F1 for test set: {:.3f}'.format(f1_score(y_test_senti, y_test_predict)))
```

[실행 결과]

```
#Accuracy for train set: 0.878
#Precision for train set: 0.879
#Recall for train set: 0.973
#F1 for train set: 0.923
#Accuracy for test set: 0.854
```

```
#Precision for test set: 0.865
#Recall for test set: 0.958
#F1 for test set: 0.909
```

처음 생각하기로는 평점을 예측하는 것이 더 많은 정보량을 갖고 있으므로 좀 더 정확한 극성 예측이 가능하지 않을까 생각했으나, 실제로는 별 차이가 없는 것으로 나타났다. 오히려 테스트 데이터셋에 대해 재현율이 더 향상되고, f1에서도 더 나은 수치를 보였다. 다만 이 정도의 차이는 테스트 집합이 무작위로 선택된 것에 대한 확률적 차이로 볼 수도 있으므로 큰 의미는 두지 않는 것이 좋다. 이와 비슷한 상황에서 감성 분석을 해야 한다면 두 가지를 다 시도하고 더 나은 모형을 선택하는 것을 고려할 수 있을 것이다.

8.4 참고문헌

- Finn Århup Nielsen A new ANEW: Evaluation of a word list for sentiment analysis in microblogs. Proceedings of the ESWC2011 Workshop on 'Making Sense of Microposts': Big things come in small packages 718 in CEUR Workshop Proceedings 93–98. 2011 May.

- Hutto, C.J. & Gilbert, E.E. (2014). VADER: A Parsimonious Rule-based Model for Sentiment Analysis of Social Media Text. Eighth International Conference on Weblogs and Social Media (ICWSM-14). Ann Arbor, MI, June 2014.

09

인공신경망과
딥러닝의 이해

딥러닝을 가급적 짧게 요약한다면 '층이 깊은 인공신경망을 사용하는 기계학습 알고리즘'이라고 말할 수 있다. 여기서 층이 깊다는 것은 인공신경망의 은닉층을 여러 층으로 설계하는 것을 의미하는데, 이로 인해 발생하는 다양한 문제점이 있고 딥러닝은 그러한 문제점들을 상당 부분 해결한 방법론으로 생각할 수 있다.

다만 이러한 설명을 이해하려면 먼저 인공신경망을 이해하고, 층이 깊을 때의 문제점, 그리고 어떻게 그러한 문제점을 해결하는지에 대해 알 필요가 있다. 9장에서는 이러한 내용에 대해 최대한 개념적으로 설명하고자 한다.

9.1 인공신경망의 이해

9.1.1 인공신경망의 구조와 구성요소

인공신경망은 인간의 뇌를 본따서 만들어졌다고 알려져 있다. 그것이 사실인지는 확인할 방법이 없다. 어떤 학자는 일단 만들고 나서 설명을 하려고 보니 인간의 뇌와 비슷해서 예시로 썼다고 말하기도 한다. 어쨌거나 두 구조가 놀랍게 일치하는 것은 사실이다. 뇌의 뉴런들은 수상돌기를 통해 다른 뉴런들로부터 입력신호를 받아들이고 변환과정을 수행한 후에 축삭돌기를 이용해 다른 뉴런에게 전달한다.

인공신경망에서는 노드가 뉴런과 같은 역할을 한다. 앞에 있는 여러 노드에서 값을 받아 가중합(weighted sum)을 계산하고 활성화 함수(activation function)를 적용해서 값을 변환한 후 다음 노드로 전달한다. 로지스틱 회귀분석을 잘 안다면, 하나의 노드가 하는 일이 로지스틱 회귀분석에서 입력값들에 대한 선형식으로 가중합을 구한 후에 최종적으로 시그모이드를 적용해 확률을 계산하는 것과 거의 비슷하다고 생각하면 된다.

노드에 대해 반드시 알아야 할 중요한 한 가지는, 입력값들에 대해 가중합을 구할 때 가중치를 사용하는데, 이 가중치는 학습을 통해 결정된다는 것이다. 즉 학습을 통해 노드가 생성해야 할 값의 정확도를 높이는 방향으로 이 가중치들을 조절한다. 인공신경망에서의 학습은 올바른 가중치의 값을 구하는 것으로 설명할 수 있다.

이러한 노드들을 모아서 하나의 은닉층을 구성할 수 있다. 아래 그림은 전형적인 인공신경망 중 하나인 다층신경망(multi layer perceptron) 구조 중 하나를 보여준다. 여기서 은닉층1은 네 개의 노드로 구성된 반면, 은닉층2는 세 개의 노드로 구성돼 있다. 일반적으로 한 은닉층에 속한 노드들끼리는 연결되지 않는다. 앞에 있는 층으로부터만 입력을 받고 출력은 다음 층으로만 이루어지게 순차적으로 구성된다. 물론 예외는 항상 있다.

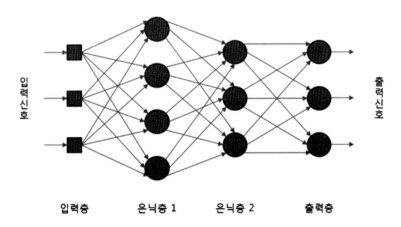

그림 9.1 다층신경망의 구조

입력층의 각 노드들은 입력변수로 생각하면 된다. 우리가 그림과 같이 세 개의 입력변수를 사용하는 모형을 설계한다면 입력층의 노드는 세 개다. 출력층은 모형의 목표에 따라 달라진다. 하나의 수치를 예측하거나 이항 분류를 하고 싶다면 하나의 노드로 구성하고, 다중 분류를 하고 싶다면 클래스의 수만큼의 노드로 구성한다.

은닉층을 늘리면서 얻을 수 있는 장점은 입력변수와 출력변수 간의 함수를 단순한 선형식, 즉 직선이 아니라 매우 복잡한 형태의 곡선으로 만들 수 있다는 것이다. 다시 말해 출력변수를 최대한 잘 설명할 수 있는 복잡한 식을 생성해서 좀 더 정확한 예측을 시도한다.

9.1.2 인공신경망에서의 학습

인공신경망은 앞서 설명한 구조에서 각 노드들이 갖고 있는 가중치들에 의해 신경망의 출력값들이 결정된다. 올바른 가중치를 알아낼 수 있다면 최대한 정답에 가까운 값들을 출력할 수 있을 것이다. 이와 같이 주어진 학습 데이터를 이용해 올바른 가중치를 찾아가는 혹은 조정하는 과정을 **학습**이라고 말한다. 즉 인공신경망은 입력값들에 대해 목표 출력값 혹은 실제 출력값을 매칭시킨 학습자료를 이용해서, 주어진 입력값에 대해 매칭되는 출력값을 예측할 수 있도록 가중치를 조정하는 지도학습을 사용한다.

아주 간단한 예를 생각해보자. 입력값이 하나의 변수로 이루어져 있으며 [2, 4, 6, 8]으로 주어져 있고, 출력값 역시 하나의 변수인데 [6, 12, 18, 24]로 주어져 있다. 입력값 2는 출력값 6과 매칭되고, 4는 12와 매칭된다. 어떻게 하면 주어진 입력값으로 출력값을 정확하게 예측할 수 있을까? $2 \times 3 = 6$, $4 \times 3 = 12$ 등 입력값에 3을 곱하면 된다는 것을 어렵지 않게 알아낼 수 있다. 이때 가중치는 3이고, 다른 용어로 파라미터라고 부른다.

그런데 초기 가중치가 2였다면 어떨까? $2 \times 2 = 4$인데 이때의 출력값 4는 실제 출력값인 6보다 작다. 따라서 가중치를 조금 높여보면 실제에 가까운 값을 출력할 것으로 기대할 수 있다. 문제가 아주 단순해서 사람이 보기에도 가중치를 어떻게 조정하는 것이 좋은지 쉽게 보이지만, 실제 문제에서는 신경망도 훨씬 복잡할 뿐 아니라 가중치의 수도 매우 많으므로 아주 조금씩 반복해서 가중치를 수정해 차근차근 올바른 가중치를 찾아간다.

9.1.3 손실 함수의 이해

손실 함수는 현재 예측한 출력값 집합과 실제 출력값 집합 사이에 얼마나 오차가 있는지를 하나의 값으로 나타내는 함수로 설명할 수 있다. 손실 함수를 어떻게 설정하느냐에 따라 학습의 목표와 성능이 달라질 수 있다. 학습과 연결해서 이야기해보면, 학습의 목표는 가중치를 조정해서 손실 함수의 값을 최소화하는 것이라고 할 수 있다. 그런 관점에서 손실 함수를 목적함수로 말하기도 하며, 손실 함수는 현재의 예측으로 인해 발생하는 손실의 정도를 표현한다고 설명할 수도 있다.

딥러닝에서 복잡한 문제를 해결하고자 할 때에는 손실 함수에 적절한 요소를 추가함으로써 학습의 방향을 결정할 수 있다. 다만 이제 딥러닝을 배우기 시작하는 경우에는 가장 많이 쓰이는 전형적인 손실 함수만 이해해도 된다. 가장 기초적인 손실 함수는 **MSE(Mean Squared Error)**다. 학습에는 여러 개의 데이터를 사용하므로 예측된 값과 실젯값의 쌍이 여럿 있는데, MSE는 이 둘 간의 에러를 제곱해 평균을 계산한 것이다. 즉 평균 제곱오차라고 할 수 있는데, 제곱을 하는 이유는 양의 오차와 음의 오차가 서로 상쇄되는 것을 막기 위해서다.

감성분석과 같은 이진 분류가 목표일 때에는 손실 함수로 **binary cross entropy**를 사용한다. 이진 분류에서는 출력값을 0과 1로 표현하고 예측값은 1의 값을 가질 확률을 계산하게 되는데, binary cross entropy는 예측한 확률과 출력값(0 혹은 1)과의 오차를 표현한다고 직관적으로 이해할 수 있다. 중요한 것은 예측하고자 하는 값의 성질에 따라 다른 손실 함수를 사용해야 한다는 것을 잘 이해하고 기억하는 것이다.

마지막으로 문서 분류와 같이 다중 분류가 목표일 때에는 **cross entropy**를 손실 함수로 사용한다. 이진 분류에서는 하나의 확률을 계산하는 반면, 다중 분류에서는 각 클래스마다 확률을 계산한다. 손실 함수의 의미를 보다 정확하게 이해하고 싶다면 수식을 살펴보는 것을 추천한다. 그러나 이미 존재하는 딥러닝 기법을 적용하는 정도로 목표를 삼는다면 직관적인 이해만으로도 충분하다고 할 수 있다.

9.1.4 경사하강법

경사하강법은 앞서 설명한 학습에서 최적의 가중치를 찾아나가기 위한 방법론이라고 할 수 있다. 다음 그림은 경사하강법의 원리를 보여준다. 먼저 가중치를 w라고 할 때, 손실 함수는 w의 함수인 loss(w)로 표현할 수 있다. 손실 함수에서 입력값과 실제 출력값은 데이터로 주어진 상수이기 때문에 변하는 것은 가중치인 w이고, 학습의 목적은 손실 함수를 최소화하는 w를 찾는 것이다. 그림에서 손실 함수 loss(w)의 값을 최소화하는 w는 중앙의 점인 것을 직관적으로 이해할 수 있다.

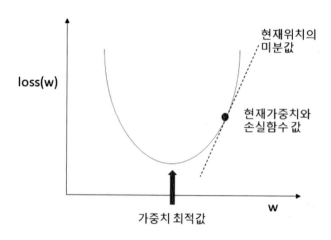

그림 9.2 경사하강법

그림과 같이 w가 현재 오른쪽에 위치한다면, 이제 학습은 w를 최적값에 가까운 곳으로 옮기면 된다. 최적값이 어느 쪽에 위치하는지는 현재 위치에서의 미분값을 계산하면 알 수 있다. 미분값이 그림에서와 같이 양수라면 최적값은 왼쪽에 있을 것이다. 따라서 왼쪽으로 조금씩 이동한다. 이때 왼쪽으로 얼마나 많이 가야 하는지를 결정하는 하이퍼 파라미터가 **학습률**(learning rate)이다. 학습률이 크면 한 번에 많이 움직이고, 작으면 조금씩 움직인다.

제목이 경사하강법인 이유는, 설명한 것과 같이 현재 위치의 경사를 계산하고 경사가 낮아지는 쪽으로 이동하기 때문이다. 날이 어두워졌는데 산 속에 갇혀 있다면, 산을 내려오는 가장 간단한 방법은 경사가 낮아지는 쪽으로 계속해서 이동하는 것이다. 경사하강법은 이와 같은 간단한 알고리즘을 구현한 것이라고 생각하면 된다.

9.2 딥러닝의 이해

9.2.1 딥러닝이란?

다시 딥러닝으로 돌아가자. 앞에서 딥러닝을 '층이 깊은 인공신경망을 사용하는 기계학습 알고리즘'이라고 했다. 층이 깊다는 것은 은닉층을 다수 사용하는 것인데, 이렇게 층을 많이 쌓았을 때의 장점은 아무리 복잡한 분류식이라고 하더라도 여러 개의 선형식을 조합함으로써 최대한 비슷하게 추정할 수 있다는 것이다. 다음 그림을 보면 비교적 직관적으로 이해가 가능하다.

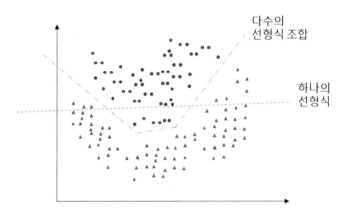

그림 9.3 선형식의 조합

그림과 같이 2차원 평면에서 둥근 점들과 세모 점들을 분류해야 한다고 하자. 하나의 선형식으로는 아무리 잘해도 두 집단을 완전하게 분리하기가 어렵다. 그러나 그림처럼 세 개의 선형식을 조합하면 완전하게 분리할 수 있고, 이는 분류의 정확성이 높다는 것을 의미한다. 은닉층을 여러 개 사용하면 이와 유사한 효과가 있다. 즉 아무리 복잡한 형태의 분류 문제도 해결할 수 있다는 뜻이 된다.

9.2.2 층이 깊은 신경망의 문제점

그러나 여러 층을 사용했을 때 장점만 있는 것이 아니다. 은닉층이 많으면 결정적으로 학습이 잘 이뤄지지 않는다는 문제가 발생한다. 은닉층이 여러 개 사용될 때 경사하강법은 출력에 가까운 층부터 입력층 방향으로 단계적으로 이루어지는데, 이를 역전파라고 한다. 그리고 은닉층에서는 앞 은닉층의 값들에 대한 선형결합에 시그모이드 함수와 같은 비선형 활성화 함수를 함께 사용하는데, 이로 인해 발생하는 가장 큰 문제는 역전파 과정에서 점차 기울기가 사라져서 학습이 전혀 이뤄지지 않는다는 것이다. 이를 **경사소실(vanishing gradient)** 문제라고 한다. 즉 복잡한 분류 문제를 해결하기 위해 층을 많이 쌓으면 사실상 학습이 이뤄지지 않아 의도한 목적을 달성할 수 없다는 것이다.

그리고 층을 쌓을 때에는 각 층의 노드 수, 층의 수, 층간 연결방법 등 수많은 하이퍼 파라미터들이 있어서 이를 조정해야 하는 부담이 있고, 층이 깊을수록 계산량이 많아서 학습에 많은 시간이 소요되는 문제가 발생한다. 다시 말해서 하나의 모형을 돌리는 데 시간이 너무 많이 걸려서 하이퍼 파라미터를 조정해가며 최적의 모형을 찾으려면 사실상 구현이 불가능할 정도의 시간이 걸리는 문제가 발생한다. 이와 같은 문제점들 때문에 인공신경망은 80년대부터 암흑기에 들어가게 된다.

9.2.3 딥러닝에서의 해결방안

암흑기에도 불구하고 일부 과학자들은 인공신경망에 대한 연구를 계속 이어간다. 경사소실로 인해 학습이 잘 안되는 현상을 극복하기 위해 **RBM(Restricted Boltzmann Machine)** 과 같은 사전학습을 통해 먼저 가중치들을 단계별로 학습시키거나, 시그모이드 함수 대신 ReLU(Rectified Linear Unit)와 같이 계산량이 적고, 경사소실이 없는 활성화 함수를 개발한다. 마침 3D 게임과 같은 컴퓨터 그래픽이 발전하면서 그래픽 카드가 발전하게 되는데, 인공신경망이 요구하는 단순하고 많은 계산을 CPU보다 훨씬 잘 처리할 수 있다는 것을 알게 된다.

이러한 다양한 노력 끝에 딥러닝이 주목을 받게 된 계기는, 이미지 인식 대회인 ILSVRC (ImageNet Large Scale Visual Recognition Challenge)에서 딥러닝의 대표적인 알고리즘 중 하나인 CNN(Convolutional Neural Network) 기법이 2012년에 우승을 차지한 사건이었다. 당시 다른 알고리즘의 오류율은 26% 정도로 1년에 1~2% 줄이기도 버거웠는데, CNN은 단숨에 오류율을 10%p 가량 더 낮췄다. 더 나아가 2015년에는 사람의 인식 오류율인 5%를 능가하는 놀라운 결과를 가져온다.

요약하자면, ReLU와 같은 새로운 비선형 활성화 함수를 이용한 경사소실 문제의 완화, 그리고 사전학습을 이용해 깊은 층에서의 학습 효과 향상, GPGPU(General-purpose computing on graphics processing units), 즉 게임을 위한 그래픽 카드를 이용한 연산속도의 향상, 마지막으로 CNN과 같이 주어진 문제에 맞는 효과적인 딥러닝 모형의 개발을 통해 기존의 문제들을 극복했다고 할 수 있다.

9.2.4 다양한 딥러닝 알고리즘

딥러닝이 주목받음에 따라 다양한 딥러닝 알고리즘이 개발됐는데, 그중 일부는 지금도 활발하게 사용되는 반면 어떤 알고리즘은 초기에 다른 알고리즘들의 발전에 기여한 후 점차 사용이 줄어들기도 했다. CNN과 RNN(Recurrent Neural Network)은 비교적 일찍 개발되어 지금도 활발히 사용되는 딥러닝 알고리즘이며, 텍스트 마이닝에서도 사용됐다.

그 외에도 사전학습을 위한 RBM(Restricted Boltzmann Machine), RBM을 다층으로 쌓은 DBN(Deep Belief Network) 등이 있고, 강화학습 분야에 딥러닝을 적용한 (Deep Q-Network) 등이 있다. 영상과 관련해서는 GAN(Generative Adversarial Network)을 이용한 딥페이크, 영상복원 등이 많이 알려져 있고, 텍스트 마이닝에서는 셀프 어텐션 모형인 트랜스포머에 기반한 BERT(Bidirectional Encoder Representations from Transformers), GPT(Generative Pre-trained Transformer) 등이 많은 주목을 받고 있다.

9.2.5 딥러닝 개발 및 활용환경

현재 딥러닝 개발에 가장 많이 사용되는 라이브러리는 텐서플로와 파이토치다. 텐서플로는 구글에서 개발 및 관리하며, 파이토치는 페이스북에서 개발했다. 둘 다 주로 파이썬 개발환경에 기반하므로, 사용하려면 파이썬과 기본적인 데이터 분석 라이브러리들을 다룰 수 있어야 한다.

텐서플로는 텐서(Tensor)의 흐름(flow)을 다루는 개발도구로, 텐서에 대한 정의는 다양하지만 간단히 하면 다차원행렬이라고 할 수 있다. 즉 텐서플로는 엔비디아(NVIDIA) 그래픽 카드를 이용해 다차원 행렬을 빠르게 계산하는 라이브러리로 시작했으나, 지금은 딥러닝의 대표적인 개발환경이 됐다. 텐서플로는 비교적 저수준의 라이브러리로 초보자에게는 사용하기 복잡하고 어려운 면이 있으나, 별도로 개발되던 고수준 딥러닝 개발 라이브러리인 케라스가 텐서플로에 들어오면서 초보자도 쉽게 사용할 수 있게 됐다.

파이토치는 텐서플로와 케라스의 중간 정도에 위치한 개발 환경이라고 할 수 있다. 즉 텐서플로에 비해 사용이 간편하면서도 텐서를 비교적 자유롭게 다룰 수 있다. 최근 텍스트와 관련한 딥러닝 개발에 많이 사용되면서 점차 비중이 커지고 있다.

텐서플로와 파이토치는 딥러닝의 기본적인 틀을 따르므로, 서로 다른 라이브러리임에도 유사한 점이 많다. 따라서 딥러닝에 대한 이해도가 높으면 둘 다 사용하는 것에 큰 무리가 없다. 자신이 하려는 분야를 잘 살펴보고 그에 맞는 개발환경을 선택하면 될 것이다.

3부

텍스트 마이닝을
위한 딥러닝 기법

10

RNN –
딥러닝을 이용한 문서 분류

카운트 기반의 문서표현은 문서에 있는 단어들의 통계를 통해 문서의 내용을 이해하려는 시도라고 할 수 있다. 반면 딥러닝은 사람처럼 단어 순서를 반영해 문맥을 이해하는 방식으로 작동한다. RNN(Recurrent Neural Networks)은 문장을 이해하기 위해 단어의 순서를 고려하는 가장 직관적인 모형이라고 할 수 있다. 이 장에서는 RNN을 이해하고 이를 활용해 문서를 분류하는 과정을 실습한다.

10.1 왜 RNN일까?

10.1.1 RNN의 이해

우리말로 순환신경망이라고 부르기도 하는 RNN(Recurrent Neural Networks)은 시계열 데이터를 다루기 위한 모형으로 알려져 있다. 시계열 데이터는 어떤 변수의 값이 시간에 따라 변화하는 것을 말한다. 가장 쉬운 예로 한 시간마다 측정한 기온을 들 수 있다. 일반적으로 하루의 기온은 오후 1~2시경에 가장 높고 저녁이 되면서 점차 떨어지며, 다음 날 아침부터는 다시 올라가기 시작한다. 이런 패턴을 알면, 지금이 오전 10시이고 기온이 24도일 때 한 시간 뒤인 오전 11

시에는 24도보다 높아질 것으로 예상할 수 있다. 이와 같이 일정한 시간 간격으로 측정한 시계열 데이터에는 특정한 규칙성이나 패턴이 있는 경우에, 이러한 패턴을 기반으로 다음 값을 예측하는 것이 가능하다. 시계열 예측모형에서 가장 중요한 가정은 앞의 값들이 뒤의 값에 영향을 미친다는 것이다. 아래 그림과 같은 사인 곡선이 있다고 가정해보자. 앞에 주어진 값이 하나라면 현재 값이 증가하고 있는지 감소하고 있는지 알기 어렵다. 그러나 일정한 간격의 값 두 개가 있다면 값의 증가 여부를 알 수 있다. 더 많은 순차적인 값들이 있다면 값이 증가하는 추세를 알아낼 수도 있다. 사인 그래프의 Y값은 0 근처에서는 급격하게 변하지만, 1과 −1 근처에서는 완만하게 변화한다. 즉 그 위치에서의 기울기가 달라진다. 따라서 앞에 주어진 값들의 간격들을 잘 보면 다음 값이 어느 정도가 될지 예측할 수 있다.

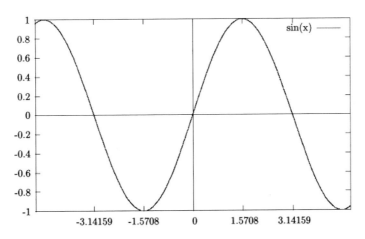

그림 10.1 사인 그래프

시계열 모형에서는 입력으로 일정 기간의 연속된 값을 사용한다. 예를 들어 t 시점의 온도를 x(t)라고 하고 이 값을 예측하는데, 그 전 4시간의 온도를 사용한다면 이때의 입력은 [x(t−4), x(t−3), x(t−2), x(t−1)]로 표현할 수 있다. 이때 이 입력의 중요한 가정은 x(t−4)로부터 시작해 x(t−1)에 이르기까지 순차적으로 영향을 미쳤다는 것이다. 즉 x(t−4)는 x(t−3)에 영향을 미치고 x(t−3)은 다시 x(t−2)에 영향을 미치고 이것이 반복되어 결국은 x(t)가 결정됐다는 것이다. RNN이 아닌 일반적인 회귀모형이나 신경망은 이렇게 입력값 사이에 순차적으로 미친 영향을 모형에 반영하지 못한다. RNN은 바로 이러한 순차적인 영향을 표현하기 위한 모형이다. 아래 그림은 RNN 모형에 대한 가장 일반적인 그림으로, 입력값들이 앞에서부터 순차적으로 다음 값에 미치는 영향의 구조를 은닉층에 구현한 예를 보여준다.

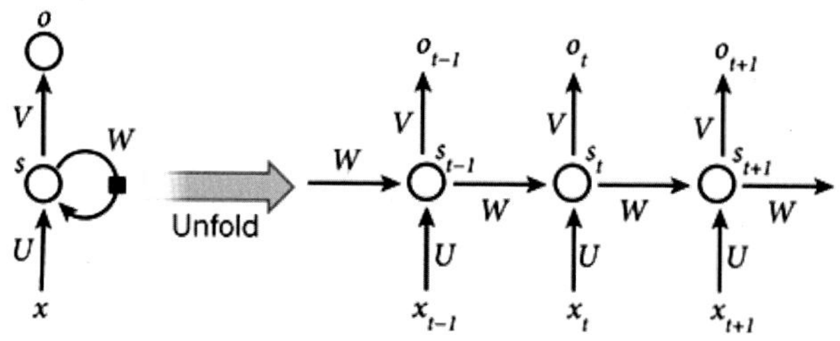

그림 10.2 RNN 모형

위 그림을 식으로 표현하면 아래와 같다.

$$s_t = tanh(Ux_t + Ws_{t-1} + b_s), \; o_t = Vs_t + b_o$$

위 식에서 x_t는 t 시점의 입력을 말한다. 초보자의 관점에서 볼 때, 위 그림과 식에서 가장 이해하기 어려운 부분 중 하나는 '과연 RNN 신경망 모형의 입력은 몇 개인가?'라는 것이다. x_t 하나가 신경망 모형의 한 입력인지, 아니면 x_{t-1}, x_t, x_{t+1} 셋인지, 아니면 화살표가 계속되고 있으니 무한히 많은 입력인지가 모호할 수 있다. 결론부터 말하면 내가 정한 수의 입력이다.

예를 들어 한 시간 간격으로 관측된 온도의 시계열 값을 이용해 한 시간 후의 온도를 예측한다면, 그 이전 몇 시간의 온도를 입력으로 사용할 것인지는 내가 결정하면 된다. 4개의 관측값을 이용한다면 입력은 $[x_{t-4}, x_{t-3}, x_{t-2}, x_{t-1}]$이 되고 이것을 이용해 x_t를 예측한다. 이때 몇 개의 관측값을 사용할 때 가장 잘 예측할 수 있을 것인지 알고 싶다면 자기회귀모형을 공부해보면 좋다.

또 한 가지 유의할 점은 x_t가 단일 값일 수도 있으나 벡터일 수도 있다는 것이다. 온도 예측 문제를 볼 때, 입력으로 오직 한 시간 간격으로 관측된 온도만을 사용한다면 입력은 단일 값이 된다. 그러나 온도 외에 습도 등 좀 더 많은 변수를 사용하고 싶다면 x_t는 이런 값들로 구성된 벡터가 된다.

위 그림에서 앞의 값들은 은닉층에 있는 노드를 통해 다음 상태에 영향을 미친다. x_{t-1}의 입력값은 s_{t-1}로 압축되고, 이 값은 x_t의 정보가 압축된 은닉 노드 s_t에 영향을 미친다. 이와 같이 시계열의 앞 값들이 뒤에 미치는 영향은 은닉층의 노드들 간의 연결을 통해서 구현된다. s_t는 다시 s_{t+1}에 영향을 미치므로, 이러한 의존성은 앞에서부터 계속 축적된다고 이해하면 된다.

RNN의 출력인 o는 모형을 통해 예측하고 싶은 값 혹은 라벨로 구성하면 된다. 온도 문제의 경우, o_t는 x_{t+1}이 될 것이다. 즉 x_t까지의 이전 관측값을 이용해 x_{t+1}을 예측하고자 하는 것이므로 o_t는 x_{t+1}이 라벨이 된다. 위 그림에서는 모든 은닉층의 노드에 대해 출력 노드가 있지만, 이것은 목적에 따라 다르게 구성할 수 있다.

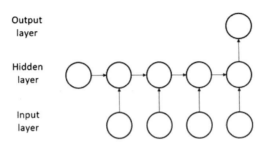

그림 10.3 일반적인 RNN 모형

위 그림을 보면 출력노드를 마지막 은닉 노드로부터 하나만 사용하고 있다. 이것은 항상 네 개의 연속된 입력을 이용해 그 이후의 값을 예측하겠다는 의도를 보여주는데, 가장 일반적인 RNN 모형이라고 할 수 있다.

10.1.2 RNN이 문서 분류에 적합한 이유

RNN의 전형적인 예는 시계열이다. 이것은 RNN이 앞에서부터 순차적으로 미치는 영향을 계속 축적하는 모형이기 때문이다. 우리가 문맥을 이해하는 것도 이와 유사하다. 상대방이 하는 말을 순차적으로 들으면서 의미를 이해한다. 어떤 문장에 있는 단어의 순서를 무작위로 바꿔 놓으면 의미를 정확하게 파악하지 못할 수도 있다.

다시 말해서 문맥은 단어들의 순서를 통해서 형성되는데, RNN은 구조상 이와 같은 문맥을 파악하기에 좋은 모형이다. 앞 단어로부터 문맥에 관한 정보가 마지막 노드까지 순차적으로 축적되면 그 정보를 이용해 문서를 분류하면 된다. 그림 10.3에서 입력층의 네 개의 노드가 각각 'I', 'am', 'so', 'happy'라고 가정해보자. 가장 먼저 'I'가 초기 은닉 노드 값과 결합되어 은닉 노드로 변환되면 이 은닉 노드와 'am'으로부터 다음 은닉 노드가 생성되고 이것이 반복되면 최종 은닉 노드에 네 단어의 정보가 순차적으로 모두 축적된다. 이를 이용해 출력 노드를 생성해 감성이 긍정인지 부정인지를 판단할 수 있다.

물론 최근에는 RNN보다 더 좋은 모형이 많이 개발됐으므로 RNN을 훌륭한 모형이라고 할 수는 없다. 오히려 RNN은 딥러닝의 대표적인 문제인 경사소실 문제가 심각한 모형이다. 그러나 개념적으로 볼 때 RNN은 문맥의 파악을 잘 반영하며 텍스트 마이닝에 딥러닝을 적용하는 의미 깊은 출발점이 된다.

10.1.3 RNN의 문서 분류 적용방안

순환신경망은 주어진 입력값들의 순서가 의미가 있을 때, 즉 입력값이 앞의 입력값들에 영향을 받는 경우에 사용하는 신경망으로, 시계열 값의 분석 등에서 활발하게 사용된다. 자연어 처리에서는 문장을 이루는 단어들의 순서를 반영하기 위해 사용되는데, 근본적으로 문장은 단어들의 순서에 따라 문맥이 결정되므로 문맥 파악에 순환 신경망이 사용됐다고 할 수 있다.

문서 분류에 RNN을 적용하는 예를 그림 10.4에 간단히 나타냈다. 각 단어는 먼저 원핫 벡터 (one-hot vector)로 표현됐다가 짧은 길이의 밀집 벡터(dense vector)로 다시 변환되어 RNN 모형에 입력으로 사용된다. 모형은 입력이 6개이고, 분류하려는 문서는 총 9개의 단어로 되어 있다고 하자. 이 모델을 이용하려면 문서의 앞쪽 단어 세 개를 잘라내야 한다. 6개의 단어를 사용해서 한 단어를 크기가 4인 벡터로 표현하면, 문서는 [6, 4] 크기(단어의 수, 한 단어를 표현하는 밀집 벡터의 크기)의 2차원 행렬로 표현되고, 이 값이 뒤에 있는 순환신경망의 입력으로 사용된다.

각 단어의 정보는 은닉 노드로 압축되고 이 과정에서 앞 단어가 뒤 단어에 미치는 영향이 순차적으로 축적되어 전달된다. 문서를 분류하려면 단어 6개의 정보를 전부 사용해야 하므로, 출력 노드는 모든 정보가 축적된 마지막 은닉 노드에 연결된 것만 사용한다. 즉 마지막 출력 노드를 이용해 문서를 분류하면 된다.

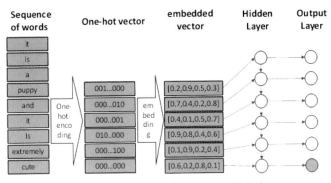

그림 10.4 RNN 적용 예시

10.2 워드 임베딩의 이해

위에서 단어를 RNN 모형에 입력으로 사용하려면 원핫 벡터로 표현하고 다시 짧은 길이의 밀집 벡터로 변환한다고 설명했다. 그림을 보면 과정에 대해서는 어느 정도 이해할 수 있지만 왜 이렇게 해야 하는 것일까? 딥러닝에서는 기본적으로 문서를 단어의 시퀀스로 표현하고, 각 단어들은 고정된 길이의 벡터가 돼야 한다. 그래야 처리가 가능하기 때문이다. 이러한 과정을 워드 임베딩이라고 하며, 여기서는 이에 대해 좀 더 상세하게 이해해보기로 한다.

10.2.1 워드 임베딩이란?

우리가 갖고 있는 대부분의 분석 방법론이 수치 형태의 데이터를 다루므로, 범주형 데이터를 분석하려면 먼저 이를 수치로 변환해야 한다. 일반적으로 범주형 데이터를 수치로 변환하는 방법으로 더미 변수의 이용과 임베딩이 있다. 더미 변수는 0과 1만으로 범주형 데이터를 표현한다. 예를 들어 성별은 두 개의 값만 가지므로 더미 변수 하나를 이용해 0과 1로 표현할 수 있다. 예를 들어 A, B, AB, O형의 혈액형을 나타내고자 한다면 네 개의 더미 변수를 사용한다. 더미 변수를 d1, d2, d3, d4라고 한다면 각 더미 변수는 네 개의 혈액형을 의미하고 해당 혈액형이면 1, 아니면 0으로 다음과 같이 표현한다.

A: [1, 0, 0, 0]

B: [0, 1, 0, 0]

AB: [0, 0, 1, 0]

O: [0, 0, 0, 1]

이와 같이 범주형 데이터를 벡터 형태의 연속된 수치로 변환하는 것을 머신러닝에서는 **원핫 인코딩**(one-hot encoding)이라고 하고 그 결과를 **원핫 벡터**라고 한다. 단어에 대해 원핫 인코딩을 수행하면 말뭉치에 사용된 단어 수만큼 더미 변수가 필요하다. 예를 들어 2만 개의 단어가 사용됐다면 하나의 단어를 표현하는 데 더미 변수 2만 개가 필요하다. 문서를 카운트 기반의 벡터로 변환했을 때에도 매우 희소한 벡터가 생성됐는데, 단어는 그보다 훨씬 심각하게 희소한 벡터가 된다. 왜냐하면 2만 개의 값 중에 오직 하나의 변수만 1의 값을 갖기 때문이다.

임베딩은 범주형 데이터를 연속적인 값을 갖는, 상대적으로 작은 크기의 벡터로 변환하는 작업을 의미한다. 워드 임베딩은 보통 단어에 대해 원핫 인코딩을 먼저 수행하고 이를 다시 연속형 값을 갖는 축소된 벡터로 변환하는 과정을 의미한다. 기존의 연구 결과를 보면, 이때 축소된 벡터의 크기는 100~300 정도이고 이러한 벡터를 희소 벡터의 반대 개념인 **밀집 벡터**라고 부른다. 즉, 수만 개의 더미 변수가 100~300개의 연속형 변수로 압축되는 대신 대부분의 변수가 0이 아닌 연속적인 값을 갖는다. 아래 그림은 위 RNN 모형에서 워드 임베딩 부분만 다시 그린 것으로 이와 같은 과정을 설명하고 있다. 원핫 벡터 부분이 … 으로 연결돼 있지만 실제로는 매우 긴 벡터이고, 오직 하나의 값만 1이 되는 벡터라고 이해하면 된다.

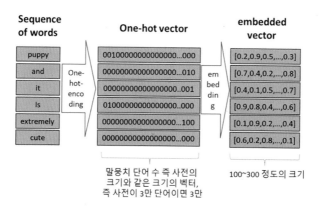

그림 10.5 RNN모형에서의 워드 임베딩

그렇다면 이와 같은 임베딩은 왜 하는 것일까? 첫째, 차원이 큰 원핫 벡터를 그대로 쓰면 연산이 비효율적일 수밖에 없다. 공간이나 연산의 효율을 생각했을 때 이와 같은 임베딩 벡터를 사용하는 것이 더 나을 것이라는 것은 쉽게 예상할 수 있다. 둘째 이유는 대상 간의 의미적 유사도를 계산할 수 있다는 점이다.

원핫 인코딩을 사용하는 이유로 돌아가보자. 혈액형 A, B, C, D를 수치로 변환할 때, 왜 1, 2, 3, 4로 하면 안 되는 것일까? 이렇게 하면 잘못된 데이터 간 거리가 생성되기 때문이다. 예를 들어 혈액형 A는 D와의 거리가 3이 되고, 그 결과 A는 B에 비해 혈액형 D와의 거리가 3배 먼 것이 된다. 또한 혈액형 D는 A보다 4배 큰 값이 된다. 즉 수치 데이터가 잘못된 수치적 가정을 갖게 된다. 원핫 인코딩을 하면 모든 데이터 간의 거리가 동일하게 유지되어 이러한 잘못된 가정들이 사라진다.

그러나 단어 사이에는 분명 어떤 유사도가 존재한다. 예를 들어 사과는 과일이라는 점에서 책상보다 귤에 더 가깝다. 이러한 유사도를 표현하고 계산할 수 있다면 뭔가 더 유용한 작업을 할 수 있을 것이다.

셋째, 단어가 의미적인 정보를 함축함으로써 연산이 가능해질 수 있다. 이는 Word2Vec을 통해 널리 알려진 것으로 king에 woman을 더하고 man을 빼면 queen이 된다. 즉 king와 man 그리고 queen과 woman의 관계를 이용함으로써 연산을 통한 일종의 추론이 가능해진다.

넷째, **전이학습(transfer learning)**을 가능하게 한다. 전이학습은 기존에 학습된 모형을 새로운 환경에서 재사용함으로써 학습의 속도와 효과를 높이는 방법이다. 여기서 모형에는 학습을 통해서 계산된 가중치가 포함된다. 임베딩은 앞서 설명한 대로 원핫 인코딩에 의한 희소 벡터를 축소된 밀집 벡터로 변환하는 과정으로, 이때 학습된 가중치 행렬을 이용해 밀집 벡터를 계산한다. 이 가중치 행렬을 가져와서 새로운 문제에 적용함으로써 학습에 소요되는 시간을 줄이고 결과를 향상시킬 수 있다.

10.2.2 BOW와 문서 임베딩

BOW 혹은 카운트 기반의 문서 표현에서 문서는 사용된 단어들의 빈도를 벡터 형태로 표현한다. 카운트 기반의 문서 표현에서는 희소 벡터를 밀집 벡터로 변환하는 과정이 없으므로 넓게 보면 이것도 임베딩이라고 볼 수 있다. 학습이나 통계적 기법으로 희소 벡터를 축소해 밀집 벡터로 변환하고 그 벡터로 분석을 수행한다면 좀 더 완전한 임베딩이라고 할 수 있을 것이다.

그러나 카운트 기반의 문서 표현은 코사인 유사도와 같은 방법으로 희소 벡터 자체로 유사도를 계산할 수 있다. 즉 범주형 변수에 대한 원핫 인코딩과는 다르게 어느 정도 문서의 의미가 반영돼 있으므로 임베딩이라고 봐도 무방할 것이다. 다만 BOW에서는 단어가 아닌 문서 단위로 임베딩이 이루어진다. 이 과정에서 단어의 순서 정보를 잃으므로 사실상 문맥에 대한 파악은 이뤄지지 않는다고 할 수 있다.

10.2.3 워드 임베딩과 딥러닝

대부분의 딥러닝 기반의 자연어 처리 기법에서는 문서를 단어의 시퀀스로 표현한다. 따라서 문서를 직접 임베딩하기보다는 단어를 임베딩하고, 임베딩된 단어의 시퀀스로 문서를 표현한다. BOW와의 가장 큰 차이점은 바로 단어의 순서를 고려해 문맥을 파악한다는 점이다. 이로 인해 문서에 대한 표현에서도 큰 차이가 발생하는데, BOW에서는 문서가 1차원 벡터로 표현되는 반면, 워드 임베딩을 이용하게 되면 문서가 2차원 행렬 혹은 1차원 벡터의 리스트로 표현된다. 이는 워드 임베딩 결과가 이미 1차원 벡터이기 때문이다. 처음 딥러닝 기반의 자연어 처리를 접하게 되면 이 부분에서 혼란을 겪는 경우가 많다. 말뭉치로부터 입력값을 만들면 여러 개의 문서를 변환해서 결과적으로 3차원 행렬이 되는데, 이것이 처음에는 머리 속에 잘 그려지지 않는다.

워드 임베딩에 기반한 딥러닝 자연어 처리의 핵심은 단어의 순서로부터 어떻게 문맥정보를 추출해낼지에 달려있다고 할 수 있다. 딥러닝을 공부한 사람이라면 자연스럽게 RNN을 머리 속에 떠올릴 것이다. RNN은 시계열과 같은 순서 패턴을 분석하므로 단어가 쓰여진 순서의 패턴으로 문맥을 파악할 수 있을 것이다. 이에 대해서는 다음 장에서 상세히 알아보기로 하고 이 장에서는 워드 임베딩에 집중하기로 한다.

10.3 RNN을 이용한 문서 분류 – NLTK 영화 리뷰 감성분석

RNN을 이용한 문서분류를 실습하기 위해 우리가 익숙한 데이터를 이용해서 입력을 준비한다. 8장의 감성분석에서 사용했던 데이터로 NLTK가 제공하는 영화 리뷰에 대한 감성분석을 해보기로 한다. RNN 모형을 설계할 때는 출력을 명확하게 하는 것이 가장 중요하다. 출력의 형태는 RNN 모형의 뒤 단과 손실 함수를 결정한다.

감성분석은 긍정과 부정 중 하나를 선택하는 이진 분류 문제이므로, 신경망의 최종 출력단 크기는 1, 활성화 함수는 시그모이드가 된다. 또한 손실 함수는 binary_crossentropy를 사용한다. 이러한 부분들은 모형의 설계에 사용되므로 미리 잘 정의해둬야 한다.

10.3.1 워드 임베딩을 위한 데이터 준비

분석의 첫 단계로 NLTK 데이터를 불러와서 아래와 같이 리뷰는 reviews에, 긍정 부정에 대한 라벨은 categories에 저장한다.

```python
from nltk.corpus import movie_reviews
fileids = movie_reviews.fileids()  # 영화 리뷰 데이터에서 파일 id를 가져옴

# 파일 id를 이용해 raw 텍스트 파일을 가져옴
reviews = [movie_reviews.raw(fileid) for fileid in fileids]

# 파일 id를 이용해 라벨로 사용할 카테고리, 즉 긍정/부정 정보를 순서대로 가져옴
categories = [movie_reviews.categories(fileid)[0] for fileid in fileids]

print('Reviews count:', len(reviews))
print('Length of the first review:', len(reviews[0]))
print('Labels:', set(categories))
```

[실행 결과]

```
Reviews count: 2000
Length of the first review: 4043
Labels: {'neg', 'pos'}
```

RNN 모형은 케라스를 이용해 구축한다. 따라서 케라스가 제공하는 토크나이저를 사용해 RNN 모형에 적합한 형태로 입력 데이터를 변환한다. 케라스가 제공하는 토크나이저는 기본적인 토큰화 기능 외에, 토큰, 즉 단어에 인덱스(고유한 숫자)를 부여해서 사전을 작성하고, 이 인덱스를 이용해 주어진 문장을 변환하는 기능을 제공한다. 예를 들어 "I am so happy"라는 문장이 있을 때, 이를 토큰화하면 ['I', 'am', 'so', 'happy']가 되고, 각 단어에 대해 인덱스를 부여한 결과가 7, 2, 9, 13이라면 문장은 [7, 2, 9, 13]으로 변환된다.

아래 예에서 Tokenizer 객체를 생성할 때 num_words를 이용해 모형에 사용할 단어 수를 결정할 수 있다. fit_on_texts()를 수행하면 주어진 말뭉치에 대해 단어 인덱스 사전이 구축되고, texts_to_ sequences()는 이 사전을 이용해 문서들을 인덱스의 시퀀스로 변환한다. 이때, 실제 말뭉치에 사용된 단어 수가 num_words에 지정된 값보다 큰 경우에는, 사전에 포함되지 않는 단어(out-of-vocabulary)를 빼고 시퀀스를 생성한다. 이 단어들을 생략하고 싶지 않다면 oov_token 매개변수를 이용해 단어들을 변환할 문자열을 할당할 수 있고, 이 경우에는 사전에 없는 단어들이 생략되는 대신 공통의 값으로 변환되어 들어간다.

또한 사전에서 인덱스 0은 사용되지 않는데, 이는 나중에 길이가 짧은 문서에 채워 넣을 값으로 0을 사용하기 때문이다. 상세한 내용은 아래 pad_sequences()의 결과를 참고하기 바란다.

```python
import numpy as np
import tensorflow as tf
from tensorflow.keras.preprocessing.text import Tokenizer
np.random.seed(7)
tf.random.set_seed(7)

max_words = 10000  # 사용할 단어 수

# 빈도가 높은 10000개의 단어를 선택하도록 객체 생성
tokenizer = Tokenizer(num_words=max_words, oov_token='UNK')

tokenizer.fit_on_texts(reviews)  # 단어 인덱스 구축

# 만들어진 단어 인덱스를 이용해 문서들을 변환
X = tokenizer.texts_to_sequences(reviews)

print('Lengths of first 10 documents:', [len(doc) for doc in X[:10]])
```

[실행 결과]

```
Lengths of first 10 documents: [710, 240, 486, 479, 733, 671, 550, 584, 702, 776]
```

토크나이저가 생성한 사전에서 단어에 대한 인덱스를 확인하고 싶다면 아래와 같이 Tokenizer 객체의 word_index()를 사용하면 된다.

```
import numpy as np
print("Index of 'the':", tokenizer.word_index["the"])
print("Index of 'review':", tokenizer.word_index["review"])
print("Index of out-of-vocabulary words:", tokenizer.word_index["UNK"])
```

[실행 결과]

```
Index of 'the': 2
Index of 'review': 466
Index of out-of-vocabulary words: 1
```

각 리뷰의 길이가 다르므로 위에서 확인한 바와 같이 문서로부터 변환된 인덱스 시퀀스의 길이도 가변적일 수밖에 없다. 그러나 신경망 모형의 입력은 길이가 일정해야 하므로, 다음과 같이 pad_sequences()를 이용해 모든 입력 시퀀스의 길이를 매개변수 maxlen의 인수만큼 동일하게 변환한다.

이때 시퀀스 크기가 maxlen보다 크면 남는 부분을 잘라야 하는데, truncating 매개변수는 잘라낼 부분의 위치를 지정한다. 'pre'이면 시퀀스의 앞을 잘라내고, 'post'이면 뒤를 잘라낸다. 크기가 maxlen보다 작으면 남는 부분을 0으로 채운다.

```
from tensorflow.keras.preprocessing.sequence import pad_sequences

maxlen = 500  # 문서의 단어 수를 제한

# 문서의 단어 수가 500보다 작으면 0을 채우고, 크면 잘라냄
# 잘라낼 때, 앞을 자를 지, 뒤를 자를 지 선택할 수 있음.
# 앞을 자르고 뒷부분을 쓰고자 하면 'pre' 선택
X = pad_sequences(X, maxlen=maxlen, truncating='pre')
```

케라스 모형에 맞게 입력을 변환했다면 이제 출력도 케라스 신경망 모형에 맞게 변환한다. NLTK의 라벨은 긍정과 부정을 각각 pos, neg 문자열로 표현하고 있는데, 케라스의 이진분류 모형은 0과 1의 값을 요구하므로 아래와 같이 라벨을 변경한다.

```
import numpy as np

# label을 0, 1의 값으로 변환
```

```
label_dict = {'pos':1, 'neg':0}
y = np.array([label_dict[c] for c in categories])
print(set(y))
```

[실행 결과]

```
{0, 1}
```

모형을 검증하기 위해 다음과 같이 학습 데이터셋과 테스트 데이터셋으로 분리한다.

```
from sklearn.model_selection import train_test_split
X_train, X_test, y_train, y_test = train_test_split(X, y, test_size=0.2, random_state=10)

print('Train set count:', len(X_train))
print('Test set count:', len(X_test))
print('Test samples:', y_test[:20])
```

[실행 결과]

```
Train set count: 1600
Test set count: 400
Test samples: [0 1 1 0 1 1 0 0 0 0 1 1 0 0 1 0 0 1 1 1]
```

10.3.2 RNN이 아닌 일반적인 신경망 모형을 이용한 분류

본격적으로 RNN 모형을 구축하기 전에, 단어 임베딩에 대해 이해하고 RNN의 효과를 비교하기 위해 먼저 로지스틱 회귀모형을 구현해서 시퀀스 정보 없이 예측을 수행해본다. 케라스가 제공하는 Sequential 모형은 단순하게 순차적으로 층을 쌓아서 신경망 모형을 구성하는 데 활용할 수 있는 쉽고 단순한 도구다. 층이 순차적으로 쌓이지 않는 복잡한 모형이 아니라면 Sequential 모형으로 쉽고 빠르게 신경망 모형을 만들 수 있다.

아래 예제는 **임베딩(Embedding) 레이어, Flatten() 레이어** 그리고 **Dense() 레이어**로 이루어진 Sequential 모형을 만드는 예를 보여준다. 먼저 임베딩 레이어는 RNN을 위해 만든 입력을 받아서 원핫 인코딩과 워드 임베딩을 수행하는 레이어다. 현재의 문서는 500개의 단어로 이루어져 있고 총 사용 단어는 10,000개로 지정돼 있다. 따라서 단어를 원핫 인코딩으로 변환하면 길이가 10,000인 벡터가 된다. 이때 하나의 문서는 (500, 10,000), 즉 단어의 수와 각 단어의 크기만큼의 2차원 행렬로 표현된다.

워드 임베딩은 원핫 인코딩된 단어들을 일정한 크기의 밀집 벡터로 변환한다. 아래 예에서는 벡터의 크기를 32로 지정하고 있다. 즉 크기가 10,000이었던 단어 벡터는 32의 크기로 압축되는데, 이를 위해서는 10,000 * 32만큼의 파라미터 혹은 가중치 변수가 요구된다. 모든 단어에 동일한 가중치를 적용해 워드 임베딩을 수행하므로 문서의 크기인 500은 파라미터의 수에 반영되지 않는다. 모형을 만들고 summary() 메서드를 이용하면 아래와 같이 층별로 출력의 모양과 파라미터의 수를 확인할 수 있는데, 처음 개념을 잡는 과정에서는 이 값들을 확인하고 본인의 생각과 일치하는지 확인해보는 것이 좋다.

아래 예에서 볼 수 있듯이 워드 임베딩을 한 결과는 (단어의 수, 단어를 표현하는 밀집 벡터의 크기)의 2차원 행렬이 된다. 아래 Output Shape의 가장 앞에 있는 None은 학습에 사용되는 입력의 수를 나타낸다. 한 번의 학습에 사용되는 입력의 수는 가변적이므로 모형을 정의하는 단계에서는 설정하지 않는다. 즉, None 뒤의 값들로 하나의 입력값, 즉 문서에 대한 내부적인 모양을 확인하면 된다.

Flatten() 레이어는 2차원 행렬의 형태로 된 값을 펼쳐서 1차원 벡터로 변환한다. 형태만 변경하므로 별도의 파라미터는 사용하지 않는다. Flatten()으로 500개의 단어에 대한 각 32개의 값들을 펼쳐서 총 500×32개의 독립적인 입력변수로 변환한 후, 이를 이용해 이진 로지스틱 회귀분석을 실시한다. 이렇게 하면 우리가 굳이 단어들의 순서를 유지하면서 문서를 표현한 보람이 없으나, 앞서 말한 바와 같이 이 모형의 결과와 RNN 모형의 결과를 비교하고, 워드 임베딩에 익숙해지는 시간을 갖기 위해 굳이 해보기로 한다.

마지막의 Dense() 레이어는 우리가 일반적인 신경망의 은닉층으로 알고 있는, 모든 노드들이 연결되는 밀집 층을 생성한다. 여기서는 출력의 크기를 1로 하고 활성화 함수로 sigmoid를 지정하는데, 이는 감성분석을 위해 이진 분류를 해야 하기 때문이다. 이렇게 하면 감성의 확률을 나타내는 0과 1 사이의 값 하나를 출력한다.

```
# 케라스 모형 생성 및 학습
from tensorflow.keras.models import Sequential
from tensorflow.keras.layers import Flatten, Dense, Embedding

# 순차적 모형
model = Sequential([
    Embedding(max_words, 32, input_length=maxlen),
```

```
    # word embedding layer 생성
    # max_words는 one-hot encoding을 할 때의 vector 크기가 됨 - 사용된 단어의 수만큼
    # 각 단어는 32 크기의 dense vector로 임베딩됨
    # input_length는 한 document의 단어 수로 표현
    # 이 과정을 거치면 각 document는 (maxlen, 32)의 2차원 행렬이 됨

    Flatten(),  # 2차원 행렬을 1차원으로 펼침
    Dense(1, activation='sigmoid')  # binary logistic regression을 수행
])

model.summary()  #모델의 요약정보 출력
```

[실행 결과]

```
Model: "sequential"

_____
Layer (type)                 Output Shape              Param #
_____
embedding (Embedding)        (None, 500, 32)           320000
_____
flatten (Flatten)            (None, 16000)             0
_____
dense (Dense)                (None, 1)                 16001
=================================================================
Total params: 336,001
Trainable params: 336,001
Non-trainable params: 0
_____
```

모형이 만들어졌다면 이제 학습을 수행해보자. 학습을 하려면 손실 함수와 옵티마이저를 설정해야 한다. 아래와 같이 모형의 compile() 메서드를 이용하며 이 둘을 지정할 수 있다. 이진 분류이므로 손실 함수는 'binary_crossentropy'으로 지정하고, 옵티마이저는 많이 사용되는 'rmsprop'을 사용한다. metrics 매개변수는 모형을 평가하기 위해 기본적으로 사용하는 loss 외에 추가로 사용할 지표를 설정하기 위해 사용한다. 이 값을 주지 않으면 loss만 출력된다. 아래 예에서는 'acc'(정확도)를 추가했으므로 각 에포크마다 출력되는 학습 현황에 정확도가 출력된다.

fit() 메서드는 학습 데이터셋을 이용해 학습을 수행한다. 학습을 위한 입력과 라벨을 반드시 지정해야 하며, epochs는 학습의 반복 횟수, verbose는 학습 진행 중 학습현황의 출력 여부, validation_split은 학습을 하면서 사용할 검증 데이터셋(validation set)의 비율을 지정한다. 아래 예에서는 학습을 10번 수행하고, 학습 도중 현황을 출력하도록 했으며, 검증 데이터셋의 비율은 학습 데이터셋의 20%로 설정했다.

아래 모형에서 검증 데이터셋은 모형의 학습 현황을 파악함으로써 과대적합의 여부를 판단하고, 이를 기반으로 하이퍼 파라미터를 결정하는 데 사용된다. 매 에포크별로 학습 데이터셋에 대한 정확도와 검증 데이터셋에 대한 정확도를 비교함으로써 적절한 학습 횟수(에포크 수)를 결정할 수 있다. fit() 메서드는 매 에포크에 대한 loss와 지정한 성능지표에 대한 값을 반환해준다. 아래 예에서는 이를 history에 받고 있다.

```
# 모형의 optimizer와 loss function 등을 지정
model.compile(optimizer='rmsprop', loss='binary_crossentropy', metrics=['acc'])
# 학습을 수행
history = model.fit(X_train, y_train,
                    epochs=10,
                    verbose=1,
                    validation_split=0.2)
```

학습이 종료되면 아래와 같이 history에 담겨진 에포크별 성능을 그래프로 그려서 학습이 잘 됐는지 확인해본다. 예제의 plot_results() 함수는 metric을 인수로 받아 그 인수에 해당하는 값들로 그래프를 그리도록 돼 있다. 아래 예에서는 acc(정확도)를 그리지만 loss를 인수로 주면 손실 함수의 값이 어떻게 변화했는지 볼 수도 있다.

```
%matplotlib inline
import matplotlib.pyplot as plt

def plot_results(history, metric):
    plt.plot(history.history[metric], 'b', label='Training ' + metric)
    plt.plot(history.history['val_'+metric], 'r--', label='Validation ' + metric)
    plt.title('Training and validation '+metric)
    plt.xlabel('Epochs')
    plt.ylabel(metric)
```

```
        plt.legend()
        plt.show()

plot_results(history, 'acc')
```

[실행 결과]

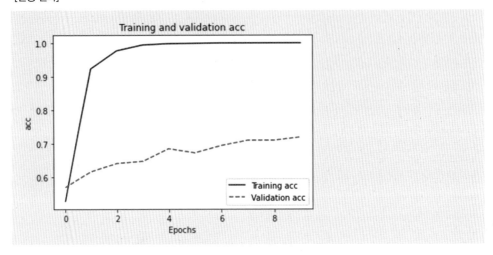

위 그래프를 보면 학습 데이터셋에 대한 정확도는 에포크 4 정도에서 이미 최대치에 도달하고, 검증 데이터셋에 대한 정확도는 4 이후에도 조금씩 향상되고 있지만 큰 진전은 없는 것을 볼 수 있다. 검증 데이터셋과 학습 데이터셋에 대한 정확도 격차가 꽤 큰 편이어서 과대적합의 가능성이 있어 보인다. 마지막으로 아래와 같이 테스트 데이터셋에 대한 모형의 최종 성능을 평가해본다. 최종성능은 72.3%로 8장에서 BOW 기반의 로지스틱 회귀분석이 보인 성능인 85.5%에 비해 많이 떨어진다. 단어를 500개로 제한하면서 문서가 잘려 나간 것, 검증 데이터셋으로 인해 학습 데이터셋의 20%가 학습에 사용되지 못한 것, 과대적합, 단어 순서 정보가 사라진 것 등을 원인으로 생각할 수 있을 것이다.

```
# 테스트 셋으로 학습된 모형의 성능을 평가
score = model.evaluate(X_test, y_test)
print(f'#Test accuracy:{score[1]:.3f}')
```

[실행 결과]

```
13/13 [==============================] - 0s 2ms/step - loss: 0.5605 - acc: 0.7225
#Test accuracy:0.723
```

10.3.3 문서의 순서정보를 활용하는 RNN 기반 문서분류

이제 RNN 모형을 적용함으로써 단어의 순서, 즉 문맥의 정보를 활용한 문서 분류를 해보자. 앞
서 사용한 모형과 가장 큰 차이점은 Flatten() 대신에 SimpleRNN() 레이어를 사용함으로써 가장
기본적인 RNN 층을 추가하는 것이다. 케라스를 사용할 때 좋은 점은 이론이 복잡한 것에 비해
사용은 매우 쉽다는 것이다. 다음 예에서 SimpleRNN에 쓰인 인수는 32인데, 이것은 은닉 노드
의 크기다. 현재 하나의 단어가 크기 32인 벡터로 표현되어 동일한 값을 사용했으나, 다른 값을
사용해도 상관없다.

이전 모형과 또 다른 점으로 SimpleRNN() 레이어 뒤에 Dense() 레이어를 추가했는데, 최종 노드에
대해 은닉층 하나를 추가해 모형의 성능을 높인 것이다. 속도를 위해 활성화 함수는 relu로 지정
했다. 또한 옵티마이저로는 이전 모형에 사용한 rmsprop 대신 Adam을 사용했다. 이는 성능을
위해서라기보다, 옵티마이저를 사용하는 다른 예를 보이기 위한 것이다. 앞에서는 문자열을 인
수로 주었는데 다음 예에서는 객체를 선언하고 그 객체를 인수로 넘겼다. 객체를 생성할 때 학습
률과 같은 인수를 이용해 좀 더 다양한 옵션을 줄 수 있다는 장점이 있다.

```
from tensorflow.keras.layers import SimpleRNN
from tensorflow.keras.optimizers import Adam

model = Sequential([
    Embedding(max_words, 32),

    # 펼쳐서 flat하게 만드는 대신 RNN 모형을 사용, maxlen만큼의 시계열 데이터
    SimpleRNN(32),
    Dense(32, activation='relu'),
    Dense(1, activation='sigmoid')
])
model.summary()

adam = Adam(learning_rate=1e-4)
model.compile(optimizer=adam, loss='binary_crossentropy', metrics=['acc'])
history = model.fit(X_train, y_train,
                    epochs=10,
                    verbose=0,
                    validation_split=0.2)
```

```
plot_results(history, 'acc')

# 테스트 셋으로 학습된 모형의 성능을 평가
score = model.evaluate(X_test, y_test)
print(f'#Test accuracy:{score[1]:.3f}')
```

[실행 결과]

```
Model: "sequential_1"
```

Layer (type)	Output Shape	Param #
embedding_1 (Embedding)	(None, None, 32)	320000
simple_rnn (SimpleRNN)	(None, 32)	2080
dense_1 (Dense)	(None, 32)	1056
dense_2 (Dense)	(None, 1)	33

```
Total params: 323,169
Trainable params: 323,169
Non-trainable params: 0
```

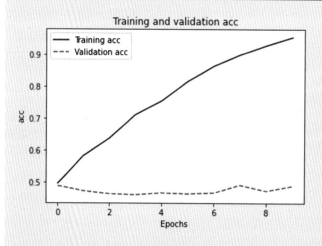

```
13/13 [==============================] - 0s 19ms/step - loss: 0.6972 - acc: 0.5325
#Test accuracy:0.533
```

위 결과를 보면 학습이 거의 이뤄지지 않은 것을 볼 수 있다. 학습 데이터셋에 대한 정확도는 1.0 근처까지 꾸준하게 올라갔으나, 검증 데이터셋에 대한 정확도는 0.5 근처에서 벗어나지 못하고 있다. 즉 과대적합만 이루어지고 있을 뿐, 실제 학습은 거의 되지 않고 있다. 테스트 셋에 대한 정확도는 53.3%로 거의 분류를 못한다고 볼 수 있다.

왜 이런 현상이 일어나는 것일까? RNN을 쓰면 문맥을 학습해서 분명히 더 나은 학습결과를 보일 것으로 생각했는데, 실제 결과는 전혀 그렇지 못하다. 가장 중요한 원인은 딥러닝의 가장 큰 문제점인 경사소실에 있다. 위 모형의 경우, 하나의 문서는 500개의 단어로 이루어지는데 이는 500개의 층이 겹겹이 쌓여 있는 것으로 볼 수 있다. 즉, RNN의 목적은 앞에서부터 순서에 따라 다음 단어에 미치는 영향을 축적하는 것인데, 이것이 경사소실 문제로 인해 학습이 잘 되지 못하고 따라서 우리가 원하는 정보가 제대로 축적되지 못한 것이다. 이러한 현상을 **장기간에 걸친 시간의존성(long-term dependency)** 이 학습되지 못하는 현상이라고 하며 바로 RNN의 가장 큰 문제점으로 지적되고 있다. 이를 해결하기 위해 제안된 모형이 바로 **LSTM(Long Short-Term Memory)**이다.

10.4 LSTM, Bi−LSTM과 GRU를 이용한 성능 개선

LSTM의 목적은 앞부분의 정보가 뒤로 갈수록 소실되는 것을 방지하기 위해 장기의존성과 단기의존성을 모두 표현하고 학습하는 것이다. 구조적인 원리는 감쇠, 즉 기억 손실이 없는 컨베이어 벨트를 추가로 만들었다고 요약할 수 있다. 상세한 설명은 이 책의 범위를 벗어나므로 생략한다. 중요한 것은 LSTM은 장기 기억정보를 추가함으로써 장기의존성을 학습한다는 개념이다.

GRU(Gated Recurrent Unit)은 LSTM을 간소화한 모형으로 LSTM에 비해 계산량이 적고 속도가 빠르면서도 좋은 성능을 내는 것으로 알려져 있다.

RNN을 개선하는 또 다른 방법은 양방향으로 모형을 구축하는 것이다. 우리가 지금까지 가정한 것은 항상 앞 단어가 뒤 단어에 영향을 미친다는 것이다. 따라서 모형도 정보의 축적이 정방향으로만 이루어진다. 그러나 언어를 자세히 살펴보면 뒤 단어가 앞 단어에 영향을 미치기도 한다. 예를 들어 단어가 단수인지 복수인지에 따라 앞에 'a'가 올 수도 있고 아닐 수도 있다. 즉 이러한 역방향의 영향을 함께 구현하기 위해 사용되는 것이 양방향(Bi−directional) LSTM이다. 즉 두 개 층의 LSTM을 구현하고 각 층의 은닉 노드를 연결(concatenate)해서 완전한 은닉 노드를 만든다.

케라스를 이용하면 이렇게 이론적으로 복잡하고 어려운 내용도 쉽게 구현할 수 있다. LSTM을 적용하고 싶다면 SimpleRNN 대신에 LSTM을 임포트해서 쓰면 된다. 또한 양방향 LSTM을 원한다면 다음 예제와 같이 Bidirectional로 LSTM 레이어를 감싸주면 된다. (케라스에서는 GRU도 지원하는데, 다음 예제에서 단지 LSTM을 치환하는 것만으로 구현이 가능하므로 코드를 따로 보이지는 않겠다.)

다음 예에서는 좀 더 성능을 높여보기 위해 워드 임베딩 벡터의 크기를 64로 늘리고, 양방향 LSTM을 구현했다. 학습해서 결과를 보자.

```python
from tensorflow.keras.layers import LSTM, Bidirectional

model = Sequential([
    Embedding(max_words, 64),
    Bidirectional(LSTM(64)),  # simple RNN 대신 bidirectional LSTM을 사용
    Dense(64, activation='relu'),
    Dense(1, activation='sigmoid')
])
model.summary()

model.compile(optimizer=adam, loss='binary_crossentropy', metrics=['acc'])

history = model.fit(X_train, y_train,
                    epochs=8,
                    verbose=0,
                    validation_split=0.2)

plot_results(history, 'acc')

# 테스트 셋으로 학습된 모형의 성능을 평가
score = model.evaluate(X_test, y_test)
print(f'#Test accuracy:{score[1]:.3f}')
```

[실행 결과]

```
Model: "sequential_3"

Layer (type)                 Output Shape          Param #
=================================================================
embedding_3 (Embedding)      (None, None, 64)       640000

bidirectional_1 (Bidirection (None, 128)            66048

dense_5 (Dense)              (None, 64)             8256

dense_6 (Dense)              (None, 1)              65
=================================================================
Total params: 714,369
Trainable params: 714,369
Non-trainable params: 0
_____
```

Training and validation acc

```
13/13 [==============================] - 1s 62ms/step - loss: 0.5324 - acc: 0.7925
#Test accuracy:0.793
```

위 결과를 보면 검증 데이터셋에 대한 정확도가 0.8 수준까지 올라가는 것을 볼 수 있다. 또한 테스트 데이터셋에 대한 정확도도 79.3%로 SimpleRNN은 말할 것도 없고, 2.2절에서 순서에 대한 정보 없이 학습한 것보다도 월등히 좋아졌다. 그러나 8장에서 나이브 베이즈로 얻은 결과

였던 79.7%에는 미치지 못한다. 우리가 기대한 것은 문맥에 대한 학습을 통해 그보다 더 좋은 성능을 보이는 것이었다.

여기에는 몇 가지 이유가 있다. 우선 딥러닝은 로지스틱 회귀분석이나 나이브 베이즈와 같은 방법에 비해 더욱 많은 데이터를 요구한다. 워드 임베딩 단계에서 각 단어들은 말뭉치 안에서 의미를 학습해서 밀집 벡터로 변환되는데, 말뭉치가 충분하지 않으면 제대로 학습이 이뤄지지 않는다. NLTK는 학습 데이터가 고작해야 2,000개의 문서밖에 되지 않는데, 그나마도 학습 데이터셋으로 1,600개가 할당됐고 다시 그 안에서 검증 데이터셋 20%을 제외하면 1,280개의 문서만으로 학습을 해야 한다. 어떤 의미에서 보면 그 정도의 데이터만으로 위와 같은 결과가 나온 것은 운이 좋았던 편이라고 할 수 있을 것이다.

이를 개선하기 위해서 워드 임베딩 벡터에 대해 학습된 가중치를 Word2Vec과 같은 기존의 학습된 모형으로부터 가져올 수 있다. 그러나 이 또한 항상 좋은 결과를 보인다고 보기 어려운데, 그 이유는 기존의 학습된 모형은 일반적인 문서들을 대상으로 학습된 반면, 현재의 모형은 영화 리뷰에 대한 감성 분석이라는 특별한 목표를 갖고 있기 때문이다. 그럼에도 불구하고 학습이 부족한 것보다는 나으니 시도해 볼 가치는 있다. 다만 RNN을 이용한 분류에 해당하는 부분은 여전히 학습이 부족한 상태로 남아 있어, 딥러닝 학습을 목표로 한다면 충분한 양의 데이터를 확보하는 것이 바람직하다.

이 외에도 앞서 말한 것과 같이, 단어의 수가 500개 이상인 문서들은 내용이 잘리는 것, 검증 데이터셋으로 인해 머신러닝에 비해 더 적은 수의 학습 데이터로 학습한다는 것, 과대적합 등이 원인이 될 수 있다.

학습된 모형을 이용해 결과를 예측하고 싶다면 model의 predict() 메서드를 이용한다. 위에서 만든 모형은 확률을 예측하므로 0과 1로 변경하고 싶다면 임곗값을 설정해서 그 값보다 크면 1, 작으면 0으로 변환한다. 아래 예에서는 그냥 반올림을 해서 예측결과와 실젯값을 비교하고 정답 여부를 출력한다.

```
y_pred = np.round(model.predict(X_test[:10]))
for pred, y_t in zip(y_pred, y_test[:10]):
    print(
        f'predicted value: {pred[0]}, true value: {y_t}, so the prediction is {pred[0]
== y_t}'
    )
```

[실행 결과]

```
predicted value: 1.0, true value: 0, so the prediction is False
predicted value: 1.0, true value: 1, so the prediction is True
predicted value: 1.0, true value: 1, so the prediction is True
predicted value: 0.0, true value: 0, so the prediction is True
predicted value: 1.0, true value: 1, so the prediction is True
predicted value: 1.0, true value: 1, so the prediction is True
predicted value: 0.0, true value: 0, so the prediction is True
predicted value: 1.0, true value: 0, so the prediction is False
predicted value: 0.0, true value: 0, so the prediction is True
predicted value: 0.0, true value: 0, so the prediction is True
```

11

Word2Vec, ELMo, Doc2Vec의 이해

이 장에서는 워드 임베딩과 관련한 대표적인 기법인 Word2Vec과 ELMo, 그리고 딥러닝 기법을 사용하면서 보기 드물게 워드가 아닌 문서를 직접 임베딩하는 Doc2Vec에 대해 이해하고자 한다. Word2Vec과 ELMo는 사전학습을 통해 워드 임베딩을 수행하고, 전이학습을 통해 워드 임베딩 결과를 공유한다는 점에서 일반적인 학습에서의 워드 임베딩과 차이가 있다.

11.1 Word2Vec – 대표적인 워드 임베딩 기법

11.1.1 Word2Vec 학습의 원리

Word2Vec은 가장 널리 알려진 워드 임베딩 기법이라고 할 수 있다. 지금 구글링을 하면 Word2Vec을 설명한 수많은 문서를 볼 수 있다. 따라서 이 책에서는 가급적 간단하게 학습 원리를 설명하고자 한다. 단어를 원핫 벡터로 표현하는 것은 기계적이지만 이 원핫 벡터를 밀집 벡터로 변환하려면 반드시 학습이 있어야 한다. Word2Vec 기법에서 학습의 목적은 단어에 의미적인 정보를 함축함으로써 유사도를 계산하거나 연산을 수행하고, 더 나아가서 학습된 결과를 다른 작업에서도 사용할 수 있는 전이학습을 지원하는 것이다.

이와 같은 범용성을 목표로 한다면 어떻게 학습을 해야 할까? Word2Vec은 주변의 단어를 이용해 중심에 있는 단어를 예측하도록 학습한다(CBOW에 한함). 사람이 언어에 대해 이해한다는 것은 여러 가지 의미를 가지고 있지만 그중 가장 중요한 것 중 하나는 바로 문장에서 사용되는 단어에 대한 예측이다. 이러한 예측은 단어들의 순서, 즉 문맥을 이해할 때에만 가능하다. 다시 말해서 Word2Vec은 다음 단어 혹은 주변 단어에 대한 예측을 잘할 수 있도록 학습함으로써 문맥을 이해시키고, 밀집 벡터에 그러한 문맥 정보를 담으려는 시도라고 이해할 수 있다.

Word2Vec은 CBOW(Continuous Bag of Words)와 Skip-Gram의 두 가지 학습 방식을 갖고 있다. CBOW는 앞서 설명한 바와 같이 주변의 단어를 이용해 중심단어를 예측하도록 학습을 수행한다. 반면 Skip-Gram은 중심의 한 단어를 이용해 주변의 단어를 예측한다. 먼저 CBOW에 대해 더 알아보자.

CBOW는 "Alice was beginning to get very tired of sitting by her sister on the bank"라는 문장이 있을 때, 앞에 있는 'Alice', 'was'의 두 단어와 뒤에 있는 'to', 'get'으로 'beginning'을 예측하도록 학습한다. 이때 앞뒤 단어들을 몇 개씩 예측에 사용할지 결정하는 범위를 **윈도(window)**라고 한다. 이 예에서는 각 두 단어씩을 사용하므로 윈도 크기는 2다. 윈도 크기가 1이라면 'was'와 'to'만으로 예측해야 한다. 이 윈도를 앞에서부터 한 칸 이동하면 다음에는 'was', 'beginning'과 'get', 'very'로 'to'를 예측한다. 즉 문장에서 윈도를 뒤로 이동하면 계속해서 학습에 사용할 입력과 출력을 만들 수 있다.

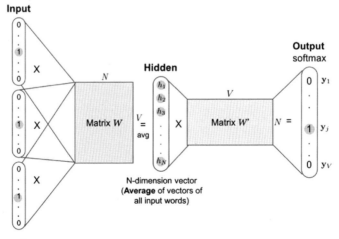

그림 11.1 CBOW의 구조[1]

---

[1] https://lilianweng.github.io/lil-log/2017/10/15/learning-word-embedding.html#context-based-continuous-bag-of-words-cbow

위 그림은 저자가 볼 때 CBOW의 구조를 가장 잘 설명해주는 그림이다. 그림에서는 세 개의 주변 단어를 이용해 (원래대로 하자면 사용하는 주변 단어는 짝수가 돼야 하겠지만) 하나의 중심 단어를 예측하고 있다. 세 개의 단어는 모두 원핫 벡터로 먼저 표현된다. 벡터의 크기는 사용된 어휘의 수와 동일하고 V로 표현한다. 이 벡터를 W로 표현된 가중치 행렬에 곱하면 N 크기의 밀집 벡터가 된다. 그림에서 은닉(Hidden) 노드의 크기가 N인데, 이는 만들어진 세 개의 밀집 벡터에 대해 평균을 구해서 하나의 벡터로 만들었기 때문이다. V 크기의 원핫 벡터를 N 크기의 밀집 벡터로 변환해야 하므로 가중치 행렬 W의 크기는 V×N이다. 즉 행의 크기가 V, 열의 크기가 N인 행렬이며, 학습의 대상이 된다. 다시 말해서 학습에 의해 이 가중치 행렬의 값이 결정된다는 뜻이다. W에 비해 행과 열의 크기가 반대인 W'에 의해 은닉 벡터는 V 크기의 출력 벡터로 변환된다. 예측해야 할 대상인 중심 단어를 원핫 벡터로 변환하면 역시 V 크기가 되는데, 출력 벡터가 가급적 이 원핫 벡터와 유사해지도록 학습이 이루어진다. 이 과정에서 학습의 대상은 W와 W'인데, W를 자세히 보면 입력이 원핫 벡터이므로, W의 한 행이 각 단어에 대한 밀집 벡터가 된다는 것을 알 수 있다. 즉 단어에 대한 원핫 벡터를 밀집 벡터로 변환하는 가중치 행렬 자체가 변환된 밀집 벡터를 표시하고 있다. 이 말이 직관적으로 이해가 잘 되지 않는다면 아래 예제를 보자.

$$[0\ 1\ 0\ 0\ 0\ 0] \times \begin{bmatrix} 0.2 & 0.9 & 0.5 & 0.3 \\ 0.7 & 0.4 & 0.2 & 0.8 \\ 0.4 & 0.1 & 0.5 & 0.7 \\ 0.9 & 0.8 & 0.4 & 0.6 \\ 0.1 & 0.9 & 0.2 & 0.4 \\ 0.6 & 0.2 & 0.8 & 0.1 \end{bmatrix} = [0.7\ 0.4\ 0.2\ 0.8]$$

그림 11.2 가중치 행렬을 통한 원핫벡터의 변환 원리

왼쪽의 원핫 벡터는 단어 집합에서 두번째 단어에 속하고 따라서 두번째 값이 1이다. 여기에 가중치 행렬을 곱해주면 오른쪽과 같은 값이 나오는데, 이 값은 가중치 행렬의 둘째 행과 일치한다. 따라서 가중치 행렬은 워드 임베딩벡터를 사전의 순서대로 나열한 것과 동일하며, 사전학습된 워드 임베딩 벡터를 가져와서 사용한다는 것은 이 가중치 행렬을 사용하는 것을 의미한다. 10장의 RNN을 활용한 학습에서도 워드 임베딩을 사용하는데, 이때 워드 임베딩의 초깃값으로 이와 같이 사전학습된 값들을 사용할 수 있다. 이와 같은 방식을 전이학습이라고 하며, 필요한 학습의 양을 줄여주고 성능을 높여주는 효과가 있다. 지금은 Word2Vec보다 BERT의 사전학습 모형이 많이 쓰이며 여기에 대해서는 나중에 다루기로 한다.

Skip-Gram은 CBOW와 달리 중심 단어를 입력으로 해서 주변의 여러 단어들을 예측한다는 점에서 차이가 있다. 그리고 Word2Vec의 학습에는 Noise Contrastive Estimation, Negative Sampling과 같은 복잡한 아이디어가 사용됐는데, Skip-Gram과 학습방식에 대한 상세한 설명은 이 책의 범위를 넘어가므로 생략하기로 한다.

11.1.2 Word2Vec 활용 – 학습된 모형 가져오기

Word2Vec을 활용하는 방법은, 대상 말뭉치에 대해 직접 학습을 함으로써 나만의 가중치 행렬 혹은 워드 임베딩 벡터를 생성하는 것과, 기존에 학습된 임베딩 벡터를 가져다 활용하는 두 가지 방법이 있다. 먼저 기존에 학습된 임베딩 벡터를 가져와서 간단한 연산 등을 수행해 보기로 하자. 이를 위해 먼저 대표적인 Word2Vec 학습 지원 라이브러리를 제공하는 Gensim 패키지[2]를 아래와 같이 설치한다.

```
pip install --upgrade gensim
```

Gensim이 설치됐으면 아래와 같이 미리 학습된 임베딩 벡터를 다운로드한다. 사용할 수 있는 사전학습된 모델은 gensim 홈페이지[3]를 참조한다. 벡터의 사이즈가 클수록 다운받아야 할 양이 늘어나므로 잘 보고 선택한다. 예를 들어 구글 뉴스 데이터를 학습한 Word2Vec 모델인 'word2vec-google-news-300'의 경우에는 거의 2GB에 가까운 양을 다운로드해야 한다.

이 책에서는 가급적 다운로드받아야 할 양을 줄이기 위해 'glove-wiki-gigaword-50'을 사용한다. 모델 이름의 마지막 숫자는 임베딩 벡터의 크기를 나타낸다. 이 값이 작을수록 모델의 사이즈도 작아진다. 반면 임베딩 벡터의 크기가 커지면 더 많은 정보량을 담을 수 있으므로 더욱 정확한 임베딩이 가능하다.

실습은 Gensim 홈페이지[4]에 제공된 데모 코드를 참조해 진행한다.

```
# 미리 학습된 gensim data를 다운로드
import gensim.downloader as api
```

---

2 https://radimrehurek.com/gensim/index.html
3 https://radimrehurek.com/gensim/models/word2vec.html
4 https://radimrehurek.com/gensim/auto_examples/tutorials/run_word2vec.html

```
wv = api.load('glove-wiki-gigaword-50')
type(wv)
```

[실행 결과]

```
gensim.models.keyedvectors.KeyedVectors
```

type(wv)을 실행해서 wv의 유형을 보면 'gensim.models.keyedvectors.KeyedVectors'라고 출력된다. 이것은 단어와 그 단어의 임베딩 벡터 간의 매핑을 저장한 사전과 다양한 유사도 함수들로 구성된 객체라고 설명할 수 있다. 따라서 아래와 같이 가장 기본적으로 원하는 단어의 벡터를 찾아볼 수 있다.

```
vec_king = wv['king']
print('#Size of the vector:', len(vec_king))
print('#Vector for king:', vec_king)
```

[실행 결과]

```
#Size of the vector: 50
#Vector for king: [ 0.50451   0.68607  -0.59517  -0.022801  0.60046  -0.13498  -0.08813
  0.47377  -0.61798  -0.31012  -0.076666  1.493     -0.034189 -0.98173
  0.68229   0.81722  -0.51874  -0.31503  -0.55809   0.66421   0.1961
 -0.13495  -0.11476  -0.30344   0.41177  -2.223    -1.0756   -1.0783
 -0.34354   0.33505   1.9927   -0.04234  -0.64319   0.71125   0.49159
  0.16754   0.34344  -0.25663  -0.8523    0.1661    0.40102   1.1685
 -1.0137   -0.21585  -0.15155   0.78321  -0.91241  -1.6106   -0.64426
 -0.51042 ]
```

위 예에서는 king의 임베딩 벡터 크기와 내용을 출력했는데, 벡터를 구성하는 연속적인 값의 범위가 어느 정도인지 살펴보고 감을 잡을 수 있다. 앞서 설명한 바와 같이 wv는 다양한 유사도 관련 함수를 제공하는데, 아래와 같이 similarity 메서드로 두 단어 간의 거리를 계산할 수 있다. 참고로 Gensim은 코사인 유사도를 기본으로 사용한다.

```
print(wv.similarity('king', 'man'), 'vs', wv.similarity('king', 'woman'))
print(wv.similarity('queen', 'man'), 'vs', wv.similarity('queen', 'woman'))
print('미니밴에 가까운 차:', wv.most_similar(positive=['car', 'minivan'], topn=3))
print('여성, 왕에는 가까우면서 남성과는 먼 단어:',
```

```
        wv.most_similar(positive=['woman', 'king'], negative=['man'], topn=1))
print('breakfast cereal dinner lunch 중에서 다른 단어들과의 거리가 가장 먼 단어:',
        wv.doesnt_match("breakfast cereal dinner lunch".split()))
```

[실행 결과]

```
0.53093773 vs 0.41133785
0.53667 vs 0.60031056
미니밴에 가까운 차: [('truck', 0.9100273251533508), ('suv', 0.9040074944496155),
('jeep', 0.8619830012321472)]
여성, 왕에는 가까우면서 남성과는 먼 단어: [('queen', 0.8523604273796082)]
breakfast cereal dinner lunch 중에서 다른 단어들과의 거리가 가장 먼 단어: cereal
```

위 결과를 보면 'king'과 'man'의 유사도가 'king'과 'woman'의 유사도보다 높게 나오는 것을 볼 수 있다. most_similar 메서드를 이용하면 주어진 단어 리스트와 가장 유사하거나 가장 거리가 먼 단어들을 유사도와 함께 구할 수 있다. 위 예에서는 'car', 'minivan' 단어 집합에 가까운 단어들과 'woman', 'king'과는 가깝지만 'man'과는 거리가 먼 단어에 대한 검색결과를 보여준다. 마지막으로 doesnt_match 메서드를 이용하면 주어진 단어 집합 중에서 다른 단어들과 가장 거리가 먼 단어를 골라낼 수 있다.

그 외에도 distance 메서드는 유사도의 반대 개념인 거리를 반환해주고, n_similarity는 단어집합 간의 유사도를 계산하는 것이 가능하다. 아래는 이에 대한 간단한 예를 보여주는데, 불고기 가게는 한국 식당에 가장 가까운 것을 볼 수 있다.

```
print("distance between cat and dog: {:.2f}".format(wv.distance("cat", "dog")))
print("{:.4f}".format(wv.n_similarity(['bulgogi', 'shop'], ['japanese', 'restaurant'])))
print("{:.4f}".format(wv.n_similarity(['bulgogi', 'shop'], ['korean', 'restaurant'])))
print("{:.4f}".format(wv.n_similarity(['bulgogi', 'shop'], ['french', 'restaurant'])))
```

[실행 결과]

```
distance between cat and dog: 0.08
0.5375
0.5627
0.4377
```

위에서 미리 학습된 결과를 가져와서 다양한 유사도를 계산한 것과 같이, Word2Vec은 전이학습 혹은 트랜스퍼 러닝으로 학습시간을 단축하고 학습결과를 향상하는 도구로도 사용된다. 다음 장에서는 단어 임베딩을 하고 이를 이용해 문서를 분류하는 방법에 대해 알아보고자 하는데, 이때 미리 학습된 임베딩 벡터를 사용하는 것도 가능하다.

최근에는 BERT(Bidirectional Encoder Representations from Transformers)를 활용한 전이학습을 주로 사용하므로 Word2Vec의 사용은 점차 줄어드는 추세에 있으나, 개념을 잘 이해해두면 향후 학습에 많은 도움이 될 것이다.

11.1.3 FastText – 워드 임베딩에 N-gram 적용

Word2Vec이 워드 임베딩의 가능성을 잘 보여주며 많은 인기를 얻으며, Word2Vec이 가진 단점을 보완하기 위한 다양한 워드 임베딩 방법들이 제안됐다. 예를 들어 GloVe(Global Vectors for Word Representation)의 경우에는 Word2Vec이 주변단어를 중심으로 학습되어 문서 전체에서 다른 단어들과의 관계가 반영되지 않는 점을 극복하기 위한 방법을 제시했다.

FastText[5]도 Word2Vec의 단점을 극복하기 위한 방법 중 하나로 페이스북에서 개발된 것으로 알려져 있다. Word2Vec의 또 다른 문제는 학습 문서에 없는 단어에 대해 취약하다는 것이다. 워드 임베딩을 하는 과정에서 학습된 적이 없는 단어를 만나게 되면 대부분의 경우 OOV(Out Of Vocabulary) 토큰을 부여하는 방식으로 처리한다. 이렇게 되면 글자 그대로 '모르는 단어'이므로 다른 단어와의 유사도를 계산하는 것이 불가능하다. FastText는 단어에 문자 단위의 N-gram을 적용함으로써 이를 해결하고자 했다.

통상 N-gram이라고 하면 단어 단위로 이루어지는 것을 말한다. 예를 들어, "It is nice to meet you"라는 문장에 대해 N이 2인 bi-gram을 적용하면 "It is", "is nice", "nice to"와 같은 토큰들을 만들어낸다. FastText는 이와 같은 방식을 단어에 문자 단위로 적용했다. 즉 "Hello"에 대해 n이 2인 bi-gram을 적용하면 "He", "el", "ll", "lo"와 같은 토큰을 만든다. 이와 같은 토큰을 FastText에서는 부분단어(Subword)라고 부른다. 이렇게 하면 무엇이 좋아질까? 단어의 일부를 토큰으로 사용함으로써 OOV, 즉 모르는 단어에 대해서도 유사도를 계산하는 것이 가능해진다. 특히 기존의 단어를 변형하거나 결합해서 만든 새로운 단어에 대해서도 뛰어난 유사도 계산을 할 수 있다.

---

5 https://fasttext.cc/docs/en/supervised-tutorial.html

FastText는 공식 홈페이지[6]에서 라이브러리와 157가지 언어에 대해 사전학습된 임베딩 벡터를 다운로드해 사용할 수 있다. 홈페이지의 튜토리얼[7]을 보면 어렵지 않게 사용법을 익힐 수 있으므로 관심이 있다면 사용해 보길 바란다. Gensim[8]에서도 라이브러리를 제공하므로 모형을 학습하고 사용해볼 수 있다.

11.2 ELMo – 문맥에 따른 단어 의미의 구분

11.2.1 Word2Vec의 문제점

Word2Vec은 단어를 밀집 벡터로 임베딩해서 활용하는 다양한 방법을 보여주었으며, 대형 말뭉치를 대상으로 학습한 밀집 벡터를 가져와서 활용하는 전이학습의 활용 가능성도 보여주었다는 점에서 매우 의미 있는 모델이다. 그러나 쉽게 생각할 수 있는 가장 큰 문제점은 동음이의어다. 우리말에서 '배'가 먹는 배, 타는 배, 가슴 밑에 있는 배 등 다양한 의미가 있듯이 영어도 동일한 단어가 여러 의미를 갖는 경우가 많다. 그러나 Word2Vec에서는 모든 '배'가 동일한 벡터로 임베딩된다.

'배'의 의미에 따라 서로 다른 벡터로 임베딩할 수 있다면 우리가 원래 추구했던 문맥의 파악을 더 잘할 수 있을 것이고, 결과적으로 자연어 처리의 성능도 향상될 수 있을 것이다. ELMo(Embeddings from Language Model)는 이를 위해 만들어진 문맥을 반영한 워드 임베딩 모형 중 하나다. ELMo의 이해를 위해 가장 주목해야 할 Word2Vec과 ELMo의 차이는, Word2Vec에서는 임베딩 벡터가 고정돼 있지만 ELMo에서는 가변적이라는 것이다. 즉, 전이학습을 위해 Word2Vec은 학습을 통해 생성한 고정된 임베딩 벡터를 가져다 쓰는 반면, ELMo는 학습된 모형을 가져와서 주어진 문장에 맞게 가변적인 임베딩 벡터를 생성한다.

---

6 https://fasttext.cc/
7 https://fasttext.cc/docs/en/supervised-tutorial.html
8 https://radimrehurek.com/gensim/models/fasttext.html

11.2.2 ELMo의 구조

이름에서 알 수 있듯이, ELMo는 언어 모델(language model)을 이용해 임베딩을 수행한다. 언어 모델은 문장 혹은 단어의 시퀀스에 대해 확률을 할당함으로써 그 문장이 얼마나 자연스러운지를 알 수 있게 해준다. 일반적으로 사용하는 언어 모델은 앞에 나온 단어들을 이용해 다음 단어를 예측하는 모형이다. 예를 들어 '나는 배가 고파서 밥을 먹었다.'라는 문장에서, '나는 배가 고파서 밥을'까지만 들어도 그다음 단어가 '먹었다'가 될 수 있을 것으로 예측할 수 있다. 이와 같은 예측은 문맥에 대한 이해가 있어야 가능하므로, 학습을 통해 다음 단어를 잘 예측하도록 만들면 문맥에 대한 이해가 높아졌다고 볼 수 있다.

ELMo는 사전학습된 양방향 LSTM(bi-LSTM)을 사용해 임베딩을 수행한다. 시계열 정보와 같이 앞에 있는 값들이 뒤에 있는 값에 영향을 미치는 구조를 학습하기 위한 모형이 RNN(Recurrent Neural Networks)이고, LSTM(Long Short-Term Memory)은 RNN에서 '장기간에 걸친 시간의존성'이 학습되지 못하는 현상을 해결하기 위해 제안된 모형이다. 양방향 LSTM은 앞 단어들이 뒤에 미치는 영향에 더해, 뒤 단어에서 앞 단어 방향으로도 LSTM 층을 추가해서 반대 방향의 영향도 학습한다.

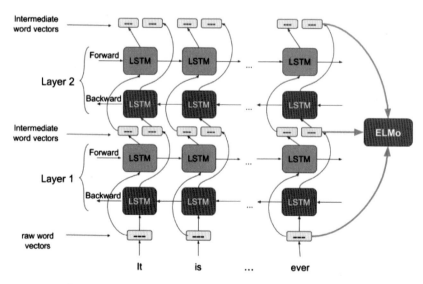

그림 11.3 ELMo의 구조 [9]

---

[9] https://www.analyticsvidhya.com/blog/2019/03/learn-to-use-elmo-to-extract-features-from-text/

그림 11.3은 ELMo에서 임베딩 벡터를 만드는 방법을 보여준다. 우선 이 모형은 두 개의 양방향 LSTM 층으로 이루어져 있다. 문장의 단어들은 먼저 일반적인 임베딩을 통해 벡터로 변환되고 이 임베딩 벡터가 첫째 양방향 LSTM 층의 입력이 된다. 동일한 임베딩 벡터가 정방향 LSTM과 역방향 LSTM에 입력으로 들어가 각각의 출력을 만들어 내고, 이 둘을 합쳐서 첫째 층의 출력이 된다. 이때 주의할 점은 둘째 양방향 LSTM층의 입력으로 첫째 층의 출력이 들어갈 때, 정방향과 역방향은 서로 합쳐지지 않고 각각 입력으로 사용된다는 것이다. 즉 정방향은 계속 정방향으로만, 역방향은 역방향으로만 층이 쌓인다. 결과적으로 정방향 LSTM과 역방향 LSTM은 독립적으로 학습된다고 할 수 있다.

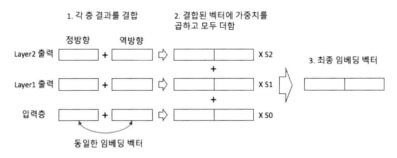

그림 11.4 ELMo 임베딩 벡터 산출 과정

위 그림은 모형의 각 층에서 나온 결과를 합쳐서 최종 ELMo 임베딩 벡터를 만드는 과정을 보여준다. 먼저 각 층의 정방향 LSTM과 역방향 LSTM의 결과를 이어 붙여서(concatenate) 하나의 벡터로 만든다. 입력층은 하나의 임베딩 벡터이므로 같은 벡터 두 개를 결합한다. 두번째 단계에서는 각 층의 벡터에 가중치를 곱한다. 이는 각 층의 결과 중에서 어떤 것이 최종결과에 더 많은 영향을 미치도록 할 지를 결정하는 것으로 학습을 통해 조정될 수 있다. 마지막으로 입력층을 포함한 모든 층의 결과를 더해서 최종 임베딩 벡터를 만든다.

앞서 설명한 바와 같이 ELMo는 임베딩된 벡터를 전이해서 사용하는 것이 아니라 모형 자체를 전이하고 임베딩 벡터는 주어진 문장을 모형에 적용시켜서 생성한다. 따라서 내가 대상으로 하는 문장에 따라 임베딩 벡터는 가변적인 값을 갖게 된다. ELMo는 BERT의 중요한 기반이 되고, BERT의 이해에도 도움이 되므로 잘 알아두는 것이 좋다. 지금은 BERT에 밀려서 거의 사용되지 않고 있지만, 나왔을 당시에는 그 당시의 많은 자연어 처리 분야에서 최고의 성능을 보인 모델이기도 하다.

모형이 비교적 어려운 것에 비해 사용은 오히려 쉽다. 사전 학습된 버전 3의 ELMo 모형을 텐서플로 허브(TensorFlow Hub) 사이트[10]에서 다운로드해서 사용할 수 있다. 딥러닝 모형과 텐서플로에 익숙하다면 웹 페이지의 설명과 실제 사용 예제를 잘 읽어보면 어렵지 않게 활용이 가능하다. 다만 사용을 위해서는 tensorflow_hub를 설치해야 한다[11]. tensorflow_hub는 텐서플로 서브 라이브러리로, 최소한의 코드로 텐서플로 프로그램에서 학습된 모델을 다운로드하고 재사용하기 위해 사용된다. 사용이 간편하다는 장점이 있으나 안정성이 보장되지는 않는다. 따라서 사용자의 환경에 따라 다양한 에러가 발생할 수 있고, 일단 에러가 발생하면 해결하기 어렵다는 문제점이 있다. 이런 문제도 있고, 이제는 BERT에 밀려 활용도가 떨어지므로 본서에서는 ELMo의 실습을 다루지 않는다.

텐서플로 허브의 ELMo 라이브러리는 입력으로 토큰화 이전의 문장과 토큰화한 결과 두 가지를 모두 사용할 수 있으며 signature 매개변수로 입력 타입을 지정할 수 있다. 출력은 다양한 형태를 담은 딕셔너리 형태로 반환된다. 지금까지 공부한 ELMo의 워드 임베딩 결과는 딕셔너리에서 elmo 키의 값으로 제공된다. default 키는 모든 임베딩 벡터의 평균값으로 만들어진 하나의 벡터를 제공한다. 임베딩 벡터를 직접 사용하는 대신 문서 분류 등의 용도로 ELMo를 사용하고 싶다면 이 default 값을 분류기의 입력으로 사용하면 된다. 상세한 내용과 사용법은 ELMo 사이트 [12]를 참조하기 바란다.

11.3 Doc2Vec – 문맥을 고려한 문서 임베딩

딥러닝을 활용하는 자연어 처리 방법 대부분이 단어에 대한 임베딩을 하는 반면, Doc2Vec은 문서에 대해 직접 임베딩한다는 점에서 큰 차이가 있다. BOW 방식의 카운트 벡터나 TF-IDF 벡터가 문서를 임베딩한다는 점에서 Doc2Vec과 유사한 면이 있으나, 이들과의 차이점은 단어의 순서를 고려한 문맥 정보가 BOW에서는 무시되지만 Doc2Vec에서는 임베딩 벡터에 포함된다는 점이다.

---

10 https://tfhub.dev/google/elmo/3
11 https://www.tensorflow.org/hub/installation
12 https://tfhub.dev/google/elmo/3

Word2Vec에 대해 이해하고 있다면 Doc2Vec의 원리도 어렵지 않게 이해가 가능하다. Doc2Vec에서는 문서의 ID를 단어와 동일하게 취급해서 학습과정에 포함시킨다. 단 다른 단어들과 다른 점은, 이 문서 ID는 그 문서에서 나온 학습 입력집합에 모두 포함된다는 것이다. 이렇게 함으로써 다른 단어들이 문맥정보가 반영되어 학습되는 동안 문서 ID도 그 문서에 나온 단어들의 문맥정보를 같이 학습하게 된다.

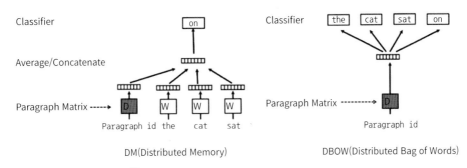

DM(Distributed Memory)　　　　　　DBOW(Distributed Bag of Words)

그림 11.5 Doc2Vec의 학습구조 [13]

위 그림은 Doc2Vec의 두 가지 학습 구조를 보여준다. 왼쪽의 **DM(Distributed Memory)**은 Word2Vec의 CBOW에 문서 ID를 추가한 형태의 학습이고, 오른쪽의 **DBOW(Distributed Bag of Words)**는 Skip-Gram에 문서 ID를 추가한 형태다. DM에서는 앞의 단어들과 문서 ID를 이용해 다음 단어를 예측하는 방식으로 학습이 이루어지고, DBOW에서는 문서 ID로 일련의 단어들을 예측하는 방식으로 학습된다.

말뭉치에 있는 문서들에 대해 학습이 완료되면 문서들 간의 직접적인 비교가 가능해진다. Word2Vec과 같이 주어진 문서에 대해 유사한 문서를 찾거나 다양한 연산들이 가능하다. 또한 임베딩 벡터를 이용해 문서 분류와 같은 목적으로 활용할 수 있다. 문서의 임베딩 벡터를 분류기의 입력으로 사용하면 감성 분석 등 다양한 작업이 가능해진다.

Doc2Vec은 문서를 임베딩한다는 점에서 신선한 시도였으며, 지금도 학술분야에서는 단어와 문서를 함께 임베딩해야 할 때 가끔 사용된다. Word2Vec과 마찬가지로 Gensim 홈페이지의 튜토리얼[14]에 나와 있는 설명과 예제를 따라하면 어렵지 않게 실습할 수 있다.

---

13 Le, Quoc, and Tomas Mikolov. "Distributed representations of sentences and documents." International conference on machine learning. PMLR, 2014.

14 https://radimrehurek.com/gensim/auto_examples/tutorials/run_doc2vec_lee.html

12

CNN – 이미지 분류를
응용한 문서 분류

CNN(Convolutional Neural Network)은 원래 이미지 인식에 탁월한 효과를 보이는 딥러닝 신경망으로 알려져 있었다. 그러나 문서 분류에서 뛰어난 효과를 보이는 것으로 입증되어 텍스트 마이닝 분야에서도 활발하게 쓰이는 모형이 됐다. 최근에는 BERT가 압도적으로 많이 사용됨에도 불구하고, BERT의 결과와 CNN을 결합한 모형이 제안되는 등 여전히 많이 쓰이는 모형이다. 이 장에서는 CNN의 개념과 CNN을 이용한 문서 분류의 원리를 이해하고, NLTK 영화 리뷰를 대상으로 문서 분류를 실습한다.

12.1 CNN의 등장과 작동 원리

CNN은 이미지넷이라는 이미지 데이터베이스를 이용해 매년 열린 ILSVRC(ImageNet Large Scale Visual Recognition Challenge)에서 2012년에 우승을 차지하면서 주목을 받았다. CNN이 나오기 전까지는 개발자가 이미지 인식에 유용한 특성을 도출해 이미지 분류에 이용하는 것이 일반적이었다. CNN은 딥러닝 기반의 학습을 이용해, 당시 26% 정도였던 오류율을 단숨에 16%까지 떨어뜨렸다. 기존의 알고리즘이 오류율을 1% 낮추는 것도 불가능에 가까운 상황이었으므로 매우 놀라운 일이었다. 당시 사용된 이미지 데이터에 대한 사람의 인식 오류율은 5% 정도였는데, CNN 기반 알고리즘은 2015년에 이를 추월하고 2017년에는 2.3%로 떨어뜨렸다.

이미지 인식에서 가장 중요한 개념은 주변 정보들을 함께 인식한다는 것이다. 흑백 이미지 혹은 그레이 스케일 이미지는 픽셀로 이루어진 2차원 행렬로 표현된다. 아래 그림을 보면 숫자 8이 어떻게 2차원 행렬로 변환되는지 직관적으로 이해할 수 있다. 기존의 머신러닝 기법[1]으로 2차원 행렬의 값에 대해 숫자를 판단하려면 입력을 1차원으로 펼쳐야 한다. 즉 그림에 있는 값들을 한 줄로 쭉 늘려 세워야 하는데, 그렇게 하면 사람도 8이라고 알아보기가 어렵다.

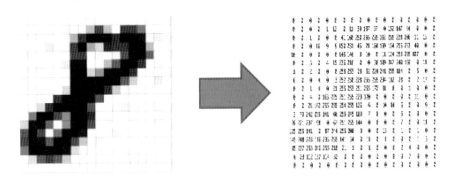

그림 12.1 이미지 행렬 변환 예시

즉 CNN은 2차원 행렬로부터 주변 정보를 요약해 이미지를 분류할 수 있는 특성들을 추출하는 딥러닝 기법으로 설명할 수 있다. 단, 컬러 이미지의 경우에는 RGB에 해당하는 세 가지 색상에 대해 각각 2차원 행렬이 있으므로 3차원 행렬로 한 장의 이미지를 표현한다.

이제 CNN이 어떻게 이미지를 인식하는지 원리를 간단하게 알아보기로 하자. 아래 이미지는 CNN의 설명에서 가장 널리 사용되는 이미지로, 주어진 이미지가 어떤 과정을 거쳐서 판별되는 지 간략하게 보여준다.

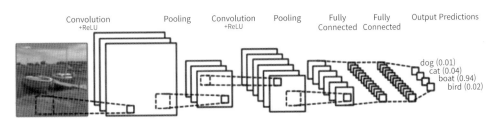

그림 12.2 CNN 작동 과정[2]

1 https://ujjwalkarn.me/2016/08/11/intuitive-explanation-convnets/
2 https://ujjwalkarn.me/2016/08/11/intuitive-explanation-convnets/

CNN에서 주변 정보들을 요약하고 특성을 추출하는 과정은 두 단계로 이루어져 있다. 첫 단계는 원본 이미지에 필터를 적용해 주변 정보를 요약하는 컨볼루션 단계다. 필터는 원본 이미지보다 작은 2차원 행렬로 학습의 대상이 되는 파라미터인데, 보통 3×3, 5×5의 크기를 많이 사용한다.

이 필터를 이미지 위로 이동하면서 필터의 크기에 해당하는 이미지 값들을 하나의 값으로 요약한다. 즉 컨볼루션 단계를 거치면 주변 정보를 요약한 새로운 2차원 행렬이 만들어진다고 보면 된다. 필터, 즉 파라미터의 값에 따라 이 요약 정보는 달라진다.

컨볼루션에서 중요한 또 하나의 요소는 필터 혹은 채널의 수다. 이미지를 판별하려면 다양한 관점에서 이미지를 분석할 필요가 있다. 이를 반영하기 위해 필터의 수를 여러 개로 할 수 있는데, 서로 다른 값을 가지는 두 개의 필터를 이용해 두 개의 요약된 2차원 행렬을 만들어 낼 수 있다. 즉 하나의 이미지로부터 두 개의 서로 다른 요약정보를 추출하는 것이다.

컨볼루션 단계에서 결정해야 하는 하이퍼파라미터로는 필터의 크기, 필터 혹은 채널의 수, 필터를 이미지 위에서 이동할 때의 간격을 나타내는 스트라이드(stride)가 있으며 그 외에 컨볼루션의 결과로 생성된 2차원 행렬의 크기가 원본 이미지의 크기와 다를 때 0으로 주변을 채울지 말지를 결정하는 패딩 옵션 등이 있다.

두 번째 단계는 풀링으로, 요약된 2차원 행렬을 축소하는 단계다. 가장 많이 쓰이는 방법은 맥스 풀링인데, 필터의 크기가 2×2이면 원본 이미지를 이 필터 단위로 자르고 각 필터 범위 안에 있는 네 값 중 가장 큰 값 하나를 추출해 새로운 2차원 행렬을 만든다. 이렇게 하면 이미지 너비가 4분의 1로 줄어든 요약정보가 만들어진다.

풀링은 파라미터 없이 이미지를 축소하므로 학습 속도가 느려지지 않고, 모형이 이미지의 미세한 이동이나 변형, 왜곡에 강한 특성을 갖게 한다. 기본적으로 CNN은 이 두 단계를 반복하면서 점차 이미지의 정보를 축약한 특성들을 만들어내고, 모형의 마지막 단계에서는 그 특성들을 이용해 이미지를 판별한다. 이때 전체 신경망 모형에서 이미지를 판별하는 부분을 분류기(classifier)라고 부르는데, 분류기는 보통 여러 층의 완전 연결(fully connected) 계층으로 구성되며 앞 단의 요약정보를 이용해 최종적으로 이미지의 분류를 예측한다.

12.2 CNN을 이용한 문서 분류

12.2.1 CNN을 이용한 문서 분류의 원리

텍스트 마이닝에 딥러닝을 적용하는 가장 큰 이유는 문맥의 파악이고, RNN에서 이는 앞 단어들이 다음 단어에 미치는 영향을 신경망 내에 표현함으로써 가능했다. CNN을 쓰는 이유는 RNN과 동일한데, 이미지를 판별하기 위해 주변 정보를 요약하는 것에 착안했다고 할 수 있다. 즉 단어들의 연속된 나열에 대해 앞뒤 단어들 간의 주변정보를 요약해낼 수 있다면 문맥을 파악하는 것이 가능하다.

RNN에서 배운 바와 같이 단어 단위로 벡터를 만들었으므로, 이제 문서는 1차원 벡터인 단어의 나열로 이루어진 2차원 행렬이다. 따라서 적어도 모양은 2차원 이미지와 유사해졌다. 다만 이미지와 문서의 중요한 차이점이 있는데, 그것은 문서에서는 단어들의 나열을 보기 때문에 2차원이 아닌 1차원 방향으로만 필터를 이동하면서 컨볼루션을 수행한다는 것이다. 다음 그림을 보면 좀더 쉽게 이해할 수 있을 것이다.

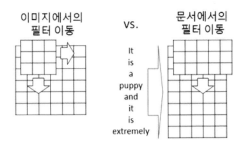

그림 12.3 이미지와 문서에서의 필터 이동 차이

이미지에서의 필터 이동은 앞의 그림과 같이 행과 열 방향으로 자유롭게 이루어진다. 이는 보통이미지의 크기가 커서 좌우와 위아래로 필터가 이동하면서 필터 단위로 주변 정보들을 요약하기 때문이다. 반면, 문서는 그림과 같이 한 단어가 하나의 행으로 변환되어, 단어들은 순서에 따라아래 방향으로 나열된다. 여기서 단어들 간의 주변 정보를 요약하려면 그림과 같이 필터의 열 수를 단어 벡터의 수와 같게 하고, 단어의 나열 방향에 따라 필터를 아래로만 이동하며 주변 정보를 요약한다.

이를 위해 케라스를 이용한 구현에서는 이미지에서 일반적으로 사용하는 Conv2D 계층 대신 한 방향으로만 움직이는 Conv1D 계층을 쓴다. CNN을 이용한 문서 분류는 아래 그림과 같이 요약될 수 있다. 먼저 단어의 시퀀스로부터 워드 임베딩을 이용해 각 문서에 대해 2차원 행렬로 변환하고, 컨볼루션과 풀링의 적절한 반복을 통해 요약 정보를 추출한 다음, 이 정보들에 대해 완전 연결 계층으로 구성된 분류기를 적용해 문서를 판별한다.

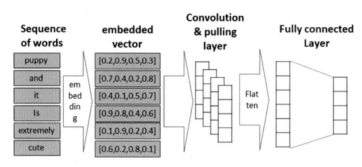

그림 12.4 Conv1D 계층을 활용한 문서 분류 과정

12.2.2 CNN을 이용한 NLTK 영화 리뷰 분류

NLTK의 영화 리뷰를 가져와서 CNN 모형에서 쓸 입력으로 변환하는 과정은 11장의 RNN과 같다. 간단히 요약하면, 먼저 리뷰 문서와 감성을 reviews와 categories에 저장하고, 케라스의 Tokenizer를 이용해 단어에 대한 인덱스의 시퀀스로 문서를 변환한다. 그 후 pad_sequences를 이용해 문서의 크기를 일정하게 변환하고 라벨을 변환한 후에, train_test_split을 이용해 데이터를 학습 집합과 테스트 집합으로 분리한다.

```python
from nltk.corpus import movie_reviews
import numpy as np
import tensorflow as tf
from tensorflow.keras.preprocessing.text import Tokenizer
from tensorflow.keras.preprocessing.sequence import pad_sequences
from sklearn.model_selection import train_test_split

# movie review data에서 file id를 가져옴
fileids = movie_reviews.fileids()
```

```
# file id를 이용해 raw text file을 가져옴
reviews = [movie_reviews.raw(fileid) for fileid in fileids]
categories = [movie_reviews.categories(fileid)[0] for fileid in fileids]

np.random.seed(7)
tf.random.set_seed(7)

max_words = 10000  # 사용할 단어의 수
maxlen = 500  # 문서의 단어 수를 제한

# 빈도가 높은 10000개의 단어를 선택하도록 객체 생성
tokenizer = Tokenizer(num_words=max_words, oov_token='UNK')
tokenizer.fit_on_texts(reviews)  # 단어 인덱스 구축

X = tokenizer.texts_to_sequences(reviews)  # 만들어진 단어 인덱스를 이용해 변환
X = pad_sequences(X, maxlen=maxlen, truncating='pre')

# label을 0, 1의 값으로 변환
label_dict = {'pos':0, 'neg':1}
y = np.array([label_dict[c] for c in categories])
X_train, X_test, y_train, y_test = train_test_split(X, y, test_size=0.2, random_
state=10)
```

데이터가 준비됐으면 케라스로 CNN 모형을 생성한다. 모형은 가장 먼저 워드 임베딩 계층을 추가하는 것으로 시작한다. 워드 임베딩 계층은 RNN과 동일하게 생성한다. 다음 단계는 컨볼루션과 풀링으로, 아래 모형에서는 이 단계를 2회 반복했다. 첫째 컨볼루션 층은 Conv1D를 이용해 채널의 수를 128개로 하고, 필터의 크기는 5로 지정했다. 이미지와 달리 필터의 크기는 하나의 값만 주면 된다. 스트라이드는 1로 지정해 필터가 한 단어씩 이동하게 했다. 패딩(padding) 옵션은 'valid'로 해서 패딩을 하지 않도록 했는데, 'same'을 선택하면 원본과 같은 크기가 되도록 패딩을 한다. 활성화 함수는 가장 일반적인 'relu'로 설정했다. MaxPooling1D는 기본값을 사용했는데, 그렇게 하면 필터의 크기는 2가 되어 단어의 수가 절반으로 줄어드는 결과를 가져온다.

둘째, 컨볼루션 층에서는 채널만 256으로 바꾼 것 외에는 첫째 층과 똑같이 했으며, 풀링 층은 기본값으로 만들었다. model.summary()로 모형 요약을 보면, 단어 임베딩의 결과로 하나의 문서가 500×64 크기의 2차원 행렬로 표현되고, 이때 다음 Conv1D 층과 연결해서 보면 단어의 벡

터 크기가 채널로 작동함을 볼 수 있다. 즉 벡터 크기인 64개의 채널이 Conv1D를 통해 두 배인 128개로 늘어나고 있다. Flatten()은 RNN 모형과 마찬가지로 분류기 입력으로 사용하기 위해 2차원 행렬을 1차원 벡터로 변환한다. 이후에는 완전연결층 한 단계를 거쳐서 긍정/부정을 판별하고 있다.

```python
from tensorflow.keras.models import Sequential
from tensorflow.keras.layers import Dense, Conv1D, MaxPooling1D
from tensorflow.keras.layers import Embedding, Dropout, Flatten
from tensorflow.keras.optimizers import Adam

model = Sequential([
    #word embedding layer 생성
    Embedding(max_words, 64, input_length=maxlen),
    Conv1D(128,  # 채널의 수
            5,  # 1D 필터 크기
            padding='valid',
            activation='relu',
            strides=1),
    MaxPooling1D(),
    Conv1D(256,  # 채널의 수
            5,  # 1D 필터 크기
            padding='valid',
            activation='relu',
            strides=1),
    MaxPooling1D(),
    Flatten(),
    Dense(64, activation='relu'),
    Dense(1, activation='sigmoid')  # binary logistic regression을 수행
])
model.summary()
```

[실행 결과]

```
Model: "sequential_3"

_____

Layer (type)              Output Shape              Param #
===============================================================

embedding_3 (Embedding)   (None, 500, 64)           640000
```

conv1d_6 (Conv1D)	(None, 496, 128)	41088
max_pooling1d_5 (MaxPooling1	(None, 248, 128)	0
conv1d_7 (Conv1D)	(None, 244, 256)	164096
max_pooling1d_6 (MaxPooling1	(None, 122, 256)	0
flatten_2 (Flatten)	(None, 31232)	0
dense_6 (Dense)	(None, 64)	1998912
dense_7 (Dense)	(None, 1)	65

Total params: 2,844,161
Trainable params: 2,844,161
Non-trainable params: 0

모형이 완성됐으면 학습 데이터에 대해 학습을 수행한다. RNN과 마찬가지로 Adam을 쓰고, 손실 함수로 binary_crossentropy를 지정한다.

```python
adam = Adam(learning_rate=1e-3)
model.compile(optimizer=adam, loss='binary_crossentropy', metrics=['acc'])
history = model.fit(X_train, y_train,
                    epochs=20,
                    batch_size=256,
                    verbose=0,
                    validation_split=0.2)
```

학습 결과 그래프를 그린다.

```python
%matplotlib inline
import matplotlib.pyplot as plt

def plot_results(history, metric):
    plt.plot(history.history[metric], 'b', label='Training '+metric)
    plt.plot(history.history['val_'+metric], 'r--', label='Validation '+metric)
```

```
    plt.title('Training vs. Validation '+metric)
    plt.xlabel('Epochs')
    plt.ylabel(metric)
    plt.legend()
    plt.show()

plot_results(history, 'loss')

# 테스트 셋으로 학습된 모형의 성능을 평가
score = model.evaluate(X_test, y_test)
print(f'#Test accuracy:{score[1]:.3f}')
```

[실행 결과]

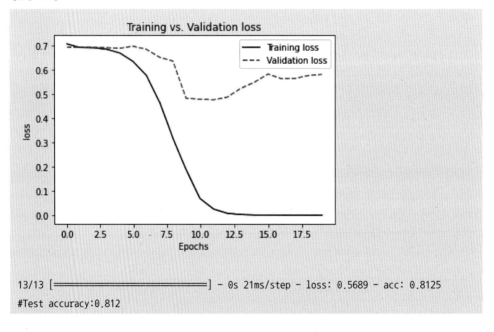

```
13/13 [==============================] - 0s 21ms/step - loss: 0.5689 - acc: 0.8125
#Test accuracy:0.812
```

위 그래프는 CNN에 의한 학습 결과를 보여준다. RNN과 달리 이번에는 정확도 대신 손실값으로 그래프를 그렸다. 딥러닝을 수행할 때에는 일반적으로 손실값의 변화를 보면서 학습의 추이를 살펴본다. 학습 손실이 위와 같이 시그모이드 함수의 좌우 반전된 모습과 같은 형태로 그려지면 학습 데이터에 대한 학습은 이상적으로 이루어지고 있다고 판단할 수 있다. 다만 검증 데이터에 대한 손실값은 일정하게 떨어지지 못하고 오르락내리락하는 모습을 보여주고 있다. 이런 경우에는 적절한 에포크 수를 정하기가 쉽지 않다.

테스트 데이터에 대한 정확도를 보면, RNN 모형에 비해 우수한 81.2%가 나온 것을 볼 수 있다. 이 한 번의 결과로 CNN이 반드시 RNN보다 낫다고 단정할 수는 없으나, 적어도 RNN 못지않은 성능을 보인다고 생각할 수는 있다. 그 이유를 생각해보면, 500개나 되는 단어들로 문서가 이루어져 있을 때 과연 그 500개의 단어들을 다 연결해서 문맥을 파악하는 것이 더 효율적인지 아니면 다섯 단어 정도로 끊어가면서 좁은 범위에서 주변의 문맥을 파악하고 그 결과를 다시 합쳐가는 것이 더 효율적인지에 대한 물음의 답으로 생각할 수 있다.

13

어텐션(Attention)과 트랜스포머

자연어 처리에 딥러닝이 활용되기 시작하면서 급격한 발전이 이루어졌다. 구글 번역을 예전부터 사용해온 사람이라면 몇 년 전에 비해 번역의 정확성이 훨씬 높아진 것을 체감할 수 있을 것이다. 자연어 처리는 대부분의 분야가 난이도가 높은데, 그중에서도 번역은 가장 어려운 분야에 속한다. 인공지능의 목표가 사람의 사고와 방식을 흉내 내어 문제를 해결하는 것이라고 할 때, 번역은 보통의 사람조차도 쉽지 않은 분야다. 이 장에서는 번역에서 시작된 딥러닝 기법이 어떻게 발전했고, 그 결과 텍스트 마이닝 전 분야에서 활용되게 된 과정을 살펴본다.

13.1 Seq2seq: 번역에서 시작한 딥러닝 기법

문서 분류와 같은 작업에 비해 번역이 어려운 이유는, 문서 분류는 하나의 결론만 생성하면 되지만 번역은 단어들을 순차적으로 생성해야 하기 때문이다. 이 단어들은 길이조차도 가변적이어서 더욱 어렵다. 이와 같이 입력으로 일련의 단어들이 들어오고 이를 이용해서 다시 일련의 단어들을 생성해야 하는 문제를 seq2seq(Sequence to Sequence)라고 한다.

"I went to school yesterday."와 같은 단순한 문장을 번역하는 예를 살펴보자. 먼저 이 문장에 대한 내용을 이해하고 정해진 형태(보통은 벡터)로 이해된 내용을 저장한다. 이것을 기반으로 먼저 번역의 첫 단어를 예측한다. 첫 단어를 예측하기 위해, 번역 학습을 하면서 구성한 한글 사전에 있는 모든 단어에 대해 확률을 계산하고 그중 가장 높은 확률인 단어를 제안한다. 그 단어는 '나는'이 될 것이다.

이렇게 첫 단추가 꿰어졌으면 이제 영어 문장에 대한 이해와 첫 단어인 '나는'을 이용해 다음 단어를 예측한다. 이제 '나는'을 예측할 때와는 입력이 달라졌다. 마찬가지로 사전에 있는 모든 단어들에 대해 확률을 계산하고 가장 확률이 높은 단어를 선정한다. 이러한 작업을 반복함으로써 "나는 어제 학교에 갔다."라는 문장을 생성할 수 있다.

잘 알고 있듯이 영어와 한글은 어순이 달라서 단순히 단어를 순서대로 번역한다고 해서 올바른 문장이 되지는 않는다. 위 예에서도 'yesterday'는 맨 나중에 나왔지만, 번역문에서 '어제'는 '나는'보다 뒤에 나온다. 따라서 앞서 말한 바와 같이 문장에 대해 이해한 내용을 지정한 형태로 저장하고 거기서 출발해야 한다.

BOW 기반의 기법으로는 사실상 번역이 불가능하다. 위 예를 살펴보면 단어 수준에서 예측이 이루어지고 있어 워드 임베딩이 필수적이라는 것을 예상할 수 있다. 번역 문제는 시계열 분석과 유사하다. 예를 들어 지난 10일의 주가를 이용해 다음 5일 주가를 예측한다고 생각해보자. 이 경우 입력은 10개의 숫자로 이루어진 시퀀스가 되고, 출력은 5개의 시퀀스가 된다. 즉 10개의 단어로 이루어진 영어 문장을 5개의 단어로 이루어진 한국어 문장으로 번역하는 것과 유사한 일이 된다.

Seq2seq 문제에 적용할 수 있는 가장 단순한 딥러닝 모형은 **RNN(Recurrent Neural Networks)**이다. 아래 그림은 RNN에 기반한 seq2seq 모형을 보여준다.

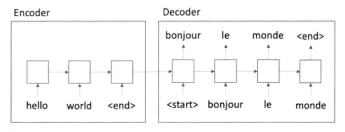

그림 13.1 RNN 모형

위 모형은 번역 문제를 단순화한 것으로 실제 모형과 입력 토큰은 이보다 더 복잡하다. 그림에서 은닉층에 들어가는 입력인 hello, world 등은 임베딩한 벡터로 변환되는 과정이 생략됐다고 이해하면 된다. 은닉층의 출력은 사전에 있는 단어로부터 하나를 선택하는 문제이므로 원핫 벡터라고 생각하면 된다. 은닉층은 앞 단어부터 문맥 정보를 축적하는 역할을 하며, 따라서 정방향 RNN을 표현하고 있다.

모형은 **인코더(encoder)**와 **디코더(decoder)**로 이뤄진다. 그림과 같이 영어를 프랑스어로 번역한다고 할 때, 인코더는 영어 문장을 이해하는 역할을 한다. 따라서 인코더 부분의 입력은 번역하고자 하는 영어 문장이 된다. 앞에서 우리가 배운 것처럼 은닉층을 통해 앞 단어로부터 순차적으로 정보가 축적되고 마지막 〈end〉 입력을 받은 은닉층의 노드는 영어 문장 전체의 문맥정보를 내포하는 역할을 한다. 이때 〈end〉는 문장의 마지막을 나타낸다. 디코더는 이 문맥정보로부터 프랑스어 문장을 생성하는 역할을 한다.

그림에서 〈start〉는 문장의 시작 혹은 번역의 시작을 알리는 벡터다. 이 시작신호와 그 전까지 축적된 문맥정보로 첫 단어 bonjour를 예측한다. 이 bonjour는 다음 입력값으로 사용된다. 처음 이 모형을 볼 때에는 어떻게 출력이 바로 입력으로 연결되는지 이해가 안 되는 경우가 많다. 디코더는 한 번에 실행되지 않고, 각 단어를 예측하는 단계가 순차적으로 실행된다.

다시 앞서 말한 10일의 주가로 5일의 주가를 예측하는 문제로 돌아가보자. 처음에는 10일의 주가로 첫날의 주가를 예측한다. 그러나 둘째 날은 첫날의 주가를 이용해서 예측돼야 하므로, 맨 앞의 주가 하나를 버리고 앞 9일의 주가와 예측된 첫날의 주가로 10일의 입력집합을 만들어서 둘째 날을 예측한다. 즉 5일의 주가를 예측하려면 5번의 입력집합을 만들고 5번 예측을 해야 한다.

위 그림의 디코더도 유사한 원리로 작동한다. 인코더가 일단 문맥정보를 축적하면 디코더는 이 문맥정보에 자신이 생성한 단어들을 하나씩 결합하면서 다음 단어를 예측하게 되고, 이 과정에서 모형을 이용한 예측은 한 번이 아니라 생성해야 할 단어의 수만큼 반복적으로 이뤄진다. 디코더가 문장의 끝을 알리는 〈end〉를 생성하면 번역을 마친다. 모형이 '갔다'라는 단어를 생성했다면 그다음에는 문장이 종료될 가능성이 높음을 알 수 있다.

13.2 어텐션을 이용한 성능의 향상

1절에서 설명한 seq2seq 모형에서 성능을 제약하는 중요한 요소 중 하나는 문맥 정보가 인코더의 마지막 벡터 하나에 집중되는 현상이다. 이 하나의 벡터에 번역할 문장의 모든 문맥 정보가 포함되고, 이를 이용해서 디코더는 반복적으로 다음 단어들을 예측한다. 번역할 문장이 수백 단어로 이루어진 긴 문장이라면 어떻게 될까? 하나의 벡터에 많은 정보가 잘 축적되고, 또 이를 디코더에서 잘 풀어낼 수 있을 것이라고 보기는 사실상 매우 어려우며, 이로 인해 번역의 성능이 떨어질 것이라는 것을 어렵지 않게 예상할 수 있다.

물론 LSTM이나 양방향 LSTM을 활용하면 보다 나은 결과를 기대할 수는 있을 것이다. 그러나 아직도 근본적인 문제가 남아있다. "I went to school yesterday"로부터 "나는 어제 학교에 갔다"를 번역해야 하는 경우를 생각해보자. "I went to school yesterday"의 모든 문맥정보는 인코더 마지막 하나의 벡터에 축약되고 이를 이용해 "나는 어제 학교에 갔다"의 모든 단어를 예측해야 한다. 이때 두번째 단어인 '어제'를 예측할 때, 이 단어에 가장 많은 영향을 미치는 원문의 단어는 당연히 'yesterday'다. 그러나 이 정보는 다른 단어들과 함께 문맥 벡터에 숨어 있다. 딥러닝의 특성을 살려서 'yesterday'가 '어제'의 예측에 직접 관여하게 할 수는 없을까? 이를 구현한 것이 어텐션 메커니즘이다.

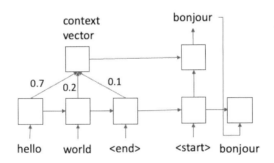

그림 13.2 어텐션 메커니즘

위 그림은 "hello world"를 "bonjour le monde"로 번역하는 과정에서 첫 단어인 bonjour를 예측하는 단계에 어텐션 메커니즘이 적용되는 예제를 보여준다. 그림의 아랫부분은 seq2seq 모형과 동일하게 흘러간다. 추가된 부분의 인코더 윗부분은 **컨텍스트 벡터**(context vector)다. 이 벡터는 첫 단어의 예측에 가장 많은 영향을 미치는 단어에 대한 정보가 담겨있다. 아래 단어들로부터 오는 화살표에는 단어별로 계산된 어텐션 스코어에 대해 소프트맥스를 적용한 가중치가 표현돼 있는데, 이 값들이 바로 각 단어가 bonjour에 미치는 영향의 비중이 된다. 이 값은 학습을 통해 결정되며, 현재의 값을 보면 bonjour에는 hello가 가장 큰 영향을 미치는 것을 알 수 있다.

다시 정리해보면, 단어들의 임베딩 벡터에 대해 가중치를 반영해 가중 합계를 구하면 컨텍스트 벡터가 되고, 이 컨텍스트 벡터가 인코더의 마지막 벡터와 디코더의 입력값과 합쳐져서 첫 단어를 생성한다. 즉 기존의 seq2seq 모형에 어텐션 메커니즘에 의한 컨텍스트 벡터를 추가해 번역할 단어를 예측한다. 컨텍스트 벡터는 당연히 예측할 단어의 순서에 따라 계속 바뀐다. bonjour와 monde에 영향을 미치는 원문의 단어 비중이 달라지기 때문이다.

어텐션 메커니즘은 번역의 성능을 향상시킨 결정적인 발견 중 하나다. 이 아이디어로부터 출발해 BERT 모형이 완성됐다고 볼 수 있다. Seq2seq 어텐션 메커니즘은 텍스트 마이닝 기법을 사용하는 입장에서는 자주 사용되지는 않는 모형이다. 그보다는 텍스트 마이닝을 위한 딥러닝 기법을 개발하고자 하는 연구자에게 더 많이 사용될 것이다. 따라서 이 책에서는 이에 대한 실습은 다루지 않는다. 현재 이러한 발전 과정의 끝에 있는 모형은 수차례 반복해서 언급한 BERT다. 텍스트 마이닝을 하려는 사람에게는 BERT와 같은 모형의 개발보다 이용이 더 중요한 주제가 될 것이다. 그러나 모형을 더 잘 활용하려면 모형을 잘 이해할 필요가 있다. Seq2seq 모형과 어텐션 메커니즘에 대한 이해는 BERT 모형의 이해로 가는 과정으로 생각하면 좋을 것 같다.

13.3 셀프 어텐션(Self-attention)과 트랜스포머

13.3.1 셀프 어텐션의 이해

13.2절에서 설명한 어텐션은 인코더에서 디코더로 연결된다. 예를 들어 영어에서 한글로 번역하고자 하는 경우, 한글 단어를 생성하기 위해 이 단어에 직접적인 영향을 미치는 영어 단어에 대한 정보가 있다면 더 유리할 것이다. 셀프 어텐션은 같은 문장 내에서의 어텐션을 말한다. 개념이 어렵더라도 예를 보면 쉽게 이해할 수 있다. "The animal didn't cross the street because it was too tired."라는 문장이 있을 때, 'it'은 무엇을 의미할까? 문장의 의미를 이해한다면 'it'이

'animal'이라는 것을 알 수 있다. 반면 이 문장과 유사한 "The animal didn't cross the street because it was too wide."에서 'it'은 'animal'이 아닌 'the street'다. 이와 같이 동일한 단어라도 문맥에 따라 다른 의미를 갖게 되고 그 의미에 영향을 미치는 단어가 문장에 존재한다.

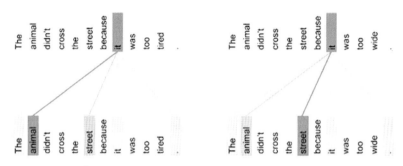

그림 13.3 셀프 어텐션의 이해[1]

셀프 어텐션의 목적은 이와 같이 문장 내에서의 단어 간 영향을 표현하는 것이다. 좀 더 구체적으로 말한다면 어떤 단어를 벡터로 임베딩할 때, 그 단어에 영향을 미치는 다른 단어들의 정보를 함께 인코딩하고 싶은 것이다. 다시 seq2seq 모형으로 돌아가면, 인코딩 과정에서 문장의 앞에서부터 순차적으로 정보가 축적되므로 어떤 단어에 대해 직접적으로 영향을 미치는 단어에 대한 정보는 포함되기 어렵다. 양방향 LSTM을 사용한다면 반대편으로도 정보가 축적되겠지만 마찬가지로 직접적인 영향을 미치는 단어를 선별해 정보를 축적하지는 않는다. 셀프 어텐션에서는 각 단어들에 대해 그 단어에 영향을 미치는 단어들의 정보를 선별해[2] 자신에게 축적한다.

이 경우, 각 단어가 모두 자신에게 오는 어텐션에 대한 정보를 갖고 있으므로 RNN 혹은 LSTM에 기반한 seq2seq 모형과는 달리 어느 한 벡터가 전체 문맥에 대한 정보를 축적하고 있지는 않는다. 즉 인코딩 과정에서 문맥에 대한 정보는 각 단어에 골고루 분포하고, 디코딩 과정에서는 입력 문장의 모든 단어의 임베딩 벡터를 어텐션 형태로 활용한다. 이러한 차이점을 잘 이해한다면 이어서 설명하는 트랜스포머에 대해서도 어렵지 않게 이해할 수 있을 것이다.

---

1 https://ai.googleblog.com/2017/08/transformer-novel-neural-network.html
2 여기서 선별이라는 것은 가중치를 주어서 단어들의 영향을 조절함을 의미한다.

13.3.2 트랜스포머의 구조

트랜스포머는 현재 딥러닝을 이용한 자연어 처리 모형의 정점에 있다고 할 수 있다. 실제로 많이 사용되고 또 많은 분야에서 가장 좋은 성능을 보이고 있는 모형은 BERT(Bidirectional Encoder Representations from Transformers)이지만 이름에서도 알 수 있듯이 BERT는 트랜스포머를 기반으로 해서 만들어진 모형이고 더 정확하게는 트랜스포머에서 인코더 부분만 따로 떼어내서 학습한 모형이라고 할 수 있다. 따라서 BERT에 대해 이해하려면 먼저 트랜스포머에 대해 잘 알고 있어야 한다.

트랜스포머는 번역을 위해 개발된 모형이다. 트랜스포머가 소개된 논문[3]을 보면 영어를 독일어와 프랑스어로 번역한 결과를 성능의 기준으로 삼고 있다. 앞서 말한 바와 같이 번역은 자연어에 대한 깊은 이해를 필요로 하고 트랜스포머는 그러한 깊은 이해를 셀프 어텐션을 통해 구현했다고 할 수 있다. "Attention is all you need."라는 제목에서 알 수 있듯이 기존 seq2seq 모형에서 RNN 혹은 LSTM 기반의 구조를 완전히 버리고 오직 어텐션에만 의지한 모형을 제안했다. 그림 13.4는 논문에 나온 트랜스포머의 구조다.

---

3 Vaswani, Ashish, et al. "Attention is all you need." Advances in neural information processing systems. 2017.

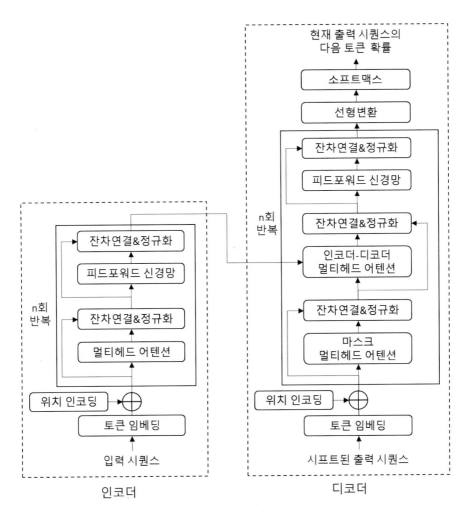

그림 13.4 트랜스포머 구조[4]

그림에서 볼 수 있듯이 트랜스포머는 기존 seq2seq 모형과 마찬가지로 인코더와 디코더로 구성
돼 있고, 인코더는 번역의 대상이 되는 문장을 입력받아 문맥 정보, 즉 셀프 어텐션 정보를 추출
한다. 디코더는 셀프 어텐션 정보를 갖고 있는 각 단어의 임베딩 벡터를 이용해 단어를 하나씩
예측하는데, 이때 인코더로부터 오는 어텐션 정보뿐만 아니라 자신의 셀프 어텐션 정보를 함께
사용한다.

---

4 Vaswani, Ashish, et al. "Attention is all you need."

현재 수많은 블로그의 글 중에서 트랜스포머를 가장 알기 쉽게 설명하고 있는 글은 Jay Alammar의 "The Illustrated Transformer"[5]이며 한국어로도 번역돼 있다[6]. 트랜스포머의 원리와 과정을 상세히 알고 싶다면 블로그를 방문해보기 바란다. 이 책에서는 셀프 어텐션의 원리에 집중하고, 상세한 변환 과정은 다른 좋은 자료가 많이 있으므로 생략하고자 한다.

그림 13.4를 보면 입력 시퀀스에 대한 첫째 작업은 토큰 임베딩으로 토큰화 작업을 말한다. 지금까지 이 책에서 설명한 토큰화는 주로 단어 기반 토큰화(Word-based Tokenization) 였다. 그러나 트랜스포머 기반의 다양한 모형에서는 문자 기반 토큰화(Character-based Tokenization) 혹은 BPE(Byte-Pair Encoding), WordPiece, SentencePiece와 같은 하위 단어 토큰화(Subword Tokenization) 기법을 모형에 따라 다양하게 사용한다. 일단 지금은 단어 기반 토큰화를 바탕으로 토큰 임베딩을 이해하고, 실제로 트랜스포머 기반 모형에서 사용하는 다른 방법들에 대해서는 15.2절에서 상세하게 다루기로 한다. 출력 시퀀스에 대해서도 동일하게 토큰 임베딩이 수행된다. 다만 입력 시퀀스에 대한 토큰 임베딩은 항상 입력 시퀀스 전체에 대해 이뤄지는 반면, 출력 시퀀스에 대한 토큰 임베딩은 현재까지 출력으로 만들어진 시퀀스에 대해서 단계적으로 이뤄진다. 예를 들어 예상되는 출력 시퀀스가 "Attention is all you need" 일 때 먼저 "Attention"에 대한 토큰 임베딩이 실행되고 이를 이용해 "is"가 예측되었다면 다음 단계에서는 이 결과를 출력 시퀀스에 추가하여 "Attention is"를 토큰화하고 이를 이용해 "all"을 예측하게 된다. 마찬가지로 다음 단계에서는 "all"을 추가하여 "Attention is all"을 토큰화하고 이를 입력으로 하여 "you"를 예측한다.

토큰 임베딩의 다음 단계는 위치 인코딩이다. 트랜스포머는 기존의 시퀀스-투-시퀀스 모형에서 사용한 RNN을 사용하지 않고 구현되므로 토큰 간의 순서에 대한 정보가 없다. RNN은 모형 자체가 앞에 있는 토큰에서 다음 토큰으로 연결되는 구조를 가지므로 순서가 모형 내부에 내장되어 있다고 볼 수 있지만, 트랜스포머는 모든 토큰 사이에 동등한 셀프 어텐션이 동작하기 때문에 토큰의 순서와 관련이 없는 모형이다. 따라서 위치에 대한 정보를 토큰에 추가하는 작업을 일반적인 토큰화 후에 수행하고 이를 위치 인코딩이라고 부른다.

토큰 임베딩과 위치 인코딩이 완료되면 그 결과가 셀프 어텐션 모듈로 전달된다. 그림 13.4에서 인코더와 디코더에 각각 "n회 반복"이라고 쓰여진 부분은, 그림의 층이 n개가 겹쳐 있다는 것을

---

5 https://jalammar.github.io/illustrated-transformer/
6 https://nlpinkorean.github.io/illustrated-transformer/

의미한다. 층이 겹쳐 있는 경우, 앞 층의 결과는 다음 층의 입력으로 사용된다. ELMo에서 Bi-LSTM 층이 두 개 사용된 것처럼 트랜스포머에서도 층이 여러 개 사용될 수 있다. 하나의 층은 그림과 같이 멀티헤드 어텐션(Multi-Head Attention)과 피드포워드 신경망으로 구성돼 있다. 다음 그림은 이를 보다 세부적으로 표현한 것으로, 각 층 안의 모습과 입력 출력의 모양을 확인할 수 있다. 아래 그림에서는 멀티헤드 어텐션 대신 셀프 어텐션이라고 되어 있다. 멀티헤드 어텐션은 아래 그림과 같은 셀프 어텐션이 병렬로 여러 개 사용되는 것을 말한다. 이렇게 여러 개의 셀프 어텐션을 사용하는 이유는 다양한 관점의 셀프 어텐션을 구현하고 이를 결합하여 최종적인 어텐션을 만들고자 하기 때문이다. 논문에서는 8개의 셀프 어텐션을 결합하여 멀티헤드를 구성했다.

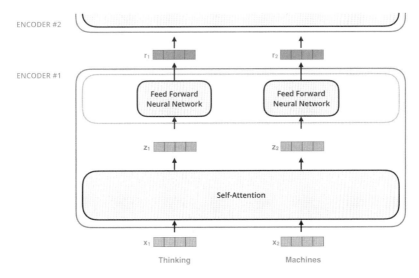

그림 13.5 인코더 층 구조[7]

위 그림에서 셀프 어텐션 층은 각 단어들($x1$, $x2$)을 입력으로 받고, 각 단어에 대응하는 결과 ($z1$, $z2$)를 출력한다. 즉 층을 거치더라도 단어들이 합쳐져서 하나의 벡터가 되거나 하지는 않고, 각 단어들이 계속 유지된다. 셀프 어텐션은 모든 단어에 대해 그 단어에 영향을 미치는 다른 단어들의 정보를 결합한다. 이때 나에게 영향을 미치는 단어가 얼마나 많이 영향을 미치는가에 따라, 결합되는 단어의 정보 크기를 조절해서 합친다. 즉 $z1$은 단어 Thinking에 영향을 미치는 단어들의 정보가 결합돼 있다고 할 수 있다. 피드포워드 신경망은 단어별로 분리돼 있어서 단어

---

7 https://jalammar.github.io/illustrated-transformer/

들 간의 정보가 결합되지 않는다. 다만 최종 목적에 맞게 학습이 되는 가중치에 의해 z의 특성을 변형해 r을 출력한다고 이해하면 된다. 출력된 r1, r2는 다음 인코더 층에 입력으로 사용된다.

13.3.3 인코더의 셀프 어텐션 원리

이제 셀프 어텐션의 원리에 대해 알아보자. 셀프 어텐션은 그림 13.6과 같이 query, key, value 세 개의 벡터를 이용해서 계산된다. 이 벡터들은 입력 – 단어의 임베딩 벡터로부터 각각의 가중치 행렬 Wq, Wk, Wv로 계산돼 나온다. 즉, 이 세 벡터의 초깃값은 원래 단어의 정보를 내포한다고 할 수 있다. 그렇다면 각 벡터의 의미는 무엇일까? 먼저 query는 어텐션을 받는 단어가 어텐션과 관련해 다른 단어들에게 던지는 질문이라고 할 수 있으며, key는 그에 대한 대답이라고 할 수 있다. 다시 말해서 A라는 단어가 다른 단어들에게 '자 나에게 영향을 많이 미치는 단어는 손을 들어서 알려주세요.'라는 식으로 질문을 던지는 것이 query이고, 다른 단어들이 이에 대해 '내가 이 정도의 영향을 끼치고 있습니다.'라고 대답하는 것이 key다.

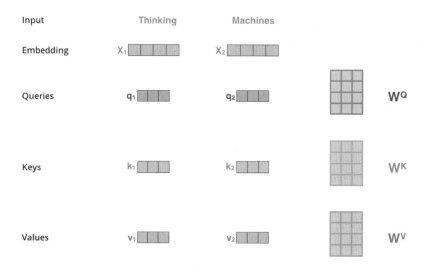

그림 13.6 셀프 어텐션의 벡터들

그림 13.7은 벡터들을 이용해 셀프 어텐션을 계산하는 과정을 보여준다. 그림에서 x1이 x2에 영향을 받는다면 x1이 던진 질문 q1과 k2는 서로 비슷한 값을 갖는다. 더 정확히는 그런 방향으로 학습이 이뤄진다. q1과 k2는 앞서 설명한 바와 같이 Wq, Wk 가중치에 의해 변환된 결과이고 이 가중치는 학습에 의해 결정이 되기 때문이다. 이제 x1이 x2에 영향을 받는 정도를 계산

하기 위해 q1과 k2를 내적한다. 영향의 정도가 클수록 두 값은 비슷해지고 내적값은 커진다. 마찬가지로 x1이 x3에 영향을 받는 정도는 q1과 k3을 내적하여 계산한다. 즉 x1을 기준으로 하면, q1과 자신을 포함한 다른 단어들의 k를 내적해서 자신에게 오는 영향의 정도를 계산한다. Softmax를 이용해 이 값을 확률로 변환하고 여기에 영향을 주는 단어들의 v, 즉 본래 단어들의 정보와 각각 곱하면, 나에게 영향을 미치는 다른 단어들의 정보를 영향의 정도에 따라 조절한 결과가 된다.

이제 마지막으로 조절된 정보량을 다 더함으로써 x1에 대한 어텐션 벡터가 완성된다. 과정이 이해가 되었다면, 이 어텐션 벡터가 갖는 의미는 영향의 정도를 가중치로 하여 나에게 영향을 미치는 단어들의 정보를 결합한 것이라고 이해할 수 있을 것이다. 나에게 가장 영향을 많이 미치는 단어는 나 자신일 가능성이 높다(실제로 어텐션을 분석하면 그렇게 나온다.). 그러나 자신 외에 나에게 영향을 미치는 단어들의 정보가 포함되면서 문장의 의미적 구조인 문맥을 차츰 파악하게 된다.

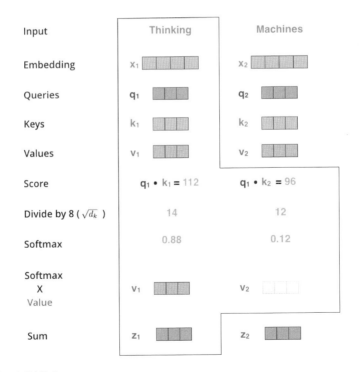

그림 13.7 셀프 어텐션 원리

트랜스포머에서는 위와 같은 인코더 층을 병렬로 연결한 멀티헤드 어텐션을 사용하는데, 이 멀티헤드라는 용어는 위에서 설명한 어텐션을 다양한 관점에서 계산하고, 이를 다시 결합하는 것을 의미한다고 이해할 수 있다. CNN(Convolutional Neural Networks)에서 채널을 통해 다양한 관점으로 이미지를 해석하고 이를 다시 결합하는 것을 떠올리면 된다. 다시 말해서 동일한 문장에 대해 여러 관점으로 어텐션을 해석하고 이러한 여러 관점을 다시 결합해서 최종 출력을 만들어낸다. 의견이 서로 다른 여러 사람이 각자의 관점으로 문장을 해석하고 그 의견들을 취합하는 과정이라고 이해해도 좋다.

그림 13.4를 보면 멀티헤드 어텐션과 피드포워드 신경망 사이에 잔차연결&정규화 층이 있는 것을 볼 수 있다. 이 층에서는 잔차 연결과 레이어 정규화가 이뤄진다. 잔차연결(residual connection)은 셀프 어텐션 과정을 거치면서 원래 임베딩 벡터의 정보가 지나치게 손실 혹은 변형되는 것을 막기 위해 추가한다. 그림을 보면 멀티헤드 어텐션의 입력이 들어오기 전에 둘로 갈라져 하나는 멀티헤드 어텐션을 우회하여 잔차연결&정규화 층으로 바로 입력되는 것을 볼 수 있다. 이 값은 멀티헤드 어텐션의 출력값과 결합됨으로써 본래 임베딩 벡터의 정보가 어느 정도 유지될 수 있도록 해주며 동시에 학습도 더 원활하게 이뤄질 수 있도록 해준다. 레이어 정규화(layer normalization)는 레이어의 출력 데이터에 대해 평균과 분산을 이용하여 정규화를 함으로써 데이터를 안정화하고 학습속도를 개선하는 효과를 가져온다.

트랜스포머를 발표한 구글의 논문에서는 각 6개의 인코더층과 디코더층을 사용했다. 이렇게 여러 층을 쌓으면 보다 깊게 어텐션을 학습할 수 있다는 장점이 있다. 다만 학습에 많은 시간과 자원이 소모되므로 적절한 수의 층을 선택할 필요가 있다.

13.3.4 디코더의 동작 원리

디코더는 출력 단어 시퀀스의 첫 토큰(주로 문장의 시작을 알리는 토큰)을 시작으로 하여, 하나씩 생성되는 단어가 순차적으로 추가되는 시퀀스를 입력으로 받는다. 이를 그림 13.4에서는 시프트된 출력 시퀀스라고 표현하고 있다. 앞서 설명한 것과 같이 디코더는 한 번에 문장을 생성하는 것이 아니라 문장을 구성하는 토큰을 하나씩 예측한다. 이때 지금까지 만든 출력 시퀀스가 입력으로 사용되고 이를 이용해 다음 토큰을 예측하는 것이다. 13.3.2절에서 "Attention is all you need"를 이용해 설명한 것과 같이, "Attention"으로 "is"를 예측했다면 다음 단계에서는 "Attention is"로 "all"을 예측하고, 그 다음 단계에서는 "Attention is all"로 "you"를 예측하는 방식으로 동작한다.

시프트된 출력 시퀀스는 인코더와 동일하게 토큰 임베딩과 위치 인코딩을 거친 후에 다음 레이어의 입력으로 사용된다. 디코더는 인코더와 달리 마스크 멀티헤드 어텐션, 잔차연결&정규화의 두 단계 이후 인코더로부터 연결되는 인코더–디코더 어텐션, 잔차연결&정규화의 두 단계가 추가된다.

트랜스포머의 구조에서 인코더와 디코더를 비교하면, 크게 두 가지의 차이점을 발견할 수 있다. 첫째, 디코더의 셀프 어텐션 층은 인코더와 달리 마스크 멀티헤드 어텐션부터 시작한다. 둘째, 마스크 멀티헤드 어텐션과 잔차연결&정규화 다음 단계에 인코더에서 디코더로 향하는 멀티헤드 어텐션 층이 있다. 이 층은 인코더의 멀티헤드 어텐션과 구분하기 위해 인코더–디코더 멀티헤드 어텐션이라고 부른다.

먼저 마스크 멀티헤드 어텐션에 대해 알아보자. 마스크 멀티헤드 어텐션은 디코더의 특성상 셀프 어텐션이 뒤에서 앞으로 갈 수는 없기 때문에 만들어진 메커니즘이다. Seq2seq 모형에서 배웠듯이, 디코더는 한 번에 모든 단어들을 생성하는 것이 아니고 하나의 단어를 반복해서 생성한다. 즉 처음 디코더가 실행될 때는 번역의 첫 단어를 생성한다. 다음 턴에서는 처음 생성한 단어 정보를 이용해 둘째 단어를 생성한다. 이때, 셀프 어텐션은 첫째 단어에서 둘째 단어로만 영향을 미친다. 이것은 당연한 것으로, 현재 생성하고자 하는 단어에 대해 미래에 생성할 단어로부터 어텐션을 받는다는 것은 논리적으로 말이 되지 않기 때문이다. 이와 같이 디코더에서 순방향으로만 어텐션이 향하는 것을 구현한 메커니즘이 마스크 멀티헤드 어텐션이라고 이해하면 된다.

둘째로 인코더–디코더 멀티헤드 어텐션 층에 대해 알아보자. 이 층은 Seq2seq 모델 구조에서 인코더로부터 디코더로 향하는 어텐션을 구현한 층이다. 다만 셀프 어텐션과 동일한 메커니즘을 적용했다는 점에서 차이가 있다. 여기서 query를 던지는 단어는 디코더에서 생성하고 있는 단어다. 즉 영어에서 한국어로 번역을 하고 있다면 디코더에서 생성한 한글 단어가 query를 던지고 이에 대해 key와 value는 인코더에 있는 영어 단어로부터 온다. 셀프 어텐션의 원리를 이해했다면 당연히 그럴 것이라고 짐작할 수 있다. 즉 지금 생성하려고 하는 한국어 단어에 영향을 미치는 영어 단어들의 영향력을 표현한 것이 앞서 배운 인코더–디코더이므로, 생성되고 있는 한국어 단어에 대한 어텐션 정보는 인코더에 있는 영어 단어로부터 와야 한다. 마스크 멀티헤드 어텐션과 인코더–디코더 멀티헤드 어텐션을 제외한 나머지 부분, 즉 피드포워드 신경망과 잔차연결&정규화는 인코더와 동일하게 실행된다. 마지막 단계에서 선형변환과 소프트맥스 층은 다음 단어를 예측하기 위해 사용한다.

이제 대략적인 트랜스포머의 작동 원리는 설명했다. 디코더는 토큰이 생성될 때까지 반복해서 단어를 생성하고, 처리가 끝나면 문장이 만들어진다. 일반적으로 트랜스포머보다 BERT가 더 많이 쓰이기는 하지만, BERT로 부족하다고 여겨지는 상황에서는 트랜스포머 모형을 사용하기도 한다. 따라서 다음 장의 BERT 사용법이 어느 정도 익숙해지면 트랜스포머도 사용해 보기를 권장한다.

14

BERT의 이해와 간단한 활용

BERT(Bidirectional Encoder Representations from Transformers)는 현재 시점에서 텍스트 마이닝 딥러닝 모형 중 가장 중요한 모형이다. 텍스트 마이닝의 거의 전 분야에서 우수한 성능을 보이고 있기 때문이다. BERT는 처음 발표된 모형 외에 그로부터 파생된 다양한 모형이 있으며 주어진 작업이나 상황에 따라 다양하게 선택할 수 있다. BERT는 우수한 성능을 내기 위해 언어 모델에 기반한 고유의 학습 방법이 있다. 따라서 BERT에 대해 완전히 이해하려면 언어 모델과 학습법 그리고 BERT의 구조에 대해서도 이해할 필요가 있다. 이 장에서는 이와 같은 내용을 순서대로 다루고, BERT의 기본적인 활용방법에 대해 실습하고자 한다.

14.1 왜 언어 모델이 중요한가?

언어 모델은 문장 혹은 단어의 시퀀스에 대해 확률을 할당하는 모델을 말한다. 영어로 language model인데, 언어 모형이라고 번역해도 될 것 같지만 언어 모델이라는 용어를 더 많이 쓴다. 문장에 확률을 할당한다는 것은 무엇을 의미하는 것일까? 예를 보며 이해해보자. "나는 배가 고파서 밥을 먹었다."와 "나는 배가 고파서 밥을 치웠다." 중 어떤 것이 더 자연스러운 문장일까? 당연히 전자일 것이다. 언어 모델은 이와 같이 더 자연스러운 문장에 더 높은 확률을 부여한다. '더

'자연스러운'의 정의는 '일반적으로 더 많이 사용되는'으로 이해하면 된다. 다시 말해서 어떤 것이 더 자연스러운지 알려면 수많은 문장들을 학습해야 한다. 더 좋은 언어 모델은 사람에 가깝게 더욱 자연스러운 문장을 알아낼 수 있는 모형이라고 할 수 있고, 그렇게 되려면 많은 문서들로 올바르게 학습돼야 한다.

다시 예제로 돌아와서 "나는 배가 고파서 밥을 먹었다."와 "나는 배가 고파서 밥을 치웠다." 중에서 더 자연스러운 문장을 찾는 능력은 어떻게 활용이 될 수 있을까? "나는 배가 고파서 밥을" 까지의 문장이 있을 때 다음 단어를 선택해야 한다면 많은 단어들 중에서 문장을 더 자연스럽게 하는 단어를 고르면 된다. 즉 잘 학습된 언어 모델은 문장을 잘 완성할 수 있다. 언어 모델로 학습한 대표적인 모형인 **GPT(Generative Pre-trained Transformer)**는 사람과 유사하게 글을 만들어내는 것으로 알려져 있다. 최근 기사[1]를 보면 당시 GPT의 최신 버전인 GPT-3로 작성한 글과 인간이 쓴 글을 구분하는 실험을 했는데, 12%의 사람만이 GPT-3가 작성한 글을 구분했다는 내용이 있다. 그만큼 글의 내용이 자연스럽다는 것을 의미한다.

언어 모델로 학습한 GPT는 글을 쓰는 능력으로 잘 알려져 있지만, 그 외에 우리가 지금까지 배워 온 분류 문제를 비롯해서 문서 요약, 추론, 문서 유사도 계산, 질의 응답 등에도 활용될 수 있다. 그렇다면 언어 모델을 이용한 학습이 갖는 의미는 무엇일까? 더 자연스러운 문장을 알 수 있다는 것은 언어를 더 잘 이해한다는 것을 의미한다. 한국어를 배우는 외국인에게 어떤 문장이 더 자연스러운지 물어본다면, 당연히 더 많이 배우고 잘하는 사람이 더 잘 대답할 것이라고 예상할 수 있다. 즉 언어 모델은 언어에 대한 이해를 높이는 학습이라고 할 수 있다.

언어 모델의 또 다른 중요한 장점은 비지도 학습이 가능하다는 것이다. 트랜스포머로 번역 모델을 학습한다고 하면, 반드시 번역의 대상이 되는 문장과 번역한 문장이 쌍으로 존재해야 한다. 즉, 주어진 문장에 대한 번역 답이 반드시 있어야 하는데, 이런 학습을 지도학습이라고 한다. 앞서 이 책에서 다룬 문서 분류 문제는 모두 지도학습에 해당한다. 감성 분석을 하려면 감성에 대한 답이 있어야 하고, 기사를 분류하려면 기사 종류에 대한 라벨이 주어져야 학습이 가능하다. 언어 모델은 주어진 단어의 시퀀스 뒤에 오는 단어를 예측하는 방식으로 학습하므로 문장에 대한 답을 별도로 필요로 하지 않고, 그냥 문서를 적절하게 잘라서 학습이 가능하다. 일반적으로 언어 모델의 학습대상은 뉴스 기사나 위키피디아가 사용된다.

---

1 http://news.kmib.co.kr/article/view.asp?arcid=0924157750&code=14190000

그렇다면 언어 모델로 학습한 모형을 문서 분류와 같은 지도학습에 활용할 수 있을까? 가능하다. 먼저 언어 모델로 언어에 대한 이해를 높인 후에, 추가로 미세조정학습(fine tuning)으로 지도학습을 수행함으로써 분류 성능을 갖게 한다. 이와 같이 사전에 언어모델을 이용하여 미리 학습된 모형을 사전학습 언어모델이라고 한다. 다음 절에서는 언어모델과 함께 이에 대해 더 상세히 알아보도록 한다.

14.2 사전학습 언어모델의 이론적 이해[2]

언어모델(language model)은 단어의 시퀀스에 대해 확률을 할당하는 모델을 말하며, 이 확률은 아래 식과 같이 계산할 수 있다.

$$p(w_1, w_2, \cdots, w_N) = \prod_{i=1}^{N} p(w_i \mid w_1, w_2, \cdots, w_{i-1})$$

위 식에서 $w_1, w_2, \cdots, w_N$이 어떤 단어의 시퀀스 혹은 문장이라고 가정하면, 이 시퀀스가 나타날 확률은 각 단어들의 결합확률로 표현되며 식에서와 같이 조건부 확률의 곱으로 계산된다. 이때 $p(w_i|w_1, w_2, \cdots, w_N)$은 언어모델에 따라 다양한 방법으로 계산될 수 있다. 언어모델링(language modeling)은 이러한 언어모델을 학습하고 사용하는 프로세스로 정의된다. 이와 같은 방식을 확장하면 $p(w_{n-k}, \cdots, w_n|w_1, \cdots, w_{n-k-1})$와 같이 정의되는 확률을 추정하는 언어모델도 구현할 수 있으며, 이것은 주어진 입력 단어 시퀀스(입력 문장)에 대해 대상으로 하는 출력 단어 시퀀스(출력 문장)의 확률을 추정하는 것으로 하나의 단어가 아닌 단어 시퀀스, 즉 문장에 대해 확률을 할당하는 언어모델이 된다. 즉 지금까지 공부해 왔던 seq2seq 모형이 이와 같은 확률을 추정하는 모형이라고 할 수 있으며, 이를 기반으로 하면 번역, 문서 요약, 질의 응답과 같은 복잡한 자연어 관련 작업을 수행할 수 있다.

이때 위 식에서 설명한 조건부 확률을 자연어 처리 작업 관점에서 다시 해석해 보면, 주어진 input에 기반하여 output의 확률을 추정하는 $p(output|input)$의 형태로 볼 수 있다. 여기서 주어진 자연어 처리 작업의 input은 어떤 단어의 시퀀스이고, output은 주어진 문제에 따라 하나

---

2 박상언, 〈딥러닝 기반 사전학습 언어모델에 대한 이해와 현황〉, 한국빅데이터학회지

의 단어 혹은 값이 되거나 혹은 단어의 시퀀스가 되기도 한다. 만일 주어진 문서를 정해진 클래스로 분류하는 문제라면 output은 클래스가 될 것이고, 번역이나 요약 문제라면 output은 번역할 문장이거나 요약된 문장이 될 것이다. 즉 언어모델을 학습한다는 것은 문서 분류, 번역, 문서 요약, 질의 응답과 같은 다양한 자연어 처리 문제를 해결할 수 있는 모델로 자연스럽게 확장할 수 있다. 트랜스포머(Transformers), GPT, BERT와 같은 사전학습 언어모델은 이와 같은 방식으로 지난 몇 년간 눈부신 속도로 발전해 왔다고 말할 수 있다.

사전학습 언어모델은 미리 학습된 언어모델이라는 의미이며, 일반적으로 언어모델의 학습은 비지도 학습으로 이뤄진다. 지도학습은 주어진 입력에 대해 예측해야 할 출력을 명시적으로 할당하는 방식으로 학습하는 반면, 언어모델에서는 자연어 문장을 이용하여 위 식에서와 같이 주어진 단어 시퀀스에 대해 다음 단어를 예측하도록 데이터셋을 자동으로 생성함으로써 학습을 수행한다. 이와 같은 언어모델에서의 학습방법은 트랜스포머와 GPT, BERT 등을 거치면서 언어를 보다 더 효과적으로 학습할 수 있도록 개선되었다.

이와 같은 사전학습은 문서 분류, 번역 등과 같은 목표 작업에 대해 직접 학습하지 않으므로 바로 적용하기에는 한계가 있다. 그럼에도 불구하고 사전학습이 의미를 갖는 이유는 위에서 설명한 것과 같이 언어모델의 기본적인 형태가 다양한 자연어 처리 문제로 쉽게 확장될 수 있는 구조이기 때문이다. 즉 단어의 시퀀스에서 어떤 출력을 생성한다는 점에서 공통점을 갖고 있다고 할 수 있다. 풀어서 설명하자면 언어에 대한 이해가 높다면 다양한 자연어 처리 작업에 보다 쉽게 적응할 수 있다는 장점을 갖게 된다.

사전학습 언어모델의 장점은 다음과 같은 두 가지 관점에서 설명될 수 있다. 첫째, 사전학습 언어모델은 다양한 자연어 처리 작업의 정확도를 크게 높일 수 있다. 실제로 BERT를 기반으로 미세조정을 수행한 모델이 자연어 처리에서 사람보다도 더 높은 정확도를 보였으며, GPT-3은 자연어 생성에서 놀라운 수준의 유창함을 보였다. 둘째, 사전학습 언어모델은 머신러닝 기반의 자연어 처리 모형 학습의 부담을 크게 줄였다. 전통적으로 자연어 처리 모형을 학습하려면 매우 큰 데이터를 생성해야 했으나 사전학습 언어모델을 사용하면 작은 데이터로도 효과적인 학습이 가능해졌다.

이상의 두 가지 장점은 모두 사전학습 언어모델을 이용한 전이학습(transfer learning)이 가능하다는 점에서 발생한다. 전이학습은 다른 분야에서 학습한 결과를 재사용함으로써 학습의 속도와 성능을 모두 향상할 수 있는 방법을 말한다. 다만 이때 두 분야의 지식과 모형의 유사성이 높아야 학습된 지식의 전이(transfer)가 큰 효과를 낼 수 있다. 사전학습 언어모델은 언어의 이해라는 점에서 지식의 유사성이 높고 단어의 시퀀스를 입력으로 하여 주어진 출력의 확률을 계산한다는 점에서 모형의 유사성도 매우 높다. 사전학습 언어모델을 활용할 때에는 일반적으로 학습된 모형을 가져와서 주어진 문제에 대해 미세조정(fine tuning)으로 지도학습을 수행함으로써 대상 작업에 맞는 성능을 갖추게 된다.

14.3 BERT의 구조

BERT(Bidirectional Encoder Representations from Transformers)가 소개된 논문의 제목인 "BERT: Pre-training of Deep Bidirectional Transformers for Language Understanding"에서 알 수 있듯이[3], BERT는 언어 모델 기반의 학습을 이용해 언어에 대한 이해를 높이는 데 목적이 있다. 물론 그 이해를 바탕으로 다양한 작업을 수행하는 것이 최종 목적이다. BERT는 Bidirectional Encoder Representations from Transformers의 약자인데, 이름에 모형에 대한 설명이 이미 잘 되어 있다. 즉 앞 장에서 배운 트랜스포머에서 인코더 부분만 사용한 모형으로, 이 인코더의 특징은 양방향(bidirectional) 셀프 어텐션을 구현하고 있다는 것이다.

왜 BERT는 이것을 강조하고 있을까? 그 이유는 **GPT(Generative Pre-trained Transformer)**와 비교해 설명하고자 했기 때문이다. GPT는 BERT보다 먼저 발표된 모형으로, 주로 자연어 문장 생성에 특화된 모델이다. 언어 모델로 학습이 되었고 이를 바탕으로 해서 생성 외에 문서 분류와 같은 다른 분야에서도 좋은 성능을 냈는데, 트랜스포머의 디코더 부분만 따로 떼어서 학습 모형으로 사용했다. 따라서 인코더에서 디코더로의 어텐션은 생략돼 있고, 셀프 어텐션은 순방향만 적용된다. 인코더가 없으므로, 이것은 당연한 결과라고 할 수 있을 것이다. 반면 BERT는 트랜스포머의 인코더 부분을 떼어서 사용했다. 이것은 무엇을 의미할까? GPT가 단방향 혹은 순방향으로의 셀프 어텐션만 사용하는 것에 비해 BERT는 양방향 셀프 어텐션을 모두 활용할 수 있다. 이 부분이 BERT의 핵심이 되며, 그 외에 언어 모델 학습을 위한 몇 가지 아이디어들이 추가됐다. BERT 논문에 제시된 그림 14.1은 방금 설명한 BERT와 GPT의 구조적인 차이 외에 ELMo와의 차이점도 함께 보여준다. 그림을 보면 BERT에서는 양방향 셀프 어텐션이 있는 반면, GPT에는 순방향 셀프 어텐션만 있는 것을 볼 수 있다. ELMo는 양방향 LSTM 구조로 돼 있다.

---

3 Devlin, Jacob, et al. "Bert: Pre-training of deep bidirectional transformers for language understanding." arXiv preprint arXiv:1810.04805 (2018).

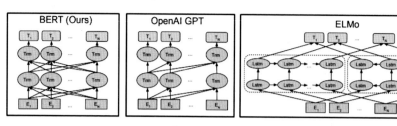

그림 14.1 BERT와 GPT, ELMo의 구조적 차이[4]

14.4 언어모델을 이용한 사전학습과 미세조정학습

BERT의 학습은 사전학습과 미세조정학습의 두 단계로 나뉘어진다. 사전학습은 지금까지 설명한 바와 같이 언어에 대한 이해를 높이기 위한 비지도학습이고, 미세조정학습은 실제 수행하고자 하는 작업에 대한 지도학습이다. 논문에 소개된 아래 그림은 언어 모델 기반의 사전학습과 미세조정학습의 구조를 보여준다.

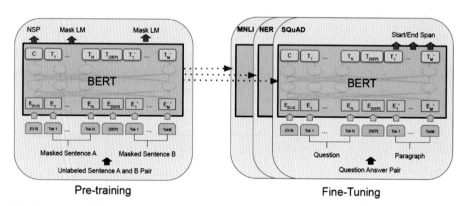

그림 14.2 BERT의 사전학습과 미세조정학습

먼저 사전학습에 대해 알아보자. 사전학습은 언어 모델 학습으로 구성되는데, BERT의 사전학습은 지금까지 배운 언어 모델 학습과 차이가 있다. 언어 모델을 이용한 학습에서는 앞에 주어진 단어들 다음에 나올 단어의 확률을 예측하는 방식으로 학습한다. 이와 같은 방식은 트랜스포머의 디코더와 구조가 일치한다.

---

4 Devlin, Jacob, et al. "Bert: Pre-training of deep bidirectional transformers for language understanding."

앞 장에서 설명한 바와 같이, 디코더의 셀프 어텐션에는 'masked'라는 용어가 들어가고 이것은 어텐션이 순방향으로만 이루어져 있음을 말한다. 현재까지의 단어 시퀀스를 이용해서 다음 단어를 예측하는 작업은, 그 이후 단어들로부터 오는 어텐션을 활용할 수 없다. 너무나 당연하게도 그 단어들은 아직 생성되지 않았기 때문이다. GPT가 디코더를 이용해서 언어 모델을 학습한 이유가 바로 여기에 있다. 모형과 학습이 자연스럽게 일치하기 때문이다.

그렇다면 BERT는 양방향 셀프 어텐션 인코더로 어떻게 언어 모델을 학습하는 것일까? 여기에서 BERT만의 독창적인 아이디어가 있다. 그것은 바로 'masking', 즉 단어를 가리고, 가린 단어를 예측하게 하는 것이다. 즉 순서와 관계없이 문장 안에서 랜덤한 위치의 단어를 지우고, 모형이 이 단어들을 예측하도록 한 것이다. 이것을 'masked language model'이라고 부른다. 가려진 단어는 문장의 중간에 위치하며, 양쪽에 단어들이 있어 양방향 셀프 어텐션을 모두 이용해 예측하는 것이 가능하다. 셀프 어텐션을 모두 활용한다는 점에서 언어에 대한 이해를 더 높일 수 있을 것으로도 기대할 수 있다. BERT에서는 원래 문장에서 약 15%의 단어들을 마스킹했다.

이것 외에 또 하나의 아이디어를 추가했는데, 그것은 두 개의 문장을 다룰 수 있도록 하는 것이다. 예를 들어 두 문장이 같은 의미인지 혹은 앞 문장의 내용으로 뒤 문장의 질문에 대한 답이 가능한지 등을 알아볼 수 있을 것이다. 트랜스포머는 인코더와 디코더로 구성돼 있어, 두 문장을 다뤄야 하는 경우에 하나는 인코더로 다른 하나는 디코더로 보내는 것을 자연스럽게 생각할 수 있다. BERT는 인코더만으로 구성돼 있는데, 어떻게 두 문장을 다루도록 학습할 수 있을까?. BERT의 아이디어는 두 문장을 구분하는 토큰을 정의하고 두 문장 사이에 넣어서 하나의 시퀀스를 만든 후에 인코더에서 한 번에 처리하도록 하는 것이다.

BERT에서 두 문장에 대한 학습 목표는 순서를 맞히는 것으로 했다. 즉 A와 B 두 문장을 주고 순서가 올바른지 거꾸로인지를 예측하도록 했다. 이 경우에도 문서로부터 문장의 순서를 알 수 있으므로 직접적인 형태는 지도학습처럼 보이지만 문서에 대한 라벨이 필요 없다는 점에서는 비지도학습으로 볼 수 있다. 이때까지 두 문장에 대한 학습은 비교적 단순했는데, 이후 이를 개선하기 위한 많은 연구에서는 좀 더 복잡한 문장 간의 관계를 학습에 사용했다.

이와 같이 마스크를 이용한 언어 모델과 두 문장을 이용한 사전학습이 완료되면 다음 단계에서는 주어진 목표에 맞게 학습을 하는 미세조정학습을 실시한다. 사전학습의 목표가 언어에 대한 이해를 높이는 것이라면, 미세조정학습은 실제로 주어진 문제를 해결하는 것으로, 문서 분류가 대표적인 예라고 할 수 있다. 다음 그림은 논문에 소개된 것 중 분류와 관련한 두 개의 작업을 보여준다.

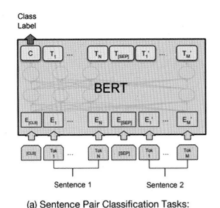 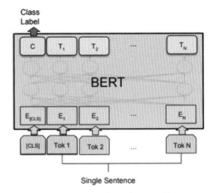

그림 14.3 BERT 분류 미세조정

먼저 (b)의 작업은 하나의 문장을 분류하는 것으로 우리가 지금까지 해왔던 문서 분류 문제와 일치한다. 트랜스포머의 인코더에 대한 설명을 기억한다면, 입력에 주어진 단어는 계속 인코더의 최종 출력까지 이어지는 것을 알 수 있다. 그림에서 주어진 문장의 각 단어는 'Tok'으로 표기된 입력에 매칭되어 최종 출력인 T_1, T_2, ..., T_N 까지 이어진다. BERT에는 성능과 편의를 위해 자체적인 토크나이저가 있는데, 우리가 지금까지 한 것처럼 각 토큰이 정확하게 하나의 단어와 매칭되지는 않는다. 다만 설명의 편의를 위해 그렇다고 가정하기로 한다.

주목할 토큰은 첫째 토큰인 '[CLS]'으로, 이것은 **분류기** 토큰이며 다른 단어와 마찬가지로 모형의 끝까지 이어지고, 또 필요한 어텐션을 학습하게 된다. 문장의 분류는 일반적으로 이 토큰의 최종 출력을 사용하고 그림에서는 'Class Label'과 대응한다. 다시 말해서 학습이 된 다른 단어들의 최종 값들, T_1, T_2 등은 임베딩 용도로 사용하고, 문장의 분류에서는 분류기 토큰만 이용해서 라벨을 예측한다. 그러나 최근에는 BERT의 성능을 향상하기 위해 T_1, T_2, ... T_N의 단어 임베딩을 다시 양방향 LSTM이나 CNN 모형의 입력으로 넣고 그 결과를 이용해 예측을 하기도 한다. 여러분이 딥러닝 모형에 익숙해진다면 앞서 배운 LSTM, CNN 모형을 BERT에 연결할 수도 있으나, 이 책에서는 거기까지는 다루지 않는다.

참고로 오른쪽 그림 밑에 있는 **SST-2 (Stanford Sentiment Treebank)**는 감성분석을 위한 영화리뷰 공개 데이터셋으로 학술논문에서 성능을 평가하는 데 많이 쓰인다. **CoLA(Corpus of Linguistic Acceptability)**는 영어 문장이 언어학적으로 올바른지 그렇지 않은지를 판단하는 데이터셋이다.

그림에서 (a)는 두 문장을 입력으로 하는 분류 문제를 보여준다. 이와 관련한 대표적인 데이터셋은 MNLI(Multi-Genre Natural Language Inference)로, 각각 전제와 가설로 이루어진 한 쌍의 문장에 대해 둘 간의 관계가 함의, 모순, 중립 중 어디에 해당하는지 분류하는 문제를 다룬다. 즉, 두 문장을 입력으로 받아서 두 문장이 서로 모순인지 아닌지를 판단하는 문제라고 할 수 있다.

미세조정학습을 수행하면, 사전학습으로 미리 만들어진 가중치들이 목표에 맞게 세밀하게 조정된다. 특히 분류기 토큰 – '[CLS]'가 분류 목적에 맞게 학습되고 단어들의 어텐션도 조정이 된다. 쓰는 사람은 사전학습까지만 완료된 모형을 가져와서 직접 미세조정학습을 하거나, 미세조정학습까지 마친 모형을 가져와서 바로 사용할 수 있다. 물론 모형만 가져와서 처음부터 학습하거나, 아니면 미세조정학습 결과를 가져와서 다시 미세조정학습을 할 수도 있다. 즉 자신의 상황과 목적에 맞춰 다양하게 활용할 수 있다.

14.5 사전학습된 BERT 모형의 직접 사용방법

아무리 좋은 것이 있어도 사용할 수 없다면 무용지물에 불과하다. BERT는 사전학습된 모형을 전이학습으로 활용할 수 있다는 점이 가장 매력적이라고 할 수 있다. 트랜스포머나 BERT, GPT 모두 막대한 데이터와 학습을 위한 엄청난 자원 및 시간을 요구해 개인이 직접 처음부터 학습해서 사용하는 것은 거의 불가능에 가깝다. 전이학습은 이러한 문제점들을 해결해준다. 그리고 너무나 고맙게도 사전학습된 모형들을 무료로 공개하는 사이트들이 있다. 허깅페이스(Hugging Face)는 자연어 분야에서 가장 널리 알려진 AI 커뮤니티로 트랜스포머, BERT, GPT를 비롯해 거의 모든 자연어 처리 딥러닝 모형들을 제공한다.

이제 공개된 모형을 이용해서 우리가 원하는 작업들을 수행해보자. 허깅페이스 사이트[5]에 가면 트랜스포머와 관련한 모형들에 대해 설치 및 사용법이 설명돼 있다. 제공되는 모형들이 딥러닝 모형이므로 설치를 위해서는 텐서플로(2.0 이상) 또는 파이토치가 설치돼 있어야 한다. 트랜스포머 라이브러리는 아래 pip 또는 conda 명령어로 설치할 수 있다.

---

5 https://huggingface.co/transformers/

```
pip install transformers
conda install -c huggingface transformers
```

CPU 버전만 설치하거나, 텐서플로 혹은 파이토치를 선택해 설치하고 싶다면 허깅페이스 사이트를 참조하기 바란다. 한 가지 주의할 점으로, 텐서플로와 파이토치를 동시에 설치하면 문제가 발생할 수 있으므로, 가급적 텐서플로와 파이토치에 대해 각각의 가상 환경을 만들어 두 환경을 분리하는 것이 좋다. 콘다를 이용한 가상 환경은 콘다 홈페이지[6]의 설명을 참조한다. 가상 환경을 만들 때 NLTK를 비롯해 KoNLPy, 사이킷런 등 지금까지 사용한 패키지들을 추가로 설치하자.

transformers 라이브러리를 사용하는 가장 쉬운 방법은 파이프라인(pipeline)을 이용하는 것이다. 파이프라인은 transformers에서 제공하는 클래스로서, 명시된 작업(task)에 따라 아래와 같은 일들을 순차적으로 수행한다.

1. 목적에 맞게 적절한 토크나이저와 BERT 모형 객체를 선언한다.

2. 토크나이저를 이용해 주어진 텍스트를 BERT 모형에 맞는 입력으로 변환한다.

3. 변환된 입력을 모형에 전달하고 결과와 확률 등을 받아 전달한다.

위 내용은 하나의 예로, 더 복잡한 작업을 수행해야 한다면 세부적인 내용은 그에 따라 달라질 수 있다. 파이프라인에 대한 상세한 내용은 참조 링크[7]를 참조하면 된다.

파이프라인은 하고자 하는 작업, 사용할 모형과 토크나이저, 설정 등을 지정할 수 있으나, 가장 쉬운 방법은 작업만 지정하고 나머지는 파이프라인이 알아서 선택하도록 하는 것이다. 자연어와 관련한 작업의 종류에는 아래와 같은 것들이 있으며 이 외에도 다양한 작업이 있다.

1. "sentiment-analysis": 감성분석

2. "text-classification": 문서분류

3. "question-answering": 질의응답

4. "text-generation": 문서생성

---

6 콘다를 이용한 가상 환경은 다음 주소의 문서를 참조한다.
https://docs.conda.io/projects/conda/en/latest/user-guide/tasks/manage-environments.html

7 https://huggingface.co/transformers/main_classes/pipelines.html#transformers.pipeline

5. "translation": 기계번역

6. "summarization": 문서요약

파이프라인은 아래와 같이 간편하게 사용할 수 있다. 아래 예에서는 작업을 "sentiment-analysis"로 지정해서 파이프라인 분류기를 생성하고 감성분석 결과를 점수와 함께 출력했다.

```
from transformers import pipeline

clf = pipeline("sentiment-analysis")
result = clf("what a beautiful day!")[0]
print("감성분석 결과: %s, 감성스코어: %0.4f" % (result['label'], result['score']))
```

[실행 결과]

```
No model was supplied, defaulted to distilbert-base-uncased-finetuned-sst-2-english
(https://huggingface.co/distilbert-base-uncased-finetuned-sst-2-english)

감성분석 결과: POSITIVE, 감성스코어: 0.9999
```

파이프라인에 모형을 지정하지 않으면 자동으로 사전학습된 모형을 사용하는데, 메시지를 보면 어떤 모형이 사용됐는지 알 수 있다. 감성분석에서는 'distilbert-base-uncased-finetuned-sst-2-english'가 사용된다. 위 예에서는 하나의 문장만 사용했지만, 여러 문장을 리스트로 주면 한 번에 처리하고 결과를 주므로 배치 작업도 가능하다. 다만 주의할 점은 메모리 문제인데, BERT는 기본적으로 많은 양의 메모리를 사용한다. 파이썬은 메인메모리나 GPU 메모리가 부족할 경우 바로 에러가 나므로 이때는 문장의 수를 줄여서 시도해본다. 파이프라인에서 또 주의할 점은, 자동으로 토크나이저를 선택해 사용할 때 기본 옵션을 사용하는데, 이 경우 토큰 수가 많아지면(보통 BERT는 512개의 토큰을 사용) 토크나이저는 문제가 없지만 이후 모형을 돌릴 때 에러가 나는 경우가 많다. 따라서 긴 문서의 경우에는 파이프라인을 사용하지 않고 직접 토크나이저와 모형을 사용해야 한다.

다음 단계에서는 재미삼아 문서 생성을 해보자. 텍스트 생성은 GPT-2가 사용된다. 생성을 위해서는 문장의 시작부분을 입력으로 줘야 하는데, 아래 예에서는 《이상한 나라의 앨리스》에 나온 첫 문장의 일부를 사용했다. 비교적 매끄럽게 문장이 만들어지는 것을 볼 수 있다.

```
from transformers import pipeline

text_generator = pipeline("text-generation")
result = text_generator("Alice was beginning to get very tired of sitting by her sister
on the bank,")
print(result[0]['generated_text'])
```

[실행 결과]

```
Alice was beginning to get very tired of sitting by her sister on the bank, until the
bank suddenly shut off and it happened, she felt strange walking into the room and sud-
denly, a huge dark object moved at her. It was an orange-grey
```

14.6 자동 클래스를 이용한 토크나이저와 모형의 사용

위와 같이 간단한 작업을 한다면 사용법은 매우 간단하다. BERT 모형이 매우 난해하다는 것을 생각할 때 사용은 의외로 쉽다고 생각할 수 있지만, 이런 식의 사용은 제약이 많다. 예를 들어 BERT는 기본적으로 512개의 토큰을 사용하는데, 문장을 토큰화한 결과가 이 숫자를 넘게 되면 바로 에러가 발생한다. 그렇게 되면 지식이 더 필요하고 사용법도 달라져야 한다.

아래 예는 좀 더 복잡한 예로 두 문장이 주어졌을 때 두번째 문장이 첫 문장의 paraphrase, 즉 "동일한 의미를 바꿔서 표현한 문장"인지를 판단하는 것을 보여준다. 이런 경우에는 위 예제처럼 파이프라인으로 간단하게 할 수는 없지만 그래도 라이브러리가 제공하는 자동 클래스(Auto Classes)를 사용해서 자동으로 적절한 토크나이저와 모형을 선택하게 할 수는 있다. 물론 나중에 미세조정학습을 할 때에는 우리가 직접 선택하게 될 텐데, 지금처럼 단계적으로 하나씩 배워가며 익숙해지도록 하자.

트랜스포머는 딥러닝 연산을 위한 백엔드로 파이토치와 텐서플로 모두 사용할 수 있다. 서로 장단점이 있으므로 무조건 어떤 것을 선택하라고 할 수는 없다. 본인이 직접 사용해보고 자신에게 맞는 것을 선택하거나 자신의 환경에 따라 사용가능한 것을 고르면 된다. 둘 다 텐서에 대한 연산과 기본적으로 동일한 딥러닝 단계를 지원하므로, 하나에 익숙하면 다른 것을 사용하는 것도 아주 어려운 것은 아니다. 이 책에서는 파이토치를 사용하기로 한다.

참고로 아래 사전학습 모형 이름 뒤의 **mrpc**는 'The Microsoft Research Paraphrase Corpus'의 약자로, 의미적으로 유사한 문장의 페어와 그렇지 않은 문장의 페어로 구성해서 두 문장의 의미적 유사성을 학습할 수 있도록 만든 데이터셋이다. 즉 "bert-base-cased-finetuned-mrpc"는 사전학습된 모형으로 다시 MRPC 데이터셋에 대해 미세조정학습을 했다는 것을 의미하며, 이 모형으로 주어진 두 문장의 의미적 유사성을 예측할 수 있다는 것을 알 수 있다.

허깅페이스에서 제공하는 대략적인 사전학습 모형이 궁금하다면 허깅페이스의 pretrained_models를 설명하는 페이지[8], 혹은 전체 리스트가 궁금하다면 허깅페이스의 models 페이지[9]를 참조하면 된다. 가장 기본적인 bert-base-uncased, distilbert-base-uncased, roberta-large, gpt2를 비롯해 셀 수 없이 많은 모형에 대한 설명을 볼 수 있다.

```python
from transformers import AutoTokenizer, AutoModelForSequenceClassification
import torch

# Auto Classes를 이용해 사전학습된 내용에 맞는 토크나이저와 모형을 자동으로 설정
tokenizer = AutoTokenizer.from_pretrained("bert-base-cased-finetuned-mrpc")
model = AutoModelForSequenceClassification.from_pretrained(
    "bert-base-cased-finetuned-mrpc"
)

# 의미적으로 유사한 두 문장을 선언
input_sentence = "She angered me with her inappropriate comments, rumor-spreading, and
disrespectfulness at the formal dinner table"
target_sequence = "She made me angry when she was rude at dinner"
# 토큰화
tokens = tokenizer(input_sentence, target_sequence, return_tensors="pt")

# 모형으로 결과를 예측
logits = model(**tokens).logits

# 소프트맥스를 이용해 결괏값을 클래스에 대한 확률로 변환
results = torch.softmax(logits, dim=1).tolist()[0]
```

---

8 https://huggingface.co/transformers/pretrained_models.html
9 https://huggingface.co/models

```
for i, label in enumerate(['no', 'yes']):
    print(f"{label}: {int(round(results[i] * 100))}%")
```

[실행 결과]

```
no: 29%
yes: 71%
```

위에서 설명한 바와 같이 사전학습된 모형 중에서 "bert-base-cased-finetuned-mrpc"를 사용해 적절한 토크나이저와 모형을 생성한다. AutoTokenizer, TFAutoModelForSequenceClassification의 이름에서 알 수 있듯이 사전학습 모형의 이름을 이용해서 적절한 토크나이저와 모형을 자동으로 선택한다. 토크나이저는 기본적으로 우리가 지금까지 공부한 토크나이저와 같은 기능을 한다. 다만, BERT에서는 BERT의 모형과 학습 원리에 최적화된 토큰화 방식을 사용한다. 좋은 점은 토크나이저를 제공하므로 우리가 방식을 상세하게 배워서 구현까지 할 필요는 없다는 것이다. 하지만 전문가가 되어 BERT를 더 잘 쓰려면 토크나이저를 상세히 알아 둘 필요가 있다. 이 부분은 조금 천천히 하기로 하고 지금은 파이프라인을 사용하지 않고 직접 토크나이저를 사용하는 것에 만족하자.

다음은 테스트를 위해 의미적으로 유사한 두 문장을 정의했다. 문장을 읽어보면 target_sequence 는 input_sentence의 내용을 요약하는 형태인 것을 알 수 있다. 모형이 제대로 작동한다면 두 문장의 의미적 유사성이 높다고 할 것이다. 정의한 토크나이저로 토큰화를 하고, 모형을 통과시켜 예측결과를 가져온다. 이때 logits는 소프트맥스를 적용하기 이전의 신경망 결과다. 따라서 확률값을 얻기 위해서는 위와 같이 소프트맥스를 적용시켜야 한다. 이런 부분들은 신경망이나 딥러닝에 대한 이해를 필요로 하는데, 이 책에서는 아주 상세하게 설명하지는 않는다. 라벨은 보통 0, 1의 순서인데 1이 True, 즉 '의미적으로 유사하다'라는 결론이므로, 위와 같이 no부터 출력한다. 결과를 보면 의미적으로 유사할 확률이 71%인 것을 볼 수 있다.

그렇다면 별로 관련이 없는 문장에 대해서도 한번 실행해보기로 한다. 아래 예제는 전혀 관련 없는 문장을 target_sequence로 해서 실행한 결과다.

```
target_sequence = "The boy quickly ran across the finish line, seizing yet another
victory"
tokens = tokenizer(input_sentence, target_sequence, return_tensors="pt")
logits = model(**tokens).logits
```

```
results = torch.softmax(logits, dim=1).tolist()[0]

for i, label in enumerate(['no', 'yes']):
    print(f"{label}: {int(round(results[i] * 100))}%")
```

[실행 결과]

```
no: 95%
yes: 5%
```

no가 95%로 잘 작동하는 것을 볼 수 있다. 파이프라인을 사용할 때보다 할 수 있는 것은 조금은 많아졌지만 아직 본격적인 작업을 하기에는 부족한 감이 있다. 이제 우리가 8장에서 했던 감성 분석 작업에 BERT를 이용함으로써 BERT에 익숙해지도록 하자. 먼저 아래와 같이 NLTK의 영화리뷰 데이터를 가져와서 라벨을 0과 1로 변경하고, 학습 데이터셋과 테스트 데이터셋으로 분리한다. 분리의 목적은 테스트 데이터셋에 대한 평가와 이전 결과와의 비교로, 학습 데이터셋에 대한 학습은 수행하지 않고 사전학습된 모형을 바로 적용한다.

```
import nltk
from nltk.corpus import movie_reviews
from sklearn.model_selection import train_test_split
import numpy as np

nltk.download('movie_reviews')

# movie review data에서 file id를 가져옴
fileids = movie_reviews.fileids()

# file id를 이용해 raw text file을 가져옴
reviews = [movie_reviews.raw(fileid) for fileid in fileids]
categories = [movie_reviews.categories(fileid)[0] for fileid in fileids]

# label을 0, 1의 값으로 변환
label_dict = {'pos':1, 'neg':0}
y = np.array([label_dict[c] for c in categories])

X_train, X_test, y_train, y_test = train_test_split(reviews, y, test_size=0.2,
random_state=7)
```

```
print('Train set count: ', len(X_train))
print('Test set count: ', len(X_test))
```

[실행 결과]

```
Train set count:  1600
Test set count:  400
```

NLTK의 영화 리뷰는 길이가 길어서 위에서 사용한 감성분석 파이프라인을 쓰면 에러가 발생한다. 따라서 좀 더 본격적으로 BERT를 이용할 필요가 있다. 또한 테스트 데이터셋이 여러 개로 이뤄졌으므로 배치로 처리할 수 있어야 한다. 다만 앞서 설명한 바와 같이, BERT는 많은 메모리를 사용하므로 400개의 테스트 데이터셋을 한꺼번에 처리하는 것은 메모리가 아주 많은 경우가 아니라면 거의 불가능에 가깝다. 따라서 10개씩 잘라서 모형을 돌리고 결과를 합쳐서 성능을 살펴보기로 한다.

```
from transformers import AutoTokenizer, AutoModelForSequenceClassification
import torch
import torch.nn.functional as F

# cuda를 이용한 GPU 연산이 가능하면 cuda를 사용하고, 아니면 cpu를 사용
device = torch.device('cuda') if torch.cuda.is_available() else torch.device('cpu')

# Auto Classes를 이용해 사전학습된 내용에 맞는 토크나이저와 모형을 자동으로 설정
tokenizer = AutoTokenizer.from_pretrained(
    "distilbert-base-uncased-finetuned-sst-2-english"
)
model = AutoModelForSequenceClassification.from_pretrained(
    "distilbert-base-uncased-finetuned-sst-2-english"
)

# 모델을 gpu로 옮겨서 연산을 준비
model = model.to(device)

batch_size = 10  # 모형으로 한번에 예측할 데이터의 수
y_pred = []  # 전체 예측결과를 저장

num_batch = len(y_test)//batch_size
```

```
for i in range(num_batch):
    inputs = tokenizer(
        X_test[i*batch_size:(i+1)*batch_size],
        truncation=True,
        padding=True,
        return_tensors="pt"
    )

    # 토큰화 결과를 GPU로 이동
    inputs = inputs.to(device)

    # 모형으로 결과를 예측
    logits = model(**inputs).logits

    # 결괏값을 클래스에 대한 확률로 변환
    pred = F.softmax(logits, dim=-1)

    # 예측결과를 CPU로 가져와서 넘파이로 변환한 후,
    # argmax로 확률이 가장 큰 클래스를 선택함
    results = pred.cpu().detach().numpy().argmax(axis=1)

    # 전체 예측결과에 추가
    y_pred.extend(results.tolist())

# gpu 메모리를 비움
torch.cuda.empty_cache()

score = sum(y_test == np.array(y_pred))/len(y_test)
print("NLTK 영화리뷰 감성분석 정확도:", score)
```

[실행 결과]

```
NLTK 영화리뷰 감성분석 정확도: 0.8425
```

위 예제에서는 감성분석 작업에 대해 미세조정학습이 된 'distilbert-base-uncased-finetuned-sst-2-english' 모형을 가져와 사용했다. 이 코드는 GPU 가속을 활용하기 위해 모형과 연산할 텐서를 GPU로 옮기고, 연산이 끝난 결과를 CPU로 가져오는 과정을 포함한다. 위에서 설명한 바와 같이 모형은 확률로 계산되기 이전의 신경망 결과를 반환하므로, 소프트맥스를 이용해 확률로 변환하고 다시 argmax() 함수를 이용해 확률이 가장 큰 클래스를 선택하는 과정을 직접 해야 한다.

정확도를 보면 84.25%로 8장에서 나이브 베이즈로 얻은 79.7%보다 높은 값일 뿐만 아니라 12장에서 CNN을 이용해 얻은 81.2%보다도 좋은 값이다. 더구나 우리는 학습 데이터셋을 이용해 학습을 한 적도 없다. 그냥 이미 학습된 모형을 가져다 사용했을 뿐인데도 가장 높은 성능을 얻었다. 8장에서 TextBlob, AFINN, BADER를 사용한 결과가 70%를 넘지 못한 것에 비하면 놀라운 성능이다.

NLTK의 학습 데이터를 사용해 학습한다면 성능을 더 높일 수 있을까? 이것이 바로 미세조정학습의 필요에 대한 질문이다. 즉 사전학습된 모형을 그대로 사용하는 것이 아니라 내가 가진 학습 데이터를 사용해서 성능을 더 높이려는 노력이 미세조정학습이다. 이에 대해서는 다음 장에서 배우기로 한다.

BERT 사전학습 모형에 대한 미세조정학습

해결하고자 하는 문제가 추가적인 학습 없이 사전학습된 모형을 활용하는 것만으로 충분하다면 14장의 내용만으로도 어느 정도 BERT를 활용할 수 있을 것이다. 그러나 자체적인 학습 데이터 셋이 있어서 사전학습된 모형의 성능을 더 높이고 싶다면 미세조정학습 과정을 거쳐야 한다. 혹은 주어진 문제에 적합한 사전학습 모형이 없어서 BERT 기본모형에 추가적으로 모형을 구성하고 싶을 때는 모형의 수정과 미세조정학습을 모두 수행해야 한다. 이 장에서는 이와 같은 BERT 모형의 수정 및 미세조정학습 방법을 실습한다.

15.1 BERT 학습을 위한 전처리

14장에서 잠시 설명한 것과 같이 BERT는 주어진 문장을 입력으로 변환하는 고유의 입력 전처리 방식이 있다. 이는 BERT의 두 가지 언어 모델 학습(마스킹에 의한 빈 단어의 예측과 두 문장의 선후관계 예측)에 대응하는 것으로 그림 15.1은 논문에서 이를 나타낸 그림이다. 그림에서 입력은 두 개의 문장으로 이루어져 있는데, 이를 표현하기 위해 세 개의 임베딩을 이용하며, 그 중 첫째는 **토큰 임베딩(token embeddings)**이다. 토큰 임베딩에는 문장에 사용된 단어 외에 두 종류의 특수 토큰이 추가돼 있다. 첫째는 [CLS] 토큰이고, 둘째는 [SEP] 토큰이다. [CLS] 토

큰은 분류 토큰으로, 한 문서에 대한 문서 분류나 두 문서의 관계에 대한 분류를 하기 위한 정보를 수집해 최종적으로 출력하는 역할을 한다. **[SEP] 토큰**은 separator 토큰으로 한 문장의 끝을 나타내거나 두 문장을 분리한다. 아래 그림에서 첫 토큰이 [CLS]이고 두 문장의 각 끝에 [SEP]가 있는 것을 확인할 수 있다.

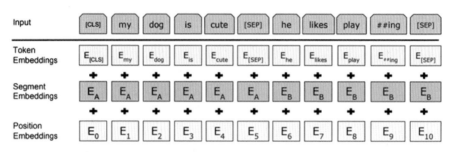

그림 15.1 BERT 임베딩 [1]

둘째 임베딩은 **구간 임베딩(segment embeddings)**이며, 문장을 구분한다. BERT에서는 두 문장을 하나의 시퀀스로 만들어 입력으로 사용하므로 각 토큰이 어느 문장에 속하는지를 별도로 임베딩한다. [CLS]와 첫 문장의 토큰 그리고 첫 문장의 끝을 나타내는 [SEP]까지를 보통 0으로 임베딩하고 나머지를 1로 임베딩한다.

셋째 임베딩은 **위치 임베딩(position embeddings)**으로 시퀀스에서의 순서를 나타낸다. BERT는 셀프 어텐션을 사용하므로 RNN과 달리 각 토큰의 위치에 대한 정보가 없다. 따라서 이를 임베딩에 명시적으로 넣어준다. 위치 임베딩은 모형에서 시퀀스 내의 토큰 순서에 따라 자동으로 생성할 수 있어 코딩할 때는 보통 생략한다. 따라서 일반적으로 BERT 토크나이저가 위치 임베딩을 반환하지는 않는다.

이제 BERT 토크나이저를 써서 토큰화하고 결과를 위 내용과 비교해보자. 지금까지는 자동 클래스를 이용해서 자동으로 토크나이저를 선정했으나, 이제는 우리가 지정해서 사용해보자. 우선 아래와 같이 가장 기본적인 BertTokenizer 클래스를 가져오고, 미세조정학습 없이 언어 모델에 대한 사전학습만 수행한 "bert-base-uncased" 모형을 사용하기로 한다.

---

1   Devlin, Jacob, et al. "Bert: Pre-training of deep bidirectional transformers for language understanding." arXiv preprint arXiv:1810.04805 (2018).

```
from transformers import BertTokenizer

tokenizer = BertTokenizer.from_pretrained('bert-base-uncased')

sentence1 = "What a beautiful day!"
sentence2 = "Nvidia Titan XP has 12GB of VRAM"

# 1. 토큰화 결과
print(sentence1, '토큰화 결과:', tokenizer.tokenize(sentence1))
print(sentence2, '토큰화 결과:', tokenizer.tokenize(sentence2))
```

[실행 결과]

```
What a beautiful day! 토큰화 결과: ['what', 'a', 'beautiful', 'day', '!']
Nvidia Titan XP has 12GB of VRAM 토큰화 결과: ['n', '##vid', '##ia', 'titan', 'xp',
'has', '12', '##gb', 'of', 'vr', '##am']
```

위 예에서는 두 문장에 대한 토큰화 결과를 보여주고 있다. 일반적인 토큰화를 하려면 tokenizer
객체의 tokenize() 메서드를 실행하면 된다. 첫 문장은 평범한 문장으로 우리가 지금까지 수행한
것과 비슷한 결과를 보여준다. 그러나 둘째 문장은 전혀 다른 형태의 토큰화 결과를 보여준다.
BERT는 토크나이저의 사전을 이용해서 단어 대신 wordpiece라고 하는 BERT만의 단위로 토
큰화를 수행한다. sentence2는 이에 따른 결과를 보여준다.

```
# 2. BERT 모형 입력 생성
inputs = tokenizer([sentence1, sentence2], padding=True)
print('BERT 입력:', inputs)
```

[실행 결과]

```
BERT 입력: {'input_ids': [[101, 2054, 1037, 3376, 2154, 999, 102, 0, 0, 0, 0, 0, 0],
[101, 1050, 17258, 2401, 16537, 26726, 2038, 2260, 18259, 1997, 27830, 3286, 102]], 'to-
ken_type_ids': [[0, 0, 0, 0, 0, 0, 0, 0, 0, 0, 0, 0, 0], [0, 0, 0, 0, 0, 0, 0, 0, 0, 0,
0, 0, 0]], 'attention_mask': [[1, 1, 1, 1, 1, 1, 1, 0, 0, 0, 0, 0, 0], [1, 1, 1, 1, 1,
1, 1, 1, 1, 1, 1, 1, 1]]}
```

토크나이저는 단순한 토큰화 외에 BERT 모형에 대한 입력을 바로 생성해준다. 위 예에서 두 문
장을 배치로 해서 입력을 생성한 결과를 보자. 토크나이저가 반환하는 BERT 입력 데이터는 파

이썬 딕셔너리 형태로 돼 있고, `input_ids`, `token_type_ids`, `attention_mask`로 이루어져 있다. `input_ids`는 앞에서 설명한 토큰 임베딩의 결과이고, `token_type_ids`는 구간 임베딩의 결과다.

`attention_mask`는 임베딩이 아닌 마스킹과 관련된 부분으로, 0이면 마스킹이 되어 셀프 어텐션에서 제외되고, 1이면 셀프 어텐션에 포함된다. 즉 입력 토큰에서 셀프 어텐션이 필요 없는 부분들은 마스킹을 한다. 위 예를 보면 두 문장의 토큰 길이를 맞추기 위해, 길이가 더 짧은 첫 문장의 `input_ids` 뒤에 0이 추가된 것을 볼 수 있다. `attention_mask`에서 이 부분에 대한 마스킹을 0으로 설정한 것을 볼 수 있는데, 이는 의미가 없는 토큰에 대해서는 셀프 어텐션을 하지 않도록 하기 위해서다.

```
# 3. 두 문장으로 이루어진 시퀀스에 대한 BERT 모형 입력 생성
inputs = tokenizer(sentence1, sentence2, padding=True)
print('두 문장 시퀀스에 대한 BERT 입력:', inputs)
```

[실행 결과]
```
두 문장 시퀀스에 대한 BERT 입력: {'input_ids': [101, 2054, 1037, 3376, 2154, 999, 102,
1050, 17258, 2401, 16537, 26726, 2038, 2260, 18259, 1997, 27830, 3286, 102], 'token_
type_ids': [0, 0, 0, 0, 0, 0, 0, 1, 1, 1, 1, 1, 1, 1, 1, 1, 1, 1, 1], 'attention_mask':
[1, 1, 1, 1, 1, 1, 1, 1, 1, 1, 1, 1, 1, 1, 1, 1, 1, 1, 1]}
```

14장에서 파이프라인을 이용해 두 문장의 의미가 유사한지를 판단했을 때와 같이, BERT는 두 문장을 입력으로 하는 경우가 있다. 위 예는 이때의 BERT 입력 모양을 보여준다. 우선 `input_ids`에서 101 토큰은 [CLS]에 해당한다는 사실을 알았을 것이다. 그리고 [SEP]는 102를 사용하며 두 문장의 사이와 마지막에 위치하는 것을 볼 수 있다. 다음으로 'token_type_ids'의 용도를 확인할 수 있는데, 시퀀스에서 첫번째 문장과 두번째 문장으로 각각 0과 1로 구분하고 있다.

15.2 트랜스포머의 트레이너를 이용한 미세조정학습

이제 사전학습된 모형을 가져와서 미세조정학습을 하는 방법을 알아보기로 한다. BERT 모형은 파이토치와 텐서플로로 구현돼 있어서 깊이 들어가면 파이토치 혹은 텐서플로 수준에서 신경망을 수정하고 미세조정학습을 수행하는 것이 가능하다. 이 경우 매우 복잡한 과정을 거쳐야 하는 반면, 장점은 세밀하게 모형을 조정하는 것이 가능하고 자신이 원하는 다양한 딥러닝 모형을 추가해 모형을 확장하는 것이 가능하다. 이 절에서는 이에 앞서 트랜스포머가 제공하는 미세조정학습을 위한 라이브러리인 트레이너(Trainer) 클래스를 이용해 미세조정학습을 하는 방법을 먼저 알아보고자 한다.

8장부터 계속 사용하는 NLTK의 영화리뷰 데이터를 가져와서 미세조정학습을 해보자. 이 데이터는 우리가 익숙하기도 하고, 지금까지 실습한 결과와 비교할 수 있다는 장점도 있다. 트랜스포머의 데이터셋을 이용해 실습하면 데이터의 모양과 변환과정을 모르기 때문에 새로운 데이터에 적용하기가 쉽지 않다. 그러나 우리가 잘 아는 데이터를 기준으로 실습을 하면 나중에 새로운 데이터의 적용도 비교적 쉽다는 장점이 있다.

미세조정학습에 앞서 NLTK로부터 영화리뷰 데이터를 가져오고, 필요한 데이터셋을 구성한다. 딥러닝 학습에서는 검증 데이터셋(validation data set)이 필수이므로 아래와 같이 학습 집합을 다시 둘로 분리한다.

```python
import nltk
from nltk.corpus import movie_reviews

# sklearn에서 제공하는 split 함수를 사용
from sklearn.model_selection import train_test_split
import numpy as np

nltk.download('movie_reviews')
fileids = movie_reviews.fileids()  # movie review data에서 file id를 가져옴

# file id를 이용해 raw text file을 가져옴
reviews = [movie_reviews.raw(fileid) for fileid in fileids]
categories = [movie_reviews.categories(fileid)[0] for fileid in fileids]

# label을 0, 1의 값으로 변환
label_dict = {'pos':1, 'neg':0}
y = [label_dict[c] for c in categories]

X_train, X_test, y_train, y_test = train_test_split(
    reviews, y, test_size=0.2, random_state=7
```

```
)

print('Train set count: ', len(X_train))
print('Test set count: ', len(X_test))
```

[실행 결과]

```
Train set count:  1600
Test set count:  400
```

토크나이저와 모형은 아래와 같이 언어 모델로만 사전학습이 되어있는 'bert-base-uncased' 를 사전학습 모형으로 이용한다. 지금까지 한 감성분석은 문서 분류에 해당하므로 모형은 BertForSequenceClassification로 하고, 학습/검증/평가 데이터셋에 대해 각각 토크나이저로 입력을 생성한다. 이때 문서의 토큰 수가 BERT에서 정한 입력의 크기보다 큰 경우에는 잘라내고, 적은 경우에는 채워 넣기 위해 truncation=True, padding=True를 사용한다.

```
from transformers import BertTokenizerFast, BertForSequenceClassification

tokenizer = BertTokenizerFast.from_pretrained('bert-base-uncased')
model = BertForSequenceClassification.from_pretrained("bert-base-uncased")

train_input = tokenizer(X_train, truncation=True, padding=True, return_tensors="pt")
test_input = tokenizer(X_test, truncation=True, padding=True, return_tensors="pt")
```

파이토치는 입력과 라벨의 쌍으로 된 학습 데이터를 저장하고 접근할 수 있도록 하는 Dataset 클래스를 제공한다. 학습을 위해 먼저 이 클래스를 상속받아 다음과 같이 사용자 정의 데이터셋을 만든다. 상세한 내용은 파이토치 튜토리얼[2]을 참고하기 바란다. 학습/검증/평가 데이터에 대해 각각 파이토치 데이터셋을 생성한다. 이 과정은 트랜스포머가 제공하는 Trainer를 이용해 미세조정학습을 하기 위해 반드시 필요할 뿐만 아니라, 파이토치에서 데이터를 좀 더 쉽게 다룰 수 있도록 하는 도구이므로 잘 익혀두는 것이 좋다.

```
import torch

class OurDataset(torch.utils.data.Dataset):
```

---

2 https://tutorials.pytorch.kr/beginner/basics/data_tutorial.html

```
    def __init__(self, inputs, labels):
        self.inputs = inputs
        self.labels = labels

    def __getitem__(self, idx):
        item = {key: torch.tensor(val[idx]) for key, val in self.inputs.items()}
        item['labels'] = torch.tensor(self.labels[idx])
        return item

    def __len__(self):
        return len(self.labels)

train_dataset = OurDataset(train_input, y_train)
test_dataset = OurDataset(test_input, y_test)
```

학습을 수행하기 전에 정확도 측정을 위한 준비를 한다. 트랜스포머가 제공하는 Trainer 클래스는 기본적으로 학습 도중에 손실(loss)에 대한 값만 제공한다. 따라서 테스트 데이터셋에 대한 정확도를 알고 싶다면 다음과 같이 예측 결과에 대해 정확도를 계산하는 함수를 먼저 준비하고, Trainer를 선언할 때 매개변수로 넘겨준다. 참고로 메트릭은 datasets 라이브러리[3]를 사용한다 (pip install datasets 명령으로 설치).

```
from datasets import load_metric

metric = load_metric("accuracy")

def compute_metrics(eval_pred):
    logits, labels = eval_pred
    predictions = np.argmax(logits, axis=-1)
    return metric.compute(predictions=predictions, references=labels)
```

이제 트랜스포머가 제공하는 Trainer와 TrainingArguments를 정의한다. TrainingArguments는 학습에 사용할 다양한 옵션과 하이퍼 파라미터를 정의할 수 있게 지원하는 클래스다. 다음 예에서는 반드시 필요한 네 개의 매개변수만 정의한다. 첫째는 체크포인트 모형을 저장할 폴더 위치다.

---

3 https://huggingface.co/docs/datasets/

참고로 체크포인트 모형은 모형이 가진 변수, 즉 학습된 결과를 의미한다. 둘째는 학습 에포크로 전체 데이터셋에 대한 학습 횟수이고, 셋째 변수인 per_device_train_batch_size는 학습에서 사용할 데이터 배치의 크기를 말한다. BERT는 메모리를 많이 차지해서 배치의 사이즈가 매우 적다. 다음 예에서는 8개를 사용하며, GPU 가속을 사용하는 경우 GPU 메모리의 크기에 따라 가능한 배치 크기가 달라지므로 적절하게 변경하면서 테스트하면 된다. 마지막으로 per_device_eval_batch_size는 평가에 사용할 배치의 크기로 예측에서 사용하는 배치 크기를 의미한다.

변수 설정이 완료되면 Trainer를 정의한다. 이때 학습에 사용할 모형인 model과 앞에서 정의한 학습 매개변수, 그리고 앞서 Dataset을 이용해 만든 사용자 정의 데이터셋의 학습과 검증 데이터셋, 마지막으로 앞서 만든 정확도 평가함수를 넘겨준다. TrainingArguments와 Trainer의 상세한 매개변수와 의미 및 사용법은 관련 문서[4]를 참조하기 바란다. GPU 가속을 사용하지 않으면 매우 많은 시간이 걸릴 수 있으므로 유의하기 바란다. 준비가 되었으면 train() 메서드를 이용해 학습을 시작한다.

```python
from transformers import Trainer, TrainingArguments

# Trainer에서 사용할 하이퍼 파라미터 지정
training_args = TrainingArguments(
    output_dir='./results',          # 모형 예측이나 체크포인트 출력 폴더, 반드시 필요함
    num_train_epochs=2,              # 학습 에포크 수
    per_device_train_batch_size=8,   # 학습에 사용할 배치 사이즈
    per_device_eval_batch_size=16,   # 평가에 사용할 배치 사이즈
)

trainer = Trainer(
    model=model,                     # 학습할 모형
    args=training_args,              # 위에서 정의한 학습 매개변수
    train_dataset=train_dataset,     # 학습 데이터셋
    compute_metrics=compute_metrics,
)

# 미세조정학습 실행
trainer.train()
```

---

4 https://huggingface.co/transformers/main_classes/trainer.html

[실행 결과]

```
TrainOutput(global_step=400, training_loss=0.4372709655761719, metrics={'train_runtime':
170.2591, 'train_samples_per_second': 18.795, 'train_steps_per_second': 2.349, 'total_
flos': 841955377152000.0, 'train_loss': 0.4372709655761719, 'epoch': 2.0})
```

학습이 완료됐으면 아래와 같이 평가 데이터셋에 대해 예측을 하고 정확도 성능을 본다. 앞서 모형의 결과로부터 정확도를 계산하는 함수를 선언하고 Trainer에 인수로 지정해줬으므로, Trainer의 evaluate() 메서드로 성능을 측정한다. 아래와 같이 eval_dataset의 인수로 위에서 선언한 테스트 데이터셋을 넘겨준다. 결과를 보면 87%로 지금까지보다 확실히 개선된 성능을 보여준다. 가장 좋았던 결과가 BERT의 distilbert-base-uncased-finetuned-sst-2-english 사전학습 모형을 사용한 것으로 84.25%였는데 그보다도 3% 가까이 향상된 결과를 보여준다. 이 결과는 학습할 때 랜덤하게 초기화되거나 변경되는 변수들이 있어 항상 같지는 않다.

```
trainer.evaluate(eval_dataset=test_dataset)
```

[실행 결과]

```
{'eval_loss': 0.3673644959926605,
 'eval_accuracy': 0.87,
 'eval_runtime': 6.8058,
 'eval_samples_per_second': 58.774,
 'eval_steps_per_second': 3.673,
 'epoch': 2.0}
```

15.3 파이토치를 이용한 미세조정학습

이제 트랜스포머의 Trainer를 사용하지 않고 파이토치로 미세조정학습을 하는 방법을 알아본다. Trainer는 비교적 간편하게 사전학습 모형에 대한 미세조정학습을 수행할 수 있다는 장점이 있는 반면, 모형을 필요에 따라 변경할 수 없다는 제한이 있다. 만일 BERT의 기본 모형을 사용하고 BERT가 제공하는 [CLS] 토큰의 출력값이나, 모든 단어들에 대한 출력값을 직접 사용하고 싶다면 파이토치를 이용해서 직접 모형을 수정하는 방법을 사용해야 한다.

예를 들어 최근 유행하는 모형은 BERT가 출력해주는 단어들의 출력값에 대해 다시 양방향 LSTM이나 CNN을 붙여서 성능을 향상시키는 모형으로, 다양한 분야에서 실험되고 있다. 이를 위해서는 사전학습 모형의 결과를 받아서 다시 딥러닝 모형을 통과시켜야 하는데, 이때 사전학습 모형 내부의 파라미터에 대해서도 미세조정학습을 하고 싶다면 지금 소개되는 방식으로 학습하면 된다.

딥러닝 모형을 학습할 때 어려운 점 중 하나는 GPU 메모리 관리다. 메모리를 리셋하고 싶다면 가장 좋은 방법은 주피터 노트북을 다시 시작하거나 커널(kernel)을 리셋하는 것이다. 이 경우 이전의 실행결과는 모두 사라진다. 다음으로 사용할 수 있는 방법은 아래와 같이 앞서 사용한 모델들을 삭제하고 torch.cuda.empty_cache()를 실행하는 것이다. 만일 노트북을 다시 시작했다면 앞에서 수행한 데이터 준비과정(NLTK 데이터 준비부터 데이터셋 생성)을 다시 한번 실행해준다.

```
del model
del trainer
torch.cuda.empty_cache()
```

Trainer를 사용할 때와 달라지는 첫째는 DataLoader를 사용하는 것이다. 지금까지 해온 것과 같이 학습은 에포크 단위로 이루어지는데, 이때 메모리 등 여러 이유로 전체 데이터셋을 쪼개서 배치(batch) 단위로 나누어 학습하게 된다. 이러한 배치 작업을 쉽게 하기 위해 파이토치는 DataLoader를 제공하는데, 이를 사용하지 않는 경우에는 직접 배치를 만들고 나누는 작업을 해야 하므로 훨씬 번거롭다. 아래와 같이 학습 데이터셋에 대해 train_loader를 생성해준다.

```
from torch.utils.data import DataLoader

train_loader = DataLoader(train_dataset, shuffle=True, batch_size=8)
```

이제 BERT 사전학습 모형을 포함하는 신경망 모형을 만든다. 지금까지는 사전학습된 BertForSequenceClassification 모형을 사용했다. 이 모형은 우리가 배운 BERT 모형에서 [CLS] 출력을 이용해 문서 분류를 수행하는 신경망 모형이 포함된 사전학습 모형이다. 지금부터 하려는 것은 분류기가 없는 원형의 BERT 모형에 직접 분류기를 추가해 감성 분석을 할 수 있는 사용자정의 모형을 만들고 그 모형을 학습하는 것이다. 따라서 BertForSequenceClassification 대신 언어 모델 사전학습 모형인 BertModel을 사용한다.

```
from transformers import BertModel

bert_model = BertModel.from_pretrained('bert-base-uncased')
```

이제 BERT 사전학습 모형을 포함하는 신경망 모형을 선언한다. 이를 위해 torch.nn.Module을 상속받는 클래스를 아래와 같이 선언한다. 객체를 생성할 때 BERT 사전학습 모형 — pretrained_model 외에 분류기와 관련한 변수인 token_size, num_labels를 함께 인수로 받는다. 먼저 num_labels는 분류할 클래스의 수로 현재는 감성분석이므로 2로 설정한다. 보통 둘 중 하나를 선택하는 문제는 한 클래스의 확률을 구하면 나머지 확률은 1에서 빼면 되므로, 클래스 수를 1로 하고 확률이 임계점(보통 0.5)보다 크면 1로, 그렇지 않으면 0으로 판단한다. 하지만 이렇게 하면 손실 함수가 바이너리 크로스 엔트로피가 되어 멀티클래스로 확장할 수 없고 예측결과에 대한 판별 방식도 달라진다. 관심이 있다면 한번 해볼 것을 추천하지만 이 책에서는 멀티클래스로 확장하기 쉽게 클래스 수를 2로 설정한다.

token_size는 BERT 모형의 출력 벡터의 크기다. BERT는 앞서 설명한 바와 같이 입력의 수가 그대로 유지되고 각 출력은 입력 토큰에 1:1로 대응된다. 이때 각 출력 벡터의 크기가 token_size이다. 문서 분류에서는 모든 단어들의 출력(임베딩) 벡터를 사용하지 않고 CLS 토큰에 대응하는 출력 벡터만 사용한다. 따라서 forward() 메서드에서 outputs.last_hidden_state[:,0,:]를 이용해 가장 앞에 있는 CLS 토큰만 가져온다.

사용할 분류기는 간략하게 torch.nn.Linear() 한 층으로 구성하고 입력은 BERT의 CLS 토큰이므로 크기를 token_size, 출력은 부정, 긍정의 두 개이므로 num_labels로 설정한다. 책에서는 최소한으로 설정했으나 쓰는 사람의 필요와 판단에 따라 자유롭게 설정하면 된다. 만일 양방향 LSTM이나 CNN 모형을 넣고 싶다면 여기에 추가하면 된다. 물론 그렇게 하면 CLS 토큰뿐만 아니라 모든 단어의 토큰을 사용한다.

```
# BERT를 포함한 신경망 모형
class MyModel(torch.nn.Module):
    def __init__(self, pretrained_model, token_size, num_labels):
        super(MyModel, self).__init__()
        self.token_size = token_size
        self.num_labels = num_labels
        self.pretrained_model = pretrained_model
```

```
        # 분류기 정의
        self.classifier = torch.nn.Linear(self.token_size, self.num_labels)

    def forward(self, inputs):
        # BERT 모형에 입력을 넣고 출력을 받음
        outputs = self.pretrained_model(**inputs)
        # BERT 출력에서 CLS 토큰에 해당하는 부분만 가져옴
        bert_clf_token = outputs.last_hidden_state[:,0,:]

        return self.classifier(bert_clf_token)

# token_size는 BERT 토큰과 동일, bert_model.config.hidden_size로 알 수 있음
model = MyModel(bert_model, num_labels=2, token_size=bert_model.config.hidden_size)
```

위와 같이 token_size와 num_labels를 지정해 모형을 생성하고 나면 이제 학습할 차례다. 학습과 정을 이해하려면 딥러닝의 학습 원리 및 단계와 파이토치에 대해 알아야 한다. 이를 가정했을 때 아래 코드의 주석을 보면 어렵지 않게 이해할 수 있을 것이다. 단, 주석은 GPU를 사용하는 것으로 가정하고 작성했다.

단계를 간략히 설명하면, 먼저 GPU 가속을 활성화하고 모형을 GPU로 복사한다. 다음은 학습을 위해 옵티마이저와 손실 함수를 정의한다. 각 에포크에서는 그레이디언트를 초기화하고 모형으로 배치의 입력값에 대해 예측을 한 후, 답(labels)과 비교해 손실을 계산한다. 이에 따라 그레이디언트를 계산하고 모형의 가중치를 수정한다. 학습에 시간이 꽤 걸리므로 중간 학습과정을 친절하게 보여주는 코드를 추가했다.

이 책의 코드는 학습을 위해 반드시 필요한 내용만으로 구성했다. 인터넷을 통해 찾은 코드들의 문제는 너무 많은 내용들이 담겨 있어 모두 이해하기가 어렵고 너무 복잡하다는 것이다. 어떤 코드가 필수적이고 어떤 코드가 없어도 되는 것인지 판단하기도 어렵고, 내 문제를 해결하기 위해 어떤 부분을 수정해야 하는지도 알기 어렵다. 그러나 아래 코드를 보고 핵심적인 부분을 이해하면 그 이후 부가적으로 필요한 것들은 차근차근 추가해가면 된다. 다양한 도구를 통해 이를 발전시키는 것은 독자의 몫으로 남겨두고자 한다.

```python
from transformers import AdamW
import torch.nn.functional as F
import time

# GPU 가속을 사용할 수 있으면 device를 cuda로 설정하고, 아니면 cpu로 설정
device = torch.device('cuda') if torch.cuda.is_available() else torch.device('cpu')

model.to(device)   # 모형을 GPU로 복사
model.train()      # 학습모드로 전환

# 옵티마이저를 트랜스포머가 제공하는 AdamW로 설정
optim = AdamW(model.parameters(), lr=5e-5)

# 멀티클래스이므로 크로스 엔트로피를 손실 함수로 사용
criterion = torch.nn.CrossEntropyLoss()

start = time.time()  # 시작시간 기록
num_epochs = 4       # 학습 epoch를 4회로 설정
for epoch in range(num_epochs):
    total_epoch_loss = 0  # epoch의 총 loss 초기화

    for step, batch in enumerate(train_loader):
        optim.zero_grad()      # 그레이디언트 초기화

        # 배치에서 라벨을 제외한 입력만 추출해 GPU로 복사
        inputs = {k: v.to(device) for k, v in batch.items() if k != 'labels'}

        labels = batch['labels'].to(device) # 배치에서 라벨을 추출해 GPU로 복사
        outputs = model(inputs) # 모형으로 결과 예측

        # 두 클래스에 대해 예측하고 각각 비교해야 하므로
        # labels에 대해 원핫 인코딩을 적용한 후에 손실을 계산
        loss = criterion(outputs, F.one_hot(labels, num_classes=2).float()) # loss 계산

        if (step+1) % 100 == 0:  # 100 배치마다 경과한 시간과 loss를 출력
            elapsed = time.time() - start
            print(
                'Epoch %d, batch %d, elapsed time: %.2f, loss: %.4f'
```

```
                % (epoch+1, step+1, elapsed, loss)
        )
    total_epoch_loss += loss
    loss.backward()  # 그레이디언트 계산
    optim.step()    # 가중치 업데이트

avg_epoch_loss = total_epoch_loss / len(train_loader) # epoch의 평균 loss 계산
print('Average loss for epoch %d: %.4f' % (epoch+1, avg_epoch_loss))
```

[실행 결과]

```
Epoch 1, batch 100, elapsed time: 39.77, loss: 0.5169
Epoch 1, batch 200, elapsed time: 80.67, loss: 0.3300
Average loss for epoch 1: 0.5417
Epoch 2, batch 100, elapsed time: 121.59, loss: 0.5303
Epoch 2, batch 200, elapsed time: 162.57, loss: 0.1188
Average loss for epoch 2: 0.2969
Epoch 3, batch 100, elapsed time: 203.50, loss: 0.0132
Epoch 3, batch 200, elapsed time: 244.48, loss: 0.0130
Average loss for epoch 3: 0.1258
Epoch 4, batch 100, elapsed time: 285.65, loss: 0.0095
Epoch 4, batch 200, elapsed time: 327.03, loss: 0.0188
Average loss for epoch 4: 0.1103
```

이제 테스트 집합에 대해 성능을 측정해보자. 트랜스포머의 Trainer에서 사용한 compute_metrics 함수와 유사하지만 중요한 차이점이 있는데, 우리가 정의한 모형은 Trainer와 다른 형태의 입력을 사용한다는 것이다. 따라서 위 학습과정에서 한 것처럼 배치에서 입력과 라벨을 분리해 예측하고 정확도를 계산한다.

```
from datasets import load_metric

test_loader = DataLoader(test_dataset, batch_size=16)

metric= load_metric("accuracy")
model.eval()
for batch in test_loader:
```

```
    inputs = {k: v.to(device) for k, v in batch.items() if k != 'labels'}
    labels = batch['labels'].to(device)

    with torch.no_grad():  # 학습할 필요가 없으므로 그레이디언트 계산을 끔
        outputs = model(inputs)
        #print(outputs)

    predictions = torch.argmax(outputs, dim=-1)
    metric.add_batch(predictions=predictions, references=labels)

metric.compute()
```

[실행 결과]

```
{'accuracy': 0.8825}
```

위 결과를 보면 88.25%의 성능을 보였는데, Trainer를 이용한 미세조정학습의 성능인 87%보다
도 나은 성능이다. 위 예제는 반드시 필요한 최소한의 코드로 구성돼 있는데, 옵티마이저의 학습
전략을 수정함으로써 성능의 향상이 가능하므로 트랜스포머가 제공하는 학습률 스케줄러를 적
용한다면 좀 더 나은 성능을 얻을 수도 있을 것이다. 학습률 스케줄러가 무엇인지는 다음 장에서
설명한다.

16

한국어 문서에 대한
BERT 활용

우리가 잘 알고 있는 한국어와 영어의 차이점으로 인해, 영어 기반으로 만들어진 토크나이저는 한국어에 대해 잘 작동하지 않는다. 특히 BERT의 경우에는 토크나이저도 문제지만 영문을 대상으로 한 사전학습 모형이 국문에서는 제대로 성능을 발휘하지 못할 것이라는 것도 쉽게 짐작할 수 있다. 따라서 이 장에서는 한국어 문서에 대해 BERT를 이용하려면 어떻게 할지 알아보고자 한다. 그 외에 15장에서 다루지 않았던 학습률 스케줄러와 추가적인 세부사항을 알아본다.

16.1 다중 언어 BERT 사전학습 모형의 미세조정학습

고맙게도 BERT는 영어 이외에도 사전학습 모형을 지원한다. 언어모델로만 학습한 기본 사전학습 모형으로 bert-base-multilingual-uncased와 bert-base-multilingual-cased가 있다[1]. 전자는 텍스트를 소문자로 변환했으며 위키피디아의 102개 언어를 대상으로 학습한 것이고, 후자는 대소문자에 대한 처리 없이 위키피디아의 104개 언어를 대상으로 학습한 것이다. bert-base-multilingual-cased가 더 나중에 학습된 모형으로 현재 허깅페이스 홈에서 bert-base-multilingual-uncased에 비해 더 추천되고 있다.

---

1 https://github.com/google-research/bert/blob/master/multilingual.md

사전학습된 BERT 모형의 리스트를 살펴보면[2] bert-base-chinese, bert-base-german-cased와 같이 특정 언어를 대상으로 학습된 모형들이 있다. 이런 모형들은 bert-base-multilingual-cased와 달리 특정 언어의 특성을 반영해 토크나이저를 개발하고 그 언어로 된 문서만을 대상으로 학습을 수행했다. 어떤 모형이 더 좋은 성능을 보일지는 쉽게 짐작할 수 있다.

그렇다면 한국어에 특화된 BERT 모형은 없을까? 고맙게도 한글 토크나이저를 개발하고 한국어 문서를 대상으로 학습시킨 사전학습 모형을 제공하는 분들이 있다. 먼저 가장 쉽게 접근할 수 있는 SKTBrain의 KoBERT가 있고[3], ETRI에서 개발한 KorBERT가 있다. KoBERT의 경우 아래 링크에서 쉽게 설치할 수 있는 반면, KorBERT는 사용허가협약서를 작성하고 신청해서 허가를 받는 절차를 거쳐야 한다. 이 외에도 KcBERT[4] 그리고 트랜스포머 모형을 기반으로 더 많은 데이터셋과 사전을 이용해 성능을 향상시킨 KcELECTRA[5]가 있다. 이 절에서는 구글의 bert-base-multilingual-cased 모형을 사용해서 한글문서를 분류해보고, 다음 절에서 KoBERT를 활용해보기로 한다.

먼저 이 책에서 그동안 한국어 문서 분류를 위해 사용한 영화 리뷰를 읽어서 학습/검증/평가의 세 가지 데이터셋으로 분리한다. 검증 데이터셋은 학습을 하면서 학습 상황을 모니터링하고 학습과 관련한 하이퍼 파라미터를 조정하는 데 쓰인다. 평가 데이터셋은 모형의 학습에 관여하지 않고 온전하게 평가에만 사용돼야 하므로, 특히 딥러닝 학습에는 검증 데이터셋을 사용하는 것이 일반적이다.

```
import pandas as pd
import numpy as np
from sklearn.model_selection import train_test_split

df = pd.read_csv('./data/daum_movie_review.csv')
# rating이 6보다 작으면 0(부정), 6 이상이면 긍정으로 라벨 생성
y = [0 if rate < 6 else 1 for rate in df.rating]
# 데이터셋을 학습, 검증, 평가 데이터셋으로 분리
```

```
X_train_val, X_test, y_train_val, y_test = train_test_split(
    df.review.tolist(), y, random_state=0
)
X_train, X_val, y_train, y_val = train_test_split(
    X_train_val, y_train_val, random_state=0
)

print('#Train set size:', len(X_train))
print('#Validation set size:', len(X_val))
print('#Test set size:', len(X_test))
```

[실행 결과]

```
#Train set size: 8282
#Validation set size: 2761
#Test set size: 3682
```

bert-base-multilingual-cased를 이용한 한국어 문서에 대한 미세조정학습은 앞 장에서 배운 Trainer를 사용하고자 한다. 따라서 정확도 계산을 위해 사용한 함수와 데이터셋을 만들기 위해 사용한 함수를 아래와 같이 그대로 가져온다.

```
import torch
from datasets import load_metric

metric = load_metric("accuracy")

def compute_metrics(eval_pred):
    logits, labels = eval_pred
    predictions = np.argmax(logits, axis=-1)
    return metric.compute(predictions=predictions, references=labels)

class OurDataset(torch.utils.data.Dataset):
    def __init__(self, inputs, labels):
        self.inputs = inputs
        self.labels = labels

    def __getitem__(self, idx):
        item = {key: torch.tensor(val[idx]) for key, val in self.inputs.items()}
```

```
        item['labels'] = torch.tensor(self.labels[idx])
        return item

    def __len__(self):
        return len(self.labels)
```

이제 다음과 같이 bert-base-multilingual-cased 사전학습 모형으로부터 토크나이저를 불러와서 토큰화하고 결과를 본다.

```
from transformers import BertTokenizer

tokenizer = BertTokenizer.from_pretrained('bert-base-multilingual-cased')
print(tokenizer.tokenize("안녕하세요. 반갑습니다."))
inputs = tokenizer("안녕하세요. 반갑습니다.")
print(inputs)
```

[실행 결과]

```
['안', '##녕', '##하', '##세', '##요', '.', '반', '##갑', '##습', '##니다', '.']
{'input_ids': [101, 9521, 118741, 35506, 24982, 48549, 119, 9321, 118610, 119081, 48345,
119, 102], 'token_type_ids': [0, 0, 0, 0, 0, 0, 0, 0, 0, 0, 0, 0, 0], 'attention_mask':
[1, 1, 1, 1, 1, 1, 1, 1, 1, 1, 1, 1, 1]}
```

KoNLPy를 이용한 토큰화 결과와는 많이 다른 것을 볼 수 있다. 이것은 토크나이저가 한글에 대한 고려를 전혀 하지 않기 때문으로, 한글에 특화된 사전학습 모형을 구현한다면 토크나이저부터 새로 구현해야 하는 것을 알 수 있다. 앞서 말한 바와 같이 bert-base-multilingual-cased 사전학습 모형을 사용한다는 것 외에 다음 내용은 앞 장과 크게 차이가 없다. 따라서 복습 외에 몇 가지 내용을 더 추가하고자 한다. 첫째는 데이터셋에서 본 것처럼 검증 데이터셋의 추가와 사용이다. 검증 데이터셋은 학습 도중에도 모형의 일반화 성능을 체크하면서 하이퍼 파라미터를 조정하는 데 사용한다.

먼저 일반화와 관련해 검증 데이터셋을 통해 과적합을 점검할 수 있다. 일정 단위마다 학습 데이터셋에 대한 성능과 검증 데이터셋에 대한 성능을 계산해서 추이를 보면 어느 시점에서 과적합이 발생하는지 알 수 있다. 보통 검증 데이터셋에 대한 성능이 오히려 떨어지기 시작하면 과적합이 발생하는 시점으로 볼 수 있다. 이것을 이용하면 적절한 시점에서 자동으로 학습을 멈추도록 할 수 있는데 이를 **조기 종료(early stopping)**라고 한다.

아래 예제에서는 확인 용도로 검증 데이터셋에 대한 성능을 확인하는 것까지 구현하고자 한다. 이를 위해 Trainer의 하이퍼 파라미터를 정의하는 TrainingArguments에서 per_device_eval_batch_size 매개변수에 16을 지정해줬다. evaluation_strategy의 값을 'steps'로 지정하고 eval_steps를 500으로 지정하면 검증을 매 500 스텝마다 실시하게 된다. 참고로 스텝은 각 배치에 대한 학습을 의미하며 에포크 단위로 하고 싶다면 evaluation_strategy의 값을 epochs로 주면 된다.

둘째로 추가할 내용은 **학습률 스케줄러(learning rate scheduler)**다. 학습률은 경사하강법에서 경사가 낮은 쪽으로 얼마나 멀리 갈 것인지를 결정하는 하이퍼 파라미터다. 학습률이 크면 학습 속도는 빨라지지만 수렴하지 못할 가능성이 있다. 반면에 학습률이 작으면 미세하게 움직여서 수렴을 잘할 수 있지만 속도가 느려진다. 학습률이 고정돼 있으면 처음부터 끝까지 같은 속도로 학습하게 된다. 따라서 처음에는 학습률을 크게 해서 학습을 빠르게 진행하다가 어느 정도 최적값에 가까워지면 학습률을 줄여서 세밀하게 조정하는 편이 더 효율적이다. 이와 같이 학습률을 조정하는 모듈을 학습률 스케줄러라고 한다.

학습 스케줄러에는 다양한 옵션이 있다. 트랜스포머에서 지원하는 스케줄러의 유형과 모양은 문서를 참조하기 바란다. Trainer에서는 스케줄러에 대한 기본값으로 get_linear_schedule_with_warmup()을 사용하며, 학습 진행에 따른 학습률의 모양은 다음 그림과 같다.

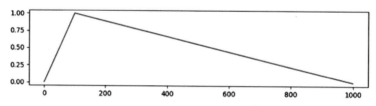

그림 16.1 get_linear_schedule_with_warmup 스케줄러 사용 시 학습률 양상[6]

위 그림을 보면 앞부분의 학습률이 주어진 값의 100%에서 시작하지 않고 0에서 1까지 짧은 구간 동안 올라가는 것을 볼 수 있다. 이것을 **웜업(warmup)**이라고 하는데, 마치 운동할 때 가볍게 몸을 풀어주고 시작하는 것처럼 학습도 낮은 학습률로 몸을 풀어주고 시작하면 학습 효과가 더 올라간다. Trainer에서는 TrainingArguments에서 warmup_steps를 500으로 줌으로써 첫 500 스텝을 웜업 구간으로 지정할 수 있다.

셋째는 **가중치 감쇠(weight decay)**로 이는 5장에서 배운 릿지 회귀분석의 원리와 같은 내용이다. 즉 가중치가 너무 커지지 않게 페널티를 줌으로써 과적합을 방지하는 도구인데, Trainer에서는 TrainingArguments에서 weight_decay 값을 설정해 페널티를 조절할 수 있다. 값이 작을수록 가중치에 대한 페널티를 약하게 주는 것으로 이해하면 된다. 다음 예에서는 0.01을 주었지만, 상황에 따라 적절한 값이 바뀌므로 이것 역시 다양하게 주면서 최적의 값을 찾을 수 있다.

```python
from transformers import BertForSequenceClassification
from transformers import Trainer, TrainingArguments

# 토큰화
train_input = tokenizer(X_train, truncation=True, padding=True, return_tensors="pt")
val_input = tokenizer(X_val, truncation=True, padding=True, return_tensors="pt")
test_input = tokenizer(X_test, truncation=True, padding=True, return_tensors="pt")

# Dataset 생성
train_dataset = OurDataset(train_input, y_train)
val_dataset = OurDataset(val_input, y_val)
test_dataset = OurDataset(test_input, y_test)

# bert-base-multilingual-cased 사전학습 모형으로부터 분류기 모형을 생성
model = BertForSequenceClassification.from_pretrained("bert-base-multilingual-cased")

# Trainer에서 사용할 하이퍼 파라미터 지정
training_args = TrainingArguments(
    output_dir='./results',             # 모형 예측이나 체크포인트 출력 폴더, 반드시 필요함
    num_train_epochs=2,                 # 학습 에포크 수
    evaluation_strategy="steps",         # 에포크마다 검증 데이터셋에 대한 평가 지표를 출력
    eval_steps = 500,
    per_device_train_batch_size=8,      # 학습에 사용할 배치 사이즈
    per_device_eval_batch_size=16,      # 평가에 사용할 배치 사이즈
    warmup_steps=200,                   # number of warmup steps for learning rate scheduler
    weight_decay=0.01,                  # strength of weight decay
)

# Trainer 객체 생성
trainer = Trainer(
```

```
    model=model,                    # 학습할 모형
    args=training_args,             # 위에서 정의한 학습 매개변수
    train_dataset=train_dataset,    # 학습 데이터셋
    eval_dataset=val_dataset,       # 검증 데이터셋
    compute_metrics=compute_metrics,
)

# 미세조정학습 실행
trainer.train()
```

[실행 결과]

Step	Training Loss	Validation Loss	Accuracy
500	0.556800	0.541876	0.789207
1000	0.525700	0.485679	0.813473
1500	0.522600	0.480119	0.796813
2000	0.448300	0.439106	0.819268

```
TrainOutput(global_step=2072, training_loss=0.510447410082725, metrics={'train_runtime':
700.1548, 'train_samples_per_second': 23.658, 'train_steps_per_second': 2.959, 'total_
flos': 2689808985606720.0, 'train_loss': 0.510447410082725, 'epoch': 2.0})
```

위 학습결과를 보면 학습 데이터셋과 검증 데이터셋에 대한 손실이 모두 꾸준히 줄어든 것을 볼수 있으며, 이로 미루어 볼 때 학습이 정상적으로 잘 진행된 것으로 판단할 수 있다. 정확도는 1,500 스텝에서 살짝 줄었으나 최종적으로는 가장 좋은 성능을 보였다. 손실만 봤을 때에는 학습을 조금 더 진행했으면 어땠을까 하는 생각이 들기도 한다.

Trainer는 검증 평가 스텝에서 자동으로 학습된 모형을 저장한다. 확인하고 싶다면 TrainingArguments에서 지정한 output_dir을 확인해보면 된다. 이와 별도로 현재까지 학습된 모형을 저장하고 싶다면 아래와 같이 save_model() 메서드를 사용한다. 이때 인수는 모형이 저장될 디렉터리다. 저장된 모형을 불러서 사용할 때에는 사전학습 모형을 불러서 사용할 때와 마찬가지로 from_pretrained() 메서드를 쓰면 된다.

```
trainer.save_model("my_model")
```

아래와 같이 미세조정학습을 마친 모형으로 평가 데이터셋에 대해 성능을 측정해본다. 80.1% 정도로 나쁘지 않은 성능을 보여준다.

```
trainer.evaluate(eval_dataset=test_dataset)
```

[실행 결과]
```
{'eval_loss': 0.45343217253685,
 'eval_accuracy': 0.8009234111895709,
 'eval_runtime': 37.1026,
 'eval_samples_per_second': 99.238,
 'eval_steps_per_second': 6.226,
 'epoch': 2.0}
```

16.2 KoBERT 사전학습 모형에 대한 파이토치 미세조정학습

앞서 설명한 바와 같이 다국어에 대한 사전학습 모형인 bert-base-multilingual-cased에 대해 미세조정학습을 했을 때, 한국어에 대해서 좋은 성능을 보일 것이라고 기대하기는 어렵다. bert-base-multilingual-cased가 한국어 문서에 특화되어 학습된 모형이 아니고, 토크나이저 역시 한국어 구조에 맞게 만들어진 것이 아니기 때문이다.

KoBERT는 SKTBrain에서 한국어 위키를 기반으로 학습해 만든 사전학습 모형으로 bert-base-multilingual-cased보다 좋은 성능을 보이는 것으로 알려져 있다. 여기서는 KoBERT 사전학습 모형을 가져와서 파이토치로 미세조정학습을 해보기로 한다. 이를 위해 먼저 아래 사이트[7]에 가서 KoBERT에 대해 알아보고 설치한다.

KoBERT는 파이토치 외의 딥러닝 프레임워크도 지원하는데, 우리는 파이토치를 쓸 계획이고 허깅 페이스 트랜스포머 API에 익숙하므로 안내에 따라 설치를 위해 허깅페이스 transformers API 사이트[8]로 이동한다.

---

7 https://github.com/SKTBrain/KoBERT
8 https://github.com/SKTBrain/KoBERT/tree/master/kobert_hf

설치는 간편한 편인데, Requirements에 명시한 바와 같이 파이썬, 파이토치, 트랜스포머, 센텐스피스(sentencepiece)가 각각 버전에 맞게 설치돼 있어야 한다. 이 책에서는 아직 센텐스피스를 설치한 적이 없으므로 아래와 같이 설치해준다.

```
pip install sentencepiece
```

참고로 KoBERT 토크나이저가 센텐스피스를 기반으로 개발됐으므로 센텐스피스를 반드시 설치해야 한다. 그 후 아래와 같이 KoBERT를 설치한다.

```
pip install 'git+https://github.com/SKTBrain/KoBERT.git#egg=kobert_tokenizer&subdirectory=
kobert_hf'
```

이상 없이 설치됐다면 이제 KoBERT를 실습할 준비가 됐으므로, 다음과 같이 앞에서 사용한 GPU 메모리를 정리해준다. 더 좋은 방법은 노트북을 다시 시작하는 것인데, 그렇게 할 때는 앞에서 필요한 데이터를 불러오고 OurDataset을 선언한 것까지의 과정을 반복해준다.

```
del model
del trainer
torch.cuda.empty_cache()
```

이제 bert-base-multilingual-cased를 사용할 때와 마찬가지로 아래와 같이 skt/kobert-base-v1 사전학습 모형으로부터 토크나이저를 불러와서 토큰화를 해본다. 임포트할 토크나이저 클래스가 KoBERTTokenizer로 달라진 것에 유의한다.

```
from kobert_tokenizer import KoBERTTokenizer
tokenizer = KoBERTTokenizer.from_pretrained('skt/kobert-base-v1')

print(tokenizer.tokenize("안녕하세요. 반갑습니다."))
inputs = tokenizer("안녕하세요. 반갑습니다.")
print(inputs)
```

[실행 결과]
```
[' 안', '녕', '하세요', '.', ' 반', '갑', '습니다', '.']
{'input_ids': [2, 3135, 5724, 7814, 54, 2207, 5345, 6701, 54, 3], 'token_type_ids': [0,
0, 0, 0, 0, 0, 0, 0, 0, 0], 'attention_mask': [1, 1, 1, 1, 1, 1, 1, 1, 1, 1]}
```

우리가 알고 있는 결과와 살짝 다르긴 하지만, BERT는 성능을 위해 단어로 토큰화하지 않고 wordpiece로 토큰화하므로 이에 따른 결과로 이해하고 다음 단계로 넘어간다. 아래와 같이 학습, 검증, 평가 데이터셋으로 구분해 토큰화하고 각 Dataset을 생성한 후에 DataLoader를 생성하는 것까지 순차적으로 진행한다.

데이터가 준비됐으면 사전학습된 skt/kobert-base-v1 모형을 불러오고, 이 모형을 포함한 신경망 모형 – 한국어 문서 분류 모형을 아래와 같이 생성한다. 여기까지는 15장과 거의 동일하므로 크게 어려울 것은 없다.

```python
from transformers import BertModel
from torch.utils.data import DataLoader

# 토큰화
train_input = tokenizer(X_train, truncation=True, padding=True, return_tensors="pt")
val_input = tokenizer(X_val, truncation=True, padding=True, return_tensors="pt")
test_input = tokenizer(X_test, truncation=True, padding=True, return_tensors="pt")

# Dataset 생성
train_dataset = OurDataset(train_input, y_train)
val_dataset = OurDataset(val_input, y_val)
test_dataset = OurDataset(test_input, y_test)

# 데이터로더 생성
train_loader = DataLoader(train_dataset, shuffle=True, batch_size=8)
val_loader = DataLoader(val_dataset, batch_size=16)
test_loader = DataLoader(test_dataset, batch_size=16)

# KoBERT 사전학습 모형 로드
bert_model = BertModel.from_pretrained('skt/kobert-base-v1')

# BERT를 포함한 신경망 모형
class MyModel(torch.nn.Module):
    def __init__(self, pretrained_model, token_size, num_labels):
        super(MyModel, self).__init__()
        self.token_size = token_size
        self.num_labels = num_labels
```

```
        self.pretrained_model = pretrained_model

        # 분류기 정의
        self.classifier = torch.nn.Linear(self.token_size, self.num_labels)

    def forward(self, inputs):
        # BERT 모형에 입력을 넣고 출력을 받음
        outputs = self.pretrained_model(**inputs)
        # BERT 출력에서 CLS 토큰에 해당하는 부분만 가져옴
        bert_clf_token = outputs.last_hidden_state[:,0,:]

        return self.classifier(bert_clf_token)

# token_size는 BERT 토큰과 동일, bert_model.config.hidden_size로 알 수 있음
model = MyModel(bert_model, num_labels=2, token_size=bert_model.config.hidden_size)
```

모형이 준비됐다면 다음과 같이 학습을 수행한다. 15장과 달라진 점은 먼저 weight_decay를 이용한 가중치 감쇠의 설정이다. 파이토치에서는 옵티마이저를 생성할 때 weight_decay 매개변수의 값을 지정할 수 있다. 아래 예에서는 트랜스포머가 제공하는 AdamW로 옵티마이저를 생성하고 이때 학습률과 weight_decay를 지정했다.

학습 스케줄러는 트랜스포머의 get_linear_schedule_with_warmup 클래스를 이용해 생성한다. 스케줄러에는 앞에서 만든 옵티마이저를 지정하고, 총 학습 스텝 수를 num_training_steps 매개변수에 전달해야 한다. 이를 위해 num_epochs * len(train_loader)로 총 학습 스텝의 수를 계산했다. len(train_loader)는 배치의 개수이므로 에포크 수에 곱해주면 총 학습 스텝의 수를 구할 수 있다. 다음으로 웜업 스텝의 수를 200으로 지정했다. 일반적인 학습 코드에 스케줄러 업데이트가 포함되어야 하는 것을 잊지 않도록 주의한다.

그리고 학습 중간에 eval_steps에 지정한 스텝마다 검증 데이터셋에 대한 성능을 평가해서 출력하게 했다. 평가 데이터셋에 대한 성능 측정과 동일한 코드를 이용한 것으로 손실을 합산해서 평균을 구하고 다시 리셋해주는 것만 추가로 넣어주면 된다.

```
from transformers import AdamW, get_linear_schedule_with_warmup
import torch.nn.functional as F
import time
```

```
# GPU 가속을 사용할 수 있으면 device를 cuda로 설정하고, 아니면 cpu로 설정
device = torch.device('cuda') if torch.cuda.is_available() else torch.device('cpu')


model.to(device)  # 모형을 GPU로 복사
model.train()     # 학습모드로 전환


# 옵티마이저를 트랜스포머가 제공하는 AdamW로 설정
optim = AdamW(model.parameters(), lr=5e-5, weight_decay=0.01) # 가중치 감쇠 설정
# 멀티클래스이므로 크로스 엔트로피를 손실 함수로 사용
criterion = torch.nn.CrossEntropyLoss()


num_epochs = 2      # 학습 epoch를 2회로 설정
total_training_steps = num_epochs * len(train_loader)
# 학습 스케줄러 설정
scheduler = get_linear_schedule_with_warmup(optimizer=optim,
                                    num_training_steps=total_training_steps,
                                    num_warmup_steps=200)


start = time.time()  # 시작시간 기록
train_loss = 0
eval_steps = 500
step = 0


for epoch in range(num_epochs):
    #total_epoch_loss = 0 # epoch의 총 loss 초기화
    for batch in train_loader:
        model.train()       # 학습모드로 전환
        optim.zero_grad()       # 그레이디언트 초기화

        # 배치에서 라벨을 제외한 입력만 추출해 GPU로 복사
        inputs = {k: v.to(device) for k, v in batch.items() if k != 'labels'}
        labels = batch['labels'].to(device)  # 배치에서 라벨을 추출해 GPU로 복사
        outputs = model(inputs)  # 모형으로 결과 예측

        # 두 클래스에 대해 예측하고 각각 비교해야 하므로
        # labels에 대해 원핫 인코딩을 적용한 후에 손실을 계산
        loss = criterion(outputs, F.one_hot(labels, num_classes=2).float())  # loss 계산
```

```
    train_loss += loss
    loss.backward()  # 그레이디언트 계산
    optim.step()     # 가중치 업데이트
    scheduler.step() # 스케줄러 업데이트

    step += 1
    if step % eval_steps == 0:  # eval_steps마다 경과한 시간과 loss를 출력
        with torch.no_grad():
            val_loss = 0
            model.eval()
            for batch in val_loader:
                inputs = {k: v.to(device) for k, v in batch.items() if k != 'labels'}
                labels = batch['labels'].to(device)
                outputs = model(inputs)
                # loss 계산
                loss = criterion(outputs, F.one_hot(labels, num_classes=2).float())
                val_loss += loss
            avg_val_loss = val_loss / len(val_loader)
        avg_train_loss = train_loss / eval_steps
        elapsed = time.time() - start
        print(
            'Step %d, elapsed time: %.2f, train loss: %.4f, validation loss: %.4f'
            % (step, elapsed, avg_train_loss, avg_val_loss)
        )
```

[실행 결과]

```
Step 500, elapsed time: 141.06, train loss: 0.4933, validation loss: 0.4198
Step 1000, elapsed time: 281.86, train loss: 0.3552, validation loss: 0.3710
Step 1500, elapsed time: 423.89, train loss: 0.2663, validation loss: 0.2829
Step 2000, elapsed time: 566.67, train loss: 0.2225, validation loss: 0.2967
```

학습 데이터셋에 대한 손실이 안정적으로 줄어들고 있으며, 검증 데이터셋에 대한 손실은 1,500 스텝과 2,000 스텝이 거의 유사하다. 이 정도면 학습이 잘 되었다고 볼 수 있다. 직접 비교는 조금 어렵긴 하지만 bert-base-multilingual-cased을 사용했을 때보다 손실이 더 적게 잘 줄어들었다는 점에서 좋은 성능을 기대하게 된다. 아래와 같이 평가 데이터셋에 대한 최종 성능을 확인한다.

```
from datasets import load_metric

metric= load_metric("accuracy")
model.eval()
for batch in test_loader:
    inputs = {k: v.to(device) for k, v in batch.items() if k != 'labels'}
    labels = batch['labels'].to(device)

    with torch.no_grad():  # 학습할 필요가 없으므로 그레이디언트 계산을 끔
        outputs = model(inputs)

    predictions = torch.argmax(outputs, dim=-1)
    metric.add_batch(predictions=predictions, references=labels)

metric.compute()
```

[실행 결과]

```
{'accuracy': 0.8693644758283542}
```

86.9%로 bert-base-multilingual-cased보다 확연하게 뛰어난 성능을 보였다. 이는 한국어에 특화된 사전학습 모형의 장점으로 볼 수 있으나, 한 번의 비교 평가로 이를 단언하는 것에는 무리가 있다. 일반적으로 KoBERT가 bert-base-multilingual-cased보다 더 나은 성능을 보이는 것은 이미 검증된 사실이지만 이 예제에서는 그 차이가 더 크게 나타난 것도 사실이다. 정확하게 확인하려면 반복해서 테스트해보거나 공인된 데이터셋을 사용하는 것을 추천한다.

17

트랜스포머 변형 모형의 현황

트랜스포머 변형 모형은 BERT나 GPT와 같이 트랜스포머 모형을 변형하여 만들어진 셀프 어텐션 기반의 모든 딥러닝 모형을 말한다. 영어로는 X-formers라고 불리고 있으며, 모형의 목적과 실행 환경에 따라 BERT와 같이 트랜스포머의 인코더만으로 구성되거나, GPT와 같이 디코더만으로 구성되거나, 혹은 BART(Bidirectional and Auto-Regressive Transformers)와 같이 트랜스포머의 모형 전체로 구성되기도 한다. 트랜스포머 변형 모형은 주로 언어모델에 대한 사전학습을 통해 다양한 자연어 처리 분야에 이용하기 위해 개발됐다.

트랜스포머 변형 모형은 다음과 같은 측면에서 기본 트랜스포머 모형을 개선하고 있다. 첫째 모형의 성능이다. 트랜스포머의 셀프 어텐션(self-attention) 모듈은 연산의 부담이 크고 메모리 복잡도가 높아서 긴 시퀀스를 처리하는 데 비효율적이라고 알려져 있다. 이를 개선하기 위해 트랜스포머 변형 모형들은 보다 가벼운 어텐션 모듈을 설계하거나 분할을 통해 복잡도를 낮추고 있다. 둘째는 모형의 일반화다. 트랜스포머는 데이터의 구조적 편향에 대한 가정이 거의 없어 작은 규모의 데이터를 학습하기에는 적합하지 않다는 단점이 있다. 따라서 변형 모형들은 구조적 편향에 대한 가정을 추가하거나 정규화, 사전학습과 같은 방법을 이용해 이를 개선하고 있다. 셋째는 모형의 적응력에 대한 부분이다. 트랜스포머는 주로 번역과 같이 Seq2seq 데이터에 대한 학습에 초점을 맞추고 있는 반면, 트랜스포머 변형 모형은 언어모델에 대한 사전학습 후 다양한 자연어 처리 작업에 적용하기 위한 형태로 개발되고 있다.

이 장에서는 다양한 트랜스포머 변형 모형에서 사용되고 있는 토크나이저에 대해 먼저 알아보고, 다양한 트랜스포머 변형 모형들을 주로 GPT와 BERT를 중심으로 해서 알아보고자 한다. 참고로 이 장의 내용은 저자가 발표한 논문[1]의 내용에 기반하여 작성됐다.

17.1 트랜스포머 변형 모형의 다양한 토크나이저

트랜스포머에서 토크나이저는 주어진 입력 텍스트를 사전학습 언어모델에서 사용하는 토큰으로 분할하는 기능, 즉 토큰화를 수행한다. 트랜스포머 변형 모형 이전에는 단어 기반 토큰화가 일반적으로 사용됐다. 단어 기반 토큰화는 가장 직관적이고 기본적인 토큰화 방식으로, 주어진 텍스트를 단어 단위로 분할하는 것이다. 한국어에서는 주로 형태소분석을 통해 최소 의미 단위인 형태소 단위로 분리한다. 특정 말뭉치에 대해 자연어 처리를 하게 될 경우, 먼저 말뭉치 전체에서 사용된 단어로 어휘사전을 만들고 각 단어에 대해 숫자로 된 식별자를 할당한다. 그리고 이 어휘사전을 이용해, 입력 텍스트를 숫자로 된 단어 식별자의 시퀀스로 변환한다. 예를 들어 다음과 같은 문장이 있다고 하자.

" with great power comes great responsibility "

문장에 사용된 단어들을 토큰화해서 중복을 제거한 후 알파벳 순으로 어휘사전을 만들면 다음과 같다.

```
sentence = "with great power comes great responsibility"
tokens = sentence.split()
dictionary = {word:i for i, word in enumerate(sorted(list(set(tokens))))}
print(dictionary)
```

[실행 결과]
```
{'comes': 0, 'great': 1, 'power': 2, 'responsibility': 3, 'with': 4}
```

위에서 만든 어휘사전 dictionary를 이용해 tokens를 아래와 같이 숫자로 된 식별자의 시퀀스로 변경할 수 있다.

---

1 박상언, "딥러닝 기반 사전학습 언어모델에 대한 이해와 현황", 한국빅데이터학회지 제7권 제2호

```
results = [dictionary[word] for word in tokens]
print(results)
```

[실행 결과]

```
[4, 1, 2, 0, 1, 3]
```

단어 기반 토큰화를 할 때는 모형의 성능과 공간 효율성 등을 고려하여 적절한 수의 어휘를 결정하게 되는데, 이때 사전에 없는 단어는 일괄적으로 [UNK], 즉 unknown 토큰으로 변환된다. 그 외에도 학습에 사용된 말뭉치에 없는 단어는 어휘사전에 존재할 수 없기 때문에 [UNK] 토큰으로 변환된다. 위 예제에서 'great'와 'responsibility'를 어휘사전에서 제외한다면 실행결과는 다음과 같을 것이다.

```
del dictionary['great']
del dictionary['responsibility']
results = [dictionary.get(word, 100) for word in tokens]
print(results)
```

[실행 결과]

```
[4, 100, 2, 0, 100, 100]
```

위 코드에서는 어휘사전에 없는 단어를 100으로 치환하고 있으며, 이 값이 [UNK]에 해당하는 식별자라고 생각하면 된다. 그 결과 사전에 없는 단어인 'great'과 'responsibility' 자리가 모두 100으로 들어가 있는 것을 볼 수 있다.

이상의 코드는 기초적인 설명을 위해 최대한 간략하게 만든 것으로, 토큰화가 실제로 이런 식으로 작동하지는 않는다. 엄밀하게는 어휘사전을 만드는 과정에서 토큰의 수를 제한하게 되고, 문장을 토큰화하는 과정에서 어휘사전에 없는 단어는 [UNK]로 변환된다. 그리고 어휘사전에는 [UNK]와 이에 해당하는 식별자가 등록되어 있어, 이에 따라 단어 식별자 시퀀스가 생성된다.

입력 텍스트에서 [UNK] 토큰의 비중이 커지면 모형의 성능에 결정적인 영향을 미치는데 이와 같은 문제를 OOV(Out-Of-Vocabulary) 문제라고 한다. 위 예제에서 'great'과 'responsibility'가 없는 토큰화 결과로는 문장의 의미를 명확하게 파악하기가 어렵다는 것을 알 수 있을 것이다. OOV 문제를 해결하기 위해서는 [UNK] 토큰의 수를 줄이는 것이 중요한데, 단어 기반 토큰화에서는 거의 필연적으로 수가 커지게 된다.

이러한 문제점을 극복하기 위해 제안된 방식이 서브워드 분리(subword segmentation)다. 서브워드 분리는 하나의 단어를 의미가 있는 더 작은 서브워드로 분리하는 것을 말하며, 서브워드의 조합으로 다양한 단어를 표현할 수 있게 되므로 [UNK] 토큰의 수를 줄이는 것이 가능하다. 다만 이 서브워드를 어떻게 만들 것인가가 중요한 문제인데, 과연 어떤 원리로 서브워드를 만드는지 알아보자.

17.1.1 BPE(Byte-Pair Encoding) 토크나이저

BPE(Byte Pair Encoding)는 원래는 데이터 압축 알고리즘이었지만 자연어 처리 토크나이저에 사용되면서 대표적인 서브워드 분리 알고리즘이 됐다. BPE에서는 초기 어휘사전을 문자 단위로 구성하고 말뭉치에서 빈도가 높은 쌍을 단계적으로 통합하는 방식으로 서브워드를 만들어간다. 이 과정을 반복하면 어휘 사전은 빈도가 높은 서브워드로 구성되고 토큰화 과정에서 텍스트를 이러한 서브워드 단위로 토큰화하기 때문에 [UNK] 토큰의 수를 줄일 수 있을 뿐 아니라 아예 없애는 것도 가능하다.

말로만 들어서는 정확히 이해하기가 어렵기 때문에 예제를 보면서 차근차근 알아보도록 하자. 예제로는 허깅페이스(Hugging Face)의 강좌[2]에서 사용하는 예제를 그대로 사용한다. 이 강좌에서는 예제를 이용한 설명뿐만 아니라 실제로 BPE를 구현하는 알고리즘까지 함께 구현되어 있기 때문에 토크나이저의 구현 방법까지 확실하게 이해하고 싶다면 방문해서 코드를 분석해 보기를 추천한다. 이 책에서 동일한 예제로 설명하고 있기 때문에 먼저 원리를 이해하고 허깅페이스 강좌를 보면 더 도움이 될 것으로 생각된다.

우선 주어진 말뭉치의 단어와 빈도가 아래와 같다고 가정하자.

```
("hug", 10), ("pug", 5), ("pun", 12), ("bun", 4), ("hugs", 5)
```

예를 들어 "hug"는 말뭉치에서 총 10회 출현했고, "pug"는 5회 출연했다. 위 결과로부터 아래와 같이 초기 어휘사전(Vocabulary)을 만든다.

```
Vocabulary: ["b", "g", "h", "n", "p", "s", "u"]
```

---

2 https://huggingface.co/course/chapter6/5?fw=pt

초기 어휘사전은 위 말뭉치에서 사용된 모든 문자들이다. 어떤 말뭉치의 단어가 알파벳으로만 이뤄졌다고 가정하면 이 말뭉치에 대한 초기 어휘사전의 크기는 알파벳의 수와 같은 26일 것이다. 여기에 특수문자와 같이 알파벳 이외의 문자들이 말뭉치에 포함되어 있다면 그 수만큼 초기 어휘사전의 크기가 커지게 된다. GPT-2에서는 초기 어휘사전을 문자가 아닌 바이트로 하고 있다. 한 바이트는 8개의 비트로 이뤄지기 때문에 서로 다른 바이트는 최대 256개이다. 따라서 어떤 상황에서도 초기 어휘사전은 256개를 넘어가지 않는다. 그 결과 BPE에서는 근본적으로 unknown, 즉 [UNK]가 존재하지 않게 된다.

이제 위 말뭉치 단어에 대한 빈도를 아래와 같이 초기 어휘사전의 토큰에 대한 빈도(Corpus)로 변환한다.

```
Corpus: ("h" "u" "g", 10), ("p" "u" "g", 5), ("p" "u" "n", 12), ("b" "u" "n", 4), ("h"
"u" "g" "s", 5)
```

위 빈도를 보고 모든 인접한 문자의 쌍에 대한 빈도를 계산한다. 예를 들어 "h"와 "u"는 "hug"와 "hugs"에 있기 때문에 총 빈도는 "hug"와 "hugs"의 빈도를 합한 15이다. 반면 "u"와 "g"는 "hug", "hugs" 외에 "pug"에도 있으므로 총 빈도가 20이다. 이 쌍이 현재는 가장 빈도가 높기 때문에, 첫번째 병합 규칙은 "u"와 "g"를 합쳐서 "ug"로 만드는 것이 된다. 이 규칙을 ("u", "g") -〉 "ug"로 표현하고, 이에 따라 Vocabulary와 Corpus를 아래와 같이 변환한다.

```
Vocabulary: ["b", "g", "h", "n", "p", "s", "u", "ug"]
Corpus: ("h" "ug", 10), ("p" "ug", 5), ("p" "u" "n", 12), ("b" "u" "n", 4), ("h" "ug"
"s", 5)
```

Vocabulary에는 "ug"가 새로 추가됐고, Corpus에서는 인접한 "u"와 "g" 쌍이 모두 "ug"로 변환됐다. 이제 다음으로 가장 빈도가 높은 토큰의 쌍은 "u"와 "n"으로 "pun"와 "bun"에서 총 16회 출현했다. 따라서 다음 규칙은 ("u", "n") -〉 "un"이 되고 이것을 적용하면 아래와 같아진다.

```
Vocabulary: ["b", "g", "h", "n", "p", "s", "u", "ug", "un"]
Corpus: ("h" "ug", 10), ("p" "ug", 5), ("p" "un", 12), ("b" "un", 4), ("h" "ug" "s", 5)
```

저 위에서 우리는 어휘사전의 크기를 제한한다고 말했다. 만약 우리가 어휘사전의 크기를 1,000개로 제한했다면 이와 같이 가장 빈도가 높은 토큰의 쌍을 찾아서 새로운 병합 규칙을 만들고 그에 따라 Vocabulary와 Corpus를 변환하는 작업을, 어휘사전의 크기가 1,000이 될 때까지 반복하면 된다.

위 예제를 차근차근 읽어보면 BPE 토크나이저의 원리가 이해될 것이다. 더불어 앞서 설명한 바와 같이 바이트 단위로 초기 어휘사전을 만들면 근본적으로 [UNK]가 발생하지 않는다는 것도 이해될 것이다.

17.1.2 워드피스(WordPiece) 토크나이저

구글은 구글 번역기에서 BPE를 변형한 워드피스 토크나이저를 이용해 토큰화를 수행했다. 위에서 설명한 바와 같이 BPE가 빈도수에 기반하여 서브워드를 병합하는 것과 달리, 워드피스 토크나이저는 말뭉치의 우도를 높이는 쌍을 선택하여 병합한다. 워드피스 토크나이저는 트랜스포머 변형 모형인 BERT에서도 토크나이저로 사용됐으며, 이후 다양한 트랜스포머 변형 모형은 각기 모형의 의도에 맞게 서브워드 토큰화를 수행하는 토크나이저를 사전학습하여 모형에서 사용했다.

그러면 말뭉치의 우도를 높이는 쌍을 선택한다는 것은 무슨 말일까? BPE는 빈도가 가장 높은 쌍을 선택한다. 워드피스에서는 아래 식의 값이 가장 큰 쌍을 선택한다.

$$score = \frac{freq\_of\_pair}{freq\_of\_first\_element \times freq\_of\_sec\,ond\_element}$$

위 식에서 $freq\_of\_pair$는 BPE에서 사용한 토큰 쌍의 빈도와 동일하다. 분모에 있는 $freq\_of\_first\_element$는 쌍을 이루는 첫째 토큰의 빈도를 말하고, $freq\_of\_second\_element$는 둘째 토큰의 빈도를 말한다. 수식은 언제나 우리를 두렵게 하지만, 수식이 가진 의미를 천천히 살펴보면 직관적인 이해를 할 수 있다. 위 식은 인접한 토큰 쌍에 대해 개별적인 토큰의 빈도를 곱한 값에 비해 토큰 쌍의 빈도가 큰 것을 먼저 선택한다는 것을 의미한다. 즉 토큰 쌍의 빈도가 동일하다면 개별적인 토큰의 빈도가 더 적은 쌍을 선택한다는 뜻이다. 이것을 한 번 더 해석해 보기로 하자. 다시 말해서 토큰 각각은 자주 사용되지 않지만, 토큰의 쌍은 많이 사용되는 것을 선택하겠다는 것이다. BPE에서 병합 규칙을 적용한 결과를 보면, 규칙이 적용되고 난 후 개별의 인접한 토큰이 합쳐져서 새로운 토큰이 되는 것을 볼 수 있다. 따라서 개별 토큰의 수는 줄어들게 된다. 위 식에 따르면 개별 토큰의 수가 적은, 즉 말뭉치에서의 비중이 작은 개별 토큰이 더 빨리 병합되고 그 수도 더 빨리 줄어들게 된다.

이제 BPE의 식 대신 위 식을 사용하는 이유를 대략 눈치챘을 것이다. BPE와 동일한 예제로 과정을 한번 살펴보자. 워드피스에서는 말뭉치로부터 문자 단위의 초기 어휘사전을 만들 때, 각 단어를 문자로 분할하는 과정에서 첫 문자를 제외한 나머지 문자의 앞에 "##"을 추가한다. 즉 "hug"를 분할하면 아래와 같이 된다.

```
"h", "##u", "##g"
```

이와 같은 방식으로 모든 단어를 분할하여 초기 어휘사전과 Corpus를 만들면 그 결과는 다음과 같다.

```
Vocabulary: ["b", "h", "p", "##g", "##n", "##s", "##u"]
Corpus: ("h" "##u" "##g", 10), ("p" "##u" "##g", 5), ("p" "##u" "##n", 12), ("b" "##u"
"##n", 4), ("h" "##u" "##g" "##s", 5)
```

같은 문자라도 단어의 앞에 오면 그대로이고 중간에 오면 "##"이 붙기 때문에 BPE와 초기 어휘 사전이 달라질 수 있는 것에 유의한다. 이제 첫째 병합규칙을 만들어야 하는데, ("##u", "##g") 쌍이 빈도는 20으로 가장 높지만 "##u"가 모든 단어에서 전부 사용되기 때문에 위 식으로는 점 수가 낮아진다. 반면 ("##g", "##s") 쌍은 "##s"가 "hugs"에서만 사용됐고 빈도가 높은 "##u"를 포함하지 않기 때문에 가장 높은 점수를 갖게 된다. 따라서 ("##g", "##s") ─〉 ("##gs")를 첫 병 합규칙으로 사용한다. ("u", "g") ─〉 "ug"가 첫 규칙이 된 BPE와의 차이를 볼 수 있다. 이때 ## 은 항상 맨 앞에만 붙는 접두사인 것에 유의한다. 즉 "##g"와 "##s"를 병합한다고 해서 "##g##s" 가 되지는 않는다. 첫 병합규칙을 적용한 결과는 다음과 같다.

```
Vocabulary: ["b", "h", "p", "##g", "##n", "##s", "##u", "##gs"]
Corpus: ("h" "##u" "##g", 10), ("p" "##u" "##g", 5), ("p" "##u" "##n", 12), ("b" "##u"
"##n", 4), ("h" "##u" "##gs", 5)
```

위 결과에서는 Corpus의 모든 가능한 쌍에 "##u"가 공통으로 들어간다. 따라서 위 식에서 분모의 한쪽 값이 동일하기 때문에, 최종 스코어를 결정하는 것은 다른 토큰의 빈도와 그 토큰이 "##u"와 함께 출현한 빈도이다. 앞서 말한 바와 같이 모든 쌍에 "##u"이 들어가기 때문에 결국 "##u"가 아닌 토큰의 빈도와 그 토큰이 "##u"와 함께 출현한 빈도는 같은 값이 된다. 결과적으로 모든 쌍의 스코어가 동일하므로 첫째 쌍을 선택하고, 따라서 다음 규칙은 ("h", "##u") ─〉 "hu" 이 되어 이를 적용한 결과는 아래와 같아진다.

```
Vocabulary: ["b", "h", "p", "##g", "##n", "##s", "##u", "##gs", "hu"]
Corpus: ("hu" "##g", 10), ("p" "##u" "##g", 5), ("p" "##u" "##n", 12), ("b" "##u" "##n",
4), ("hu" "##gs", 5)
```

이제 다음 병합 규칙은 ("hu", "##g") –〉 "hug"가 되고 이를 적용한 결과는 아래와 같다.

```
Vocabulary: ["b", "h", "p", "##g", "##n", "##s", "##u", "##gs", "hu", "hug"]
Corpus: ("hug", 10), ("p" "##u" "##g", 5), ("p" "##u" "##n", 12), ("b" "##u" "##n", 4),
("hu" "##gs", 5)
```

BPE와 마찬가지로 이 과정은 어휘집합의 크기가 처음 정한 값이 될 때까지 반복된다.

워드피스 토크나이저의 스코어 식 의미만 잘 파악하면 워드피스 토크나이저를 이해하는 것도 그리 어려운 일은 아니다.

17.1.3 센텐스피스(SentencePiece) 유니그램 토크나이저

센텐스피스는 구글에서 공개한 패키지로 토큰화를 위해 유니그램 토큰화 알고리즘을 지원한다. 센텐스피스에는 유니그램 토크나이저와 BPE 토크나이저가 모두 구현돼 있는 것으로 알려져 있다. 센텐스피스는 아래와 같이 설치할 수 있다.

```
pip install sentencepiece
```

유니그램 토큰화 알고리즘은 ALBERT, T5, mBART 등 많은 모형에서 사용되고 있다. 허깅페이스에서 이 모형들을 사용할 때 주의할 점 중 하나가 바로 위와 같이 센텐스피스를 별도로 설치해야 한다는 것이다.

유니그램 토큰화는 BPE 그리고 워드피스와 근본적으로 다른 방식으로 어휘집합을 만든다. BPE와 워드피스는 문자 혹은 바이트 단위의 초기 어휘집합에서 시작하여 병합을 통해 토큰을 늘려가는 반면, 유니그램 토큰화는 모든 가능한 어휘집합에서 시작하여 토큰을 제거해간다. 어떤 기준으로 제거할 토큰을 선택하는가를 이해하는 것이 유니그램 토큰화 이해의 핵심이라고 할 수 있다.

유니그램 토큰화는 주어진 어휘집합에 대해 말뭉치의 손실(loss)을 정의한다. 어휘집합에서 토큰을 제거하면 이 손실의 값이 증가하게 되는데, 이때 손실을 가장 적게 증가시키는 토큰을 선택하여 제거한다. 이제 이 손실을 어떻게 정의하는가에 대해 알아보자.

어떤 단어가 주어졌을 때, 어휘집합과 각 어휘의 확률이 있다면 이 단어가 특정 토큰 집합으로 토큰화될 확률을 구할 수 있다. 말이 무척 어렵지만 천천히 이해해 보기로 하자. 지금까지 사용한 예를 동일하게 적용해 보자. 유니그램 토크나이저에서 초기 어휘집합은 아래와 같이 모든 단어들의 하위 문자열(substring)의 집합으로 만들어진다.

```
["h", "u", "g", "hu", "ug", "p", "pu", "n", "un", "b", "bu", "s", "hug", "gs", "ugs"]
```

이 토큰들에 대해 빈도를 계산하면 아래와 같다.

```
("h", 15) ("u", 36) ("g", 20) ("hu", 15) ("ug", 20) ("p", 17) ("pu", 17) ("n", 16)
("un", 16) ("b", 4) ("bu", 4) ("s", 5) ("hug", 15) ("gs", 5) ("ugs", 5)
```

빈도를 모두 합하면 210이므로 토큰 "h"의 확률은 15/210이 된다. 이 확률을 이용하면 "pug"의 토큰화 확률을 구할 수 있다. 먼저 "pug"가 ["p", "u", "g"]로 토큰화된다고 가정하면 확률은 아래와 같다.

$$P(['p','u','g']) = P('p') \times P('u') \times P('g') = \frac{17}{210} \times \frac{36}{210} \times \frac{20}{210} = 0.00132$$

물론 이와 같이 각 확률을 곱해서 결합확률을 구하려면 각 토큰의 분포가 서로 독립이라는 가정이 있어야 한다. "pug"가 ["pu", "g"]로 토큰화되면 확률이 아래와 같이 달라진다.

$$P(['pu','g']) = P('pu') \times P('g') = \frac{17}{210} \times \frac{20}{210} = 0.00771$$

위 결과를 보면 "pug"가 ["p", "u", "g"]로 토큰화될 확률보다는 ["pu", "g"]로 토큰화될 확률이 더 크다고 할 수 있다. 이 둘만 놓고 봤을 때 만일 어휘집합이 ["p", "u", "g"]라면 ["pu", "g"]로는 토큰화될 수 없고 따라서 토큰화 확률은 0.00132가 될 것이다. 어휘집합이 ["p", "u", "g", "pu"]라면 토큰화 확률이 0.00771로 더 높은 ["pu", "g"]로 토큰화될 것이다. 이와 같이 어휘집합에 따라 토큰화 결과와 확률이 달라지게 되는데, 모든 단어에 대해 가능한 토큰화 결과를 구하고 가장 높은 확률을 계산하여 손실을 구하게 된다.

최종적으로 위에서 말한 "주어진 어휘집합에 따른 말뭉치의 손실"은 각 단어의 가장 높은 토큰화 확률에 대해 음의 로그 우도(negative log likelihood) 즉 $-\log(P(word))$를 구해서 모두 더한 값으로 정의한다. 이 설명이 어렵다면 단어의 토큰화 확률이 높을수록 손실은 작아진다고 이해하는 것으로 충분하다. 즉 어휘집합이 달라지면 단어의 토큰화 결과와 토큰화 확률이 달라질 수밖에 없는데, 이때 토큰화 확률이 높을수록 손실은 작아진다고 이해하면 된다. 여기까지 이해하면 유니그램 토크나이저의 목적이 무엇인지 직관적으로 이해하는 것이 가능하다. 유니그램 토크나이저는 말뭉치의 있는 모든 단어들의 토큰화 확률을 최대화하는 어휘집합을 구성하고 싶은 것이다. 다시 말해서 확률적으로 가장 그럴듯하게 단어들을 토큰화할 수 있는 어휘집합을 찾는 것이다.

단, 지금까지의 설명을 잘 보면 알겠지만, 모든 단어에 대해 토큰화 확률을 계산하는 것은 많은 연산시간을 필요로 하기 때문에 이를 최적화하기 위한 여러 가지 방법이 필요할 것이라고 짐작할 수 있다. 우리의 목적은 알고리즘의 직관적인 이해이므로 최적화를 위한 알고리즘의 설명은 생략하기로 한다.

17.2 GPT 기반 트랜스포머 변형 모형

트랜스포머의 변형 모형 중에서 가장 널리 알려진 것은 BERT와 GPT라고 할 수 있다. 둘 다 2018년에 발표됐는데, GPT가 6월에 발표된 반면 BERT는 10월에 발표되어 시기적으로 GPT가 살짝 앞서 있다. GPT가 BERT와 다른 점은 트랜스포머의 디코더로 언어모델 사전학습을 수행한다는 점이다. 이로 인해 문서 생성에서 더 장점을 갖는다고 볼 수 있다. 일반적으로 문서 생성은 앞 단어부터 순차적으로 생성하기 때문이다.

GPT는 언어모델 사전학습을 대량으로 수행하는 방안을 제시하고 이를 이용해 다양한 자연어 처리 작업에 전이학습을 할 수 있는 기반을 마련했다는 점에서 큰 의의가 있다. GPT 이전의 일반적인 자연어 처리 작업은 Word2Vec 계열의 워드 임베딩 정도를 전이학습으로 사용하고 신경망 모형 자체를 전이학습으로 사용하는 경우는 많지 않았다. 따라서 신경망에 대한 학습은 특정 작업을 대상으로 이뤄졌고 대부분 지도학습이었기 때문에 라벨이 있는 대규모의 데이터를 확보하는 것에 많은 어려움이 있었다. GPT는 라벨이 없는 대규모의 텍스트를 대상으로 비지도 언어모델 사전학습을 통해 자연어에 대한 이해가 높은 신경망 모형을 학습하고, 이 모형을 소규모의 데이터를 가지는 자연어 처리 학습에 전이하여 지도학습을 함으로써 매우 효과적인 자연어 처리가 가능하도록 했다. 이후 이러한 2단계 학습 모형은 거의 모든 자연어 처리 학습에서 활용된다. 언어모델로 사전학습된 GPT를 MNLI(Multi-Genre Natural Language Inference), SNLI(Stanford Natural Language Inference), QNLI(Question Natural Language Inference), RACE(Large-scale ReAding Comprehension Dataset From Examination) 등에 적용한 결과, 기존의 ELMo나 양방향 LSTM 기반의 모형을 능가하는 성능을 보였다.

17.2.1 GPT-2

처음 발표된 GPT가 언어모델 사전학습과 이후 자연어 처리 작업에서의 미세조정을 분리하여 두 단계로 학습하는 것을 가정한 반면 GPT-2는 사전학습만으로 바로 사용할 수 있는 모형을 제안했다는 점에서 의의가 있다. 이와 같이 미세조정이 전혀 없이 수행하는 자연어 처리 작업을 논문에서는 제로샷 작업(Zero-shot task)이라고 하고, 그러한 환경을 제로샷 환경(Zero-shot setting)으로 부르고 있는데, 이는 메타 러닝의 개념을 가져왔다고 볼 수 있다. 논문의 목표는 다양한 데이터셋을 이용해 언어모델 비지도 사전학습만으로 일반화 성능을 최대한 높여서 다양한 작업에 바로 전이하여 사용할 수 있는 범용 모형을 만드는 것이다.

$$p(w_1, w_2, \cdots, w_N) = \prod_{i=1}^{N} p(w_i \mid w_1, w_2, \cdots, w_{i-1})$$

위 식의 조건부 확률은 $p(w_{n-k}, \cdots, w_n | w_1, \cdots, w_{n-k-1})$의 형태, 즉 주어진 단어 시퀀스로부터 새로운 단어 시퀀스의 확률을 추정하는 형태로 확장할 수 있으며, 트랜스포머는 이 확률을 셀프 어텐션 기반의 인공신경망으로 추정함으로써 탁월한 발전을 이루었다. 이와 같은 관점에서 볼 때 하나의 자연어 처리 작업은 $p(output|input)$을 추정하는 모형으로 표현할 수 있는데, 여기에 데이터 입력뿐 아니라 수행해야 할 작업을 함께 입력으로 넣어서 $p(output|input, task)$를 추정하는 모형으로 확장이 가능하다. 즉 다양한 자연어 처리 작업을 수행할 수 있는 하나의 일반화된 모형을 개념적으로 제안하고 있다. 예를 들어 문서요약을 수행한다고 하자. 이전에는 사전학습된 언어모델에 대해 문서요약을 위한 데이터셋으로 미세조정학습을 해서 문서요약에 특화된 모형을 만

들었다. 그러나 위 개념을 이용하면 문서 요약뿐만 아니라 다른 작업들도 동시에 수행할 수 있는 하나의 모형을 만들 수 있다. 실제로 트랜스포머 변형 모형 중 하나인 T5를 이용해 문서요약을 학습할 때, 모든 입력 텍스트 앞에 접두사로 "summarize:"를 붙여 학습한다. 실제 문서요약을 실행할 때에도 요약할 텍스트 앞에 "summarize:"를 붙여 입력하면 요약이 된다. 즉 접두어는 위 식의 task에 해당하고, 어떤 접두어를 쓰는가에 따라 모형이 하는 작업이 달라지게 된다.

GPT-2에서 중요한 점은 언어모델에 대한 비지도 학습을 수행할 때 입력에서 작업(task)에 대한 부분과 출력을 명시적으로 지정하지 않는다는 점이다. 다음 문장을 보면 이 개념을 이해할 수 있다.

"Brevet Sans Garantie Du Gouvernement", translated to English: "Patented without government warranty"

위 문장에서 앞부분은 불어에 해당하고 중간의 "translated to English"는 작업에 해당하며 뒷부분은 앞부분이 번역된 영어 문장에 해당한다. GPT-2의 비지도 학습에서는 이 문장에 작업과 번역된 답을 명시적으로 지정하지 않고 셀프 어텐션 모형에 의해 학습을 함으로써 자연스럽게 번역에 대한 학습이 이뤄지도록 한다. 이는 인간이 수많은 책을 읽는 것만으로 다양한 사고와 판단을 할 수 있다는 것을 그대로 인공지능 학습에 이용했다는 점에서 많은 시사점을 준다고 할 수 있다.

모형의 구조 관점에서 GPT-2는 트랜스포머의 디코더 부분을 사용한다는 점에서 GPT-1과 거의 동일하다고 볼 수 있다. 다만 각 레이어에서 정규화 블록을 입력 부분으로 옮기고 마지막 셀프 어텐션 블록 뒤에 정규화 블록을 추가했다는 차이가 있다. 또한 모형의 표현력을 증가시키기 위해 어휘 집합의 크기를 늘리고 한 번에 입력 가능한 토큰 수를 512개에서 두 배인 1,024개로 늘렸다. GPT-2를 GPT-1과 구별시키는 중요한 차이점은 데이터셋의 구성이라고 할 수 있다. 위에서 본 예와 같이 학습에 사용하는 문서들은 그 자체로 다양한 자연어 처리 작업에 적용할 수 있는 내용들을 포함하고 있어야 한다. 이를 위해 웹 스크래핑을 이용해 40GB에 달하는 자체 데이터셋인 WebText를 구축했다.

GPT-2는 언어모델 사전학습만으로 다양한 자연어 처리 작업을 수행하는 것을 목표로 했기 때문에 실험에서는 미세조정 없이 바로 벤치마크 테스트를 했다. 우선 LAMBADA를 비롯하여 언어모델의 성능을 측정하는 8개의 데이터셋에서는 7개의 데이터셋에서 가장 좋은 성능을 보였다. 참고로 LAMBADA는 문장을 완성하는 문제로 언어의 장기의존성을 평가한다. 상식추론 능력을 평가하는 위노그라드 스키마 챌린지(Winograd Schema Challenge)에서도 70.7%로 기존 최고 성능을 7% 개선했다. 위노그라드 스키마 챌린지는 문장에서 대명사가 가리키는 것이 무엇인지를 맞추는 문제이다. 독해능력을 평가하는 CoQA(Conversation Question Answering) 데이터셋에서는 당시 BERT를 기반으로 미세조정을 한 모형이 0.89에 가까운 F1 성능을 보인 것에 비해 그보다 많이 떨어지는 0.55의 F1 성능을 보였다. 그럼에도 불구하고 미세조정이 없이 그 정도의 성능을 보인 것은 매우 고무적이라고 할 수 있다. 그 외 문서 요약 성능을 평가하는 CNN/DailyMail 데이터셋, 번역 성능을 평가하는 WMT-14 데이터셋에서는 기존 최고 성능보다는 못하지만 인상적인 성능을 보였다.

17.2.2 GPT-3

GPT-2가 메타러닝 관점에서 제로샷 러닝(zero-shot learning), 즉 미세조정이 전혀 없는 일반화 모형에 치중했다면 GPT-3은 퓨샷 러닝(few-shot learning)으로 인한 성능 향상에 더 초점을 맞췄다고 할 수 있다. 미세조정이 자연어 처리 작업에 대한 지도학습 과정에서 라벨이 있는 수천 개 정도의 데이터를 사용하고 사전학습 모형의 가중치를 변경하는 것에 비해, 퓨샷 러닝에서는 훨씬 적은 수의 데이터를 사용하고 사전학습 모형의 가중치를 변경하지 않는다. 이것은 사람이 몇 개 안 되는 예제만으로도 새로운 문제에 쉽게 적응하는 것을 반영했다고 할 수 있다. 원샷 러닝(one-shot learning)은 예제를 하나만 사용하는 것을 말한다. 제로샷 러닝은 원샷 러닝에서 예제 대신 작업에 대한 자연어 설명을 사용한 것과 같다. 즉 사람에게 해야 할 작업이 무엇인지 알려주는 과정과 비슷하다. GPT-3에서는 제로샷, 원샷, 퓨샷의 세 모형을 학습하고 기존 최고 성능과 비교했다.

위에서 설명한 바와 같이 보통 사람은 새로운 자연어 처리 작업을 하기 위해 수천 개에 달하는 예제 데이터를 필요로 하지는 않는다. 이는 언어에 대한 이해가 높고 유사한 경험을 갖고 있기 때문인데, 만일 언어모델이 사전학습을 통해 사람과 같이 높은 언어 이해도를 갖게 된다면 마찬가지로 몇 개의 예제 데이터만으로도 충분히 높은 성능을 보일 수 있을 것이다. GPT-3은 이와 같은 점에 착안하여 퓨샷 러닝의 가능성을 제시하고 있다. GPT-3가 개선된 다른 점은 파라미터의 크기이다. GPT-2가 15억 개 정도의 파라미터를 사용한 것에 비해 GPT-3은 1,750억 개 정도로 100배가 넘는 수의 파라미터를 사용했다. 훈련에 사용한 데이터셋도 크게 증가했는데, 우선 WebText를 확장한 WebText2가 22%가량 사용되고 필터링을 거친 크롤링 데이터가 60%

사용됐다. 이로 인해 훈련에 어마어마한 계산 비용이 소모됐으리라고 짐작할 수 있다. 모형이 이렇게 커지게 되면 훈련은 당연히 감당하기 어렵지만 자연어 처리 작업에서의 사용도 쉽지 않을 수 있다.

훨씬 커진 모형과 퓨샷 러닝으로 인해 우선 언어모델의 성능을 측정하는 LAMBADA에서 기존 최고 성능을 갱신했다. 퓨샷 모형에서 가장 높은 성능을 보였고, 흥미로운 점은 제로샷 모형의 성능이 원샷 모형보다 높게 나왔다는 것이다. GPT-2가 번역에서 그다지 높은 성능을 보이지 못한 것에 비해 GPT-3의 퓨샷 모형은 불어에서 영어로 혹은 독일어에서 영어로 번역하는 작업에서 기존 최고 성능을 능가하기도 했다. GLUE를 확장한 SuperGLUE에서는 SOTA에는 미치지 못했으나 미세조정을 한 BERT-Large보다는 높은 성능을 보였다. SuperGLUE는 GLUE의 일부 작업에 대해 사람에 근접하는 성능을 보이는 딥러닝 모형이 나옴에 따라, 작업을 더 어렵고 다양하게 변화시키는 작업을 했으며 8개의 벤치마크 데이터셋으로 구성돼 있다. 이 외에도 다양한 데이터셋에서 주목할 만한 성능을 보였다.

GPT-3은 가능성과 한계를 동시에 보였다. 모형이 커서 많은 계산 비용을 필요로 한다는 것 외에 대상 자연어 처리 작업에 따라 편차가 존재하는 것, 퓨샷 러닝의 모호함 등이 한계로 지적됐다. 이 외에도 사전학습된 언어모델이 성별이나 인종, 종교 등에 대한 편향을 가질 수 있는 가능성 등이 제시됐다.

17.2.3 ChatGPT[3]

챗지피티(ChatGPT)가 세상에 던진 충격은 알파고 못지않은 수준이다. 더욱이 말을 제대로 알아듣지 못하고 이상한 대답을 하는 챗봇에 익숙해 있던 사람들에게, 사람과 구분할 수 없을 정도로 자연스러운 문장을 구사하고, 더 나아가 복잡한 이야기를 이해하기 쉽게 요약해 주며, 주제의 제한이 없는 다양한 질문에 대해 해박한 지식을 바탕으로 상세하게 설명해주는 ChatGPT의 등장은 그야말로 자연어 처리의 혁명이라고 할 수 있을 것이다. 심지어 어떤 코드를 생성해 달라고 요구하면 자바스크립트, 파이썬 등 프로그래밍 언어를 가리지 않고 실제 실행이 가능한 코드를 만들어 주는 능력은 정말 놀라울 따름이다.

---

3 https://openai.com/blog/chatgpt/

오랜 기간의 연구와 투자를 통해 이 정도의 시스템을 만들어낸 OpenAI에 감탄의 박수를 보낸다. ChatGPT는 GPT 계열의 모형이다 보니 비교적 앞부분에서 설명되고 있지만 시기적으로는 이 장에서 설명된 모든 모형 중에서 가장 최근에 발표된 모형이다. 따라서 성능의 격차가 클 수밖에 없다. 특히 웹을 통해 일반인이 손쉽게 활용할 수 있다는 점에서 벤치마크의 성능과는 별개로 훨씬 큰 충격을 주고 있다.

ChatGPT는 GPT-2에서 OpenAI가 추구한 것과 유사하게, 여러 가지 자연어 처리 작업을 동시에 학습하고 지원하는 하나의 통합된 시스템이라고 할 수 있다. 기능적으로 구분한다면 질의 응답, 텍스트 생성, 문서 요약, 기계 번역 등을 기본적으로 포함하고 있고, 텍스트로 된 코드 설명 혹은 요구조건으로부터 코드를 생성하는 기능이 추가되어 있다. 지금까지 이러한 기능들은 일반적으로 개별적인 모형으로 연구돼 왔으며, 일반인들은 잘 모를 수 있으나 딥러닝을 전공한 연구자의 입장에서는 어느 정도 연구가 성과를 거두는 단계에 있다고 말할 수 있을 것이다. ChatGPT의 놀라운 점은 이러한 기능들을 하나의 거대한 시스템에 구현해 냈다는 것이다.

ChatGPT의 가장 기본적인 베이스 모형은 질의 응답이라고 할 수 있는데, 질문의 분야에 대한 제한이 없으므로 ODQA(Open Domain Question Answering) 분류에 속한다고 할 수 있다. 최근의 ODQA는 먼저 질문과 유사한 문서를 위키피디어와 같은 곳에서 검색해서 상위 K개를 구하고, 질문과 함께 텍스트 생성 모형에 넣어서 답변을 만들어낸다. 문서의 검색, 텍스트 생성 모두 트랜스포머 변형 모형을 사용하고 있다.

질의 응답에서 사용자와 이전에 했던 대화를 반영하고 싶다면 이전 대화 내용을 함께 입력으로 넣어서 답변을 생성하면 된다. 이렇게 되면 질문과 배경지식이 되는 문서 그리고 이전 대화 내용까지 모두 입력으로 받을 수 있는 거대 모형이 필수적인데, OpenAI가 그동안 GPT를 대형화해 온 것과 일치한다고 할 수 있다.

그렇다면 이 책에서 지금까지 설명한 사전학습 언어 모형과 각 기능에 대한 미세조정학습으로 ChatGPT와 같은 시스템을 구현할 수 있을까? 그렇지는 않은 것 같다. OpenAI는 ChatGPT 이전에 InstructGPT라는 모형을 개발했었고, 홈페이지를 보면 ChatGPT의 사촌 모델(Sibling model)이라고 소개하고 있다.

InstructGPT[4]는 사용자의 지시(instruction)를 GPT보다 잘 이해하고 그에 따라 올바르게 동작하는 것을 목표로 하여, GPT-3를 기반으로 한 강화학습을 통해 학습됐다. 이 강화학습 과정에

---

4 https://openai.com/blog/instruction-following/

는 사람이 관여하기 때문에 RLHF(Reinforcement Learning from Human Feedback), 즉 "인간의 피드백으로부터 배우는 강화학습"이라고 불리운다. InstructGPT의 목적은 시스템이 사용자 지시에 따른 응답을 생성했을 때, 사용자가 그 응답에 대해 만족하는 정도를 최대화하는 것이다. OpenAI는 그러한 관점에서 InstructGPT가 순수한 GPT 혹은 라벨을 이용한 미세조정학습보다 더 높은 성능을 보인다고 발표했다.

InstructGPT의 학습은 크게 세 단계로 이뤄진다. 그림 17.1은 이 세 단계를 잘 보여준다. 첫 단계에서는 프롬프트(사용자 요청) 데이터셋에 있는 하나의 프롬프트를 추출하고 사람이 이에 대해 본인이 생각하는 바람직한 대답의 예시, 즉 라벨을 만든다. 여기서 프롬프트는 학습 데이터의 단위가 되는 하나의 문제로 생각하면 된다. 프롬프트 안에는 사용자 지시와 지시를 위한 설명이나 내용이 함께 포함될 수 있다. GPT는 이러한 프롬프트와 사람이 만든 대답을 이용해 미세조정학습을 한다. 둘째 단계에서는 프롬프트와 프롬프트에 대한 여러 개의 대답이 추출된다. 과정에 참여한 사람은 여러 대답들에 대해 선호하는 스코어를 매긴다. 이 프롬프트와 여러 대답에 대한 스코어를 이용해 강화학습 모형의 보상 모델을 학습한다.

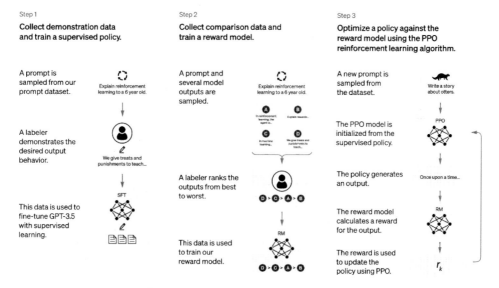

그림 17.1 InstructGPT의 학습단계[5]

---

5   출처: https://openai.com/blog/instruction-following/

이것을 명확하게 이해하기 위해서는 강화학습에 대해 이해해야 하는데, 보상 모델은 주어진 환경에서 시스템(에이전트)이 어떤 선택 혹은 행동(action)을 했을 때 그에 대한 보상을 시스템에게 주기 위한 모델이다. 이 보상이 어떻게 주어지는가에 따라 강화학습의 방향과 성능이 결정된다. 쉽게 말해서 게임의 경우에는 컴퓨터가 이길 수 있는 가능성이 높은 선택을 했을 때 높은 보상을 주어야 하는데, 이러한 보상을 정확하게 줄 수 있어야 올바른 학습이 가능하다. 마지막 단계에서는 학습된 보상 모델을 이용해서 강화학습을 수행한다. 이상의 내용은 OpenAI의 홈페이지에 그림과 함께 잘 설명되어 있으므로 관심이 있다면 방문해서 논문도 한번 읽어 보길 권장한다.

ChatGPT는 이상에서 설명한 InstructGPT의 강화학습 모형을 동일하게 사용했으며, 데이터 수집 과정에서 약간의 차이가 있다고 한다. ChatGPT에서는 초기 데이터 셋의 대화를 생성할 때, 사람이 위에서 설명한 첫 단계의 사람과 AI의 역할을 모두 수행하며 답변을 만들도록 했다. 이렇게 한 이유는 아마도 사용자 입장에서 사용자의 의도를 더 정확하게 파악하고자 한 것으로 짐작할 수 있으나 정확하게 알기는 어렵다. ChatGPT는 혁신적인 성능을 통해 자연어 처리에 대한 사람들의 관심과 기대를 높이는 데 크게 기여했다.

17.3 BERT 기반 트랜스포머 변형 모형

BERT는 대표적인 변형 트랜스포머 모형으로 트랜스포머의 복잡도를 낮추기 위해 트랜스포머의 인코더만 사용하여 언어모델 사전학습을 수행한다. 디코더가 마스크 셀프 어텐션을 사용하여 순방향의 셀프 어텐션만 학습되는 것에 비해 BERT는 완전한 셀프 어텐션을 사용함으로써 양방향의 완전한 문맥을 학습할 수 있다는 장점이 있다.

BERT는 언어모델 사전학습을 위해 두 개의 학습 방법을 제안했다. 첫째는 MLM(Masked Language Model), 즉 마스크 언어모델이다. 전체 토큰에서 15%의 토큰을 무작위로 마스킹하여 입력 토큰에서 제외하고 마스킹된 단어를 예측하도록 모형을 학습했다.

둘째는 NSP(Next Sentence Prediction), 즉 다음 문장 예측 학습이다. NSP를 위한 데이터셋 구성을 위해 절반의 데이터는 동일한 문서의 연속된 두 개의 문장에 대해 'IsNext'라는 라벨을 붙였고, 나머지 절반은 임의의 문장과 전체 말뭉치에서 무작위로 가져온 문장의 쌍에 대해

'NotNext'라는 라벨을 붙였다. 학습은 주어진 두 문장에 대해 두 가지 라벨 중 맞는 것을 예측하도록 수행했다.

17.3.1 RoBERTa(Robustly Optimized BERT Pretraining Approach)

RoBERTa는 논문의 제목인 "Robustly Optimized BERT Pretraining Approach"의 약자로, 기존의 BERT가 언어모델 관점에서 충분히 학습되지 못했다고 보고 동일한 BERT 모형에 대해 보다 견고한 학습 방법을 제안했다. 논문에서 밝히고 있듯이 이 연구는 BERT 사전학습 연구의 복제 연구로, 새로운 모형을 제안하기보다는 기존의 BERT 모형의 사전학습을 보완하기 위한 방안을 제시하고 이를 RoBERTa로 명명했으며, 실험을 통해 BERT 이후에 발표된 다른 모형에 비해 더 나은 성능을 보이는 것을 검증했다. RoBERTa에서는 BERT에서 사용된 문자 단위의 BPE를 그대로 사용하지 않고 GPT-2에서 사용된 바이트 단위의 BPE를 사용해 토큰화를 수행했다.

RoBERTa에서 개선한 내용의 첫째는 동적 마스킹의 사용이다. 기존 BERT는 마스킹을 데이터 전처리 과정에서 한 번만 수행하므로 입력 데이터의 마스킹이 고정되어, 항상 동일한 마스킹에 대해 학습하게 된다. RoBERTa에서는 이를 피하기 위해 학습 데이터를 10회 복사하고 매번 다르게 마스킹하도록 했다. 이는 동일한 텍스트에 대해서 다른 학습을 수행하게 함으로써 보다 효율적으로 학습을 수행한 것이라 할 수 있다.

둘째, 앞서 설명한 바와 같이 BERT는 MLM과 NSP 학습을 수행한다. 그러나 NSP 학습의 필요성에 대한 의문이 BERT 발표 이후에 꾸준히 제기됐다. BoBERTa에서는 기존의 BERT가 NSP를 구현하기 위해 두 세그먼트의 쌍을 입력으로 사용한 것에 비해, NSP를 제외하고 길이가 512 토큰보다 작은 연속된 문장들로 하나의 입력을 구성했다. 그 결과 NSP를 제외한 것이 더 성능이 좋음을 보였다.

셋째, 기존의 BERT가 하나의 배치 크기를 256 시퀀스로 구성한 것에 비해 2K와 8K의 두 크기로 배치를 구성하여 실험한 결과, 배치 크기를 늘리는 경우 성능이 향상되는 것을 보았다.

GLUE(General Language Understanding Evaluation)는 자연어 처리 성능을 평가하기 위해 9개의 자연어 처리 작업에 대해 구성된 벤치마크 데이터셋이다. RoBERTa는 이 GLUE 외에도 SQuAD 2.0과 RACE에서 발표 당시 가장 좋은 성능을 보이는 것을 입증했다.

17.3.2 ALBERT(A Lite BERT)

ALBERT는 기존의 BERT보다 큰 모형을 보다 효과적으로 학습하기 위해 제안됐다. 모형이 커질 때 발생하는 가장 큰 문제는 매개변수 즉 파라미터의 수가 늘어난다는 것이다. ALBERT는 파라미터의 수를 줄이기 위한 두 가지 방안을 제시했는데 첫째는 토큰 임베딩 벡터의 크기를 줄이는 것이다. BERT에서는 토큰 임베딩과 인코더 레이어 내의 히든 벡터 임베딩 크기를 동일하게 했는데, 그 결과 모형이 커지면 임베딩 과정에서 매우 큰 수의 파라미터를 요구하게 된다. ALBERT에서는 토큰 임베딩을 레이어의 히든 벡터 임베딩 크기보다 작게 설정했는데, 그 이유는 토큰 임베딩은 토큰 자체의 정보만 담고 있는 것에 비해 히든 벡터는 셀프 어텐션을 반영하여 주변 단어와의 관계 정보를 담고 있어서 더 큰 벡터가 요구된다고 보았기 때문이다. 이렇게 하면 어휘 크기의 원핫벡터로부터 더 작은 크기의 초기 토큰 임베딩으로 변환하는 파라미터와 이로부터 다시 히든 벡터 임베딩으로 변환하는 파라미터로 분리되고 그 결과 파라미터 수를 BERT에서 요구하는 것보다 크게 줄일 수 있다. 둘째 방안은 인코더를 구성하는 레이어들의 멀티헤드 어텐션과 FFN 파라미터를 서로 공유하는 것이다. 이렇게 함으로써 필요한 파라미터의 수를 줄였을 뿐 아니라 파라미터를 보다 안정화하는 효과를 가져왔다.

파라미터의 수를 줄이는 것 외에도 ALBERT는 기존의 NSP를 더 향상시키기 위한 방안을 제시했다. 기존 BERT의 NSP는 둘째 문장을 말뭉치에서 임의로 가져왔기 때문에 엄밀하게 말하면 문장의 순서만 예측하기보다는 두 문장의 내용 간 유사성을 함께 학습하게 된다. ALBERT는 연속한 두 문장의 순서를 바꿔서 'NotNext'에 해당하는 데이터셋을 구성함으로써 NSP를 SOP(Sentence Ordering Prediction)으로 변경하여 학습하도록 했다. 그 결과, ALBERT는 GLUE, SQuAD, RACE 데이터셋의 대부분의 분야에서 RoBERTa를 능가하는 성능을 보였다.

17.3.3 ELECTRA(Efficiently Learning an Encoder that Classifies Token Replacements Accurately)

ALBERT가 큰 모형에서 학습의 효율성을 개선하고자 했다면 ELECTRA는 사전학습 자체의 효율성을 향상하고자 한 연구라고 할 수 있다. BERT 모형은 MLM 학습에서 전체 토큰의 15%를 무작위로 [MASK]라는 새로운 토큰으로 변경하고 이 토큰의 원래 단어를 예측하는 방식으로 예측했다. 여기에는 두 가지 문제점이 있는데, 첫째는 이로 인해 입력 텍스트 전체 토큰의 15%에 대해서만 학습이 이뤄진다는 것이고 이로 인해 학습 효율이 떨어질 수밖에 없다. 둘째 [MASK]라는 토큰은 원래 자연어 텍스트에는 존재하지 않는 토큰이기 때문에, 사전학습과 실제 자연어 처리 작업을 위한 미세조정 사이에 불일치가 존재하고 이것 역시 학습의 효율을 떨어뜨릴 수 있다. ELECTRA는 이 문제를 해결하기 위해 아래 그림과 같은 교체 토큰 탐지(Replaced Token Detection) 방식을 제안했다.

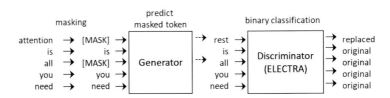

그림 17.2 교체 토큰 감지[6]

ELECTRA는 두 개의 트랜스포머 인코더로 구성되는데, GAN(Generative Adversarial Network)과 유사하게 생성자(Generator) 인코더와 판별자(Discriminator) 인코더가 결합되어 사전학습을 수행하도록 했다. 위 그림과 같이 생성자는 BERT와 동일하게 먼저 전체 토큰의 15%에 대해 마스킹을 수행하고 마스킹된 위치의 토큰들을 예측해서 전체 입력을 재구성한다. 이때 어떤 토큰은 올바르게 예측하고 어떤 토큰은 틀릴 수 있는데, 올바르게 예측한 토큰과 마스킹되지 않은 토큰에 대해서는 'original'이라는 라벨이, 잘못 예측한 토큰에 대해서는 'replaced'라는 라벨이 부여된다. 판별자는 생성자가 출력하는 모든 토큰에 대해 이진분류로 'original'과 'replaced'를 예측하도록 학습한다. 생성자가 잘못 예측한 단어는 'replaced'가 되고 판별자는 이 'replaced'를 탐지해야 하므로, 이 과정을 교체 토큰 감지(replaced token detection)라고 부른다.

생성자는 MLM과 동일한 손실함수로 학습되고 판별자는 이진 교차 엔트로피(Binary Cross Entropy)로 학습되며, GAN과는 달리 두 모형이 경쟁적 혹은 적대적으로 학습되지 않고 두 모형의 손실함수를 합한 함수를 최소화하도록 학습한다. GAN처럼 학습하려면 생성자가 판별자를 속이기 위해 학습해야 하나, 개념적으로 ELECTRA의 생성자는 가짜를 생성하기보다 원래 토큰을 최대한 정확하게 예측하여 진짜를 생성하기 위해 학습된다는 차이가 있고 생성자로부터 샘플링을 통한 역전파가 불가능했기 때문에, 생성자는 본래 목적에 맞게 최대우도추정법으로 학습했다. ELECTRA가 BERT보다 효율적으로 학습되는 이유는 생성자가 마스킹된 토큰에 대해서만 예측하는 것이 아니라 모든 토큰에 대해 예측하는 방식으로 학습되기 때문이다. 따라서 사전학

---

6   Clark, Kevin, et al. "Electra: Pre-training text encoders as discriminators rather than generators," arXiv preprint arXiv:2003.10555 (2020).

습이 완료된 후에 후속 자연어 처리 작업(downstream work)에서는 생성자를 버리고 판별자만을 사용한다. 생성자는 BERT와 동일하게 마스킹된 단어에 대해서만 예측하도록 학습되기 때문이다.

ELECTRA 모형의 설계에서는 가중치의 공유와 생성자의 크기에 대한 부분이 고려됐다. 먼저 가중치의 공유와 관련하여, 생성자와 판별자는 동일한 트랜스포머 인코더 구조를 가지므로 가중치를 공유할 수 있다. 실험을 통해 토큰 임베딩과 레이어 내부의 히든 벡터 모두를 공유하는 것이 가장 좋은 성능을 보였으나, 문제는 이렇게 할 경우 생성자와 판별자가 동일한 가중치, 즉 파라미터 수를 가지게 된다는 점이다. 즉 기존 BERT에 비해 두 배의 파라미터를 학습해야 하고 이것은 학습의 효율을 떨어뜨린다.

또 한 가지 문제는 생성자가 잘 학습될수록 판별자의 예측이 어려워지고 이로 인해 판별자의 성능이 떨어지는 결과를 가져왔다. 또한 생성자가 'replace'하는 단어가 줄어들수록 판별자의 학습 대상 토큰의 수 역시 줄어들게 되고 이로 인해 학습 효율이 떨어질 것으로 생각할 수 있다. 이러한 문제들에 대한 해결책으로 판별자의 크기에 비해 생성자의 크기를 1/4 혹은 1/2로 줄임으로써 더 높은 성능을 얻고 학습 효율을 높일 수 있었다.

생성자가 전체 토큰에 대한 교체 토큰 탐지를 수행함으로써 사전학습 효율을 높인다는 것을 증명하기 위해 ELECTRA는 세 가지 실험을 수행했다. 첫째는 ELECTRA의 구조를 유지하면서 생성자에서 마스킹한 15%의 토큰에 대해서만 판별자의 손실함수를 계산했다. 즉 전체 토큰이 아닌 마스킹된 토큰에 대해서만 예측 손실을 계산했다. 이 실험(실험 1)의 목적은 BERT와 동일하게 15%를 유지하면서 교체 토큰 탐지를 수행하는 것이 원래 토큰을 예측하는 것에 비해 더 나은 효과를 보이는지 보기 위한 것으로 생각할 수 있다. 둘째는 판별자의 입력으로 마스킹된 토큰 대신 생성자가 생성한 토큰을 사용하고, 이 토큰들에 대해서 교체를 탐지하는 이진분류를 하는 대신 원래 토큰을 예측하는 MLM 학습을 수행했다. 이 실험(실험 2)의 목적은 [MASK]를 사용하지 않는 것만으로 BERT에 비해 나은 성과를 보이는지 보기 위해서라고 생각할 수 있다. 마지막 실험(실험 3)은 생성자가 출력한 모든 토큰에 대해 MLM 학습, 즉 원래 토큰을 예측하도록 학습하는 것이다. 실험 결과 실험 1, 실험 2 모두 BERT에 비해서는 조금 높은 성능을 보였으나 ELECTRA보다는 많이 떨어졌다. 실험 3은 실험 1, 실험 2에 비해 월등한 성능을 보였으나 ELECTRA에는 미치지 못했다.

ELECTRA는 ALBERT가 큰 모형을 고려한 것에 비해 사전학습 자체의 효율성을 향상하고자 한 것으로 그 결과 크기가 작은 모형에서 매우 우수한 학습 효율을 보였다. 결과적으로 GLUE와 SQuAD에서 ALBERT가 갱신했던 많은 기록을 다시 갈아치우는 결과를 가져왔다.

17.4 인코더와 디코더를 모두 사용하는 트랜스포머 변형 모형

GPT는 트랜스포머의 디코더만을 사용하고 BERT는 인코더만을 사용하기 때문에 둘 다 나름대로의 제약이 있다. GPT는 트랜스포머의 디코더를 사용하므로 생성 위주의 모형에 강점을 보이지만, 순방향 셀프 어텐션만 학습되므로 양방향의 문맥정보는 반영하지 못한다는 단점이 있다. BERT는 트랜스포머의 인코더를 사용하므로 양방향 셀프 어텐션을 이용한 양방향 문맥정보를 반영한다는 장점이 있지만, 마스킹 방식의 학습은 순차적인 생성에는 적합하지 않다. 이 절에서는 트랜스포머의 인코더와 디코더를 모두 사용하는 변형 모형인 BART와 T5를 알아본다.

17.4.1 BART (Bidirectional and Auto-Regressive Transformers)

BART는 BERT와 GPT의 문제점을 극복하고자 한 모형이라고 할 수 있다. BART는 표준적인 시퀀스-투-시퀀스 트랜스포머 모형을 사용하여 언어모델을 사전학습하는 새로운 방안을 제시한다는 점에서 의의가 있다.

BART는 트랜스포머 모형을 노이즈 제거 오토인코더(denoising autoencoder)로 사용하는데, 이 모형은 원래의 입력에 노이즈를 추가하여 오토인코더의 입력으로 사용하고 출력, 즉 라벨은 원래의 입력을 사용하여 학습함으로써, 오토인코더 모형이 노이즈를 제거하고 원본을 복원하도록 한다. 일반적인 오토인코더에 비해 노이즈 제거 오토인코더는 더 강건하고 효과적인 학습이 가능한 것으로 알려져 있다. BART는 먼저 다양한 방식으로 원래의 토큰에 노이즈를 추가하고 이를 양방향 인코더로 인코딩한다. 인코딩한 결과는 트랜스포머 모형과 동일하게 단방향 디코더로 연결되고 디코더는 원래의 토큰을 예측한다. 학습은 디코더가 예측한 토큰과 원래의 토큰에 대한 손실함수를 사용하여 이뤄진다.

아래 그림의 왼쪽은 위에서 설명한 BART의 사전학습 과정을 보여준다. 입력 문장은 먼저 노이즈를 추가하기 위한 방법 중 가장 간단한 마스킹을 통해 무작위로 attention과 all이 제거되어 인코더에 입력된다. 양방향 인코더의 셀프 어텐션 결과는 아래의 단방향 디코더로 전달된다. 단방향 디코더는 마스킹하기 이전의 문장을 입력으로 받고 하나씩 원래의 문장을 예측하도록 학습된다.

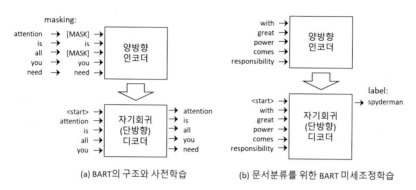

그림 17.3 BART의 구조와 미세조정학습 [7]

BART에서는 노이즈를 추가하기 위해 다양한 방법을 제시했다. 첫째, BERT와 동일하게 무작위로 토큰을 선정하여 [MASK] 토큰으로 치환했다. 둘째, 무작위로 토큰을 선정해서 제거하고 제거된 토큰의 위치를 모형이 예측하도록 했다. 셋째, 임의의 길이의 연속된 토큰을 하나의 [MASK] 토큰으로 치환하고, 모형이 치환된 토큰의 수를 예측하도록 했다. 넷째, 하나의 문서를 문장으로 분리하고 문장들을 무작위로 뒤섞는다. 다섯째, 문서에서 하나의 토큰을 무작위로 선택하고 이 토큰이 시작점이 되도록 문서를 회전시킨다.

논문에서는 사전학습된 BART 언어모델을 이용해 문장 분류, 토큰 분류, 문장 생성, 번역의 네 가지 자연어 처리 작업에 대해 미세조정하는 방법을 제시했다. 먼저 문장 분류에서는 동일한 임베딩 토큰을 인코더와 디코더에 입력하고 디코더 마지막 토큰의 최종 히든 벡터를 분류기의 입력으로 사용했다. 그림 17.3의 오른쪽은 이 과정을 설명해 준다. 예를 들어 영화의 대사(with great power comes responsibility)를 입력 받고 영화 제목(spyderman)을 맞추는 분류 모형을 학습한다면, 영화 대사를 인코더와 디코더 모두의 입력으로 사용하고 예측해야 할 라벨은 영화 제목으로 줘서 미세조정학습을 수행한다.

---

7 Lewis, Mike, et al, "Bart: Denoising sequence-to-sequence pre-training for natural language generation, translation, and comprehension," arXiv preprint arXiv:1910.13461 (2019)..

토큰 분류 문제에서는 전체 문서를 입력으로 사용하고 디코더의 최종 히든 벡터 전체를 각 토큰에 대한 최종 임베딩 표현으로 사용했다. 질의 응답이나 문서 요약과 같은 문장 생성 작업에서는 트랜스포머 모형 자체를 그대로 사용하여 입력 시퀀스에 대해 순차적으로 출력 시퀀스를 생성하도록 학습했다. 번역은 기본적으로 문장 생성과 동일하게 작동하지만, 입력과 출력의 언어가 서로 다르면서 동시에 단어 간의 매핑이 이뤄지므로 이를 반영할 수 있도록 인코더의 임베딩 레이어를 수정했다.

대형 언어모델에 대한 학습 효과를 보기 위해 BART를 RoBERTa와 동일한 수준으로 학습하고 분류 작업 중심의 벤치마크 데이터셋들에 대해 비교한 결과, SST, QQP, QNLI, RTE 데이터셋에 대해서는 RoBERTa보다 좋은 성능을 보였으나, SQuAD 2.0, MNLI, STS-B, MRPC, CoLA에서는 뒤떨어지는 성능을 보였다. 다만 성능의 차이는 크지 않았다. 사실 BART에서 제안한 사전학습 방식은 문장 생성, 번역과 같은 시퀀스-투-시퀀스 작업에서 강점이 있기 때문에, 일반적인 분류 작업에서의 성능은 뒤처지지 않는다는 정도로도 의의가 있다고 볼 수 있다. 실제로 문장 요약 작업의 성능을 보기 위해 CNN/DailyMail과 Xsum 데이터셋에 대해 비교한 결과 BART는 전 분야에서 기존 최고 성능을 능가했다. 또한 대화 응답 성능을 측정하는 ConVAI2 데이터셋, 질의응답 성능을 측정하는 ELI5, 번역 성능을 측정하는 WMT16 루마니아어-영어 번역에서도 최고 성능을 갱신했다. 결과적으로 BART는 시퀀스-투-시퀀스 작업의 전 분야에서 장점을 보이는 사전학습 언어모델이라고 정리할 수 있다.

17.4.2 T5 (Text-to-Text Transfer Transformer)

T5는 BART와 마찬가지로 트랜스포머의 인코더와 디코더를 모두 사용함으로써 본래의 구조를 거의 유사하게 사용했다. 다만 트랜스포머의 레이어 정규화 방식을 조금 단순화하고, 피드포워드 층에 드롭아웃을 적용하는 등의 소소한 변경을 했으나 이 부분은 크게 중요하지는 않다.

T5의 중요한 첫째 특징은 논문의 제목과 T5라는 이름에 있는 Text-to-Text 프레임워크다. 이 프레임워크는 GPT-2와 유사한 면이 있는데, 하나의 통합된 혹은 통일된(unified) 모형으로 다양한 자연어 처리 작업을 수행할 수 있도록 하는 것이 목표다. GPT-2에서 설명한 것과 같이 자연어 처리 작업은 을 추정하는 모형으로 표현할 수 있는데, 여기에 데이터 입력뿐 아니라 수행해야 할 작업을 함께 입력으로 넣어서 를 추정하는 모형으로 확장하는 것이 바로 T5의 text-to-text 프레임워크라고 볼 수 있다. 이렇게 함으로써 다양한 자연어 처리 작업을 수행할 수 있는 하나의 일반화된 모형을 제안하는 것이다. 다음 그림은 이에 대한 예시를 보여준다.

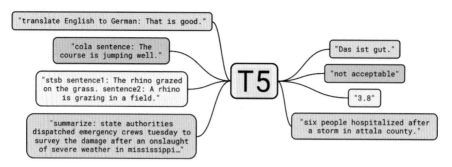

그림 17.4 T5의 text-to-text 프레임워크[8]

위 그림을 보면 앞에 접두사인 "translate English to German:"로 번역 task를 지정하는 명령어를 입력에 포함하고 있고, 가장 아래의 예에서는 "summarize:"를 붙여서 요약 task를 지정하는 명령어를 요약할 텍스트에 포함해서 입력하고 있다. 다른 일반적인 트랜스포머 변형 모형들은 사전학습된 언어모델을 하나의 자연어 처리 작업에 맞게 미세조정을 함으로써 그 작업에 특화된 모형을 만드는 것에 비해, T5는 학습된 하나의 모형으로 다양한 작업을 수행할 수 있도록 한다는 점에서 차이가 있다.

이러한 목표를 달성하기 위해 T5는 멀티작업 사전학습(Multi-task pre-training)을 수행했는데, 앞서 설명한 것과 같이 이것은 여러 종류의 자연어 처리 작업에 대한 학습을 함께 진행하는 것을 의미한다. 더 상세히 이야기하면 기존의 모형들이 먼저 일반적인 비지도학습 방식의 사전학습을 수행하고 특정 작업에 대한 미세조정을 했다면, T5는 지도학습 방식의 다양한 자연어 처리 학습을 포함한 사전학습을 실행하고, 이후 특정 자연어 처리에 대한 미세조정학습을 하는 방식으로 학습을 수행했다.

T5는 위 프레임워크를 제안한 것 외에, 기존의 모형들을 분석하고 효율적인 사전학습 방안, 이상적인 학습 데이터의 내용, 비율 및 조합 등에 대한 실험을 통해 여러 분야에서 기존의 모형보다 높은 성능을 달성했다.

---

8 Raffel, Colin, et al, "Exploring the limits of transfer learning with a unified text-to-text transformer." J. Mach. Learn. Res. 21,140 (2020): 1-67.

17.5 국내 트랜스포머 변형 모형 현황

- **KorBERT**[9]

  KorBERT는 ETRI 엑소브레인 연구진에서 개발 및 배포하고 있는 한국어 BERT로, 기존의 구글 다국어 BERT(multilingual BERT)가 104개의 다국어를 통합하여 하나의 모형으로 제공하는 반면, KorBERT는 교착어인 한국어만의 특성을 반영하여 만든 형태소분석 기반의 언어모델을 제공하고 있다. 이 외에 추가로 다국어 BERT와 유사하게 만든 워드피스 기반 언어모델도 함께 제공하고 있는데 두 모델은 23GB 크기의 동일한 한국어 말뭉치로 학습됐으며 토크나이저가 다르기 때문에 사용하는 어휘집합이 다르고 이로 인해 성능에서도 차이를 보인다. 전반적으로 형태소 기반 언어모델이 더 우수한 성능을 보인다. 의미역 인식, 기계 독해, 단락 순위화, 문장 유사도 추론, 문서 주제 분류의 다섯 가지 항목에 대해 모형의 성능을 평가했으며 구글 다국어 BERT에 비해 평균 4.5% 우수한 것으로 나타났다.

- **KoBERT**[10]

  KoBERT는 KorBERT와 동일한 목적, 즉 구글 다국어 BERT의 한국어 처리 한계를 극복하기 위해 SKT-AI에서 개발되어 유사한 시기에 발표된 모형으로, 한국어로 사전학습된 센텐스피스(sentencepiece) 토크나이저를 사용한다. KorBERT에 비해 매우 적은 학습 데이터셋인 5M의 문장과 54M의 단어를 사용해 학습했다. 어휘사전의 크기도 8,002로 KorBERT의 30,797개에 비해 훨씬 적다. 그럼에도 불구하고 네이버 감성 분석 데이터셋에 대해 다국어 BERT의 성능인 0.875보다 더 우수한 0.901의 성능을 보였다는 점이 인상적이다.

- **KR-BERT**

  KR-BERT 역시 KorBERT, KoBERT와 동일한 목적으로 개발됐다. 문자 관점에서 봤을 때, 한국어는 11,172개의 문자가 존재하는 반면 구글 다국어 BERT에는 이 중에서 1,187개 문자만 포함된 점을 지적했다. 또한 작은 규모의 언어모델 필요성을 강조하고 그에 부합하는 모형을 제안하고자 했다. 한국어는 하나의 음절이 자음과 모음으로 이뤄져 있어 이러한 문자소 단위가 더 의미를 가질 것으로 보고 토크나이저의 단위를 음절 단위와 문자소 단위의 두 가지로 구분했다. 이 둘에 대해 구글의 기본 워드피스 토크나이저와 양방향 워드피스(Birectional WordPiece) 토크나이저를 각각 적용하여 총 네 개의 모형을 구현하고 성능을 비교했다. 그 결과 음절 단위 양방향 워드피스 토크나이저를 사용한 모형이 마스크 언어모델 정확도에서 가장 우수한 성능을 보이는 것으로 나타났다. 음절 단위 KR-BERT는 2.47GB의 말뭉치로 학습됐고 어휘사전의 크기는 16,424이다.

---

9 https://itec.etri.re.kr/itec/sub02/sub02_01_1.do?t_id=1110-2020-00231, 2019
10 https://github.com/SKTBrain/KoBERT, 2019

- **KoELECTRA** [11]

KoELECTRA는 ELECTRA를 한국어에 대해 학습한 모형으로, 버전 3의 경우 신문, 메신저, 웹 등의 한국어 데이터로 이뤄진 20GB의 "모두의 말뭉치"를 이용해 학습됐다. 모형 크기에 따라 KoELECTRA-Base와 KoELECTRA-Small의 두 모형을 제공한다. 토크나이저는 워드피스 토크나이저를 사용하는데 이는 트랜스포머 라이브러리만으로 사전학습 모형을 사용할 수 있도록 하기 위해서다. 성능 평가 결과 NSMC, Naver NER, KorNLI, KorSTS, KorQuAD와 같은 대부분의 한국어 벤치마크 데이터셋에서 KoBERT와 XLM-Roberta-Base보다 우수한 성능을 보였다.

- **KorSciBERT**

KorSciBERT는 과학기술분야에 특화된 BERT 사전학습 언어모델이라는 점에서 차별점을 갖는다. 한국과학기술정보연구원과 한국특허정보원이 함께 연구한 결과물로, 논문과 특허에 관련된 말뭉치 97GB를 대상으로 학습했으며 어휘사전의 크기는 15,330이다. 범용적인 목적으로 만들어진 모형들과 달리, KorSciBERT는 주로 논문과 특허에 관련된 학술 목적으로 쓰인다. 토크나이저는 Mecab-ko 토크나이저와 BERT의 워드피스 토크나이저를 결합해 구현했다.

- **KoGPT2** [12]

SKT-AI에서 발표한 KoGPT2는 GPT-2를 한국어 위키백과, 청와대 국민청원 등을 포함한 40GB 이상의 한국어 말뭉치로 학습했으며, 이상의 모델과 마찬가지로 GPT-2의 한국어 성능을 개선하고자 하는 목적으로 개발됐다. GPT-2가 생성에 많은 강점을 보이는 것과 마찬가지로 KoGPT2 역시 챗봇(Ko-GPT2-Chatbot)과 같은 문장 생성 분야에서 활용될 것으로 생각된다.

- **KoGPT** [13]

KoGPT는 카카오브레인에서 공개한 GPT-3 모형의 한국어 특화 언어모델이다. 학습에 사용된 토큰의 수는 2,000억 개, 학습된 매개변수의 수는 60억 개 정도로 비교적 작은 크기의 모형이지만 다양한 벤치마크에서 준수한 성능을 보였다. 연구 목적으로 개발됐으며 거친 언어에 대한 전처리를 별도로 하지 않았다는 특징이 있다. 향후 모형의 크기를 100배 정도로 키울 계획이라고 한다. REST 기반 API를 제공하므로 비교적 쉽게 활용할 수 있다.

- **KoBART** [14]

KoBART는 KoBERT, KoGPT2와 동일하게 SKT-AI에서 개발됐으며, BART를 40GB의 한국어 말뭉치에 대해 학습한 모형이다. 학습 데이터는 한국어 위키 백과에서 5M개의 문장 그리고 뉴스, 책, 모두의 말뭉치 v1.0, 청와대 국민청원과 같은 다양한 말뭉치에서 0.27B개의 문장으로 구성했다. 토크나이저는 음절 BPE 토크나이저를 사용했고, 이모티콘과 이모지를 포함한 어휘사전의 크기는 30,000이다. BART의 목적이 생성 모형에 있다는 점을 생각하면 문서 요약, 질의 응답과 같은 분야에서 주로 활용될 것으로 보인다.

---

11 https://github.com/monologg/KoELECTRA, 2020

12 https://github.com/SKT-AI/KoGPT2, 2020

13 https://github.com/kakaobrain/kogpt, 2021

14 https://github.com/SKT-AI/KoBART, 2020

18

트랜스포머 모형을
이용한 문서 요약

문서 요약(Summarization)은 주어진 문서가 담고 있는 중요한 내용을 요약하여 짧은 텍스트를 생성하는 작업을 의미한다. 이 장에서는 문서 요약의 원리와 성능지표인 ROUGE, 데이터셋에 대해 간략히 이해하고, 트랜스포머 변형 모형을 이용해 문서 요약을 실행해 본 후 간단하게 미세 조정학습을 수행하는 방법을 배운다.

초기의 트랜스포머를 변형하여 만든 모형은 엄밀하게는 트랜스포머 변형 모형이라고 하는 것이 맞다. 영어로 X-formers라는 이름으로 부르기도 하는데, 사실 일반적으로 트랜스포머 모형(Transformer model)이라고 하면 대부분은 트랜스포머에 기반한 변형 모형을 의미한다. 따라서 앞으로는 그냥 트랜스포머 모형이라고 부르기로 한다.

18.1 문서 요약의 이해

문서 요약은 추출 요약(Extractive Summarization)과 생성 요약(Abstractive Summarization)으로 구분된다. 추출 요약은 원본 문서에 있는 중요한 문장 혹은 단어를 추출하여 요약문을 작성한다. 반면 생성 요약은 원본 문서에 있지 않은 문장이나 단어를 생성해서 요약문을 만들기 때문에 추출 요약에 비해 상대적으로 난이도가 높다.

추출 요약은 오래전부터 연구되어온 분야로, 문장을 추출해서 요약문을 작성하는 방법은 문장의 중요도를 평가해서 순위를 매긴 후 상위의 문장을 선택하면 되기 때문에 비교적 난이도가 낮다. 가장 단순한 예를 들자면, 4장에서 배운 방법을 이용해 전체 입력 텍스트와 각 문장을 TF-IDF 벡터로 변환하고, 전체 입력 텍스트와의 코사인 유사도가 높은 순으로 문장을 정렬한 후에 상위 문장 두 개로 요약문을 만들 수 있을 것이다. 이와 같은 단순한 기법 외에도 그래프를 이용하는 등의 다양한 방법들이 추출 요약에 사용됐다.

생성 요약은 원본 텍스트에 대한 이해를 전제로 하여 요약문을 새로 생성하기 때문에, 시퀀스-투-시퀀스(seq2seq) 모형의 대표적인 응용분야로 볼 수 있다. 즉 시퀀스 형태의 입력 텍스트로부터 다시 시퀀스 형태의 출력 텍스트를 생성한다. 이때 출력 시퀀스를 구성하는 단어들을 입력 텍스트에 있는 단어로 한정하면 단어 단위의 추출 요약이 되고, 모든 단어를 사용할 수 있도록 하면 생성 요약이 될 수 있다.

딥러닝 모형의 발전과 더불어 생성 요약도 다양한 딥러닝 모형을 적용하며 발전해 왔다. 초기에는 LSTM과 같은 RNN 기반의 모형이 연구됐으나 최근에는 역시 트랜스포머 변형 모형이 대세라고 할 수 있다. 정확도를 높이기 위해 추출 요약을 먼저 수행하고 추출된 요약문을 입력으로 해서 요약문을 생성하는 모형도 연구됐다.

18.1.1 문서 요약 성능 지표: ROUGE

문서 요약의 성능을 평가하는 지표로는 ROUGE(Recall-Oriented Understudy for Gisting Evaluation)가 사용된다. ROUGE는 모형에 의해 요약된 요약문을 전문가가 요약한 요약문, 즉 정답과 비교하여 성능을 측정하는 방법으로, 단어의 출현 순서와 일치하는 정도를 정밀도(Precision)과 재현율(Recall), 그리고 F1 스코어로 측정하는 방법이다.

예를 들어 아래와 같이 모형의 요약과 정답이 있다고 하자.

모형 요약문(Candidate Summary): the cat was under the table

전문가 요약문(Reference Summary): the cat was found under the bed

두 요약을 비교해보면 모형 요약문에 있는 6단어 중에서 table을 제외한 5단어가 전문가 요약문과 일치한다. 따라서 정밀도는 5/6이 된다. 또, 전문가 요약문의 총 7단어 중에서 5개를 맞췄으므로 재현율은 5/7이 된다. ROUGE는 일반적으로 재현율을 사용하므로 위 예에서 ROUGE-1은 5/7가 된다. 그렇다면 ROUGE-1에서 뒤에 붙은 숫자 1은 무엇을 의미할까? 숫자는 n-gram을 의미하고 1이기 때문에 unigram이다. 다시 말해서 위 예와 같이 한 단어 단위로 재현율을 계산하면 ROUGE-1이 된다.

ROUGE-N은 n-gram을 기준으로 재현율을 계산하며, 아래와 같이 정의된다.

$$\frac{\sum_{S \in \{ReferenceSummaries\}} \sum_{gram_n \in S} Count_{match}(gram_n)}{\sum_{S \in \{ReferenceSummaries\}} \sum_{gram_n \in S} Count(gram_n)}$$

위 식을 풀어서 설명하면 모형 요약문과 전문가 요약문 사이에 겹치는 n-gram의 수를 전문가 요약문에 있는 모든 n-gram의 수로 나눈 값이다. 즉 n-gram 기준의 재현율을 표현하고 있다. N-gram을 보는 이유는 단어의 순서가 일치하는지 확인하기 위해서이다. 보통 ROUGE-N은 ROUGE-1과 ROUGE-2까지 보는 경우가 많다. 여기서 한 가지 유의할 것은, 보통 추가적인 설명이 없다면 ROUGE-N은 재현율을 말하지만 때로는 정밀도, 재현율, F1을 명시하는 경우가 있다. 예를 들어 ROUGE-2(Precision)이라고 지표명을 썼다면 ROUGE-2 기준의 정밀도를 말한다고 이해하면 된다.

위 예제에 대한 ROUGE-2를 계산하기 위해 아래와 같이 바이그램을 생성한다.

```
모형 요약문 바이그램: ('the', 'cat'), ('cat', 'was'), ('was', 'under'), ('under',
'the'), ('the', 'table')
전문가 요약문 바이그램: ('the', 'cat'), ('cat', 'was'), ('was', 'found'), ('found', 'un-
der'), ('under', 'the'), ('the', 'bed')
```

두 바이그램의 공통 바이그램은 ('the', 'cat'), ('cat', 'was'), ('under', 'the')의 세 개이고 전문가 요약의 바이그램 수는 6이기 때문에 ROUGE-2는 3/6, 즉 0.5가 된다.

ROUGE-L은 LCS(longest common subsequence), 즉 모형 요약문과 전문가 요약문의 가장 긴 공통의 서브시퀀스를 이용하여 점수를 계산한다. 여기서 서브시퀀스(subsequence)에 대해 분명히 이해할 필요가 있는데, 만일 "abc"에 대한 서브시퀀스를 구하면 "a", "b", "c", "ab", "bc", "ac", "abc"가 된다. 여기서 주목할 것은 "ac"인데 서로 인접하지 않더라도 a와 c가 모두 원래 문자열에 있고 순서가 일치하기 때문에 서브시퀀스에 속한다. 예를 들어 위 예에서 모형 요약의 "the cat was under the"는 전문가 요약문의 "the cat was found under the"와 정확히 일치하지는 않지만 "found"를 제외하고 전문가 요약문에서의 단어 순서가 일치하기 때문에 전문가 요약문의 서브시퀀스이기도 하다. 즉 모형 요약문과 전문가 요약문 사이의 LCS 요건을 만족한다. 이 LCS에 대해 재현율을 계산하면, LCS의 단어 수는 5이고 전문가 요약문의 단어 수는 7이므로 5/7이 된다.

ROUGE-L은 일반적으로 재현율이 아닌 F1 스코어로 계산한다. 즉 재현율 외에 위에서 설명한 정밀도를 구하고 둘 간의 조화평균을 구함으로써 최종 스코어를 계산한다. ROUGE-L은 다시 두 개의 계산 방식이 있는데, 첫째는 문장 수준(Sentence-Level)의 LCS를 기준으로 계산하고 둘째는 요약 수준(Summary-Level)의 LCS를 기준으로 계산한다. 먼저 문장 수준은 모형 요약문과 전문가 요약문을 각각 하나의 문장으로 보고 앞서 말한 것과 같은 방식으로 점수를 계산한다. 즉 계산방식이 앞서 말한 것과 동일하다. 반면 요약 수준의 LCS는 모형 요약문과 전문가 요약문을 각각 문장 단위로 분리하고, 모형 요약문의 각 문장에 대해서 모든 전문가 요약문의 문장에 대해 LCS를 구한 후에 이를 합집합으로 합치고 나서 길이를 구한 다음에 모두 더한다. 설명이 복잡하기 그지없는데, 그냥 문장 단위로 분리해서 구하는 것이 요약 수준(Summary-Level)이라고 뭉뚱그려 적당히 이해해도 좋다. 요약 수준 ROUGE-L의 정확한 식은 아래와 같다.

$$R_{lcs} = \frac{\sum_{i=1}^{u} LCS_{\cup}(r_i, C)}{m}, P_{lcs} = \frac{\sum_{i=1}^{u} LCS_{\cup}(r_i, C)}{n}, F_{lcs} = \frac{(1+\beta^2)R_{lcs}P_{lcs}}{R_{lcs} + \beta^2 P_{lcs}}$$

위 식에서 는 재현율, 는 정밀도, 는 F1 스코어로 최종 ROUGE 점수가 된다. m은 전문가 요약문의 단어 수이고 n은 모형 요약문의 단어 수이다. 는 최종 ROUGE 점수에서 재현율과 정밀도의 비중을 조절하기 위한 파라미터 정도로 이해하면 된다.

일반적으로 문장 수준의 ROUGE-L은 그냥 ROUGE-L, 요약 수준의 ROUGE-L은 ROUGE-LSUM으로 표기하는 경우가 많으므로 알아두면 좋다.

18.1.2 문서 요약 데이터셋과 트랜스포머 변형 모형

문서 요약 성능을 평가하기 위해 가장 많이 사용되는 데이터셋으로는 CNN/DailyMail와 The New York Times Annotated Corpus가 있다. CNN/DailyMail 데이터셋은 CNN 신문기사와 그에 대한 요약(Highlight)의 쌍으로 이뤄져 있다. The New York Times Annotated Corpus 는 1987년부터 2007년 사이에 쓰여진 뉴욕 타임즈 기사에 대해 도서관 학자가 쓴 요약문을 제공한다. 이 외에도 어떤 텍스트에 제목이 있다면 텍스트를 원문, 제목을 요약문으로 해서 학습할 수 있다. 논문 같은 경우에는 초록을 원문, 제목을 요약문으로 학습할 수 있을 것이다.

한글 문서에 대해서도 다양한 데이터셋이 있는데, 최근에 AIHub에 공개된 "요약문 및 레포트 생성 데이터"[1]는 뉴스기사, 보도자료, 보고서, 간행물 등 다양한 데이터에 대해 추출요약문과 생성요약문을 함께 제공하고 있어 앞으로 다양한 활용이 기대된다.

문서 요약을 지원하는 트랜스포머 변형 모형으로는 아래 표와 같이 GPT-2, PEGASUS, T5, mT5, BART, mBART-50 등이 있다. 이 중에서 mT5와 mBART-50은 다국어를 지원한다. mT5는 총 101개 언어에 대해 학습됐고 mBART-50은 50개 언어에 대해 사전학습됐는데, 둘 다 한국어를 포함하고 있다.

표 18.1 문서 요약 지원 트랜스포머 모형[2]

모형	설명 (허깅페이스 모형 이름과 홈페이지)	다국어지원
GPT-2	이 책의 17.2절에서 설명한 것과 같이 GPT-2는 다양한 자연어 처리 작업을 수행할 수 있도록 고안됐고 문서 요약도 가능하다. 단 문서 요약을 하려면 입력 텍스트의 끝에 "TL;DR"을 추가해야 한다. (gpt2, https://huggingface.co/gpt2)	X
PEGASUS	사전학습에서 여러 문장으로 이뤄진 텍스트에서 일부를 마스킹하고 이를 예측하도록 학습한다. 이런 특성이 문서 요약에 잘 맞기 때문에 유명한 벤치마크 데이터셋에서 높은 점수를 기록했다. (pszemraj/pegasus-x-large-book-summary, https://huggingface.co/pszemraj/pegasus-x-large-book-summary)	X

---

1 https://aihub.or.kr/aihubdata/data/view.do?currMenu=115&topMenu=100&aihubDataSe=realm&dataSetSn=582

2 https://huggingface.co/course/chapter7/5?fw=pt#training-loop의 내용을 번역 및 수정함

모형	설명 (허깅페이스 모형 이름과 홈페이지)	다국어지원
T5	이 책의 17.4절에서 설명한 바와 같이 다양한 자연어 처리를 실행할 수 있는 통합 모형이다. 문서 요약을 하고 싶으면 입력 텍스트 앞에 "summarize:"를 붙여서 입력한다. (t5-base, https://huggingface.co/t5-base)	X
mT5	T5의 다국어 버전이다. 101개 언어로 이뤄진 mC4(multilingual Common Crawl corpus) 데이터를 이용해 학습됐다. 한국어도 포함돼 있다. (google/mt5-base, https://huggingface.co/google/mt5-base)	O
BART	이 책의 17.4절에서 설명돼 있으며, 인코더와 디코더를 모두 사용하는 트랜스포머 모형으로 시퀀스투시퀀스 작업에 장점이 있다. (facebook/bart-base , https://huggingface.co/facebook/bart-base)	X
mBART-50	BART의 다국어 버전이며 50개 언어로 학습됐다. 한국어도 포함돼 있다. (facebook/mbart-large-50, https://huggingface.co/facebook/mbart-large-50)	O

위 표를 보면 설명 마지막 부분에 허깅페이스 모형 이름과 홈페이지가 괄호와 함께 추가돼 있다. 모형 이름은 사전학습된 언어모델의 이름으로 다음부터 설명하는 파이프라인, 토크나이저, 모형에서 불러올 사전학습 모형의 이름으로 사용할 수 있다. 모형 이름과 홈페이지를 보면 규칙을 발견할 수 있는데, 모형 이름 앞에 https://huggingface.co/를 붙이면 홈페이지가 된다. 모형 이름에서 "/" 앞은 그 모형을 학습해서 올린 허깅페이스 ID이다. "/"가 없다면 허깅페이스에서 만들어 올린 모형으로 생각하면 된다. T5-base와 bart-base는 base 모형 외에 small, large 등이 있으니 확인하기 바란다.

18.2 파이프라인을 이용한 문서 요약

먼저 이 책의 14.4절에서 해본 적이 있는 파이프라인을 이용해 문서 요약을 해보도록 하자. 파이프라인은 트랜스포머 변형 모형에 기반한 사전학습 언어모델을 사용할 수 있는 가장 쉬운 방법이다. 먼저 아래와 같이 설치된 transformers 패키지에서 pipeline을 임포트하고, "summarization"을 인수로 해서 객체를 생성한다. 이후 만들어진 문서 요약 객체에 요약할 텍

스트 원본을 주고 호출하면 아래와 같이 요약문을 얻을 수 있다. 예제에서는 위키피디어에 있는
텍스트마이닝에 대한 설명을 입력했다.

```python
from transformers import pipeline
# 문서 요약을 위한 파이프라인 생성
summarizer = pipeline("summarization")
# 요약 대상 원문 - 텍스트마이닝의 정의(Wikipedia)
text = '''Text mining, also referred to as text data mining (abbr.: TDM), similar to
text analytics,
        is the process of deriving high-quality information from text. It involves
        "the discovery by computer of new, previously unknown information,
        by automatically extracting information from different written resources."
        Written resources may include websites, books, emails, reviews, and articles.
        High-quality information is typically obtained by devising patterns and trends
        by means such as statistical pattern learning. According to Hotho et al. (2005)
        we can distinguish between three different perspectives of text mining:
        information extraction, data mining, and a KDD (Knowledge Discovery in Databases)
process.'''
result = summarizer(text)  # 파이프라인으로 문서 요약 수행
print("요약문:\n", result)
print("원문 길이:", len(text), "요약문 길이:", len(result[0]["summary_text"]))
```

[실행 결과]

```
No model was supplied, defaulted to sshleifer/distilbart-cnn-12-6 and revision a4f8f3e
(https://huggingface.co/sshleifer/distilbart-cnn-12-6).
Using a pipeline without specifying a model name and revision in production is not
recommended.
요약문:
 [{'summary_text': ' Text mining involves deriving high-quality information from text .
Written resources may include websites, books, emails, reviews, and articles . Text min-
ing is similar to text analytics . It involves the discovery by computer of new, previ-
ously unknown information by automatically extracting information from different written
resources .'}]
원문 길이: 778 요약문 길이: 341
```

결과를 보면, pipeline 객체를 생성할 때 따로 사용할 모형을 지정하지 않았기 때문에 자동으로
선택된 모형이 "sshleifer/distilbart-cnn-12-6"라는 것과 함께 홈페이지를 알려준다. 이 책의

17.4절에서 BART를 설명하고 있는데, 다시 한번 설명하자면 BART는 BERT와 GPT가 각각 갖는 문제점을 극복하고자 한 모형으로, 표준적인 시퀀스-투-시퀀스 트랜스포머 모형을 사용하여 언어모델을 사전학습하는 새로운 방안을 제시한다는 점에서 의의가 있다.

DistilBERT가 "Distilling Knowledge"라는 기법을 BERT에 적용하여 훨씬 작고 빠르면서도 비슷한 성능을 보이도록 한 것과 마찬가지로, DistilBART는 BART를 경량화한 버전이라고 생각하면 쉽다. "distilbart-cnn-12-6"라는 이름에서 중간의 cnn은 CNN(convolutional neural networks)을 생각하게 될 수 있는데, 전혀 그렇지 않고 18.1절에서 설명한 CNN/DailyMail 데이터셋에 대해 학습했다는 것을 의미한다. 즉 "distilbart-cnn-12-6" 모형은 사전학습된 DistilBART 모형을 CNN/DailyMail 데이터셋에 대해 학습해서 문서 요약을 할 수 있도록 만든 모델이다.

반환된 결과를 출력해 보면, 결과가 딕셔너리의 리스트 형태로 반환되고 딕셔너리의 유일한 키가 'summary_text'로 되어 있는 것을 볼 수 있다. 따라서 결과인 result로부터 요약문만 꺼내려면 result[0]['summary_text']라고 해야 한다. 요약문의 내용을 읽어보면 원문의 일부를 잘라서 끼워 맞춘 듯한 느낌이 들기는 하지만 비교적 자연스럽게 요약하고 있는 것으로 보인다. 위에서 마지막 명령어는 원문의 길이과 요약문의 길이를 보여주는데, 778자로 이뤄진 원문이 341자로 요약된 것을 볼 수 있다.

18.3 T5 모형과 자동 클래스를 이용한 문서 요약

이제 파이프라인보다는 조금 더 복잡하게, T5(Text-to-Text Transfer Transformer) 모형과 자동 클래스를 이용해서 문서 요약을 해보자. 먼저 T5 모형에 대한 설명이 필요한데, 이 책의 17.4 절에 BART와 함께 설명되어 있다. 간단하게 다시 요약해보면, BERT와 GPT가 각각 트랜스포머의 인코더와 디코더만을 사용해서 모형을 만들었다면, T5는 인코더와 디코더를 모두 사용해서 다양한 자연어 처리 작업에 사용될 수 있는 통합 text-to-text 구조를 제안했다. T5는 이름에서 알 수 있듯이 입력과 출력이 모두 텍스트인 자연어 처리 작업에서 좋은 성능을 보였으며 그 중 하나가 문서 요약이다. 아래 그림은 17장에서도 나온 T5의 text-to-text 프레임워크다.

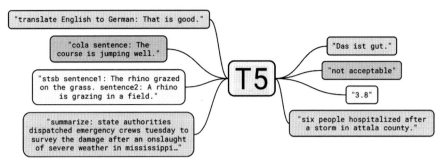

그림 18.1 T5의 text-to-text 프레임워크 [3]

위 그림의 가장 아래 예제에서 보는 것처럼 문서 요약을 하고 싶다면 요약할 텍스트 앞에 "summarize:"를 붙여서 입력한다. 영어에서 독일어로 번역을 하고 싶다면 가장 위 예제처럼 "translate English to German:"을 번역할 영어 문장 앞에 붙여서 입력하면 된다. T5는 하나의 모형으로 다양한 자연어 처리 작업을 수행할 수 있다는 장점이 있다.

먼저 다음과 같이 AutoModelForSeq2SeqLM와 AutoTokenizer를 임포트한다. AutoModelForSeq2SeqLM 은 "Sequence-to-Sequence Language Model"에 대한 모형으로 T5와 같은 포괄적인 Text-to-Text 언어모델을 의미한다. 사전학습된 언어모델은 "t5-small"을 사용한다. 추가로 모형의 최대 토큰 길이를 512로 지정했다. 가져온 토크나이저와 모형이 무엇인지 확인하기 위해 아래와 같이 출력해본다.

```
import torch
from transformers import AutoModelForSeq2SeqLM, AutoTokenizer

tokenizer = AutoTokenizer.from_pretrained("t5-small", model_max_length=512)
print("tokenizer type:", type(tokenizer))
model = AutoModelForSeq2SeqLM.from_pretrained("t5-small")
print("model type:", type(model))
# GPU 가속을 사용할 수 있으면 device를 cuda로 설정하고, 아니면 cpu로 설정
device = torch.device('cuda') if torch.cuda.is_available() else torch.device('cpu')
model = model.to(device)
```

---

3 Raffel, Colin, et al. "Exploring the limits of transfer learning with a unified text-to-text transformer." J. Mach. Learn. Res. 21,140 (2020): 1–67.

[실행 결과]

```
tokenizer type: <class 'transformers.models.t5.tokenization_t5_fast.T5TokenizerFast'>
model type: <class 'transformers.models.t5.modeling_t5.T5ForConditionalGeneration'>
```

위 실행결과를 보면 토크나이저는 T5TokenizerFast가, 그리고 모형은 T5ForConditionalGeneration 이 자동으로 선택된 것을 볼 수 있다.

이제 아래와 같이 모형을 이용해 문서 요약을 수행한다. 요약할 문서는 18.2절에서 사용한 텍스트 마이닝의 위키피디어 정의를 동일하게 사용한다. 먼저 strip()과 replace()를 이용해 간단한 – 사실상 최소한의 전처리를 한다. 이후 전처리 결과 앞에 "summarize:"를 추가해 문서 요약으로 task를 지정하고, 토크나이저로 토큰화를 한다.

```
# 원문에 필요한 전처리를 수행. 여기서는 strip()을 적용하고 \n(줄바꿈)을 제거
preprocess_text = text.strip().replace("\n","")
# 전처리 결과 앞에 summarize: 를 추가 - 모형의 task를 summarize(문서 요약)로 지정
input_text = "summarize: " + preprocess_text

# 입력 원문을 토큰화
tokenized_text = tokenizer.encode(input_text, return_tensors="pt").to(device)
```

토큰화 결과에 대해 model.generate()를 실행하면 요약문을 생성할 수 있다. 이때 몇 가지 매개변수를 사용하는데, 매개변수의 기능을 이해하려면 좀 긴 이야기를 해야 한다. 매개변수 중에서 num_beams는 beam의 수를 지정하는데, 이것을 이해하기 위해 먼저 빔 탐색(beam search)에 대해 알아보자.

그림 18.2는 the라는 단어에서 출발해서 다음 단어를 선택해 문장을 완성하는 단계와 다음 단어의 확률을 보여준다. 예를 들어 "the" 뒤에는 "nice"가 "0.5"로 가장 높은 확률이고 이것은 "the nice"가 "the dog"(확률 0.4)이나 "the car"(확률 0.1)보다 더 자연스러운 문장이라는 뜻이다. 그리디 탐색은 각 단계에서 현재의 확률만으로 다음 단어를 선택한다. 즉 "the" 뒤에서는 "nice"가 가장 높은 확률이므로 "nice"를 선택하고 그 다음에는 "woman"이 0.4로 가장 높으므로 "woman"을 선택해서 최종 문장은 "the nice woman"이 된다. 그리고 최종 문장의 확률은 0.5*0.4로 0.2가 된다.

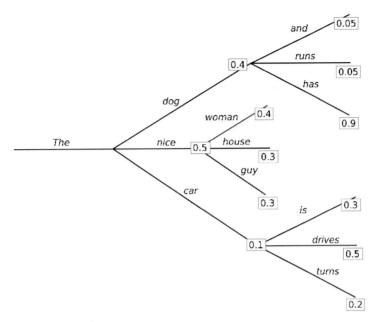

그림 18.2 언어 모델과 그리디 탐색[4]

그런데 위 그림을 잘 보면 "the dog has"는 확률이 0.4*0.9로 0.36이기 때문에 문장 전체로 보면 "the nice woman"보다 더 좋은 선택인 것을 알 수 있다. 다시 말해서 그리디 탐색은 눈앞만 보고 있기 때문에 뒤에 있는 has의 0.9 확률을 보지 못한다. 빔 탐색은 이와 같은 단점을 극복하기 위해 사용된다. 그리디 탐색이 가장 높은 확률 하나만을 선택하는 것에 비해 빔 탐색의 빔의 수만큼을 저장해 놓는다. 위 예에서 만일 빔의 수가 2라고 가정하자. "the" 뒤에 확률이 높은 두 단어는 "nice"와 "dog"이므로 이 둘을 저장한다. 그리고 둘 다에 대해 다음 단어들의 확률을 모두 본다. 위에서 설명한 것처럼 "the dog has"가 "the nice woman"보다 확률이 높으므로 이 경로가 선택된다. num_beams는 이와 같은 빔의 수를 나타내며 만일 num_beams가 1이 되면 그리디 탐색이 된다.

둘째로 알아볼 매개변수는 no_repeat_ngram_size다. 이 매개변수는 반복을 금지하는 n-gram을 지정한다. 예를 들어 no_repeat_ngram_size가 2이면 바이그램의 반복을 금지한다. 즉 생성하는 문장에 "the dog"이 한번 만들어졌다면 다시 생성될 수 없다. 이 값이 1이면 유니그램이 되고 이는 어떤 단어도 한번 사용되면 다시 요약문에 나올 수 없다는 것을 의미한다. "text mining"에

대한 요약문에서 "text mining"이 한 번밖에 나올 수 없다는 것은 좀 큰 제약으로 보이기 때문에 no_repeat_ngram_size를 3으로 설정한다.

그 외에 min_length와 max_length는 요약문의 길이에 대한 제약이므로 적당하게 설정한다. early_stopping은 문장을 생성하는 중에 문장의 종료를 나타내는 토큰이 선택되면 생성을 종료할 지의 여부를 나타낸다. True로 설정해서 멈추도록 한다.

위에서 설명한 모든 매개변수의 값을 아래와 같이 설정하고 요약을 실행한다. 생성된 결과는 토큰 형태이므로 아래와 같이 tokenizer.decode()를 이용해 문장으로 변환해서 출력한다.

```python
# 요약문 생성
summary_ids = model.generate(tokenized_text,
                             num_beams=4,  # beam의 수
                             no_repeat_ngram_size=3,  # 동어 반복을 피하기 위해 사용
                             min_length=30,  # 요약문의 최소 토큰 수
                             max_length=100,  # 요약문의 최대 토큰 수
                             early_stopping=True) # EOS 토큰을 만나면 종료
output = tokenizer.decode(summary_ids[0], skip_special_tokens=True)

print ("Summarized text: \n",output)
print("Original text length:", len(text), "Summarized text length:", len(output))
```

[실행 결과]

```
Summarized text:
 text data mining is the process of deriving high-quality information from text. it in-
volves the discovery by computer of new, previously unknown information. a KDD (Knowledge
Discovery in Databases) process is similar to text analytics.
Original text length: 778 Summarized text length: 236
```

위 결과를 보면 파이프라인 요약문의 341자보다 더 짧은 236자로 요약됐다. 어느 것이 더 자연스러운가는 개인의 판단에 맡기기로 한다.

위에서 T5는 동일한 모형으로 번역과 같은 다른 작업도 가능하다고 했는데, 문서 요약에서 벗어나기는 하지만 궁금하기 때문에 한번 해보자. 아래와 같이 위 그림에 있는 내용대로 영어를

독일어로 변환한다. 이를 위해 번역할 영어 문장 "That is good" 앞에 "translate english to german:"을 붙여서 입력 문장을 만들었고 나머지는 동일하다.

```
input_text = "translate english to german: That is good"

# 입력 원문을 토큰화
tokenized_text = tokenizer.encode(input_text, return_tensors="pt").to(device)
result = model.generate(tokenized_text,
                        num_beams=4,   # beam의 길이
                        no_repeat_ngram_size=3,  # 동어 반복을 피하기 위해 사용
                        max_length=100,  # 요약문의 최대 토큰 수
                        early_stopping=True) # EOS 토큰을 만나면 종료
output = tokenizer.decode(result[0], skip_special_tokens=True)
print ("Translated text: \n",output)
```

[실행 결과]

```
Translated text:
 Das ist gut.
```

위 결과를 보면 번역이 실행된 것을 확인할 수 있다.

18.4 T5 모형과 트레이너를 이용한 미세조정학습

여기서는 사전학습된 T5 모형을 불러와서 미세조정학습을 수행하는 방법에 대해 알아본다. 미세조정은 텐서플로나 토치를 사용하기보다는 비교적 간단하고 수월한 트레이너를 이용하고자 한다. 문서 요약은 문서 분류와는 달리 사전학습 모형의 결과에 대해 사후처리를 할 일이 별로 없기 때문에 트레이너 만으로도 효과적인 미세조정학습을 할 수 있다.

먼저 아래와 같이 T5TokenizerFast 토크나이저와 T5ForConditionalGeneration 모형을 임포트하고 사전학습된 't5-small' 모형을 불러온다.

```
import torch
from transformers import T5TokenizerFast, T5ForConditionalGeneration
model = T5ForConditionalGeneration.from_pretrained('t5-small')
```

```
tokenizer = T5TokenizerFast.from_pretrained('t5-small', model_max_length=1024)
device = torch.device('cuda') if torch.cuda.is_available() else torch.device('cpu')
model = model.to(device)
```

미세조정을 하기에 앞서 기본 모형으로 문서 요약을 실행한다. 이 과정은 나중에 미세조정학습을 한 후에 학습으로 인해 변화가 생겼는지 보기 위한 것으로 18.3절에서 사용했던 코드를 그대로 사용한다. model.generate()의 매개변수도 동일하게 지정한다.

```
text = '''The Inflation Reduction Act lowers prescription drug costs, health care costs,
and energy costs. It's the most aggressive action on tackling the climate crisis in
American history,
which will lift up American workers and create good-paying, union jobs across the
country.
It'll lower the deficit and ask the ultra-wealthy and corporations to pay their fair
share.
And no one making under $400,000 per year will pay a penny more in taxes.'''

preprocess_text = text.strip().replace("\n","")
# 전처리 결과 앞에 summarize: 를 추가 - 모형의 task를 summarize(문서 요약)로 지정
input_text = "summarize: " + preprocess_text
# 입력 원문을 토큰화
tokenized_text = tokenizer.encode(input_text, return_tensors="pt").to(device)
summary_ids = model.generate(tokenized_text,
                    num_beams=4,  # beam의 길이
                    no_repeat_ngram_size=3,  # 동어 반복을 피하기 위해 사용
                    min_length=30,  # 요약문의 최소 토큰 수
                    max_length=100,  # 요약문의 최대 토큰 수
                    early_stopping=True)  # EOS 토큰을 만나면 종료
output = tokenizer.decode(summary_ids[0], skip_special_tokens=True)
print ("Summarized text: \n",output)
print("Original text length:", len(text), "Summarized text length:", len(output))
```

[실행 결과]

```
Summarized text:
  the Inflation Reduction Act lowers prescription drug costs, health care costs, and
energy costs. it's the most aggressive action on tackling the climate crisis in history.
```

```
no one making under $400,000 per year will pay a penny more in taxes.
Original text length: 441 Summarized text length: 241
```

요약된 텍스트를 읽어보고 총 241자로 요약된 것을 잘 기억하자. 이제 미세조정학습에 사용할 데이터셋을 불러온다. 만일 datasets를 설치한 적이 없다면 "pip install datasets"로 설치한다.

사용할 데이터셋은 BillSum[5]으로, 미국 의회 및 캘리포니아 주의 법안 원문과 요약 데이터다. BillSum은 우선 'ca_test' 파트가 1,237개, 'test' 파트가 3,269개, 'train' 파트가 18,949개로 구성되어 있으며, 아래와 같이 load_dataset()을 사용할 때 split 매개변수에 어느 파트를 불러올 것인지를 지정할 수 있다. 우리 예제에서는 학습 시간을 절약하기 위해 'ca_test'를 불러오기로 한다. 컴퓨터 성능에 여유가 있다면 'train'이나 'test' 파트를 시도해보길 바란다.

각 데이터 항목은 딕셔너리 형태로 이뤄져 있으며 키와 내용은 다음과 같다.

- text: 법안 원문
- clean_text: 위 원문의 전처리 버전
- summary: 사람이 작성한 위 법안의 요약문
- title: 법안의 제목
- bill_id: 법안의 ID

아래와 같이 데이터셋을 불러와서 train_test_split()을 이용해 학습 데이터셋과 테스트 데이터셋으로 분리한다. 테스트 데이터셋은 학습을 할 때 검증 데이터셋(eval_dataset)으로 사용한다. 데이터를 불러오면 항상 하는 작업인 내용 확인을 아래와 같이 한다.

```
from datasets import load_dataset
billsum = load_dataset("billsum", split="ca_test")
billsum = billsum.train_test_split(test_size=0.2)
example = billsum["train"][0]
print("BillSum 데이터 예 - 첫 항목")
print("\tText:", example['text'][:50])
print("\tSummary:", example['summary'][:50])
print("\tTitle:", example['title'][:50])
```

---

5 https://github.com/FiscalNote/BillSum

[실행 결과]

```
BillSum 데이터 예 - 첫 항목
        Text: The people of the State of California do enact as
        Summary: Existing law defines the crime of vehicular mansla
        Title: An act to amend Section 803 of the Penal Code, rel
```

이제 데이터가 준비됐으므로 전처리 작업을 한다. 전처리를 위해 아래와 같이 preprocess_text() 함수를 만든다. 먼저 법안 원본 앞에 "summarize: "를 붙이고, 토크나이저로 토큰화한다. 요약문은 학습할 때 라벨로 사용해야 하므로 마찬가지로 토큰화한 후에 model_inputs 딕셔너리의 "labels" 키로 추가해준다. 이 전처리 함수를 billsum 데이터에 map()을 이용해 적용한다. 이때 원래 billsum에 있던 항목들은 remove_columns 매개변수를 이용해 제거한다. 굳이 제거하지 않아도 실행에는 문제가 없지만 이제 더 이상 필요가 없고, 남겨두면 나중에 학습을 할 때 warning이 뜨기 때문에 깔끔하게 제거해 준다.

```python
def preprocess_text(data):
    # 법안 원본 앞에 "summarize: "를 붙임
    inputs = ["summarize: " + doc for doc in data["text"]]
    # 입력 텍스트를 토큰화
    model_inputs = tokenizer(inputs, max_length=1024, truncation=True)
    # 라벨로 사용할 요약문을 토큰화
    labels = tokenizer(data["summary"], max_length=128, truncation=True)
    # model_inputs의 labels 항목으로 요약문 토큰화 결과를 추가
    model_inputs["labels"] = labels["input_ids"]
    return model_inputs
# 전처리 함수를 데이터에 적용, 원래 billsum에 있던 항목들은 제거
tokenized_billsum = billsum.map(preprocess_text, batched=True, remove_columns=bill-
sum["train"].column_names)
tokenized_billsum
```

[실행 결과]

```
DatasetDict({
    train: Dataset({
        features: ['input_ids', 'attention_mask', 'labels'],
        num_rows: 989
    })
    test: Dataset({
```

```
        features: ['input_ids', 'attention_mask', 'labels'],
        num_rows: 248
    })
})
```

위 예제의 마지막과 같이 tokenized_billsum을 노트북에 출력하면 결과와 같이 구조를 볼 수 있다. train과 test에 대해 각각 Dataset이 만들어지고, 'input_ids', 'attention_mask', 'labels'의 세 항목이 들어가 있는 것을 확인할 수 있다.

이제 학습을 위해 데이터 콜레이터(data collator)를 정의한다. 이를 위해 DataCollatorForSeq2Seq를 사용하는데, 데이터 콜레이터는 인코더-디코더 트랜스포머 모형에 대한 입력을 준비할 때 디코더에 필요한 라벨 입력을 자동으로 생성해 주는 역할을 한다. 13장 3절을 보면 트랜스포머의 구조가 있는데, 디코더의 입력은 "시프트된 출력 시퀀스"다. 즉 위에서 만든 라벨(labels)의 토큰들을 하나씩 시프트하면서 매번 다음 토큰을 생성하도록 해야 한다. 데이터 콜레이터는 이 작업을 맞춰서 해주기 때문에 편리하게 사용할 수 있다.

데이터 콜레이터 즉 DataCollatorForSeq2Seq 객체를 생성할 때 아래와 같이 tokenizer와 model을 인수로 전달하면 자동으로 만들어진다.

```
from transformers import DataCollatorForSeq2Seq
data_collator = DataCollatorForSeq2Seq(tokenizer=tokenizer, model=model)
```

다음으로 할 일은 학습과정에서 사용할 성능지표를 만드는 것이다. 위 18.1절에서 설명한 것과 같이 문서 요약은 ROUGE를 사용한다. 먼저 아래와 같이 ROUGE를 계산하는 패키지를 설치한다.

```
pip install rouge_score
```

설치가 됐으면 아래와 같이 evaluate 패키지를 임포트하고 load() 메서드로 rouge 객체를 로드한다. rouge는 compute() 메서드로 스코어를 계산할 수 있다. predictions 매개변수의 인수로 입력 토큰을 전달하고 references 매개변수의 인수로 라벨의 토큰을 전달한다. use_stemmer 매개변수는 스테머의 사용여부를 지정한다. 아래 예에서는 True로 지정했다.

아래는 rouge를 이용해 학습 과정에서 평가지표를 출력할 compute_metrics() 함수를 선언한 예이다. rouge.compute()는 텍스트를 입력으로 받기 때문에 모형에서 예측한 인코딩 결과를 먼저 텍스트로 디코드해야 한다. 따라서 먼저 생성된 요약 토큰과 라벨을 텍스트로 디코드하고, rouge.compute()를 이용해 스코어를 계산하여 반환하도록 함수를 작성한다.

```python
import numpy as np
import evaluate
rouge = evaluate.load("rouge")
def compute_metrics(eval_pred):
    predictions, labels = eval_pred
    # 생성한 요약 토큰을 텍스트로 디코드
    decoded_preds = tokenizer.batch_decode(predictions, skip_special_tokens=True)
    # 라벨에서 디코드할 수 없는 -100을 교체
    labels = np.where(labels != -100, labels, tokenizer.pad_token_id)
    # 라벨을 텍스트로 디코드
    decoded_labels = tokenizer.batch_decode(labels, skip_special_tokens=True)
    # 디코드된 요약문과 라벨로 ROUGE 스코어 계산
    result = rouge.compute(predictions=decoded_preds, references=decoded_labels,
use_stemmer=True)
    return {k: round(v, 4) for k, v in result.items()}
```

이제 본격적으로 미세조정학습을 한다. 먼저 시퀀스투시퀀스 학습을 위한 트레이너인 Seq2SeqTrainer와 트레이너의 각종 파라미터를 지정하기 위한 Seq2SeqTrainingArguments를 임포트한다. Seq2SeqTrainingArguments에서는 다양한 파라미터를 세팅할 수 있는데, 대부분의 내용은 15.2절의 BERT 미세조정학습과 동일하다. 추가된 파라미터 중 learning_rate는 학습률, save_total_limit은 저장할 체크포인트의 최댓값이다. 참고로 체크포인트의 수가 save_total_limit보다 커지면 예전 것을 하나씩 지운다. predict_with_generate는 평가지표(ROUGE) 계산을 위해 generate() 메서드를 실행할 지의 여부를 나타내며 위에서 정의한 compute_metric()을 사용하지 않고 loss만 보겠다면 False로 해도 된다. 여기서는 True로 해서 generate()를 실행하고 있으며, generate()의 결과가 compute_metric() 함수의 입력으로 사용된다.

Seq2SeqTrainer는 tokenizer, model, training_args, data_collator, compute_metrics 외에 위에서 준비한 학습 데이터셋과 테스트 데이터셋인 tokenized_billsum["train"]와 tokenized_billsum["test"]를 train_dataset과 eval_dataset의 인수로 넘겨준다. 마지막으로 trainer.train() 메서드로 학습을 시작한다.

```
from transformers import Seq2SeqTrainingArguments, Seq2SeqTrainer
training_args = Seq2SeqTrainingArguments(
    output_dir="./summary",          # 모형 예측과 체크포인트 저장 폴더, 반드시 필요
    evaluation_strategy="epoch",     # 평가 단위, 여기서는 epoch를 선택
    learning_rate=2e-5,              # 학습률
    per_device_train_batch_size=16,  # 학습에 사용할 배치 크기
    per_device_eval_batch_size=16,   # 평가에 사용할 배치 크기
    weight_decay=0.01,               # 가중치 감쇠 값
    save_total_limit=3,              # 저장할 체크포인트의 최댓값
    num_train_epochs=4,              # 에포크 수
    predict_with_generate=True,      # 평가지표(ROUGE) 계산을 위해 generate할지의 여부
)
trainer = Seq2SeqTrainer(
    tokenizer=tokenizer,
    model=model,
    args=training_args,
    train_dataset=tokenized_billsum["train"],
    eval_dataset=tokenized_billsum["test"],
    data_collator=data_collator,
    compute_metrics=compute_metrics,
)
trainer.train()
```

[실행 결과]

[248/248 01:08, Epoch 4/4]

Epoch	Training Loss	Validation Loss	Rouge1	Rouge2	Rougel	Rougelsum
1	No log	2.791954	0.127100	0.035000	0.105600	0.105800
2	No log	2.578104	0.134300	0.044000	0.111300	0.111400
3	No log	2.515127	0.138600	0.047900	0.114300	0.114200
4	No log	2.498300	0.139500	0.048800	0.115500	0.115400

```
TrainOutput(global_step=248, training_loss=3.0285966934696322, metrics={'train_runtime':
69.3064, 'train_samples_per_second': 57.08, 'train_steps_per_second': 3.578, 'total_
flos': 1070824333246464.0, 'train_loss': 3.0285966934696322, 'epoch': 4.0})
```

위 실행결과를 보면 ROUGE-1, ROUGE-2, ROUGE-L(SUM) 스코어가 에포크가 반복되면서 향상되는 것을 볼 수 있다. 학습에 큰 문제가 없기 때문에, 아래와 같이 학습된 모형을 이용해처음 문서 원본에 대한 요약을 수행한다. 기본적인 코드는 동일하다.

```
summary_ids = model.generate(tokenized_text,
                    num_beams=4,   # beam의 길이
                    no_repeat_ngram_size=3,   # 동어 반복을 피하기 위해 사용
                    min_length=30,   # 요약문의 최소 토큰 수
                    max_length=100,   # 요약문의 최대 토큰 수
                    early_stopping=True)   # EOS 토큰을 만나면 종료
output = tokenizer.decode(summary_ids[0], skip_special_tokens=True)
print ("Summarized text: \n",output)
print("Original text length:", len(text), "Summarized text length:", len(output))
```

[실행 결과]

```
Summarized text:
 the Inflation Reduction Act lowers prescription drug costs, health care costs, and
energy costs. It's the most aggressive action on tackling the climate crisis in American
history, which will lift up American workers and create good-paying, union jobs across
the country.
Original text length: 441 Summarized text length: 271
```

위 결과를 보면 미세조정학습을 하기 전에는 동일한 텍스트에 대해 241자로 요약됐으나, 학습후에는 271자로 요약돼 학습으로 인한 변화가 있음을 알 수 있다. 어느 쪽 요약이 더 자연스러운지는 독자들의 판단에 맡긴다.

만일 이후 사용을 위해 트레이너로 학습한 모형을 저장하고 싶다면 아래와 같이 save_model() 메서드를 이용해 저장하고, 저장된 모형을 읽어오고 싶다면 아래와 같이 저장된 위치를 지정해서토크나이저와 모형을 생성하면 된다.

```
trainer.save_model("summary")   # 모형 저장
# 저장된 모형 로드
tokenizer = T5TokenizerFast.from_pretrained('./summary')
model = T5ForConditionalGeneration.from_pretrained('./summary')
```

18.5 한글 문서 요약

한글 문서를 요약하는 것은 기본적으로 영어 문서와 동일하다. 가장 중요한 차이는 한글 말뭉치에 대해 학습된 토크나이저와 사전학습 언어모델이 있어야 한다는 것이다. 이 절에서는 17.5절에서 설명한 KoBART를 문서 요약에 대해 학습한 모형과, 18.1절에서 설명한 T5의 다국어 버전인 mT5를 이용해 한글 문서를 요약해 보고자 한다. 먼저 아래와 같이 요약할 텍스트를 준비한다. 예제에서 사용한 텍스트는 위키백과에 있는 디아블로 게임에 대한 설명[6]이다. 준비한 텍스트는 위 영어 예제와 마찬가지로 strip()과 replace()를 이용해 최소한의 전처리를 했다. 이 전처리를 하지 않으면 필요 없는 토큰이 생겨서 문서 요약 결과가 달라지므로 주의해야 한다.

```
text = """디아블로는 액션 롤플레잉 핵 앤드 슬래시 비디오 게임이다.
플레이어는 주변 환경을 마우스로 사용해 영웅을 움직이게 한다.
주문을 외는 등의 다른 활동은 키보드 입력으로 이루어진다.
플레이어는 이 게임에서 장비를 획득하고, 주문을 배우고, 적을 쓰러뜨리며, NPC와 대화를 나
눌 수 있다.
지하 미궁은 주어진 형식이 있고 부분적으로 반복되는 형태가 존재하나 전체적으로 보면 무작
위로 생성된다.
예를 들어 지하 묘지의 경우에는 긴 복도와 닫힌 문들이 존재하고, 동굴은 좀 더 선형 형태를
띠고 있다.
플레이어에게는 몇몇 단계에서 무작위의 퀘스트를 받는다.
이 퀘스트는 선택적인 사항이나 플레이어의 영웅들을 성장시키거나 줄거리를 이해하는데 도움을
준다.
그러나 맨 뒤에 두 퀘스트는 게임을 끝내기 위해 완료시켜야 한다."""
preprocess_text = text.strip().replace("\n","")  # 텍스트 전처리
```

먼저 실행할 모델은 KoBART를 문서 요약에 대해 학습한 모형이다. 이 모형에 대한 기본적인 사용법과 학습법은 위에서 KoBART 웹페이지[7]에 가면 볼 수 있다. 이 책에서는 한글 문서에 대한 문서 요약도 영어와 차이가 없다는 것을 보이기 위해 KoBART 웹페이지의 예제와는 달리 지금까지 사용한 옵션을 동일하게 사용했다. 사전학습 언어모델은 허깅페이스에 게시된 'gogamza/kobart-summarization'를 사용하고, 토크나이저와 모형은 각각 PreTrainedTokenizerFast와 BartForConditionalGeneration을 사용했다.

6 https://ko.wikipedia.org/wiki/디아블로_(비디오_게임)
7 https://github.com/seujung/KoBART-summarization

```
from transformers import PreTrainedTokenizerFast
from transformers import BartForConditionalGeneration


tokenizer = PreTrainedTokenizerFast.from_pretrained('gogamza/kobart-summarization')
model = BartForConditionalGeneration.from_pretrained('gogamza/kobart-summarization')


tokenized_text = tokenizer.encode(preprocess_text, return_tensors="pt")
summary_ids = model.generate(tokenized_text,
                            num_beams=4, # beam의 길이
                            no_repeat_ngram_size=3,  # 동어 반복을 피하기 위해 사용
                            min_length=10,  # 요약문의 최소 토큰 수
                            max_length=100,  # 요약문의 최대 토큰 수
                            early_stopping=True)  # EOS 토큰을 만나면 종료
summary = tokenizer.decode(summary_ids[0], skip_special_tokens=True)
print(summary)
```

[실행 결과]

디아블로는 액션 롤플레잉 핵 앤드 슬래시 비디오 게임이다.

결과를 보면 원문의 첫 문장과 동일한데, 과연 이것이 요약된 문장이 맞나 싶다. 그러나 위의 전처리를 생략한다던가 원문에 변화를 주면 요약 문장이 바뀌는 것을 확인할 수 있기 때문에 그대로 가져온 문장이 아니라 생성한 문장임을 알 수 있다. 사실 이후의 문장은 게임에 대한 상세 내용이기 때문에 첫 문장이 전체 텍스트를 요약한다고 봐도 틀린 것은 아니다.

이제 비교를 위해 아래와 같이 mT5 모형을 이용해 동일한 텍스트를 요약해보자. 사전학습 언어모델은 "csebuetnlp/mT5_multilingual_XLSum"을 사용하고 토크나이저와 모형은 각각 AutoTokenizer와 AutoModelForSeq2SeqLM을 사용했다. 나머지는 지금까지와 동일하다.

```
from transformers import AutoTokenizer, AutoModelForSeq2SeqLM


tokenizer = AutoTokenizer.from_pretrained("csebuetnlp/mT5_multilingual_XLSum")
model = AutoModelForSeq2SeqLM.from_pretrained("csebuetnlp/mT5_multilingual_XLSum")


tokenized_text = tokenizer.encode(preprocess_text, return_tensors="pt")
summary_ids = model.generate(tokenized_text,
                            num_beams=4, # beam의 길이
```

```
                    no_repeat_ngram_size=2,  # 동어 반복을 피하기 위해 사용
                    min_length=10,  # 요약문의 최소 토큰 수
                    max_length=100,  # 요약문의 최대 토큰 수
                    early_stopping=True)  # EOS 토큰을 만나면 종료
summary = tokenizer.decode(summary_ids[0], skip_special_tokens=True)
print(summary)
```

[실행 결과]

디아블 게임의 이야기를 들어봤다.

결과를 보면 KoBART와 전혀 다른 요약이 생성된 것을 볼 수 있다. '디아블로'를 '디아블'이라고
한 것은 아쉽지만, 어쩌면 원문 텍스트는 디아블로라는 게임의 이야기를 하고 있다고 볼 수 있을
것이다. KoBART와는 다른 관점에서 요약을 하고 있는데, 어떤 것이 더 나은지는 독자의 판단
에 맡긴다.

미세조정학습과 관련하여 KoBART는 웹페이지에 제공된 train.py를 이용해 학습하는 방법을
소개하고 있다. 학습의 원리는 동일하므로 전처리에 유의해서 18.4절의 내용을 적절하게 적용하
면 한글 문서에 대해서도 직접 미세조정학습을 수행할 수 있을 것이다.

19

트랜스포머 모형을 이용한 질의 응답

질의 응답(Question Answering)은 주어진 문장(context)을 읽고, 주어진 문제(question)에 대해 올바른 답(answer)을 생성하는 작업으로 공학적으로는 문서 요약과 유사하다고 할 수 있다. 역시 시퀀스투시퀀스 문제에 속하고 따라서 트랜스포머 모형에 적합하다고 할 수 있다. 현재 가장 큰 주목을 받는 챗봇의 주요 기술이라고 할 수 있으며 향후 가장 많은 기대가 되는 분야이기도 하다.

최근 ChatGPT가 보여준 질의 응답 능력은 많은 사람을 놀라게 하는 수준으로 발전했다. 기존의 챗봇은 대부분 사전에 만들어져 있는 답변 중에서 질문에 가장 가까운 답을 검색하여 출력하는 방식으로, 사실상 질의 응답이라기보다는 문서 분류에 더 가까운 기술을 사용했으나 ChatGPT의 등장으로 인해 전혀 새로운 영역으로 옮겨가기 시작했다.

이 장에서는 트랜스포머 모형을 이용한 질의 응답에 대해 알아보고자 한다.

19.1 질의 응답 시스템의 이해

질의 응답은 긴 시간 동안 연구되어왔기 때문에 매우 다양한 방식이 존재한다. 질의 응답 방법론을 분류하는 여러 기준이 있지만 이 책에서는 먼저 도메인의 특성에 따른 구분으로 CDQA(Closed Domain Question Answering)와 ODQA(Open Domain Question Answering)에 대해 알아본다. CDQA는 특정 분야를 대상으로 하여 질의 응답을 구현하는 경우로, 한정된 범위를 가진 예전의 챗봇 시스템이 여기에 해당한다고 할 수 있다. 분야를 정해서 그 분야 내의 질문에만 답하는 경우로, 다른 분야의 질문을 하면 대답을 하지 못한다. 반면 ODQA는 분야에 관계없이 다양한 주제의 질문을 받고 그에 대해 답변하는 경우를 말한다. 최근의 구글 어시스턴트나 아마존의 알렉사가 여기에 해당한다고 할 수 있다.

최근에는 두 분야가 방법론 상에서 유사해지는 경향이 있으나 CDQA 초기에는 해당 분야에 지식 베이스를 구축하고 그 지식 베이스 안에서 질문과 가장 유사한 것을 찾아 답을 제시하는 형태로 구현이 되는 경우가 많았다. 특히 기존의 Q&A 시스템을 이용해서 질의 응답을 구현하는 경우에는 질의와 응답 쌍을 저장하고 질문에 가장 유사한 질의에 해당하는 응답을 찾아서 별도의 후처리 없이 제시하기도 했다. 이 경우 질의 응답 시스템은 주로 검색(Retrieval)에 가까운 시스템이라고 할 수 있다. 그림 19.1은 스코어 함수를 이용해 질의와 유사한 지식을 검색하고 그 결과로부터 응답을 추출하는 절차를 보여준다.

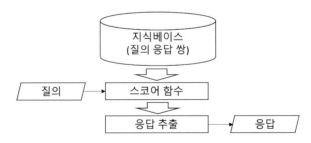

그림 19.1 Q&A 지식베이스를 이용한 질의 응답 시스템[1]

질문과 가장 유사한 질의 응답 쌍이나 관련지식을 찾기 위해 초기에는 TF-IDF와 코사인 유사도 같은 방법을 활용했다. 이 책의 4장을 보면 텍스트를 카운트 벡터 혹은 TF-IDF 벡터로 변환하고 변환된 벡터 간의 코사인 유사도를 계산해서 가장 유사한 텍스트를 찾은 예가 있다. 그러나

---

1 참조: https://hellonesh.io/question-answering-system-the-next-search-frontier

최근 딥러닝이 발전하면서, 텍스트를 임베딩해서 유사도를 계산하거나 두 개의 텍스트를 BERT 모형에 입력으로 넣고 유사도가 출력되도록 학습하는 모형이 사용되고 있다. 질문과 응답(혹은 응답을 포함한 관련지식)을 각각 벡터로 임베딩한 후에 내적이나 코사인 유사도 등의 방법으로 유사도를 계산하는 모형을 바이 인코더(Bi-encoder)라고 하고, 두 텍스트를 BERT의 입력으로 한꺼번에 넣고 모형이 유사도를 출력하도록 하는 모형을 크로스 인코더(Cross-encoder)라고 한다. 아래 그림은 바이 인코더와 크로스 인코더의 구조를 비교해서 보여준다.

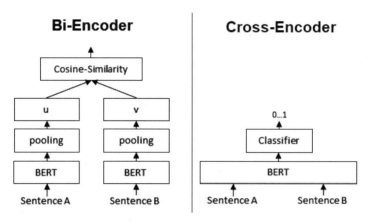

그림 19.2 바이 인코더와 크로스 인코더의 구조 [2]

일반적으로 크로스 인코더가 더 나은 성능을 보이는 것으로 알려져 있으나, 크로스 인코더에서는 텍스트에 대한 임베딩 벡터가 생성되지 않기 때문에 활용도가 바이 인코더에 비해서 떨어진다. 예를 들어 CDQA에서는 지식베이스에 있는 질의 응답 쌍이나 지식을 미리 임베딩해 놓고 질문에 대해서만 실시간으로 임베딩을 함으로써 질의 응답 소요시간을 줄일 수 있다. 물론 ODQA에서도 대규모 빅데이터 시스템을 이용하면 이와 같은 구현을 통해 실시간으로 답변을 제공하는 것이 가능하다. 바이 인코더를 이용하면 질문과 응답, 질문과 관련 지식, 관련 지식과 응답 등 다양한 조합에 대해 유사도를 계산할 수 있으며 각 텍스트는 별도의 BERT 모형을 통해 임베딩이 되고 다양한 방법으로 유사도를 계산할 수 있다.

그림 19.1처럼 질의 응답 쌍이 존재하지 않는 경우에는 어떻게 답변을 생성할 수 있을까? 그림 19.3은 이에 대한 답을 보여준다.

---

2 출처: https://www.sbert.net/examples/applications/cross-encoder/README.html

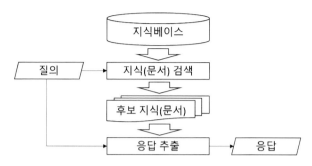

그림 19.3 관련 지식을 이용한 질의 응답 프로세스

지식베이스에는 질의 응답 쌍 대신 질문에 대한 답이 들어 있는 문서(지식)들이 있다. 질의가 들어오면 이 질의에 대한 답이 있을 것으로 추정되는 문서들을 검색한다. 이 과정은 위에서 설명한 것과 동일하다. 예를 들어 문화재와 관련한 질의 응답 시스템에 대해 아래와 같은 질문이 들어왔다고 하자.

질의: " 수원 화성은 언제 완성되었는가? "

문화재와 관련한 지식 베이스(문서 집합)에는 수원 화성 외에도 다양한 문화재에 대한 문서들이 있을 것이다. 이 중에서 수원 화성과 연관이 있는 혹은 수원 화성에 대한 내용을 담고 있는 문서를 추출한다. 위에서 설명한 문서 검색(Document Retrieval)을 이용해 유사도가 가장 높은 문서를 추출할 수 있을 것이다. 예를 들어 유사도가 높은 문서(혹은 텍스트)가 아래와 같이 검색되었다고 하자.

관련지식(context): " 화성은 조선시대 화성유수부 시가지를 둘러싼 성곽이다. 1789년(정조 13) 수원을 팔달산 동쪽 아래로 옮기고, 1794년(정조 18) 축성을 시작해 1796년에 완성했다. "

이상과 같이 질문에 대한 답이 들어 있는 관련지식을 컨텍스트(context)라고 한다. 컨텍스트는 보통은 문맥으로 번역하는데, 이 경우는 관련지식 혹은 배경지식이라고 하는 것이 더 정확할 것이다. 이 책에서는 그냥 컨텍스트로 부르기로 한다. 이제 이 문서에서 수원 화성이 언제 만들어

겼는지에 대한 답을 찾아서 제시해야 한다. 이 단계를 응답 추출이라고 한다. 위 컨텍스트를 보면 1796년에 완성된 것을 알 수 있다. 따라서 응답은 아래와 같이 제시될 수 있다.

응답: " 1796년 "

응답 추출은 어떻게 할 수 있을까? 응답 추출에 대한 연구도 다양하게 이뤄졌는데, 최근에는 역시 트랜스포머 변형 모형이 가장 활발하게 사용되고 있다. 응답 추출은 문서 요약과 유사하게 추출 질의 응답(Extractive QA)과 생성 질의 응답(Abstractive QA)이 있다. 추출 질의 응답은 위 예제에서 검색한 문서 안에서 답이 있는 부분을 찾아서 반환한다.

따라서 엄밀하게 말하면 추출 질의 응답의 결과는 텍스트라기보다는 문서 안의 위치, 즉 시작 인덱스와 끝 인덱스다. 그림 19.4는 BERT를 이용한 추출 질의 응답의 구조를 나타낸다.

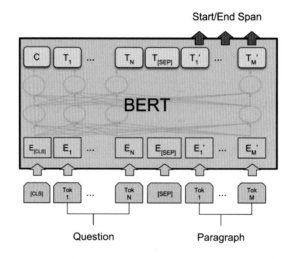

그림 19.4 BERT를 이용한 추출 질의 응답[3]

위 그림을 보면 질의와 답이 있는 텍스트(문서)가 BERT의 입력으로 들어가고, 출력은 문서에서 답이 시작하는 인덱스(Start)와 끝나는 인덱스(End)다. 이 장에서 실습할 내용은 바로 이 추출 질의 응답이다.

3　출처: Devlin, Jacob, et al, "Bert: Pre-training of deep bidirectional transformers for language understanding,"

추출 질의 응답과 달리 생성 질의 응답은 질문과 컨텍스트를 이해하고 새로운 문장을 생성해서 응답으로 제시한다. 생성 질의 응답은 위에서 설명한 ODQA(Open Domain Question Answering)에서 주로 사용된다. 생성 질의 응답은 단어 시퀀스로 이뤄진 새로운 문장을 답변으로 생성하기 때문에 텍스트 생성(Text Generation) 문제가 된다. 따라서 추출 질의 응답과 생성 질의 응답은 하는 일은 비슷하지만 전혀 다른 모형이라고 할 수 있다. 다시 말해서 추출 질의 응답은 두 개의 숫자(Start, End)를 예측하는 모형을 사용하고, 생성 질의 응답은 가변 길이의 자유로운 시퀀스를 생성하는 시퀀스투시퀀스 모형을 사용한다.

질의 응답 성능을 평가하기 위한 대표적인 데이터셋으로 SQuAD(Stanford Question Answering Dataset)[4]가 있다. SQuAD는 주어진 문장(context)을 읽고, 주어진 문제(question)에 대해 올바른 답(answer)을 생성할 수 있는지 테스트하기 위한 데이터셋이며, 위키피디아를 기반으로 크라우드 소싱을 통해 만들어졌다고 알려져 있다. SQuAD는 기계 독해 데이터셋(reading comprehension dataset)으로도 알려져 있는데, 올바른 대답을 하기 위해서는 질문과 컨텍스트의 내용을 이해할 수 있어야 하기 때문이다.

SQuAD는 버전 1.1과 2.0이 있는데, 1.1 버전은 536개의 위키피디아 문서로부터 만들어진 107,785개의 질문–응답 쌍으로 이뤄져 있다. SQuAD 2.0은 SQuAD 1.1의 데이터에 50,000여 개의 대답이 불가능한 문제가 추가되었다. 따라서 SQuAD 2.0에서 좋은 성능을 내기 위해서는 기본적인 응답 성능 외에, 주어진 컨텍스트로 문제에 대해 답을 할 수 있는지 여부를 판단할 수 있어야 한다. SQuAD의 구조는 실습을 진행하면서 더 상세히 알아보기로 하자.

한글에 대한 대표적인 질의 응답 데이터셋으로는 KorQuAD[5]가 있다. KorQuAD도 1.0과 2.0 버전이 있는데, 2.0 버전에는 총 100,000여개의 질문–응답 쌍이 있다. KorQuAD 1.0은 위키피디아의 한 두 문단을 참조하여 답을 할 수 있는 반면, 2.0은 위키피디아 전체에서 답을 찾아야 한다고 되어 있다.

---

4 https://rajpurkar.github.io/SQuAD-explorer/
5 https://korquad.github.io/

19.2 파이프라인을 이용한 질의 응답

먼저 파이프라인을 이용해 추출 질의 응답을 해보도록 하자. 파이프라인은 항상 트랜스포머 변형 모형에 기반한 사전학습 언어모델을 사용할 수 있는 가장 쉬운 방법이다. 먼저 아래와 같이 설치된 transformers 패키지에서 pipeline을 임포트하고, "question-answering"을 인수로 해서 객체를 생성한다. 이후 만들어진 객체에 질의와 컨텍스트를 각각 question, context 매개변수를 이용해 전달하고 호출하면 응답을 얻을 수 있다. 예제에서는 18장과 동일하게 위키피디아에 있는 텍스트마이닝에 대한 설명을 컨텍스트로 사용하고 질문은 텍스트 마이닝이 무엇인지를 묻는 "What is text mining?"을 입력했다.

```python
from transformers import pipeline

question_answerer = pipeline("question-answering")

context = r'''Text mining, also referred to as text data mining (abbr.: TDM), similar to text analytics,
        is the process of deriving high-quality information from text. It involves
        "the discovery by computer of new, previously unknown information,
        by automatically extracting information from different written resources."
        Written resources may include websites, books, emails, reviews, and articles.
        High-quality information is typically obtained by devising patterns and trends
        by means such as statistical pattern learning. According to Hotho et al. (2005)
        we can distinguish between three different perspectives of text mining:
        information extraction, data mining, and a KDD (Knowledge Discovery in Databases)
process.'''
question = "What is text mining?"
answer = question_answerer(question=question, context=context)
print(answer)
question2 = "What are the perspectives of text mining?"
answer2 = question_answerer(question=question2, context=context)
print("질의:", question2)
print("응답:", answer2['answer'])
print("응답에 사용된 context:", context[answer2['start']:answer2['end']])
```

[실행 결과]

```
No model was supplied, defaulted to distilbert-base-cased-distilled-squad and revision
626af31 (https://huggingface.co/distilbert-base-cased-distilled-squad).
Using a pipeline without specifying a model name and revision in production is not
recommended.
{'score': 0.4241906404495239, 'start': 103, 'end': 161, 'answer': 'the process of deriv-
ing high-quality information from text'}
질의: What are the perspectives of text mining?
응답: information extraction, data mining, and a KDD
응답에 사용된 context: information extraction, data mining, and a KDD
```

pipeline 객체를 생성할 때 따로 사용할 모형을 지정하지 않았기 때문에 자동으로 선택된 모형이 "distilbert-base-cased-distilled-squad"라는 것과 함께 홈페이지를 알려준다.

"What is text mining?"란 질문에 파이프라인이 반환한 객체를 바로 출력하면 그 안에 'score', 'start', 'end', 'answer' 항목이 있는 딕셔너리인 것을 알 수 있다. 'score'는 생성된 답변에 대한 확률이고, 'start'와 'end'는 위에서 설명한 컨텍스트에서의 답변 위치를 말한다. 'answer'는 이 위치를 이용해 컨텍스트로부터 추출한 답변이다.

위 결과에서는 둘째 질문인 "What are the perspectives of text mining?"에 대한 답변도 볼 수 있다. 'answer'의 값과 'start', 'end'를 이용해 컨텍스트로부터 슬라이싱한 값이 동일한 것을 확인할 수 있다.

19.3 자동 클래스를 이용한 질의 응답

이제 위 파이프라인에서 사용한 'distilbert-base-cased-distilled-squad' 사전학습 모형과 자동 클래스를 이용해서 질의 응답을 해보자. 먼저 아래와 같이 AutoModelForQuestionAnswering과 AutoTokenizer를 임포트한다. AutoModelForQuestionAnswering은 사전학습 모형에 적합한 QuestionAnswering 모형을 자동으로 선택한다. 가져온 토크나이저와 모형이 무엇인지 확인하기 위해 아래와 같이 출력해본다.

추가로 토크나이저를 이용해 위 파이프라인 예제에서 사용한 question과 context를 토큰화하고 model을 실행해서 응답을 받아온 후 아래와 같이 응답의 type()을 출력한다.

```
from transformers import AutoTokenizer, AutoModelForQuestionAnswering
import torch
tokenizer = AutoTokenizer.from_pretrained('distilbert-base-cased-distilled-squad')
print("tokenizer type:", type(tokenizer))
model = AutoModelForQuestionAnswering.from_pretrained('distilbert-base-cased-dis-
tilled-squad')
print("model type:", type(model))
# GPU 가속을 사용할 수 있으면 device를 cuda로 설정하고, 아니면 cpu로 설정
device = torch.device('cuda') if torch.cuda.is_available() else torch.device('cpu')
model = model.to(device)
# 질문과 context를 함께 토큰화
inputs = tokenizer(question, context, return_tensors="pt").to(device)
with torch.no_grad():
    outputs = model(**inputs)
print("output type", type(outputs))
```

[실행 결과]

```
tokenizer type: <class 'transformers.models.distilbert.tokenization_distilbert_fast.
DistilBertTokenizerFast'>
model type: <class 'transformers.models.distilbert.modeling_distilbert.
DistilBertForQuestionAnswering'>
output type <class 'transformers.modeling_outputs.QuestionAnsweringModelOutput'>
```

위 결과를 보면 토크나이저는 `DistilBertTokenizerFast`가, 그리고 모형은 `DistilBertForQuestion Answering`이 자동으로 선택됐으며 모형의 출력은 `QuestionAnsweringModelOutput` 클래스의 객체로 볼 수 있다.

`QuestionAnsweringModelOutput` 객체에 사용할 값은 `start_logits`와 `end_logits`다. `start_logits`은 입력(질의와 컨텍스트를 포함)의 모든 토큰에 대해 각 토큰이 답변의 시작일 점수를 모두 포함한다. 여기서 점수라고 하는 이유는 아직 softmax가 적용되기 전의 값이기 때문이다. 확률을 알고 싶다면 이 값에 softmax를 적용하면 된다. 우리가 알고 싶은 것은 이 점수가 가장 큰 토큰이므로 굳이 softmax를 적용할 것 없이 `torch.argmax()` 함수를 이용해 토큰의 위치만 가져오면 된다. `end_logits`는 마찬가지로 입력의 모든 토큰에 대해 답변의 마지막 점수를 담고 있다.

이제 설명한 것과 같이 `start_logits`과 `end_logits`에 대해 `argmax()`를 이용해 응답의 시작일 확률이 가장 높은 토큰의 위치와 끝일 확률이 가장 높은 토큰의 위치를 계산한다. 토큰의 위치를 구하면, 위에서 입력을 토큰화한 결과인 inputs로부터 input_ids만 추출하고 start와 end로 슬라이싱해서 텍스트로 디코드한다.

```
answer_start_scores = outputs.start_logits
answer_end_scores = outputs.end_logits
# argmax를 이용해 context에서 응답의 시작일 확률이 가장 높은 토큰의 위치를 반환
answer_start = torch.argmax(answer_start_scores)
# argmax를 이용해 context에서 응답의 끝일 확률이 가장 높은 토큰의 위치를 반환
answer_end = torch.argmax(answer_end_scores) + 1
print("start:", answer_start, ", end:", answer_end)
# 토큰화 결과에서 input_ids만 추출
input_ids = inputs["input_ids"].tolist()[0]
# input_ids에서 응답에 해당하는 id를 가져와 토큰으로 변환하고 다시 문자열로 변환
answer = tokenizer.convert_tokens_to_string(
    tokenizer.convert_ids_to_tokens(input_ids[answer_start:answer_end])
)
print("질의:", question)
print("응답:", answer)
```

[실행 결과]

```
start: tensor(35, device='cuda:0') , end: tensor(46, device='cuda:0')
질의: What is text mining?
응답: the process of deriving high - quality information from text
```

위 결과를 보면 토큰의 시작 위치와 끝 위치를 알 수 있고, 응답이 제대로 출력된 것을 알 수 있다.

사전학습 언어모형은 대량의 데이터에서 규칙을 습득한다. 따라서 데이터의 편향을 그대로 학습하게 된다. 이로 인해 여러 가지 문제에 직면하게 되는데 아래 예는 그러한 문제 중 하나를 보여준다. 아래 예에서는 평범한 컨텍스트를 주고 컨텍스트와는 거의 관계가 없는 "Who is the CEO?"를 질문한다. 사람이라면 이런 경우에 대부분 정보가 없어서 잘 모르겠다고 대답할 것이다. 그러나 학습된 모형은 Bob이 CEO라고 대답한다. 왜 이런 일이 일어난 것일까? 우선 질의 응답 모형은 어떻게든 답을 출력하도록 학습되어 있기 때문에 뭐라도 확률이 있으면 출력한다. 알고리즘을 개선하면 "주어진 컨텍스트로는 답을 알 수 없습니다."라고 응답할 수 있을 텐데 이는 사전학습 모형 이후의 사후처리라고 보는 것이 타당하다. 둘째로 이 모형이 학습한 데이터에서 CEO

는 대부분 남자 이름이었을 것이다. 따라서 사전학습 모형에 주어진 이름이 남자 이름인지 여자 이름인지가 은연 중에 어딘가에 학습이 되고 남자 이름을 선택했을 것이다. 즉 데이터의 편향이 답변의 편향을 만들어내는 예라고 할 수 있다. 이와 같은 편향성은 앞으로 인공지능이 해결해야 할 문제 중 하나다.

```python
from transformers import pipeline
question_answerer = pipeline("question-answering",
model='distilbert-base-cased-distilled-squad')
text = "Alice is sitting on the bench. Bob is sitting next to her."
result = question_answerer(question="Who is the CEO?", context=text)
print(result)
```

[실행 결과]
```
{'score': 0.7526955008506775, 'start': 31, 'end': 34, 'answer': 'Bob'}
```

19.4 트레이너를 이용한 질의 응답 미세조정학습

이 절에서는 질의 응답을 위해 사전학습이 된 적이 없는 기본 사전학습 언어모델을 가져와서 미세조정학습을 수행한다. 먼저 아래와 같이 DistilBertTokenizerFast와 DistilBertForQuestionAnswering을 임포트해서 토크나이저와 모형을 생성한다. 불러올 사전학습 언어모델로는 "distilbert-base-uncased"를 사용한다. 이 모형은 언어모델링 학습만 수행한 것으로 질의 응답에 대해 학습된 적이 없기 때문에 질의 응답을 수행할 수 없다.

토크나이저는 반드시 뒤에 Fast가 붙은 Fast 토크나이저를 사용해야 한다. Fast가 붙지 않은 DistilBertTokenizer를 사용하면 아래 미세조정학습이 수행되지 않으니 유의해야 한다.

```python
import torch
from transformers import DistilBertTokenizerFast
from transformers import DistilBertForQuestionAnswering

tokenizer = DistilBertTokenizerFast.from_pretrained("distilbert-base-uncased")
# distilbert-base-uncased는 질의응답을 위해 사전학습된 모델이 아니므로 질의응답이 불가
model = DistilBertForQuestionAnswering.from_pretrained("distilbert-base-uncased")
```

```
device = torch.device('cuda') if torch.cuda.is_available() else torch.device('cpu')
model = model.to(device)
```

일반적인 토크나이저는 파이썬으로 작성되어 속도가 느린 반면 Fast 토크나이저는 러스트(Rust)로 작성되어 속도가 C 혹은 C++ 수준으로 빠르다는 장점이 있다. 다만 작동 원리의 특성상 많은 텍스트에 대해 한 번에 토큰화할 때 속도 효과를 볼 수 있다. 이것 외에 Fast 토크나이저는 토큰화 결과에 추가적인 속성을 반환해 준다. 이 추가 속성은 질의 응답을 위한 데이터셋을 생성하기 위해 사용된다. 여기에 대해서는 텍스트 전처리 과정에서 더 상세히 설명하기로 한다.

미세조정을 하기에 앞서 기본 모형으로 질의 응답을 실행해 본다. 코드는 아래와 같이 19.3에서 사용한 코드를 동일하게 쓴다. 여기에는 결과로부터 starts_logits와 end_logits를 가져와서 응답을 추출하는 과정이 들어 있다. 사용된 context는 New York에 대한 설명이고 질문은 그 내용 중 하나에 대한 것이다.

```
context = """The city is the birthplace of many cultural movements, including the Harlem
        Renaissance in literature and visual art; abstract expressionism
        (also known as the New York School) in painting; and hip hop, punk, salsa,
disco,
        freestyle, Tin Pan Alley, and Jazz in music. New York City has been considered
        the dance capital of the world. The city is also widely celebrated in popular
lore,
        frequently the setting for books, movies (see List of films set in New York
City),
        and television programs."""
question = "The dance capital of the world is what city in the US?"
inputs = tokenizer(question, context, return_tensors="pt").to(device)
with torch.no_grad():
    outputs = model(**inputs)
answer_start_scores = outputs.start_logits
answer_end_scores = outputs.end_logits
# argmax를 이용해 context에서 응답의 시작일 확률이 가장 높은 토큰의 위치를 반환
answer_start = torch.argmax(answer_start_scores)
# argmax를 이용해 context에서 응답의 끝일 확률이 가장 높은 토큰의 위치를 반환
answer_end = torch.argmax(answer_end_scores) + 1
print("start:", answer_start, ", end:", answer_end)
# 토큰화 결과로부터 input_ids만 추출
```

```
input_ids = inputs["input_ids"].tolist()[0]
# input_ids에서 응답에 해당하는 id를 가져와 토큰으로 변환하고 다시 문자열로 변환
answer = tokenizer.convert_tokens_to_string(
    tokenizer.convert_ids_to_tokens(input_ids[answer_start:answer_end])
)
print("질의:", question)
print("응답:", answer) #응답을 만들지 못함
```

[실행 결과]

```
start: tensor(81, device='cuda:0') , end: tensor(12, device='cuda:0')
질의: The dance capital of the world is what city in the US?
응답:
```

위 결과를 보면 응답을 제대로 생성하지 못하는 것을 볼 수 있다. 위에서 설명한 바와 같이 이 사전학습 모형은 질의 응답에 대해 학습된 적이 없기 때문이다.

사용할 데이터셋은 19.1 절에서 설명한 SQuAD이다. 학습에 소요되는 시간을 줄이기 위해 다음과 같이 학습용 "train" 셋의 앞 5,000개를 가져와서 train_test_split() 메서드로 학습 데이터셋과 테스트 데이터셋으로 분리한다. 테스트 데이터셋은 학습을 할 때 평가용으로 사용한다. 여유가 된다면 더 많은 데이터셋으로 학습하고 "test"도 가져와서 성능이 어느 정도인지 한번 확인해보기 바란다. SQuAD 데이터셋의 구조를 보기 위해 아래와 같이 첫 데이터를 출력해본다. 단 여기서 사용된 train_test_split()은 random_state를 지원하지 않고 shuffle 매개변수가 디폴트로 True이기 때문에 첫 데이터의 내용은 항상 달라질 수 있다.

```
from datasets import load_dataset
squad = load_dataset("squad", split="train[:5000]")
squad = squad.train_test_split(test_size=0.2)
print(squad["train"][0])
```

[실행 결과]

```
{'id': '56cfde92234ae51400d9bfb8',
 'title': 'Fr d ric_Chopin',
 'context': "Although this period had been productive, the bad weather had such a det-
rimental effect on Chopin's health that Sand determined to leave the island. To avoid
further customs duties, Sand sold the piano to a local French couple, the Canuts.[n 8]
The group traveled first to Barcelona, then to Marseilles, where they stayed for a few
```

```
months while Chopin convalesced. In May 1839 they headed for the summer to Sand's es-
tate at Nohant, where they spent most summers until 1846. In autumn they returned to
Paris, where Chopin's apartment at 5 rue Tronchet was close to Sand's rented accommoda-
tion at the rue Pigalle. He frequently visited Sand in the evenings, but both retained
some independence. In 1842 he and Sand moved to the Square d'Orl ans, living in adjacent
buildings.",
 'question': 'Where did the group travel to after Barcelona?',
 'answers': {'text': ['Marseilles'], 'answer_start': [292]}}
```

위 결과를 보면 SQuAD 데이터는 'id', 'title', 'context', 'question', 'answers' 항목으로 이뤄진 것을 볼 수 있다. 이 중에서 'answers'는 딕셔너리로 되어 있으며 'text'는 답의 내용을, 'answer_start'는 context에서의 시작 위치로 돼 있다. 이때 시작 위치는 문자 기준이다. 여기서 문제가 발생한다. 학습을 위해서는 question과 context가 함께 임베딩된 inputs 결과에서 응답이 시작되는 토큰의 위치와 끝나는 토큰의 위치가 라벨로 있어야 한다.

정리를 해보면 현재 데이터셋에는 question과 context가 함께 임베딩된 결과가 아닌 context 기준으로 위치가 기술되어 있다. 그리고 현재 데이터셋의 시작 위치인 'answer_start'는 토큰 기준이 아닌 문자 기준으로 돼 있다. 그리고 종료 위치는 포함돼 있지 않다.

따라서 현재 데이터셋에 대해 토큰화를 수행하고, 토큰화 결과에 대해 토큰을 기준으로 답변의 시작과 끝을 찾아내어 라벨로 만들어주는 전처리 작업이 필요하다. 아래 preprocess()는 이 전처리 작업을 수행하는 함수다. 코드를 보면 먼저 질문에 대해 최소한의 전처리를 하고 context와 함께 토큰화를 수행한 것을 볼 수 있다. 이때 토큰화 결과에서 "offset_mapping" 항목은 위에서 설명한 Fast 토크나이저만 제공한다. 이것이 바로 반드시 Fast 토크나이저를 사용해야 하는 이유이다.

이후 코드는 'answer'와 "offset_mapping"을 이용해 답변의 시작 토큰 위치와 종료 토큰 위치를 찾아내는 과정이다. 계산이 완료되면 각각 데이터셋의 "start_positions"와 "end_positions"에 저장된다. 이 과정을 완전히 이해하기 위해서는 Fast 토크나이저의 "offset_mapping" 내용에 대해 알아야 한다. 이 부분은 책의 범위를 넘어선다고 생각되어 여기서는 설명을 생략하고자 한다. 중요한 것은 이러한 전처리가 필요한 이유와 Fast 토크나이저를 사용해야 한다는 것이고, 아래와 같이 함수를 작성하면 추출 질의 응답에 필요한 라벨을 만들 수 있다는 것이다.

```
def preprocess(data):
    questions = [q.strip() for q in data["question"]] # 질의 추출하고 전처리
    # 질의와 context를 함께 토큰화
    inputs = tokenizer(
        questions,
        data["context"],
        max_length=384,                   # 토큰화 결과의 최대 길이
        truncation="only_second",
        return_offsets_mapping=True, # offset_mapping을 반환
        padding="max_length",
    )
    offset_mapping = inputs.pop("offset_mapping")
    answers = data["answers"]
    start_positions = []
    end_positions = []
    for i, offset in enumerate(offset_mapping):
        answer = answers[i]
        start_char = answer["answer_start"][0] # context에서 응답 시작 위치
        # context에서 응답 종료 위치를 계산
        end_char = answer["answer_start"][0] + len(answer["text"][0])
        sequence_ids = inputs.sequence_ids(i)
        # sequence_ids를 이용해 context 토큰의 시작과 끝을 알아냄
        idx = 0
        while sequence_ids[idx] != 1: # sequence_ids에서 첫 1의 위치
            idx += 1
        context_start = idx
        while sequence_ids[idx] == 1: # sequence_ids에서 마지막 1의 위치
            idx += 1
        context_end = idx - 1
        # 응답이 context 안에 있지 않으면 응답의 시작 위치와 종료 위치를 (0, 0)으로 설정
        if offset[context_start][0] > end_char or offset[context_end][1] < start_char:
            start_positions.append(0)
            end_positions.append(0)
        else:
        # 응답이 context 안에 있으면 start_char, end_char를 이용해 응답 토큰의 위치를 찾음
            idx = context_start
            while idx <= context_end and offset[idx][0] <= start_char:
                idx += 1
```

```
            start_positions.append(idx - 1)
            idx = context_end
            while idx >= context_start and offset[idx][1] >= end_char:
                idx -= 1
            end_positions.append(idx + 1)
    inputs["start_positions"] = start_positions
    inputs["end_positions"] = end_positions
    return inputs
# 전처리 함수를 데이터에 적용, 원래 squad에 있던 항목들은 제거
tokenized_squad = squad.map(preprocess, batched=True, remove_columns=squad["train"].
column_names)
tokenized_squad
[실행 결과]
DatasetDict({
    train: Dataset({
        features: ['input_ids', 'attention_mask', 'start_positions', 'end_positions'],
        num_rows: 4000
    })
    test: Dataset({
        features: ['input_ids', 'attention_mask', 'start_positions', 'end_positions'],
        num_rows: 1000
    })
})
```

위 예제의 마지막과 같이 tokenized_squad를 노트북에 출력하면 결과와 같이 구조를 볼 수 있다. train과 test에 대해 각각 Dataset이 만들어지고, 'input_ids', 'attention_mask' 외에 라벨로 사용할 'start_positions'와 'end_positions'가 들어간 것을 확인할 수 있다.

이제 학습을 위해 DefaultDataCollator로 데이터 콜레이터(data collator)를 정의한다. 여기서 데이터 콜레이터는 학습에 필요한 배치 작업을 자동으로 처리해 준다.

```
from transformers import DefaultDataCollator
data_collator = DefaultDataCollator()
```

학습을 위해 아래와 같이 TrainingArguments와 Trainer를 임포트하고 먼저 TrainingArguments를 이용해 학습에 필요한 매개변수를 설정한다. 상세한 내용은 18장에서 설명했으며 아래 코드의 주석을 보면 이해할 수 있으므로 여기서는 생략한다.

Trainer는 tokenizer, model, training_args, data_collator 외에 위에서 준비한 학습 데이터셋과 테스트 데이터셋인 tokenized_squad["train"]과 tokenized_squad["test"]를 train_dataset과 eval_dataset의 인수로 넘겨준다. 마지막으로 trainer.train() 메서드로 학습을 시작한다.

```python
from transformers import TrainingArguments, Trainer
training_args = TrainingArguments(
    output_dir="./QandA",              # 모형 예측과 체크포인트 저장 폴더, 반드시 필요
    evaluation_strategy="epoch",       # 평가 단위, 여기서는 epoch를 선택
    learning_rate=2e-5,                # 학습률
    per_device_train_batch_size=16,    # 학습에 사용할 배치 크기
    per_device_eval_batch_size=16,     # 평가에 사용할 배치 크기
    num_train_epochs=3,                # 에포크 수
    weight_decay=0.01,                 # 가중치 감쇠 값
)
trainer = Trainer(
tokenizer=tokenizer,
    model=model,
    args=training_args,
    train_dataset=tokenized_squad["train"],
    eval_dataset=tokenized_squad["test"],
data_collator=data_collator,
)
trainer.train()
```

[실행 결과]

[750/750 01:03, Epoch 3/3]

Epoch	Training Loss	Validation Loss
1	No log	2.315791
2	2.680400	1.699071
3	2.680400	1.634020

```
TrainOutput(global_step=750, training_loss=2.2347762044270834, metrics={'train_runtime':
64.13, 'train_samples_per_second': 187.12, 'train_steps_per_second': 11.695, 'total_
flos': 1175877900288000.0, 'train_loss': 2.2347762044270834, 'epoch': 3.0})
```

실행 결과는 위와 같고, validation loss가 줄어드는 것을 확인할 수 있다.

미세조정학습이 완료되었으면 아래와 같이 위에서 사용한 것과 동일한 코드를 이용해 New York City에 대한 질문인 "The dance capital of the world is what city in the US?"에 대한 응답을 구해본다.

```python
inputs = tokenizer(question, context, return_tensors="pt").to(device)
with torch.no_grad():
    outputs = model(**inputs)
answer_start_scores = outputs.start_logits
answer_end_scores = outputs.end_logits
# argmax를 이용해 context에서 응답의 시작일 확률이 가장 높은 토큰의 위치를 반환
answer_start = torch.argmax(answer_start_scores)
# argmax를 이용해 context에서 응답의 끝일 확률이 가장 높은 토큰의 위치를 반환
answer_end = torch.argmax(answer_end_scores) + 1
print("start:", answer_start, ", end:", answer_end)
# 토큰화 결과로부터 input_ids만 추출
input_ids = inputs["input_ids"].tolist()[0]
# input_ids에서 응답에 해당하는 id를 가져와 토큰으로 변환하고 다시 문자열로 변환
answer = tokenizer.convert_tokens_to_string(
    tokenizer.convert_ids_to_tokens(input_ids[answer_start:answer_end])
)
print("질의:", question)
print("응답:", answer)
```

[실행 결과]
```
start: tensor(71, device='cuda:0') , end: tensor(74, device='cuda:0')
질의: The dance capital of the world is what city in the US?
응답: new york city
```

학습 전에는 응답을 하지 못했던 것에 비해 이제는 대답을 제대로 출력하고 있는 것을 볼 수 있다.

나중에 사용하기 위해 트레이너로 학습한 모형을 저장하고 싶다면, 아래와 같이 save_model() 메서드를 이용해 저장하고, 저장된 모형을 읽어올 때에는 아래와 같이 저장된 위치를 지정해서 토크나이저와 모형을 생성한다. 학습된 모형에 토크나이저와 사용된 모형 정보가 있으므로 AutoTokenizer와 AutoModelForQuestionAnswering을 사용하면 된다.

```
trainer.save_model("./QandA")  # 모형 저장
# 저장된 모형 로드
from transformers import AutoTokenizer, AutoModelForQuestionAnswering
tokenizer = AutoTokenizer.from_pretrained("./QandA")
model = AutoModelForQuestionAnswering.from_pretrained("./QandA")
```

19.5 한글 질의 응답

한글로 된 질의 응답 역시 지금까지 배운 영어 질의 응답과 동일한 방식으로 동작한다. 단지 차이가 있다면 한글에 대해 학습된 토크나이저와 사전학습 언어모델이 필요하다는 점이다. 먼저 아래와 같이 한글로 된 질의와 응답을 준비한다. 이 예제에서는 19.1절에서 설명에 사용한 수원 화성에 대한 질의 응답을 그대로 사용해 보기로 한다.

```
question = "수원 화성은 언제 완성되었는가?"
context = """수원 화성은 조선시대 화성유수부 시가지를 둘러싼 성곽이다.
1789년(정조 13) 수원을 팔달산 동쪽 아래로 옮기고,
1794년(정조 18) 축성을 시작해 1796년에 완성했다."""
context = context.strip().replace("\n","")
```

사용할 사전학습 언어모델은 17.5절에서 설명한 KoELECTRA로, 더 정확하게는 KoELECTRA를 한글 질의 응답 학습 데이터셋인 KorQuAD에 대해 학습한 모형이다. KorQuAD에 대해서는 19.1절에 설명되어 있다. 이 모형은 베이스 모형의 크기에 따라 koelectra-base-v2와 koelectra-small-v2로 나뉘는데 이 예제에서는 속도를 위해 더 작은 모형인 koelectra-small-v2를 사용했다. 이에 대한 상세한 내용은 KoELECTRA 웹페이지[6]에서 확인할 수 있다. 아래 예제는 먼저 파이프라인을 이용해 간단하게 질의 응답을 실행한 내용을 보여준다.

```
from transformers import ElectraTokenizer, ElectraForQuestionAnswering, pipeline

tokenizer = ElectraTokenizer.from_pretrained("monologg/
koelectra-small-v2-distilled-korquad-384")
model = ElectraForQuestionAnswering.from_pretrained("monologg/
```

---

6 https://github.com/monologg/KoELECTRA-Pipeline

```
koelectra-small-v2-distilled-korquad-384")
question_answerer = pipeline("question-answering", tokenizer=tokenizer, model=model)
answer = question_answerer({
    "question": question,
    "context": context,
})
print(answer)
```

[실행 결과]

```
{'score': 0.9962994456291199, 'start': 87, 'end': 93, 'answer': '1796년에'}
```

결과를 보면 매우 높은 확률로 1796년을 정확하게 보여주고 있다. 이제 19.3절에서 한 것과 같이 pipeline을 사용하지 않고 직접 답을 가져와보자. 토크나이저와 모형 외에 다른 부분 없이 동일한 코드를 사용했다.

```
import torch

inputs = tokenizer(question, context, return_tensors="pt")
outputs = model(**inputs)
answer_start_scores = outputs.start_logits
answer_end_scores = outputs.end_logits
# argmax를 이용해 context에서 응답의 시작일 확률이 가장 높은 토큰의 위치를 반환
answer_start = torch.argmax(answer_start_scores)
# argmax를 이용해 context에서 응답의 끝일 확률이 가장 높은 토큰의 위치를 반환
answer_end = torch.argmax(answer_end_scores) + 1
print("start:", answer_start, ", end:", answer_end)
# 토큰화 결과로부터 input_ids만 추출
input_ids = inputs["input_ids"].tolist()[0]
# input_ids에서 응답에 해당하는 id를 가져와 토큰으로 변환하고 다시 문자열로 변환
answer = tokenizer.convert_tokens_to_string(
    tokenizer.convert_ids_to_tokens(input_ids[answer_start:answer_end]))
print("질의:", question)
print("응답:", answer)
```

[실행 결과]

```
start: tensor(57) , end: tensor(60)
질의: 수원 화성은 언제 완성되었는가?
응답: 1796년
```

실행결과를 보면 파이프라인을 사용한 것과 마찬가지로 동일한 결과를 보여주는 것을 알 수 있다. 한글 질의 응답을 위한 미세조정학습은 KoELECTRA의 미세조정 웹페이지[7]를 참조하면 많은 도움이 될 것이다. 다른 미세조정학습을 포함하여, KorQuAD 데이터를 이용한 미세조정학습 코드가 공개되어 있기 때문에 코드를 참조하거나 그대로 사용하는 것도 가능하다.